語文政策 資料集 11

한글전용은 違憲이다

金 昌 辰 著

語文政策正常化推進會

김창진金昌辰

서울教大, 國際大 國語國文學科 졸업.

現 草堂大學校 教養學部 教授 (圖書館長 歷任)

韓國教育文化融複合學會 副會長,

韓國語文教育研究會 全南地域 會長,

語文政策正常化推進會 研究教授

저서 :『教養人을 위한 漢字·漢文』, 共著, 傳統文化研究會, 2002.

『흥부전』, 종문화사, 2005.

『박타령』, 지만지, 2008.

『배비장전』, 지만지, 2008.

『변강쇠전』, 지만지, 2009.

『두껍전』, 지만지, 2009.

『탑 明心寶鑑』, 탑출판사, 2010.

『務安(무안) 關聯(관련) 備邊司謄錄(비변사등록)』, 시와 사람, 2012.

한글전용은 違憲이다

한글전용은 違憲이다. 世宗大王은 한글전용을 하자고 訓民正音을 만든 것이 아니다. 세종대왕은 國漢字混用하고자 훈민정음을 만들었다. 세종대왕이 훈민정음을 써서 지은 『龍飛御天歌』, 『月印千江之曲』, 『釋譜詳節』, 『月印釋譜』 등을 누구나 눈으로 보면 알 수 있다. 이 책들은 모두 한자어는 한자로, 토박이말은 훈민정음으로 구별하여 적혀 있다. 이것을 보면 누구나 세종대왕의 뜻을 알 수 있다. 세종대왕은 한자와 훈민정음을 조화롭게 섞어 쓰고자 훈민정음을 만든 것이다.

세종대왕에서 비롯한 國漢字混用의 전통은 朝鮮王朝 내내 이어져 내려왔다. 각종 佛經諺解와 儒經諺解, 『杜詩諺解』 등 훈민정음을 쓴 글들 대부분은 국한자혼용이었다. 한자와 훈민정음을 함께 적는 국한자혼용을 하거나 한자 뒤에 그 한자음을 훈민정음으로 적는 국한자병용을 하였다. 한자를 쓰던 지식인 중에 소수가 사적으로 한글 편지를 쓰거나 古小說을 짓거나 하기는 했다. 하지만 그들은 한자를 부정하지 않았다는 점에서 오늘날의 한글전용과는 다르다.

한글전용이라는 異端은 개화기 때 생겨났다. 한글전용은 서양인과 서양 사대주의자들에 의해 시작된 이단이다. 한자를 모르는 조선인들을 대상으로, 서양인 선교사들은 한글 聖經을 읽히고자, 美國人 필립 제이슨[韓國名 徐載弼]은 『독립신문』을 읽히고자 한글전용했다. 이렇게 한글전용은 한자를 모르는 조선인을 대상으로 宗敎的 · 政治的 目的으로 글을 읽히고자 한 便法으로 시작했다. 필립 제이슨의 제자 周時經은 선진국인 미국이 소리글자를 쓰기 때문에 우리도 소리글자를 써야 발전한다고 생각했다. 그래서 로마자를 이상적인 글자로 보고, 한글도 로마자처럼 풀어써야 한다고 주장하였다. 이처럼 주시경은 서양 사대주의자였다. 주시경은 세종대왕을 존경하지 않았다. 그래서 세종대왕이 이름 붙인 '訓民正音'을 자기 마음대로 '한글'이라 바꾸었다. 그리고 세종대왕이 한자와 훈민정음을 섞어 쓴 국한자혼용을 무시하고 제멋대로 한글전용해야 한다고 주장했다. 그러므로 주시경은 世宗大王에 반기를 든 이단자이다. 그리고 오늘날 한글전용론자들은 바로 그 이단자인 주시경을 따르는 사람들이다.

한글전용론은 言語學的 이치로 보면 착각이며 망상이다. 왜냐하면 글자가 쉽다는 것하고 그 글자로 적은 글의 내용이 이해하기 쉽다는 것은 전혀 별개의 문제이기 때문이다. 영어 알파벳은 쉽지만 영어로 된 글이 쉬운가? 한자어는 쉬운 한글로 적으면 이해가 잘 안 되지만 어려운 한자로 적으면 이해가 잘 된다. 따라서 한글이 쉬우니 한글로만 글을 적으면 내용이 쉽게 이해된다는 것은 착각이며 망상이다.

이렇게 한글전용론은 비정상적인 사고방식이기 때문에, 이성을 지닌 지식인들은 이단자들의 주장을 받아들이지 않았다. 그래서 세종대왕에서 비롯한 국한자혼용은 조선왕조는 물론 開化期, 日帝强占期, 광복 이후 1980년대까지 내내 한국어 문자 표기에서 정통이자 주류였다. 반면에 주시경에서 비롯한 한글전용은 1980년대까지도 이단이자 소수 비주류에 머물렀다. 그러니 국한자혼용이 옳으냐 한글전용이 옳으냐 하는 문제는 애초부터 논쟁거리가 안 된다. 국한자혼용이 한국어 문자 表記史의 정통일 뿐 아니라 주류인데, 도대체 이단이자 소수를 따라야 할 이유가 뭐가 있는가? 왜 우리 한국인이 훈민정음을 만든 세종대왕을 따라야지 異端者 주시경을 따라야 하는가?

이 문제가 오늘날처럼 꼬인 것은 대한민국 정부가 어문정책으로 정통이자 주류인 국한자혼용을 따르지 않고 이단이자 소수인 한글전용을 택했기 때문이다. 대한민국 정부는 1948년에 「한글전용법」과 2005년에 「국어기본법」으로 한글전용을 어문정책으로 선택하는 최악의 실책을 범했다. 대한민국 정부가 이렇게 비정상적인 법률을 만들어 국민의 문자선택권을 빼앗아버렸다. 그 결과는 어떻게 되었는가?

한글전용은 이단이므로 비정상이다. 비정상적인 한글전용의 결과는 최악이다. 한국어를 망치고 한국인의 국어능력을 하향평준화시켰다. 몇 가지만 들어본다.

첫째, 현행 한글은 한국어의 표준발음을 적지 못한다. 그래서 한글전용 65년 만에 우리말 발음은 완전히 엉망진창이 되어버렸다. 둘째, 오늘날 한글전용으로 인해서 한국어의 의미 전달력이 약해졌다. 정확히 의미를 알 수 없는 글들이 너무 많다. 한글로 적힌 한자어 고유명사는 암호이다. 셋째, 한자문화권 외래어 표기에서 한글로 한국어를 일부러 내쫓고 日本語, 中國語를 적고 있다. 이런 賣國奴的인 일까지 저지른다. 넷째, 한글전용이 한자어와 한자를 내쫓기 때문에 그 자리에 영어와 로마자가 마음 놓고 들어오고 있다. 한글전용은 외국어를 우리말 안에 불러들이는 앞잡이 노릇마저 하고 있다. 다섯째, 한글전용은 한국인들에게 자기 이름과 부모 성함도 본 글자인 漢字로 적지 못하게 만들어버렸다. 한마디로 한국인을 바보·상놈으로 만들어버렸다. 여섯째, 한글전용은 조상들이 남겨준 한문고전의 해독은커녕 자기 집안의 족보조차 읽지 못하게 만들었다. 곧 한민족을 뿌리 없는 야만족으로 타락시켜 버렸다. 요컨대, 한글전용은 한국어를 저질 언어로 타락시켰으며, 한국인의 국어능력을 하향평준화시켰고, 한민족의 민족정신을 타락시켜 버렸다.

한글전용을 65년간 실시한 결과, 한국 사회는 '바보들의 天國'이 되어 버렸다. 한글전용 교과서를 가지고 학생들은 한자어의 의미를 파악하지 못해 학습에 흥미를 잃고 학력은 저하된다. 또 한국 사회에서 지성은 실종되었다. 그래서 '人文學의 危機'라는 말이 끊이지 않는다. 출판사도, 신문사도 위기라고 한다. 모두 한글전용이라는 천박한 어문정책이 낳은 부산물이자 후유증이다.

이에 뜻있는 국민들은 한국어 표기에서 이단을 몰아내고 정통을 회복해야 한다는 공감대가 형성되었다. 그리하여 2012년에 李漢東 前 국무총리를 중심으로 「語文政策正常化推進會」를 결성하였다. 그리고 2012년 10월 22일에 憲法裁判所에 「國語基本法 등에 대한 憲法訴願」을 제출하기에 이르렀다. 이 違憲訴訟에는 모두 333명이 참여하였는데, 필자도 그 일원으로 참여하였다.

「어문정책정상화추진회」가 제출한 헌법소원을 받고서, 문화체육관광부장관은 소송대리자로서 法務法人 「지평지성」과 「사랑」을 선임하였다. 그리하여 그 두 법무법인이 작성한 의견서가 2013년 7월에 「어문정책정상화추진회」로 접수되었다. 「어문정책정상화추진회」는 이 두 개의 의견서를 받고, 그 의견서의 내용이 잘못된 점에 대해서 再反論書를 작성하여 보냈다. 필자도 그 재반론서를 작성하는 일에 참여하였다. 이 책은 바로 그 내용들을 정리한 것이다.

이 책의 형식은 법무법인 「지평지성」과 「사랑」이 작성한 의견서에 대해 필자가 반론하는 형식으로 되어 있다. 그렇게 논쟁하는 가운데 한글전용의 문제점들이 드러나서 진실이 밝혀지게 된다. 그렇기 때문에 이 책은 그동안 나왔던 관련 책들 중에 가장 흥미로운 책이 될 것이다. 필자는 원래 고소설을 전공하는 학자인데, 잘못된 한글전용이 대한민국을 망치는 일에 울분을 느껴 한국어 正常化를 위한 연구에 빠져든 지 십여 년이 되었다. 이 책은 그 세월의 연구를 담고 있다.

우리 국민은 막연한 선입관으로 무조건 한글전용이 옳다고 착각을 하는 수가 많다. 우리 국민들이 부디 이 책을 읽고, 올바른 한국어 문자 표기가 무엇인지를 알게 되기를 바란다. 우리는 이제 이단을 버리고 정통을 회복해야 한다. 세종대왕이 가르쳐준 국한자혼용의 전통으로 되돌아가야 한다. 그것만이 한국어도 살고, 한국인의 국어능력도 향상되며, 한민족의 민족정신도 되살아나는 올바른 길이 될 것이다.

2013년 10월

草堂大學校 敎養學部 敎授 金昌辰 삼가 씀

목 차

제1부 法務法人「지평지성」과「사랑」의 意見書에 대한 反論

法務法人「지평지성」과「사랑」은「語文政策正常化推進會」가 제출한「국어기본법」헌법소원에 대해 의견서를 통해 반론하고 있다. 그 두 법무법인의 의견서에 대해 필자가 반론하는 내용을 제Ⅰ부에 싣는다. 그 내용들은 분량이 상당히 많으므로, 모두 9개 항목으로 분류하여 정리하였다.

각 항목에서는 법무법인「지평지성」과「사랑」의 주장을 먼저 앞에 원문 그대로 실었다. 그리고 그 뒤에 필자가 반론하는 형식으로 진행하였다. 진행의 편의상 그 두 법무법인의 주장은 별도로 나누지 않고 통합하여 논의한다. 구별을 위하여, 법무법인의 주장은 굵은 글씨로 표시하고 필자의 글은 보통 글씨로 표시한다.

1. 한글의 性能에 대한 過大評價

1-1) "한글은 소리와 소리에 담긴 뜻을 함께 전달하는 문자입니다."[1)]

1-1)에 대한 反論

한글이 뜻을 전달하는 것은 토박이말에 한정된다. 한글은 한자어는 정확한 發音도, 정확한 의미도 전달하지 못한다. 예를 들어, 얼마 전 방

1)「지평지성」, P.34.

영되었던 드라마 제목 「구가의 서」가 "소리와 소리에 담긴 뜻을 함께 전달"하고 있는가?

만약에 "한글은 소리와 소리에 담긴 뜻을 함께 전달하는 문자"라는 주장이 맞는다면, 다음과 같은 결과가 왜 나오는가?

『朝鮮日報』가 2010년 10월 중순 서울 지역 5개 초등학교 4학년 학생 107명에게 신문기사를 지문(地文)으로 주고 이와 관련된 독해 · 작문 문제를 낸 뒤 답을 쓰도록 하는 방식으로 읽기 · 쓰기 능력을 평가해보았다.

채점 결과 시험을 치른 107명 중 52명(48.6%)이 지문 내용을 제대로 이해하지 못했다. 4학년에게 요구되는 지문 이해력을 보여준 학생은 55명(51.4%)에 불과했다. 문장을 제대로 쓰지 못한 학생은 58명(54.2%), 문단 나누기 능력이 없는 학생이 94명(87.9%)에 달했다.

또 韓國敎總이 『朝鮮日報』의 의뢰로 2010년 10월 8~10일 전국 초 · 중 · 고 교사 443명을 대상으로 설문조사를 한 결과, 66.6%의 교사가 '과거에 비해 글을 읽고 이해하는 학생들의 능력이 떨어졌다'고 응답했다. '학생들의 독서량과 독서의 질이 떨어졌다'는 응답은 59.8%, '글짓기, 문장 이해력, 언어 구사력이 신체 · 정신 발달보다 낮다'는 응답은 76.5%였다.

전문가 연구에 따르면, 독해력이 떨어지면 국어뿐 아니라 사회 · 영어 · 과학 · 수학의 학업성취도에도 영향을 미친다. 글 읽기에 소홀하면 어느 과목에서든 좋은 성적을 거두기 어렵다는 뜻이다. 가톨릭대에서 석사학위를 받은 유선자씨의 논문('중학생의 독서능력과 학업성취도의 관계 분석')은 학업성취도에서 독해력이 차지하는 비중이 국어 33.3%, 사회 29.8%, 영어 28.9%, 과학 27.7%, 수학 22.6%라고 분석했다.[2)]

2) 곽수근 · 김연주 기자, 「[글과 담 쌓은 세대] 글자는 겨우 읽지만 문장은 이해 못한다」, 『朝鮮日報』, 2010.11.01.

법무법인 「지평지성」의 주장처럼 "한글은 소리와 소리에 담긴 뜻을 함께 전달하는 문자"라면, 도대체 왜 오늘날 학생들의 국어능력이 저리도 형편없는가?

1-2) "두 글자를 함께 쓰는 것이 정확한 정보 전달에 좋지 못하기 때문에도 한글을 쓰는 것이 좋습니다. 단순히 한글이 우리글이고, 한글을 사랑하는 것은 우리나라, 민족을 위하는 길이라서가 아닙니다, 한글이 한자보다 듣고 말하고 읽고 쓰는 모든 영역에서 더 훌륭한 기능을 할 수 있기 때문입니다."[3]

1-2)에 대한 反論

한글이 "한자보다 듣고 말하고 읽고 쓰는 모든 영역에서 더 훌륭한 기능을 할 수 있"는 것은 토박이말에 한정된다. 漢字語에 대해서는 漢字가 한글보다 듣고 말하고 읽고 쓰는 모든 영역에서 더 훌륭한 기능을 할 수 있다. 한글은 한자어의 정확한 발음도, 의미도 전달할 수 없다. 한자어에 대해서 "정확한 정보 전달"을 하려면 한자로 적어야 한다.

예를 들어 "송강이 노래한 '환벽당', 명승된다"[4]와 "松江이 노래한 '環碧堂', 名勝된다"는 어느 쪽이 더 "정확한 정보 전달"을 하는가? 또 아래와 같은 기사 제목들에서 한자어 고유명사들의 의미를 전달하는 데에 "한글이 한자보다 듣고 말하고 읽고 쓰는 모든 영역에서 더 훌륭한 기능을 할 수 있"는가?

「[세계광장] 표암 강세황전 유감」[5], 「벽사학술상에 김태영 명예교수

---

3) 「지평지성」, p.44.

4) 유석재 기자, 「송강이 노래한 '환벽당', 명승 된다」, 『朝鮮日報』, 2013.09.05.

5) 편완식 미술전문기자, 『「[세계광장] 표암 강세황전 유감」, 『세계일보』, 2013.08.08.

」[6], 「[시론] 태항산의 윤세주와 '백선엽상'」[7], 「 [이규연의 시시각각] 동피랑에는 하얀 날개가 있다」[8], [씨줄날줄] 운주산 고산사[9], 장수, '전해산 의병장' 추모제[10], 단원 · 혜원 작품 한 자리에, '간송 신드롬' 기대[11], 사리 이운의식, 오대산 문화 축전[12], 환구대제 어가행렬[13], [염상섭 문학기행](3) 소설 '효풍'과 해방공간[14], [서예로 찾은 우리 미학](3) 명도전 · 오수전과 훈민정음[15], 창신제 공연[16].

위에 적힌 한자어들은 한자로 적어야 그 의미를 전달할 수 있다. 지금처럼 한글로 적어놓아서는 意思疏通에 지장을 줄 수밖에 없다. 그러니 어떻게 한글전용이 옳은 일이겠는가? 한글전용이 옳다고 생각하는 사람들은 다음과 같은 지적을 새겨들어야 한다.

'한글'이 여러 언어를 표기할 수 있는 문자'라는 사실이 '한글이 그 언어의 표기에 가장 적합하거나 유일한 문자'라는 사실로 뒤바뀌는 과정은 분명 비이성적이다. 한글의 우수성과 한글 사용의 당위성을 연결하

6) 범현주 기자, 「벽사학술상에 김태영 명예교수」, 『내일신문』, 2013.08.07.

7) 김상웅 전 독립기념관장, 「[시론] 태항산의 윤세주와 '백선엽상'」, 『한겨레신문』, 2013.08.05.

8) 이규연 논설위원, 「[이규연의 시시각각] 동피랑에는 하얀 날개가 있다」, 『중앙일보』, 2013.08.09.

9) 서동철 논설위원, 「[씨줄날줄] 운주산 고산사」, 『서울신문』, 2013.10.11.

10) 이윤승 기자, 「장수, '전해산 의병장' 추모제」, 『연합뉴스』, 2013.10.13.

11) 권란 기자, 「단원 · 혜원 작품 한 자리에. '간송 신드롬' 기대」, 『SBS』, 2013.10.12.

12) 유형재 기자, 「사리 이운의식. 오대산 문화 축전」, 『연합뉴스』, 2013.10.12.

13) 진성철 기자, 「환구대제 어가행렬」, 『연합뉴스』, 2013.10.12.

14) 고영직 문학평론가, 「[염상섭 문학기행](3) 소설 '효풍'과 해방공간」, 『경향신문』, 2013.10.11.

15) 이동국, 「[서예로 찾은 우리 미학](3) 명도전 · 오수전과 훈민정음」, 『경향신문』, 2013.10.11.

16) 최동준 기자, 「창신제 공연」, 『뉴시스』, 2013.10.11.

려는 시도는 다른 문자에 대한 차별적 인식을 부추기며 오해와 편견을 낳기 때문이다. 한 언어를 표기하는 문자는 그 언어공동체가 처한 역사적, 사회적 맥락에 따라 선택하는 것일 뿐인데도 말이다.[17)]

> 1-3) 교과서로 학생들을 가르치는 이유는 학생들의 언어능력을 높이기 위한 것입니다. 언어능력은 글을 읽는 능력만을 의미하는 것이 아닙니다. 정확하게 말하고 듣고 쓰고 읽는 능력이 모두 중요합니다. 듣고, 말하는 기능만을 놓고 본다면 한자는 한글을 따라올 수 없습니다. 한자는 처음부터 소리를 전달하기 위한 문자가 아니기 때문입니다.[18)]

1-3)에 대한 反論

첫째, 듣고 말하는 기능과 직접적으로 관련되는 것은 發音이지 文字가 아니다. 따라서 "듣고, 말하는 기능만을 놓고 본다면 한자는 한글을 따라올 수 없습니다."라는 주장은 근본적으로 잘못된 말이다. "듣고, 말하는 기능"이 문자와 무슨 직접적인 관계가 있는가?

둘째, "듣고, 말하는 기능만을 놓고 본다면 한자는 한글을 따라올 수 없습니다. 한자는 처음부터 소리를 전달하기 위한 문자가 아니기 때문입니다."라는 말은 아마도 한글은 소리글자로서 뜻글자인 漢字보다 發音 전달에 有利하다는 주장인 듯하다. 하지만 이것은 錯覺이다.

1) "듣고, 말하는 기능"이란 것이 글자로 써진 글을 보고 읽은 발음을 "듣는" 기능을 말한다면, 한글이 한자보다 유리한 점이 없다. 왜냐면 한글은 소리글자이지만 현행 한글은 韓國語의 標準發音을 적지 못하고 있기 때문이다. 따라서 현행 한글은 不正確한 소리글자이다. 그러므로

17) 崔炅鳳, 『한글민주주의』, 책과 함께, 2012, pp.219~220.

18) 「지평지성」, p.45.

차라리 한자가 한글보다 한국어 표준발음을 하게 하는 데 좋은 문자이다.[19)]

2) 그래도 단지 한글이 소리글자이기 때문에 듣고 말하는 데 뜻글자인 한자보다 유리하다고 주장한다면, 같은 이치로 뜻글자인 한자는 소리글자인 한글보다 의미 전달에서 유리하다고 주장할 수 있다. 그러니까 소리글자로서 한글의 장점을 인정한다면, 마찬가지로 뜻글자로서 한자의 장점 또한 인정해야 옳다. 그러니 앞에서 주장한 "한글이 한자보다 듣고 말하고 읽고 쓰는 모든 영역에서 더 훌륭한 기능을 할 수 있기 때문입니다."라는 말은 저절로 거짓말임이 드러나고 만다.

3) 한글로 적을 수 있는 音韻의 종류는 8,800개 정도라고 하는데, 한자로 적을 수 있는 음운의 종류는 450개 정도이다. 母音의 長短音 구별까지 포함해도 900개에 불과하다. 그렇게 한자의 음운 수가 적기 때문에 漢字에는 同音異議語가 많이 생긴다. 그러므로 한자는 특히 장단음을 잘 구별하여 발음해야 의미를 분별할 수 있다. 이것이 한자가 발음에서 가지는 약점이다. 하지만 토박이말도 모음의 장단음을 구별하여 발음해야 의미가 분별된다는 점에서는 똑같은 약점을 지니고 있다.

4) 한글로 적을 수 있는 음운의 종류가 8,800개 정도라고 해도 그것은 토박이말을 적을 때 필요할 뿐이다. 한자음을 적을 때는 한글 음운 450개밖에 필요하지 않는다. 그러므로 한글의 풍부한 음운은 토박이말을 적을 때만 유리한 것이지 모든 어휘의 표기에 유리한 것은 아니다. 그러니까 한글의 다양한 음운은 토박이말을 적는 데 유리하며, 한글로 토박이말을 적으면 의미도 나타낸다(한글의 長點). 하지만 한글로 한자어를 적는다면 그 많은 음운이 필요 없다. 또한 한자어를 한글로 적으면 의미를 나타낼 수 없다(한글의 短點). 한편 한자로 토박이말을 적으

19) 金昌辰, 「'漢字 읽기'에서 長短音 發音 敎育의 必要性과 그 方法」, 『漢字漢文敎育』 제21집, 韓國漢字漢文敎育學會, 2008, pp.181~211. 참고.

려면 음운 수가 부족하여 다 적을 수 없다.(한자의 단점) 하지만 한자로 한자어를 적으면 다 적을 수도 있고 의미도 잘 나타낸다.(한자의 長點) 이렇게 한자는 한자어를 적는 데, 한글은 토박이말을 적는 데 각각 適合한 글자의 特性을 지니고 있다.

이렇듯이 한글과 한자는 문자로서 일방적인 우열은 없다. 다만 한글은 토박이말과 관련된 일에는 최고지만, 한자어를 적으면 의미를 나타내지는 못한다. 반면에 한자는 한자어와 관련된 일에는 최고지만, 토박이말을 다 적을 수는 없다. 이렇게 문자는 어휘 종류와 관련되어 자기에게 적합한 문자가 있을 뿐, 문자 자체에 근본적인 우열은 없다. 어느 민족의 문자건 그 문자는 자기 언어를 적는 데 최선의 문자인 것이다. 한글이 영어를 적는 데 로마자보다 나은 문자가 될 수 없다. 반대로 로마자가 한국어를 적는 데 한글보다 나은 문자가 될 수도 없다. 요컨대, 한자어는 한자로 적는 것이 최선이며, 토박이말은 한글로 적는 것이 최선이다.

> 1-4) 한글이 한자보다 분명히 우수한 글자이기 때문에, 굳이 한자와 같이 말하기와 듣기에 취약할 수밖에 없는, 한쪽 날개만 가진 글자를 쓸 필요가 없다는 것입니다.[20]

1-4)에 대한 反論

"한글이 한자보다 분명히 우수한 글자"라는 말은 앞에서도 살펴보았듯이 토박이말을 적는 데에 限定된다. 거꾸로 말하자면 漢字語를 적는 데는 "한자가 한글보다 분명히 우수한 글자"이다. 토박이말은 한자어의 의미를 나타내지 못하기 때문이다.

20) 「지평지성」, P.69.

“한자와 같이 말하기와 듣기에 취약할 수밖에 없는, 한쪽 날개만 가진 글자”라는 말은 잘못이다. 앞에서 설명했듯이, 한글과 한자는 각기 장단점을 가지고 있다. 그렇기 때문에 “한자와 같이 …… 한쪽 날개만 가진 글자”라는 말이 가능하다면, 한글 또한 “한쪽 날개만 가진 글자”인 것이다. 그래서 漢字와 한글이 합쳐졌을 때 비로소 한국어의 표기 문자는 두 날개를 가진 완벽한 형태가 되는 것이다.

表音文字와 表意文字는 절대로 그 하나만으로 완벽한 글자가 될 수 없다. 각기 장단점을 지니고 있을 뿐이다. 그러므로 한글만 일방적으로 우수한 만능 글자이고 한자는 일방적으로 열등한 글자라는 주장은 文字學에서 인정하지 않는다.[21]

> 1-5) 우리가 늘 하는 말을 가장 정확하게 표현하는 수단으로 한글을 따라올 것은 없습니다.[22]

1-5)에 대한 反論

“우리가 늘 하는 말을 가장 정확하게 표현하는 수단으로 한글을 따라올 것은 없습니다.”는 주장도 토박이말에 限定된다. 漢字語에서는 한글 표기가 불필요한 混亂을 불러일으키는 경우가 많다. 예를 들어보자. 2004년 4월에 金剛山에서 열린 제9차 남북 이산가족 상봉 행사 중, 남측 실무진 사무관 한 사람이 高城港 근처 금강산 치마바위 옆에서 북측 連絡官과 점

21) 崔炅鳳, 『한글민주주의』, 앞의 책, pp.221~222. “한글은 우수한 문자다. 한글처럼 정교한 체계를 갖춘 문자는 없다고 해도 과언이 아니다. 그러나 이를 근거로 한글이 가장 우수한 문자라고 강변하는 것은 불편한 일이다. 문자의 우수성은 문자의 체계와 모양뿐만 아니라 사용자의 인식 등도 함께 고려해 판단하는 것이기 때문이다. 그렇다면 객관적으로 우수한 문자를 가려내기는 사실 불가능하다. ‘자질문자’라는 개념은 문자체계의 정교함을 강조한 것이지만, 이것이 곧 한글의 사용상 우수성을 입증하는 것은 아니다.”

22) 「지평지성」, P.81.

심을 같이 먹고 있었다. 그런데 그 바위에 거대하게 한글로 새겨놓은 "천출명장 김정일 장군"이라는 문구가 있었다. 이것을 남측 실무진 사무관이 보고, "남쪽에서는 '賤한 출신'을 '천출'이라고 하는데 …… "라고 농담을 던졌다. 이에 대해 북한에서는 최고 존엄에 대한 모독이라고 크게 화를 내어 한동안 행사가 중단되어 버렸다. 그 事務官은 징계를 받고 업무에서 제외되는 불이익을 당했다.[23)]

이런 사건은 한자로 적어야 할 한자어를 한글로 적어놓았기 때문에 벌어진 사건이다. 이 경우는 고유명사도 아닌 일반명사지만 혼란을 불러일으킨 것이다. 대한민국에서는 '천출'이라고 하면 '天出'보다는 '賤出'을 떠올리기 쉬운데, 북한이 한글로 '천출'로 적어놓으니까 이런 심각한 오해가 벌어진 것이다. 이렇듯 한자어는 한글로 적으면, 그 한글을 해석하는 데 대화 상대 간에 불필요한 혼란을 불러일으키는 경우가 많다.

따라서 "우리가 늘 하는 말을 가장 정확하게 표현하는 수단으로 한글을 따라올 것은 없습니다."는 주장은 토박이말에서나 통하는 말이다. 한자어는 한자로 적어 주어야 저런 사례에서 보듯이 쓸데없는 오해가 생기지 않는다. 한글전용은 이 사건처럼 쓸데없는 '同音異義語'를 만들어서, 의사소통에 혼란을 불러일으킨다.

그리고 현행 한글은 發音 표기에서도 토박이말이나 한자어를 모두 "정확하게 표현"하지 못한다. 한글은 일반적으로 한국 국민들이 알고 있는 것처럼 우수한 글자가 아니다. 그 문제는 뒤에서 자세히 논하고자 한다.

1-6) 한글은 세계에서 가장 배우기 쉽고 쓰기 쉽고 조리 있는 글자입니다.[24)]

23) 김승련 기자, 「통일부 '김정일 천출 발언' 사무관 징계」, 『東亞日報』, 2004.04.16.
24) 「지평지성」, p.98.

1-6)에 대한 反論

한글이 배우기 쉬운 건 24字母에 限定된다. 실제로는 한글을 사용하여 글을 쓴다면 문제는 완전히 달라진다. 「한글맞춤법」에 맞게 글을 적기도 어렵고, 「표준발음법」을 지켜서 한글을 정확하게 읽기도 어렵다. 또한 한글로 적힌 한자어의 의미를 이해하는 일도 어렵고, 한자어 고유명사의 경우에는 아예 의미 파악이 불가능하다.

그러니까 한글 24字母를 배우기 쉽다고 하여, 그 한글을 사용하여 글을 적고, 글을 읽고, 글의 의미를 이해하는 일이 쉽다고 생각하면 큰 착각이며 오해이다.

첫째로, 한글을 사용하여 글을 적는 일이 쉽다면 왜 한국인이 「한글맞춤법」에 틀리지 않게 글을 적는 일이 그렇게 어렵겠는가? 한국인 중에 「한글맞춤법」에 틀리지 않게 글을 적을 수 있다고 자신할 수 있는 사람이 있는가? 거의 없다. 그러므로 "한글은 세계에서 가장 쓰기 쉽고"라는 말은 틀린 말이다.

둘째로, 한글로 적힌 글을 「표준발음법」을 지켜서 正確하게 읽는 일이 쉽다면 한국인의 발음이 왜 그렇게 엉망진창인가? 현재 아나운서들도 한글로 적힌 글을 正確히 읽는 사람은 거의 없다.[25] 따라서 "한글은 세계에서 가장 배우기 쉽고"라는 말도 틀린다.

셋째로, "한글은 세계에서 가장 조리 있는 글자"이라는 말도 틀리다. 한글을 사용하여 글을 사용할 때는 「한글맞춤법」을 따라야 한다. 그런데 「한글맞춤법」이 세계의 모든 문자들의 사용법 중에서 "세계에서

25) 兪萬根(전 大韓音聲學會 회장), 「'訓民誤音'이 된 오늘날 '한글' 問題」, 『한글+漢字문화』 제111호(2008년 10월호), 전국漢字教育추진총연합회. pp.12~13, "심지어 직업적 放送人들조차 表音未備 한글전용 원고를 들고 날마다 不正確한(듣기 싫은) 엉터리 發音을 쏟아내는 바람에, 지금 KBS, MBC, SBS, YTN … 할 것 없이, 그 뉴스를 들으며 (사투리 使用者나 外國人이) 서울말/표준말 발음을 배운다는 것은 緣木求魚라 할까, 어림도 없는 일이 되었다. 그러니 現代 文明國 나라 체면이 이보다 더 구겨질 수가 없다."

가장 조리 있"다고 단언할 수 있는 근거는 아무 데도 없다. 한국인 중에 '한글맞춤법'을 따라 정확히 글을 적을 수 있는 사람이 도대체 얼마나 되는가? 심지어는 얼마나 어려우면 전직 국립국어원장도 띄어쓰기가 자신 없다고 고백했을까.[26] "한글은 세계에서 가장 조리 있는 글자"라면 어떻게 이런 일이 벌어지겠는가?

따라서 "한글은 세계에서 가장 배우기 쉽고 쓰기 쉽고 조리 있는 글자입니다."라는 말은 한글전용론자들만 인정하는 迷信에 지나지 않는다. 訓民正音 28자가 과학적으로 창제된 것은 맞다. 하지만 현행 한글을 가지고 글을 쓰는 일은 전혀 다르다. 한글은 배우기 어렵고, 쓰기 어렵고, 조리가 부족한 글자인 것이다. 오늘날 한글을 사용하는 국민들이 한글 사용을 어렵게 느끼는 데서 증명된다. 과연 누가 한글을 자신 있게 쓸 수 있다고 나설 수 있는가?

1-7) (나) 우리나라 초고속 성장의 원동력

6.25전쟁을 겪은 뒤에야 비로소 보통교육이 자리잡게 될 정도로 근대화에 한참 뒤졌던 우리나라가, 〈한강의 기적〉이라는 찬사를 들을 만큼 초고속 성장을 이룩할 수 있었던 원동력 중 가장 큰 비중을 차지하는 것은 바로 '한글'이라는 매우 과학적으로도 뛰어난 효율성을 자랑하는 표음문자 덕분이었습니다.

어느 나라의 글자보다 익히기 쉬우면서도 앞으로의 정보통신 시대에 가장 적합한 '한글'이라는 축복이 있었기에, 우리는 그토록 짧은 시간 안에 문맹률이 매우 낮은 나라로 탈바꿈할 수 있었고, 양질의 노동력이 산업현장과 손쉽게 결합함으로써 오늘날 세계 8위의

26) 유석재 기자, 「前 국립국어원장의 고백 "띄어쓰기, 나도 자신 없다"」, 『朝鮮日報』, 2013.05.22, "전직 국립국어원장이 "복잡하기 짝이 없는 현행 띄어쓰기 규정이 국어를 망친다"고 주장하고 나섰다. 2006~2009년 노무현 · 이명박 두 정부에 걸쳐 국립국어원장을 지낸 이상규(60 · 사진) 경북대 국문과 교수다."

무역대국이라는 괄목할 만한 경제 성과를 이루어냈을 뿐 아니라 미래의 대한민국은 정보통신 세계를 선도해 나갈 수 있는 것입니다.[27)]

1-7)에 대한 反論

물론 우리나라가 1945년 光復 후 지금까지 68년이라는 짧은 시간 안에 이룩한 성과는 뛰어나다. 문맹률이 급격히 낮아졌고, 세계 最貧國에서 中進國의 선두로까지 올라섰다.

하지만 "우리나라가, 〈한강의 기적〉이라는 찬사를 들을 만큼 초고속 성장을 이룩할 수 있었던 원동력 중 가장 큰 비중을 차지하는 것은 바로 '한글'이라는 매우 과학적으로도 뛰어난 효율성을 자랑하는 표음문자 덕분"라고 주장하기는 어렵다. 글자가 국가를 발전시키는 데 "가장 큰 비중을 차지"한다는 주장은 지나친 것이다. 글자 하나 때문에 나라가 발전할 수 있다면 현재 세계 제1의 언어인 英語와 그 문자인 로마자를 쓰는 나라들은 모두 발전해야 할 것이다. 하지만 아시아에서 로마자를 쓰는 필리핀과 印度, 인도네시아 등이 발전한 나라들인가?[28)]

또 「법무법인 사랑」은 表音文字가 "뛰어난 효율성을 자랑"하는 우수한 글자라고 주장한다. 그런데 「법무법인 사랑」이 劣等한 문자라고 주장하는 表意文字인 한자를 섞어 쓰고 있는 일본은 왜 현재 미국에 버금갈 만한 경제대국이 되었는가? 또 표의문자인 한자만을 쓰는 중국은 현재 무서운 경제 성장을 이룩하면서 미국과 맞서는 경제대국으로 부상했는가?

---

27) 「법무법인 사랑」, II. 국어 정책의 방향, 1. 문자와 국력(國力).

28) 시정곤 외, 『한국어가 사라진다면』,한겨레출판, 2003, p.167. "영어 자체만으로는 부자가 되기 어려운 것은 120년 전이나 지금이나 변화되지 않는 진실이다. 우리보다 오래 전에 영어를 공용어로 사용한 필리핀은 영어 잘하는 대학 출신 가정부를 해외에 수출하는 정도이지만 그 나라의 경제력이 달라지지는 않았다."

따라서 「법무법인 사랑」이 "우리나라가, 〈한강의 기적〉이라는 찬사를 들을 만큼 초고속 성장을 이룩할 수 있었던 원동력 중 가장 큰 비중을 차지하는 것은 바로 '한글'이라는 매우 과학적으로도 뛰어난 효율성을 자랑하는 표음문자 덕분"라고 주장하는 것은 아무런 근거가 없는 어디까지나 주관적인 생각에 불과하다.

그리고 우리나라가 한글전용으로 인해 文盲率이 낮아진 것은 사실이나, 대신에 한국 국민의 국어능력이 저하된 것도 사실이다. 그러니까 한글전용은 단순 문맹률은 낮추었으나 오히려 실질 문맹률은 높이는 부작용을 불러온 것이다. 그것은 여러 연구 논문들에 잘 나타나 있다. 이 문제는 뒤에 자세히 논의하고자 한다.

따라서 한글전용으로 "미래의 대한민국은 정보통신 세계를 선도해 나갈 수 있는 것"이라는 「법무법인 사랑」의 주장도 아무런 근거가 없는 어디까지나 주관적인 생각에 불과하다. 글자가 좋아서 과학이 발달하는가? 그렇다면 한자를 쓰는 일본과 중국은 과학 분야 노벨상을 받았는데 왜 한글만 쓰는 한국은 과학 분야 노벨상을 받지 못했는가? 그러니까 저 말은 아무 근거 없는 소리로서, 한국의 한글전용론자들만 믿는 미신에 불과하다.

2. 漢字의 性能에 대한 過小評價

2-1) 교과서에 나온 개념을 설명할 때 필요에 따라 한자로 설명을 하면 되는데, 굳이 모든 한자어를 한자로 쓸 필요는 없습니다. 한자어로 설명을 하면 더 쉽게 설명을 할 수 있다는 것도 항상 모든 경우에 적용될 수는 없는 주장입니다. 설령 그런 면이 있다 하더라도 이미 한자를 어느 정도 공부한 학생들에게나 들어맞는 이야기일 뿐

입니다. 학생들이 특정 단어의 뜻을 제대로 이해하지 못한다면, 학생들이 이해할 수 있는 쉬운 말과 예로 설명을 하면 됩니다. 한자어에 쓰인 한자가 어떤 한자인지, 또 그 한자의 연원은 무엇인지 설명한다면 학생들이 공부할 분량이 더 많아질 뿐입니다. 수천 년 전에 만들어진 한자를 가지고, 계속 바뀌고 발전하는 사물과 사회 현상을 모두 쉽게 설명할 수 있는 것도 아닙니다.[29]

2-1)에 대한 反論

한글전용론자들은 "학생들이 특정 단어의 뜻을 제대로 이해하지 못한다면, 학생들이 이해할 수 있는 쉬운 말과 예로 설명을 하면 됩니다."하고 주장한다. 저 말대로 지금 한글전용 교육이 이루어지고 있다. 모든 漢字語 용어들을 한글로 적어 놓고 교사가 일일이 "이해할 수 있는 쉬운 말과 예로 설명을" 해주는 것이 현재의 한글전용 교육 형태이다. 그런데 그 교육방법이 非效率的이어서 현재 문제가 되고 있는 것이 아닌가? 왜 틀렸다는 방법을 계속해서 옳다고 우기는가? 자 다음의 신문기사를 보자.

> 중학교 3학년 국사 과목을 정리하던 중 세종대왕이 변방에 자주 침입하던 여진족을 군사력으로 제압하거나 회유하는 강온 양면정책을 썼다는 대목이 나왔다. "선생님, 변방이 뭐예요?" "강온 양면정책 그건 뭐예요?" "회유하다에서 회유가 뭐예요?" 사건의 시대적 배경이나 인과관계를 알아보기는커녕 어휘 설명만 하다가 시간이 다 흘렀다. 조세, 징수, 감찰, 호구, 풍기 등 국사 교과서에 나오는 주요 단어 어느 것 하나도 쉽게 넘어가지 않았다.[30]

---

29) 「지평지성」 P.38.

30) 김현미 여성동아 팀장, 「[광화문에서] '이렇게 중요한 과목'에 대하여」, 『東亞日報』,

위 기사에 나오듯, 중학교 이상이 되면 모든 한자어 용어가 어려워서 한자를 모르는 학생들이 한글로 적힌 한자어 용어를 이해하기가 어렵다. 그래서 학생들은 용어 하나하나 계속해서 질문을 해댄다. 그런데 교사가 어떻게 그 모든 한자어들을 다 일일이 설명해주고 넘어갈 수가 있는가? 그것은 저 기사에도 있듯이 현실적으로 시간적으로 불가능한 일이다. 그렇기 때문에 오늘날 학생들이 교과서를 다 이해하지 못하고 넘어갈 수밖에 없는 것이다. 그러니 "학생들이 특정 단어의 뜻을 제대로 이해하지 못한다면, 학생들이 이해할 수 있는 쉬운 말과 예로 설명" 하면 된다고 말하는 것은 전혀 현실을 모르는 헛소리에 지나지 않는다. 그런데 그 失敗한 방식을 계속해서 옳다고 우기기만 하면 어떡하는가? 현재의 한글전용 교육방법이 잘못되었다는 연구 결과는 넘치고도 넘치게 나와 있다. 그렇다면 이제는 교육방법을 달리 해보아야 하지 않겠는가? 다음의 기사를 보자.

> '윤창중 청와대 대변인을 경질한다'는 속보가 뜨면 인터넷에서는 '경질'이 검색어 1위에 오른다. '어떤 직위에 있는 사람을 갈아내고(迭) 다른 사람으로 바꾼다(更)'는 경질(更迭)의 뜻을 몰라 생기는 현상이다. '폐혜' '카드 결재' '유래 없는' 같은 잘못된 말을 검색하면, 이런 단어가 버젓이 들어 있는 문서가 수없이 뜬다. 이 중에는 학술 논문과 언론 기사도 수두룩하다. '폐해(弊害 · 폐단과 손해)' '카드 결제(決濟 · 거래 관계를 끝맺음)' '유례(類例 · 비슷한 예) 없는'으로 써야 맞지만, 소리 나는 대로, 짐작대로 단어를 쓴 것이다.
>
> '제발 한자 교육 좀 강화하자'고 목소리를 높이는 사람 중 상당수는 "우리 고전을 해독할 수 없게 됐다.", "인성 교육에 문제가 생긴다.", "동북아 중심 시대에 이웃 중국 · 일본과 교류가 어려워진다."고 걱정한

2013.07.18.

> 다. 그른 말은 아니지만, 더 중요한 이유가 있다. 한자를 모르기 때문에 당장 우리가 지금 쓰고 있는 한국어로 의사소통이 제대로 되지 않고 있다는 점이다.[31)]

위 기사에 나타나 있듯이 오늘날 학생들의 讀解力이 낮은 까닭은 학생들이 한자를 모르는 데 근본 원인이 있다. 그래서 학생들이 혼자서 글을 읽고 이해할 수 있는 독해력이 부족한 것이다. 게다가 어려운 한자어 용어를 한글로만 적어놓으니, 더욱 더 암호가 되어버리는 것이다. 현재의 한글전용 교육은 학생들에게 암호 해독을 강요하는 것이나 다름없다. 정말로 답답한 한글전용 교육 방식이다.

따라서 해결방안은 지금까지 해오던 한글전용 교육에서 벗어나는 것이다. 학생들에게 한자교육을 해야 한다. 동시에 교과서는 한자어 용어는 원 글자인 한자로 적어준다. 그러면 독해력이 좋은 학생은 스스로 그 한자어 용어의 의미를 알게 된다. 만약에 그러고도 이해 못하는 용어가 있다면 교사는 그런 용어들만 설명해주면 된다. 바로 이렇게 학생들 스스로 독해력을 높일 수 있도록 독해능력을 길러주어야 한다. 국한자혼용 교육으로 학생들 스스로가 글을 읽고 기본적인 내용은 이해할 수 있도록 교육방법을 개선해야 하는 것이다.

"설령 그런 면이 있다 하더라도 이미 한자를 어느 정도 공부한 학생들에게나 들어맞는 이야기일 뿐입니다. …… 한자어에 쓰인 한자가 어떤 한자인지, 또 그 한자의 연원은 무엇인지 설명한다면 학생들이 공부할 분량이 더 많아질 뿐입니다."라는 말도 잘못이다. 물론 처음에 학생들이 한자를 배울 때는 학습 부담이 될 수 있다. 하지만 "자식에게 고기를 잡아주지 말고 고기 잡는 법을 가르쳐 주라."는 말이 있다. 처음

31) 유석재 문화부 기자, 「[기자 칼럼] 漢字 교육이 '실패'한 이유」, 『朝鮮日報』, 2013. 05.25.

에 학생들이 조금 시간을 들여서 한자를 배워 놓으면, 그 한자능력으로 독해력을 기르게 되면, 평생 수준 높은 국어능력으로 살아갈 수 있다는 점에서 현명한 방법인 것이다.[32)]

현재 한글전용 교육은 "학생들이 특정 단어의 뜻을 제대로 이해하지 못한다면, 학생들이 이해할 수 있는 쉬운 말과 예로 설명을 하면 됩니다."와 같은 방식이다. 이것은 교사가 모든 한자어 용어들을 일일이 그 의미를 설명해주어야 하는 방식이다. 이것은 곧 '자식에게 고기를 잡아 주는 방식'이다. 매우 非效率적인 방식이다.

그러니까 교육 방식을 根本的으로 바꿔야 한다. 학생에게 한자를 가르쳐 주어서 독해력을 길러주어야 한다. 그리하여 학생 스스로 새로 나온 한자어 용어의 의미를 파악할 수 있도록 해야 한다. 이것이 바로 '자식에게 고기 잡는 방법을 가르쳐 주는 방식'이다. 그렇게 하면 교사가 일일이 한자어 용어의 의미를 설명해주지 않아도 된다. 학생이 자기주도적 학습방법으로 한자어 용어의 의미를 파악할 수 있게 되어, 저절로 국어능력이 向上되는 것이다. 이러한 국한자혼용 교육이 효율적인 교육방법이다. 이 문제는 비유하자면 철도를 놓는 일과 같다. 처음에 철도를 놓는 일이 힘들고 귀찮아 보이겠지만, 철도를 한 번 깔아 놓으면 그 뒤로는 얼마나 편리한가? 한글전용은 철도 놓는 일이 힘들고 귀찮다고 平生 걸어 다니겠다는 말이나 다름없다.

---

32) 李東昱, 「인터뷰/「한글창제 연구」 독일인 라이너 도멜스 박사—저승의 세종대왕은 한글전용을 개탄할 것—」, 『月刊朝鮮』, 1999년 12월호. "—하지만 3천 자나 되는 글자를 배우는 데는 시간이 많이 걸리잖습니까. / "물론 많이 걸리겠지만 나중을 생각하면 그 길이 빠른 길입니다. 처음 배울 때는 시간이 걸리지만 배우고 나면 한자가 표기된 책을 읽고 이해함으로써 얻어지는 이익이 얼마나 큽니까. 조급성 때문에 단기적으로 빨리 익힐 수 있는 한글만 배우면 학습하는 과정에서야 시간과 노력이 그만큼 작게 들지요. 하지만 그 후부터 책을 읽을 때마다 두고두고 값비싼 대가를 치르게 됩니다."

2-2) "한자어를 한자로 표기한 경우에도 한자어의 의미를 이해하기 위해서는 한자 낱자만 알아서는 소용이 없고 고유어와 마찬가지로 전체적인 단어의 의미를 알아야 합니다. …… 한자어의 구성 요소인 한자의 어원 지식이 전체 의미를 이해하는 게 암시가 되는 경우도 있지만 위와 같이 별로 도움이 되지 않는 경우도 대단히 많습니다. …… 이처럼 어려운 한자어가 포함된 문장들을 이해할 때에는 한자어를 구성하는 한자 각각의 의미보다는 '해당 분야에 대한 배경 지식', '단어의 전체적 의미나 용법'을 아는 것이 훨씬 중요합니다."[33]

2-2)에 대한 反論

"이처럼 어려운 한자어가 포함된 문장들을 이해할 때에는 한자어를 구성하는 한자 각각의 의미보다는 '해당 분야에 대한 배경 지식', '단어의 전체적 의미나 용법'을 아는 것이 훨씬 중요합니다."라는 말은 잘못이다. 예를 들어 '壬辰倭亂'이라는 용어가 국사시간에 나왔다 하자. 물론 이 경우 '壬辰倭亂'이라는 용어에 대해서 "'해당 분야에 대한 배경 지식', '단어의 전체적 의미나 용법'을 아는 것이" 필요하다.

하지만 가장 중요한 것은 '임진왜란'이라는 역사 용어의 정확한 의미를 아는 일이다. 그러려면 漢字 한 글자의 의미부터 알아야 한다. '壬'과 '辰'이라는 한자부터 알아야, 그 다음에 그 둘이 합쳐져서 '壬辰'이라는 60甲子의 한 해가 되는 것을 이해할 수 있다. 또 '倭'와 '亂'이라는 개별 한자를 알아야, 그 다음에 그 두 한자가 합쳐 '倭亂'이 되어서 "倭人들이 일으킨 亂"이 된다는 것을 이해할 수 있다.

지금처럼 한글로 '임진왜란'이라 적어놓고, "해당 분야에 대한 배경

33) 「지평지성」, p.52.

지식"만 가르친다면, 학생들은 '임진왜란'은 조선과 일본이 싸운 전쟁 정도로밖에 이해하지 못한다. 이것은 정확한 개념 파악이 아니다. 이것이 한글전용 교육의 문제점이다.

따라서 "단어의 전체적 의미나 용법"을 학생들에게 잘 이해시키기 위해서라도 한자어는 원 글자인 한자로 적어놓고, 순차적으로 풀이해 주는 것이 정상적이고 효율적인 교육방법이다. 이것은 상식적인 이야기다. 한글전용론자들은 왜 한자어는 한자로 적는 것이 정상이라는 상식을 죽어도 否定하는가? 한글전용론자들은 영어 시간에 영어 단어도 한글로 적어놓고 가르치는가?

물론 한자어 용어를 한자로 적어 놓았다고 하더라도 학생 스스로 즉각 이해하기에는 조금 어려운 경우도 있다. 그럴 경우에는 물론 교사가 나서서 설명해 주어야 한다. 하지만 중요한 것은 일단은 그 한자어 용어를 한자로 적어놓고 이해하려고 하는 것이 한글로 적어놓고 이해하려고 하는 것보다는 무조건 낫다는 것이다. 그러니까 한자어 용어를 한자로 적어놓으면 적어도 이해해보려는 근거는 갖춰져 있는 것이다. 그러니 국어사전이든 백과사전이든 찾아서라도 해결할 수 있는 것이다. 그런데 한자어 용어가 한글로 적혀 있으면, 그 한자어 용어가 어떤 한자로 이루어져 있는지조차 알 수 없으므로 도대체 어떻게 해볼 방법이 없는 것이다. 너무나 막연한 것이다. 그러니 설사 한자어 용어를 한자로 적어놓은 것이 100점은 못 된다 하더라도 몇 십 점은 될 것이니 최소한 한글로 적어놓은 것보다는 낫다는 것이다. 왜냐하면 한글로 적어놓은 한자어 용어는 0점이기 때문이다. 50점이 0점보다야 훨씬 나은 것이 아닌가?

2-3) 한자, 한문이 눈으로 읽고 그 뜻을 이해하는 데 탁월한 기능을 하고 있다고 가정해 보더라도, 입으로 말하고 귀로 듣는 일에는 치

명적인 결함이 있습니다. …… 청구인들은 이러니 한자어는 한자로 써야 한다고 주장할 것입니다. 그러나 한자를 쓸 수는 있지만, 자형(字形)을 말로 설명하기는 어렵습니다. …… 이미 돌이킬 수 없는 일이라 모두 부질없는 생각이긴 하지만, 만약 위 독립선언서를 누구든지 쉽게 알 수 있는 쉬운 말과 한글로 써서 온 나라에 뿌렸다면, 3.1운동의 불길이 더 뜨겁게 방방곡곡으로 불탔을 것입니다.[34)]

2-3)에 대한 反論

첫째, 지금 國漢字混用이냐 한글전용이냐 하는 문제는 글자를 적는 표기의 문제이지 "입으로 말하고 귀로 듣는 일"의 문제가 아니다. "입으로 말하고 귀로 듣는 일"의 문제는 發音의 문제다.

둘째, 「獨立宣言書」가 한자어가 많고 한자로 써진 것을 가지고 시비를 거는데, 그 당시 지식인의 수준은 그것을 이해할 만한 수준이니까 그렇게 쓴 것이다. 그 정도는 당시 「독립선언서」를 주로 배포하였던 중고등학교 학생들도 읽고 이해하였던 수준이다. 그러니까 오늘날 대학을 졸업하고도 그 「독립선언서」도 이해 못하는 사람들의 낮은 한자능력을 반성해야지 반대로 왜 그 당시 사람들의 높은 한자 능력을 비난하는가? 오늘날 한자를 모르는 사람들이 자기 수준으로 「독립선언서」가 어렵다고 말하는 것은 영어 초보자가 셰익스피어의 작품이 어렵다고 是非 거는 것과 똑같은 일이다.

셋째, 「獨立宣言書」는 일종의 문학작품이다. 문학작품은 평소의 말보다는 조금 더 세련된 단어도 들어가고 화려한 수사법도 들어간다. 그것을 是非 거는 것은 문학작품에 대한 몰이해이다. 「독립선언서」가 어려워서 3.1운동의 불길이 뜨겁게 타지 못했다는 황당한 이야기는 독립운동사 어디에도 찾아볼 수 없다.

34) 「지평지성」, pp.53~55.

2-4) 우리말을 외국인에게 정확히 알리기 위해서도 한글을 쓰는 것이 더 좋습니다. 앞서 살펴본 것처럼, 한자를 사용하면 의미에 혼동이 생길 수 있기 때문입니다.[35]

2-4)에 대한 反論

"우리말을 외국인에게 정확히 알리기 위해서" 물론 토박이말은 한글로 적는 것이 좋다. 한자어는 경우는 외국인이 한자를 모르는 경우는 한글로 적는 수밖에 없다. 하지만 외국인이 한자를 안다면, 한자어는 한자로 적어주는 것이 훨씬 한국어 글을 정확하고 쉽게 파악하게 만든다.

筆者는 외국인들에게 한국어 교육을 4년간 해본 경험이 있다. 한자어를 한글로 적어 놓으면, 외국인들은 그 한글을 소리로 읽기는 하는데 의미는 잘 모르는 경우가 많다. 그럴 경우 필자는 한자를 아는 외국인에게는 한자로 적어주었다. 그러면 日本人·中國人 移住民 여성들은 의미를 알 수 있다고 좋아했다. 물론 한자를 모르는 외국인은 아예 한字를 읽을 수 없으니 더 어려워했다.

그러니까 한자어를 한글로 적어놓으면, 외국인은 읽기는 하는데 의미는 잘 알지 못한다. 반면에 한자어를 한자로 적어놓으면, 한자를 모르는 외국인은 아예 읽기조차 못한다. 하지만 한자를 아는 외국인은 의미를 정확히 안다. 바로 이것이 한글전용과 국한자혼용의 본질적인 長短點이다. 곧 한글전용의 장점은 쉽게 읽을 수 있다는 점이다. 반면에 단점은 한자어의 의미는 알 수 없다는 점이다. 한편 국한자혼용의 장점은 한자어의 의미까지 알 수 있다는 점이다. 반면에 단점은 한자를 알지 못하면 읽을 수 없다는 점이다.

이 문제에 대해서 정작 외국인이 어떻게 느끼고 있는지 알아보자.

---

35)「지평지성」, p.57.

도멜스 박사는 "한글로 된 책은 너무 어렵다"며 이렇게 말했다. "한자가 포함된 책을 읽으면 主題語(주제어)를 금방 찾아낼 수 있어 중요한 부분만 읽어도 쉽게 내용을 알게 됩니다. 그런데 한글로만 표기된 책은 주제어 찾기가 쉽지 않습니다. 또 문장 하나하나가 한자를 포함했을 때 의미를 확연하게 느낄 수 있는 데 반해 한글로만 된 책은 빨리 이해할 수 없다는 점이 있어요."

한글전용론자들은 한자어라도 한글로 표기하면 문맥을 통해 얼마든지 해석할 수 있다고 합니다. 예를 들어 「복수」라는 단어를 보면, 단어만으로는 「復讐」, 「複數」, 「腹水」도 있고 「福壽」도 있습니다. 그러나 문맥 속에서는 이것이 무슨 뜻인지 금방 안다는 겁니다. 외국인의 입장에서 이런 주장을 어떻게 보십니까.

"제 어휘력이 부족해서 그렇겠지만, 한글로만 된 책은 同音異義語(동음이의어)가 너무 많아요. 현미경을 통해서 어떤 사물을 관찰할 때 초점이 정확하게 맞질 않아서 뿌옇게 보이는 것과 같아요. 얼마나 답답한지 한국사람은 모를 겁니다. 저 같은 외국인은 몇 번씩 반복해서 읽어야 하는 고통스러움이 있습니다. 한자가 함께 나오는 책들은 한 번 읽어도 또렷하게 그 내용을 이해할 수 있어요. 초점이 맞는 현미경으로 보는 것과 같지요.[36]

저 인터뷰에서 보듯이, 외국인이 한자를 안다면 한자어가 한자로 적혀 있는 것이 훨씬 글을 이해하는 데 편리하다. 그 이유를 저 인터뷰와 결부시켜 설명해주면 다음과 같다.

오늘날 한국인은 한글전용으로 된 글을 한자어 고유명사나 어려운 전문용어 등을 빼놓고는 어느 정도 이해하는 데 큰 어려움을 겪지 않

36) 李東昱, 「인디뷰/「한글창제 연구」 독일인 라이너 도멜스 박사—저승의 세종대왕은 한글전용을 개탄할 것—」, 『月刊朝鮮』, 1999년 12월호.

는다. 하지만 외국인은 그런 한글전용 글을 이해하는 데 어려움을 느낀다. 그 差異點은 한국어를 경험한 시간의 차이에서 온다. 한국인은 한국어를 사용한 시간이 많으니까 머릿속에 많은 한국어 정보가 入力·貯藏되어 있다. 그래서 한글전용 글을 보더라도 그 많은 정보를 활용하여 동음이의어 같은 것도 문맥에 따라 어느 정도 유추해내는 일이 가능하다. 그런데 외국인은 한국어 정보량이 한국인보다 적을 수밖에 없다. 따라서 한글전용된 글을 접하면 소리 내어 읽기는 하는데, 동음이의어를 문맥에 따라 유추해내는 데 애를 먹는다. 그런데 만약에 외국인이 한자를 아는 사람이라면 국한자혼용으로 적어주면, 외국인은 훨씬 쉽게 그 의미를 짐작할 수 있게 된다. 왜냐하면 한자 자체가 의미를 드러내주기 때문이다. 바로 이 점이 중요하다. 국한자혼용은 한자 자체가 의미를 드러내준다. 반면에 한글전용은 한글이 한자어의 의미를 드러내지 못한다. 대신에 사람의 머릿속에 많이 입력·저장된 한국어 情報量을 최대한 활용하여 독자가 유추할 수밖에 없다. 그러니까 국한자혼용은 한자라는 문자 자체가 정보를 제공해주는 방식이고, 한글전용은 문자는 정보를 주지 못하는 대신에 사람이 자기 머릿속의 정보를 활용하는 방식이다. 그렇다면 어느 방식이 더 편리하고 효율적인가?

文字는 그 자체가 의미를 나타내주어야 한다. 물론 그 문자가 드러내는 의미와 사람의 머릿속에 저장된 의미가 교호작용을 통해 독해는 이루어진다. 그런데 한글전용 방식으로는 문자 자체는 의미를 나타내지 못한다. 그러니 오로지 사람이 자기 머릿속에 저장된 의미만 가지고 앞뒤 문맥을 스스로 파악해서 讀解를 해야만 한다. 따라서 한글전용은 정상적인 표기방식이 아닌 것이다. 문자가 스스로 의미를 나타내지 못하고 사람이 문자가 해야 할 일까지 떠맡아 고생해야 한다면, 어떻게 그것을 정상적인 표기방식이라 할 수 있는가? 반면에 국한자혼용은 문자 스스로 의미를 나타내므로 정상적인 표기방식이다. 그렇기 때문에 외국인이 처음 그 글을 대하고 읽어도 바로 의미를 이해하는 데 지장이 없는 것이다. 한자를 아는 한국인은 일본이나 중국의 글을 처음 대하고도 어렵지 않게 의미를 파악해낼 수 있다. 그것은 한자가 스스로 의미를 나타내기 때문이다. 그런 것이 정상적인 문자 표기방식이다. 하지만 외국인이 한국의 한글전용 글을 보고 의미를 파악하기는 저 위의 기사에서 도멜스 박사가 말한 것처럼 쉽지 않은 일이다. 한글이 스스로 한자어의 의미를 나타내지 못하기 때문이다. 그러니 한글전용은 비정상적인 문자 표기방식인 것이다.

國漢字混用과 한글전용 중 어느 쪽이 더 效率的인 방식일까? 한글전용은 사람이 일일이 한자어의 의미를 머릿속에 사전에 입력·저장해두어야 한다. 그러니 기억해두어야 할 정보량이 많아져서 腦의 부담이 크다. 반면에 국한자혼용은 상용한자 2,000자 정도만 머릿속에 저장해두면 되므로 뇌의 부담이 적다. 그리고 한자어는 한자로 적어주면, 독자는 그 한자 2,000자를 활용하여 그 한자어의 의미를 스스로 독해하게 된다. 그렇게 파악해낼 수 있는 한자어가 한자 1개당 만들 수 있는 단어를 5개만 잡아도 1만 단어에 이른다. 반면에 한글전용 방식으로 한자어의 의미를 파악하려면 먼저 머릿속에 그 한자어 1만 개를 모두 일일이 입력·저장해두어야 한다. 그러니까 한자 자체를 입력하는 것보다 5배나 腦의 부담이 크다. 그리고 사람이 한글로 적힌 한자어를 보면서 그 한자어가 자기 머릿속에 들어 있는 한자어들 중에서 어떤 것인지 문맥을 통해 앞뒤로 왔다 갔다 하면서 찾아내야만 한다. 그러니 한글전용으로 한자어의 의미를 파악하는 일은 국한자혼용 방식보다 훨씬 힘들다. 게다가 정확하지도 않다. 그러니까 한자 2,000자 외우기 힘들고 귀찮다고 당장 쉬운 한글만 읽으려다가 오히려 腦를 5배나 혹사시키고도 부정확한 문자생활을 하는 매우 비효율적인 것이 바로 한글전용 표기방식인 것이다.

그러니 "우리말을 외국인에게 정확히 알리기 위해서도 한글을 쓰는 것이 더 좋습니다. 앞서 살펴본 것처럼, 한자를 사용하면 의미에 혼동이 생길 수 있기 때문입니다."라는 주장은 사실과 정반대로 말한 것이다. 한자어를 한글로 적으면 외국인들은 "의미에 혼동이 생길 수 있다." "우리말을 외국인에게 정확히 알리기 위해서"는 한자어는 한자로 적어야 하는 것이다.

2-5) 한자, 한문이 동아시아의 문명을 꽃피우는 데 이바지한 상징체계임을 부정하지는 않겠습니다. 그러나 현대의 정보화 사회에서 효율적인 언어의 기능을 하기에는 별로 적합하지 않습니다.[37]

2-5)에 대한 反論

中國과 日本이 사용하는 한문과 한자는 "현대의 정보화 사회에서 효율적인 언어의 기능을" 잘 하고 있다. 한자와 假名[가나]를 섞어 국한자 혼용하는 일본은 한글전용하는 한국보다 훨씬 선진국이다. 한문을 쓰는 중국은 세계에서 미국과 경쟁하는 초강대국이다. 이렇게 중국과 일본은 한자를 가지고도 "현대의 정보화 사회에서 효율적인 언어의 기능을" 잘 발휘하고 있기만 하다.[38] 오히려 한글만 쓰는 한국이 중국과 일본에 비해 훨씬 뒤처지고 있다.[39] 그러니 한글전용론자들이 한자를 열등한 글자인 것처럼 罵倒하는 것은 자기 자신을 모르는 "우물 안 개구

37) 「지평지성」, p.67.

38) 崔炅鳳, 『한글민주주의』 책과함께, 2012, p.222. "한자를 원시적인 문자로 본 것은 음소문자를 썼던 서구학자들의 문자관을 반영하는 것일 뿐, 한자가 원시적이라는 근거는 못 된다. 한자는 지금까지 중국 사회에서 활발하게 쓰이고 있으며, 문자의 기계화 측면에서 지적되었던 한자어 약점들도 컴퓨터 정보처리 방식이 획기적으로 발전하면서 대부분 해결되었다."

39) 國漢字混用을 하는 日本은 노벨상을 18명이 받았으며, 漢文을 쓰는 中國은 노벨상을 7명이 받았다. 하지만 한글전용하는 韓國은 노벨평화상 한 명밖에 받지 못했다.

리" 같은 사고방식에 불과하다.

물론 휴대전화나 컴퓨터 같은 데서 한글이 한자를 입력하는 것보다 편리하고 시간이 적게 걸리는 것은 사실이다. 그래서 한글전용론자들이 그 점을 들어 한글이 현재 정보화시대에 최적의 글자라고 주장한다. 하지만 관점을 달리 생각해 보면 꼭 그런 것은 아니다.

휴대전화에서 입력의 便利性과 速度가 최고의 가치는 아니다. 언어는 의미를 정확하고 풍부하게 전달할 수 있어야 우수한 것이지 빨리만 전달하는 것이 우수한 것이 아니다. 현재 휴대전화에서 한글전용으로 입력하면 한자를 섞어서 입력하는 것보다 속도가 빠르고 쉽다. 하지만 그 반면에 한자어를 한글로 입력하면 의미가 부정확하게 전달된다. 그래서 의사소통에 지장이 있다면 속도가 조금 빠른 것이 무슨 장점이 되는가? 일본도 소리글자인 假名[가나]를 가지고 있다. 그들도 의미를 부정확하게 전달하는 것을 감수한다면 '假名[가나] 전용'으로 글을 빨리 입력할 수 있다. 그러나 그들은 그렇게 하지 않는다. 그 이유는 무엇이겠는가? 日本人들은 언어 사용에서 질을 중시하는 것이다. 반면에 한국은 양을 중시하는 것이다. 곧 일본인은 언어 사용에서 正確性과 豊富性을 중시하는 반면에 한국인은 迅速性과 便利性을 중시하는 것이다. 한국인은 한글전용 입력으로 언어를 빨리 전달하는 것에 만족하고 있지만 그 대신에 정확한 의미전달은 희생시키고 있는 것이다. 요컨대 현대 情報化시대에도 역시 한자와 한글은 장단점이 각각 있는 것이다. 어느 한 쪽만 일방적으로 우월하다고 주장하는 것은 편견이나 선입견에 지나지 않는다.

2-6) 알파벳의 낱자는 추상적이고 내용 없는 기호이며, 일정한 순서에 따라 늘어놓음으로써 의미가 나타납니다. 그렇기 때문에 알파벳은 추상적인 사고를 발전시키고, 알파벳을 쓰는 사람은 현실에 있는

특수한 것을 넘어 모든 것에 들어맞는 것을 추구하기 시작했습니다. …… 반면 한자는 뜻글자이므로 말 사이에 밀접한 관계가 있을 수 없습니다. 한자와 같은 뜻글자로 생활을 한 사람은 추상에 기초한 설명에 의존해야 하는 까닭에 과학의 법칙과 철학의 추리에 약합니다.[40)]

2-6)에 대한 反論

우리나라에서 科學 用語나 哲學 用語가 한자어가 많은가, 토박이말이 많은가? 漢字語가 압도적으로 많다. 번역가 이희재씨도 "무수히 새로운 어휘가 나오는 과학 분야에서 한자어를 쓰지 않고 토박이말만을 고집하기란 불가능합니다."[41)]라고 말하고 있다. 그런데 무슨 "한자와 같은 뜻글자로 생활을 한 사람은 …… 과학의 법칙과 철학의 추리에 약합니다."라고 말하는가?

또 우리나라 佛敎哲學과 儒敎哲學은 모두 漢字로 이루어졌다. 그 시기가 韓民族 哲學의 全盛期였다. 그리고 漢字로 科學을 했던 朝鮮時代에는 우리 科學 수준이 세계적으로 높았다. 하지만 光復 후 우리나라에서 한글전용하면서 哲學다운 哲學, 科學다운 科學이 나온 게 있는가? 한글전용 65년에 세계적인 哲學者, 科學者가 나왔는가? 없지 않는가? 그러니 "한자와 같은 뜻글자로 생활을 한 사람은 …… 과학의 법칙과 철학의 추리에 약합니다." 같은 말은 사실을 正反對로 말한 것이다. 오히려 한글과 토박이말로 국어생활을 하는 사람들이 "과학의 법칙과 철학의 추리에" 약한 것이다.[42)]

40) 「지평지성」, pp.71~72.

41) 이희재, 『번역의 탄생』,교양인, 2009, p.286.

42) 박갑수, 『아름다운 우리말 가꾸기』,집문당, 2001, p.79. "우리말은 논리적인 사색어가 많지 아니하고, 감각어가 발달되었음을 보여 준다,. 우리는 본래 풍류를 즐기는 낙천적인 민족으로, 논리적이고 철학적이기보다는 정서적이고 감각적인 생활을

2-7) 한자는 이미 오래 전에 만들어진 글자이기 때문에, 새롭게 나타나는 자연현상과 사회현상을 적절하게 나타낼 수 있는지도 의문입니다.[43]

2-7)에 대한 反論

漢字뿐만 아니라 서양의 로마자도 "이미 오래 전에 만들어진 글자"가 아닌가? 그런데 로마자가 "새롭게 나타나는 자연현상과 사회현상을 적절하게 나타낼 수" 없는가? 로마자는 세계 최첨단의 학문을 발전시켜 나가고 있지 않는가? 글자가 아무리 만들어진 지 오래 되었어도 새 시대에 맞게 새로운 단어를 만들어 써나가면 되는 것 아닌가? 문자가 역사가 오래되어서 "새롭게 나타나는 자연현상과 사회현상을 적절하게 나타낼 수" 없다는 말은 文字學에 없는 해괴한 소리다.

2-8) "또한 청구인들은 부동층(浮動層. 선거나 투표 따위에서, 어느 쪽을 선택할지 결정하지 못했거나 바꿀 생각이 있는 계층)을 움직이지 않는 층이라고 알고 있는 대학생, 음식점 간판에 붙은 삼계탕을 보고 닭 세 마리를 주는 것으로 오인한 사례, 초계함(哨戒艦. 적의 습격에 대비하여 경계하는 일을 하는 군함)의 뜻을 모른 대학생이 문제라고 말하고 있습니다. 청구인들 주장에 따르면, 한자어에 한자를 쓰지 않았기 때문에, 한자 교육을 제대로 받지 않았기 때문에 이와 같은 일이 생겼다고 주장합니다.

앞뒤가 바뀐 주장입니다. 처음부터 오해의 소지가 없는 더 쉬운 말을 사용했으면 이런 문제가 생기지 않았을 것입니다. 처음부터

즐겨하였나."

43) 「지평지성」, p.73.

"지지할 후보를 정하지 못한 층", "인삼과 닭을 넣고 끓인 탕", "망을 보는 배"라고 하면 됩니다. …… 삼계탕에 관한 이야기도 한자를 잘못 사용했기 때문에 발생한 것입니다. 한글로 된 "삼계탕"이라는 표현을 썼으면, 그 자체로 닭이 세 마리 들었다고 오해할 국민은 단 한 명도 없을 것입니다."[44]

2-8)에 대한 反論

위의 주장은 두 가지로 잘못되었다. 첫째, 언어는 '社會的 約束'이다. 그러므로 특별한 이유가 없는 한 단어의 형태나 발음의 전통을 유지하는 것이 바람직하다. 언어는 연속성이 유지되어야 의사소통이 원활하게 이루어지기 때문이다. 고사성어가 네 글자로 많은 내용을 함축적으로 전달할 수 있는 까닭은 수 천 년 간 같은 형태를 유지해 내려오기 때문이다. 만약에 고사성어의 형태를 바꿔버린다면 그러한 편리함은 사라져 버린다. 위 글이 예로 든 단어들도 마찬가지다. 오랫동안 써오던 단어를 함부로 바꾸면 안 된다.

둘째, 언어는 '言語의 經濟性'을 살려 써야 한다. '浮動層'이라고 한자로 적으면 3음절로 간략하다. 반면에 "지지할 후보를 정하지 못한 층"이라고 풀어서 적으면 12음절이나 되고, 16칸이나 차지한다. '蔘鷄湯'은 3음절인데 "인삼과 닭을 넣고 끓인 탕"은 10음절에 14칸을 차지한다. '哨戒艦'은 3음절인데 "망을 보는 배"는 5음절이며 7칸을 차지한다. 이렇게 한자어를 한자로 적으면 '言語의 經濟性'을 살릴 수 있다. 반면에 한자어를 한자를 쓰지 않기 위해 한글로 풀어 써야 한다면, 음절수가 많아져서 압축미를 잃어버리게 된다. 글 쓰는 사람의 처지에서 하나하나 낱말 풀이를 하면서 글을 써야 한다면 맥이 빠지고 힘이 든다. 신문은 공간을 절약해야 하는데, 3칸에 적을 단어를 16칸으로 늘려 적으라

44)「지평지성」, pp.76~77.

면 말이 되는가? 음식점에서 차림표에 '蔘鷄湯'이라고 간략하게 적어야지 "인삼과 닭을 넣고 끓인 탕"이라고 쓴다면 말이 되는가? 해군에서 '哨戒艦'이라고 간략하게 적어야지 "망을 보는 배"라고 느슨하게 적어서야 군대다운가? '言語의 經濟性'을 잃어버리면 말다운 맛이 사라진다.

그렇기 때문에 저런 주장은 전혀 언어 현실과 맞지 않는 한글전용론자들의 卓上空論이다. 이 '탁상공론'도 한글로 "책상 위에서 헛소리 늘어놓는 일"이라고 적어서야 글맛이 나겠는가? 필자는 글을 자신의 의도를 가장 잘 드러낼 수 있는 방향으로 쓴다. 한자어의 장점은 토박이말보다 압축성이 좋고 함축미가 우수하다는 점이다. 그 장점 때문에 한자어를 선호하는 필자들이 있다. 그 자연스러운 현상을 한글전용론자들이 시비를 걸어서 억지로 바꾸라고 하는 것은 越權行爲이다. 한자어를 통해 글을 간결하고 함축적으로 표현하는 것은 한국어의 좋은 전통이다. 한글전용이라는 무리한 주장을 합리화하기 위해 한국어의 좋은 전통을 파괴하라는 것은 말도 안 되는 橫暴이다.

"한글로 된 "삼계탕"이라는 표현을 썼으면, 그 자체로 닭이 세 마리 들었다고 오해할 국민은 단 한 명도 없을 것"이라는 주장은 語不成說이다. 한자어를 한글로 적으면 무슨 의미인지를 나타내지 못한다. 그렇기 때문에 그걸 보는 사람은 자기 나름대로 그 의미를 추측해볼 수밖에 없다. 그러다 보면 "닭이 세 마리 들었다고 오해할 국민"도 생길 수 있다. 그러니 필자가 자기가 쓰는 한자어를 독자들이 그 의미를 誤解하거나 理解하기 어려울 것으로 걱정한다면, 길게 풀어서 쓸 것이 아니라 그냥 漢字로 적으면 된다. 그 漢字를 읽고 이해하는 것은 독자의 몫이다. 필자에게 독자를 무조건 漢字를 모르는 사람으로 想定하고 낱말 뜻을 길게 풀어 써야 한다는 저런 한글전용론자들의 주장은 옳지 않다. 한글전용론자들의 주장대로 하면 한국인의 국어생활은 무척이나 불편해질 것이다. 한글전용이라는 무리한 주장을 합리화하기 위해 필자가 자유롭게 글 쓸 권리를 박탈하려면 안 된다. 따라서 이 문제는 한국어의 좋은 전통과 필자의 자유로운 글 쓸 권리를 포기하라고 할 것이 아니라 불합리한 한글전용을 포기하는 것이 올바른 해결방안이다.

> 2-9) 대부분의 낱말은 어원을 모르는 채 배우며, 한자어의 경우에도 마찬가지입니다. 이를테면 '학교, 학생, 학문, 학자' 등의 말로부터 '학'이 '배우자'라는 듯과 관계가 있음을 알 수 있게 되고 '학'을 한 형태소로 분석해 내는 것입니다. 처음 대하는 한자어는 이미 알고 있는 한자어들을 통해 알게 된 각 글자의 뜻과 문맥의 도움을 받아 그 뜻을 확인하면 됩니다.[45]

2-9)에 대한 反論

만약에 한글 '학'이 한자로 단 한 가지뿐이라면 "'학'을 한 형태소로 분석해 내는" 일이 가능하다. 하지만 한글 '학'은 한자로는 '學', '鶴', '虐', '謔', '壑' 등 여러 가지가 있다. 곧 '學', '鶴', '虐', '謔', '壑' 등 여러 한자를 한글 '학' 하나로 통일해 적어버린 것이 바로 한글전용이다. 따라서 한글 '학'을 보고서 그것이 저 5개의 漢字 중에서 어떤 漢字인지를 구별해서 "한 형태소로 분석"해 내는 일은 매우 어렵다. 그러니 한글로 '학'이라고 쓸 것이 아니라 한자로 '學', '鶴', '虐', '謔', '壑' 중의 하나를 명확히 적어주어야만 "'학'을 한 형태소로 분석해 내는" 일이 가능하다.

"처음 대하는 한자어는 이미 알고 있는 한자어들을 통해 알게 된 각 글자의 뜻과 문맥의 도움을 받아 그 뜻을 확인하면 됩니다."도 마찬가지로 불가능한 일이다. 한글 '학'에 해당하는 한자가 단 한 가지여야 위의 주장이 가능하지, 한글 '학'이 한자로는 여러 가지인데, 그 한글 '학'

45) 「지평지성」, p.101.

을 보고서 어떻게 저것이 가능한가? 예를 들어, '학구', '학대', '학력', '학모', '학무', '학반', '학부', '학사', '학원', '학자', '학적', '학정', '학제'라는 한자어들이 한글로 적혀 있다. 저 한자어들은 동음이의어가 있는 한자어이다. 이 '학'들의 의미를 여러 개의 한자 중에서 각각 어떻게 구별하여 파악할 수 있는가? 한글전용론자들 중에서 자신 있는 사람이 있으면 저 한자어들의 의미를 말해 보기 바란다. 절대로 할 수 없다. 하지만 한자로 적어놓으면 누구나 의미를 말할 수 있다. 한글전용론자들은 한자어를 단독으로 적어놓지 말고 문장 속에 적어놓아야 문맥을 통해 알 수 있다고 주장한다. 그러나 원래 '單語'나 '낱말'이라는 말의 뜻은 "홀로 쓰이는 말"이다. 그러니 한자어가 홀로 적혀 있어도 의미를 전달할 수 있어야 단어, 낱말의 구실을 하는 것이다. 한자로 적은 '학력'은 홀로 적혀 있어도 意味 파악이 가능하지만 한글로 적은 '학력'은 불가능하다. '학력'인지 '學歷'인지 알 수 없기 때문이다. 따라서 저렇게 한글로 쓴 '학'을 보고서 그 의미를 구별해 알아내는 것은 불가능한 일이다. 따라서 저 위의 주장은 모두 실현 불가능한 헛소리에 지나지 않는다.

한마디로 한글전용론은 망상에 지나지 않는다. 만약에 한글전용론자들의 주장대로 저런 일이 가능하다면 왜 지금 우리 학생들이 교과서에 실린 한자어 용어들을 이해하지 못해서 고통 받고 있겠는가? 한글전용은 절대로 불가능한 일을 가능하다고 믿는 망상과 착각에 지나지 않는다.

> 2-10) 이와는 달리, 한자는 …… 세계의 글자 중에서도 구조가 복잡하고, 글자 수가 많으며, 의미 파악이 어려운 글자가 많아서 가장 배우기 어렵고 쓰기 힘든 글자입니다.[46]

46) 「지평지성」, p.98.

2-10)에 대한 反論

저 위의 주장은 세 가지가 잘못되었다. 첫째, 한글전용론자들은 漢字를 "한자는 세계의 글자 중에서도 구조가 복잡하고, 글자 수가 많으며" 라고 短點만 誇張하여 비판한다. 하지만 漢字는 다음과 같은 長點도 지니고 있다.

> 한자는 글자 수가 배우기는 어렵지만 한 자 한 자가 개념을 나타내는데다가 중국어 자체가 고립어라서 어미나 조사 같은 군더더기 없이도 말과 말이 자유롭게 결합할 수 있어 간결한 단어를 만들어내는 데는 그만입니다. 이런 한자의 장점은 한국어 속담을 사자성어로 번역해 보면 알 수 있습니다. "같은 값이면 다홍치마."라는 속담을 한자로는 同價紅裳(동가홍상)으로 간결하게 나타낼 수 있습니다. "까마귀 날자 배 떨어진다."도 烏飛梨落(오비이락)이라는 네 글자로 간단히 처리됩니다.[47]

> 한국어를 전공하지 않는 학습자들에게 한자 학습이 추가 부담이 될지도 모르지만, 한자를 배울 만한 충분한 시간을 가진 전공자 같으면, 초기의 진입장벽, 즉 어려운 습자 과정이라는 산맥만 넘으면 그야말로 시원한 물이 흐르는 아름다운 계곡이 펼쳐진다.
>
> 많은 한자어들이 유럽 언어들에서 보기 드문 의미의 압축성을 과시한다. …… 간단명료하면서도 의미심장한 한자어들을 익히면서 "이렇게 복잡한 이야기를 이렇게 쉽게 정리할 수도 있구나!" 하고 내내 감탄사를 연발했지만, 학생으로서 나의 진정한 사랑은 고사성어였다. 나에게 넉 자짜리의 고사성어는 거의 한 권의 책과 맞바꿀 수 있는 지혜의 무게를 지니는 것 같았다.[48]

---

47) 이희재, 『번역의 탄생』, 교양인, 2009, p.316.

둘째, 백보 양보하여 한자가 한글에 비해 상대적으로 배우기 어렵다는 주장을 인정한다 치자. 그렇다고 해서 國漢字混用한 글이 어려운 것은 아니다. 또 반대로 한글 24자모가 배우기 쉽다고 해서 한글로만 쓴 글이 쉬운 것도 아니다. 예를 들어, 영어 알파벳이 배우기 쉽다고 영어로 적힌 글이 쉬운 건 아니다. 만약에 그렇다면 누가 영어를 어려워하겠는가? 글자가 쉬운 것하고 그 글자로 적힌 글이 쉬운 것하고는 아무 상관관계가 없다. 글자는 쉬어도 글은 어려울 수 있고, 반대로 글자는 어려워도 글은 쉬울 수 있다. 한자로 써도 일본이나 중국의 三尺童子도 이해하는 쉬운 글이 있고, 한글로 적어도 한국의 대학교수도 이해 못하는 어려운 글도 있다. 글자 자체가 쉬운 것하고 글의 내용이 쉬운 것하고는 아무 관계가 없는 것이다. 만약에 한글이 쉬어서 글이 이해가 쉽다면 한국인은 모두 국어박사가 될 것이고, 한자가 어려워서 글이 이해가 어렵다면 중국인은 모두 문맹이 되어야 맞을 것이다. 과연 그런가? 전혀 그렇지 않다.

그러니 "한글이 쉬우니 한글전용한 글이 이해가 쉽다."는 한글전용론자들의 주장은 완전한 망상이다. 또 "漢字가 어려우니 國漢字混用한 글이 이해가 어렵다."는 생각도 착각이다. 한글과 한자의 개별 글자 자체 비교만으로 한글전용이 편리한지 국한자혼용이 편리한지를 단순히 비교할 수 없다. 개별 글자 차원의 便利性과 문장 차원의 편리성은 전혀 다른 문제이다. 그런 발상 자체가 너무나 단순무식한 것이다. 이 문제는 한국어의 어휘 구조에 따라 거기에 적합한 문자를 선택하는 것이 올바른 해법이다. 결론은 간단하다. 한자어에는 한자를, 토박이말에는 한글을 쓰는 것이 글을 이해하는 데 쉽다. 영어에는 로마자를, 일본어 한자어에는 한자를, 일본어 토박이말에는 假名[가나]을 쓰는 것이 글을 이해하는 데 쉽다. 각기 語彙에 맞는 문자를 선택하는 게 정답이다. 전

48) 朴露子, 「한자를 포기할 수 있을까」, 『한겨레21』 제630호, 2006.10.13.

세계 모든 언어를 모두 한글로만 적으면 쉽게 이해될까? 荒唐無稽한 생각이 아닐 수 없다.

셋째, 한글전용론자들은 "한자는 세계의 글자 중에서도 구조가 복잡하고, 글자 수가 많으며, 의미 파악이 어려운 글자가 많아서 가장 배우기 어렵고 쓰기 힘든 글자"라고 한자의 단점을 과장한다. 한자는 5만 자가 넘을 정도로 글자 수가 많은 것이 단점이다. 국한자혼용론자들은 그 사실을 인정한다. 그래서 그 중에서 단 2,000자 정도로만 '常用漢字'로 정해서 그 범위 안에서만 쓰자는 것이 국한자혼용론자들의 주장이다. '상용한자' 2,000자 정도만 공부한다면, 한자는 "가장 배우기 어렵고 쓰기 힘든 글자"가 아니라 국민 누구나 배우기 쉽고 쓰기 쉬운 글자가 된다. 日本이 바로 그렇게 하고 있다. 일본인들은 한자와 假名[가나]을 섞어서 쓰되, 한자는 '常用漢字' 2천 자 정도 범위에서 제한해서 쓰고 있다. 이렇게 '상용한자' 수를 2천 자로 제한한다면, 한자의 短點은 없애고 長點만 살릴 수 있다.

3. 한글전용이 人爲的·强制的인 것이라는 사실을 隱蔽

> 3-1. "한자가 아무리 훌륭한 문자라고 하더라도, 일반 국민들이 원하지 않는데 쓰라고 강요할 수는 없습니다."[49]

3-1에 대한 反論

맞는 말이다. 똑같이 한글전용도 "일반 국민들이 원하지 않는데 쓰라

49)「지평지성」, p.35.

고 강요할 수는 없"다. 그런데 현재 국민여론을 보면 초등학교 한자교육을 찬성하는 여론이 90% 가까이 될 정도로 압도적으로 높다.[50] 따라서 "일반 국민들이 원하"므로 한자를 우리 글자로 인정하고 교육해야 한다. 오히려 현재 "일반 국민들이 원하지 않는데"도 「국어기본법」으로 한글만 한국어 글자로 인정하고 한글만 "쓰라고 강요"하는 것이 큰 문제가 아닌가? 따라서 한글전용론자들이 주장하는 것처럼 "일반 국민들이 원하"는 대로 해야 한다면, 한글전용을 철폐하고 국한자혼용으로 가야 하는 것이다.

> 3-2) "위와 같은 주장이야말로 한자를 배울 필요가 없다는 생각을 가진 학생과 학부모의 자유와 결정권을 중대하게 침해하는 것입니다."[51]

3-2)에 대한 反論

현재 한국 국민의 여론은 한자를 배울 필요가 있다는 쪽이 압도적으로 많다. 따라서 저 주장은 정반대로 말한 것이다, 현재 「국어기본법」으로 오로지 한글만 우리 글자로 인정하고 한글전용 교육하는 것은 한글전용할 "필요가 없다는 생각을 가진 학생과 학부모의 자유와 결정권

---

50) 2008년에 전직 教育部長官 23명 전원이, 2009년에는 전직 國務總理 20명 전원이 靑瓦臺에 「初等學校 정규 교육과정에 漢字教育을 촉구하는 건의서」를 낸 바 있다. 2009년에는 한나라당 金世淵 의원과 成均館大 李明學 사범대학장이 18대 국회의원 299명을 상대로 「초등학교 한자교육 시행에 관한 설문조사」를 한 바 있다. "초등학교에서 한자교육을 해야 하는가?"라는 질문에 응답을 한 161명 중 145명(90.1%)이 "그렇다", 16명(9.9%)이 "아니다"라고 대답했다. 국회의원의 무려 90%가 漢字教育에 贊成한 것이다. 2010년에는 教育課程評價院이 초등학교 교육과정에 漢字教育을 넣어야 한다는 보고서를 교육부에 냈다. 교육과정평가원은 설문조사에서 학부모 89.1%, 교사 77.3%가 初等學校 漢字教育에 贊成했다면서 국가 교육과정과 교과서 정책에 漢字教育을 포함해야 한다고 건의했다.

51) 「지평지성」, p.37.

을 중대하게 침해하는 것입니다."고 말해야 맞다.

그러니까 이 문제는 대한민국 정부가 국민들이 자유롭게 문자사용을 할 수 있도록 文字選擇權을 주지 않고 1948년에 「한글전용법」과 2005년에 「국어기본법」을 만들어서 국민에게 65년간 한글전용만을 강제해온 데 근본 원인이 있는 것이다. 그런 법을 만들 당시에 國民與論 조사를 하여 반영하였는가? 그렇지 않다. 정부가 제멋대로 偏向的인 법을 만들어버린 것이다. 여기에 문제가 잘못된 근본 원인이 있다. 지금 한글전용론자들이 "학생과 학부모의 자유와 결정권을 중대하게 침해"한다는 걱정을 진심으로 한다면, 정부에 건의하기 바란다. 국민여론 조사를 해서 결정하자고 말이다. 그러면 간단하다.

그보다 더 좋은 방법도 있다. 「국어기본법」을 고쳐서 한자와 한글 둘 다 우리 글자로 인정한다. 그 다음에는 모든 것을 개인과 단체의 자유로운 선택에 맡기면 된다. 그러니까 한글전용하고 싶은 개인이나 단체는 한글전용하면 된다. 반대로 국한자혼용하고 싶은 개인이나 단체는 국한자혼용하면 된다. 그러면 모든 문제가 자연스럽게 해결된다. 원래 처음부터 이렇게 국민에게 자유로운 文字選擇權을 주었어야 마땅하다. 아니 국민의 천부적 인권인 문자선택권을 국가가 빼앗지 않았어야 마땅하다. 국가가 개인이 자유롭게 글 쓸 권리를 간섭하고 박탈하고 강요하겠다고 나신 일 자체가 잘못된 일이다.

지금 이 문제로 대한민국 건국 이래 지금까지 65년간 나라 전체가 쓸데없는 소모적인 논쟁을 벌이고 있다. 이렇게 된 것은 대한민국 정부가 아무 근거 없이 어느 한 쪽의 一方的인 편만 들어 왔기 때문이다. 그러니 이제는 大韓民國 정부는 中道的 입장으로 돌아와야 한다. 그리고 지금까지 一方的으로 偏向되게 한글전용 교육으로 "학생과 학부모의 자유와 결정권을 중대하게 침해"한 일에 대해 反省해야 한다. 그리고 앞으로는 이 일을 "학생과 학부모의 자유와 결정권"에 맡기기 바란다. 한글전용론자들도 그렇게 하기를 간절하게 바라고 있으므로, 그 방법이 가장 바람직한 해결방안이다.

3-3) "아무리 좋은 내용이라도, 보통 사람들이 쉽게 이해할 수 없는 말, 글로 쓰인 것이라면 아무 의미가 없습니다. 현실의 눈으로 보더라도, 한글과 한자가 뒤섞인 책을 학생들이 읽지 않는다면, 그와 같은 방식은 이미 효용성을 잃어버린 것입니다. 그 내용을 알리고 싶다면, 한자를 멀리하는 사람들을 탓할 것이 아니라, 보기 쉽고 이해하기 쉬운 한글과 우리말로 다시 써서, 더 많은 학생들이 쉽고 편하게 읽고 그 의미를 이해할 수 있도록 해야 합니다."[52]

3-3)에 대한 反論

오늘날 "한글과 한자가 뒤섞인 책을 학생들이 읽지 않"게 된 것은 大韓民國 정부가 1948년부터 「한글전용법」과 「국어기본법」으로 2013년 현재까지 65년간 한글전용으로 된 교과서만 만들어 교육해 왔기 때문이다. 그렇게 해서 한국 국민이 한자를 모르게 되었다. 따라서 "한글과 한자가 뒤섞인 책을 학생들이 읽지 않"게 된 것이 아니라 "한글과 한자가 뒤섞인 책을 학생들이 읽지" 못하게 된 것이다. 그러니까 이 현상은 대한민국 정부가 법으로써 인위적이고 강제적으로 만든 현상이지 자연스러운 현상이 아니다. 그러므로 "한글과 한자가 뒤섞인 책을 학생들이 읽지" 못하게 된 것은 전적으로 大韓民國 政府의 責任이다.

그리고 아무리 한글로 적는다고 도대체 어느 학문이 "쉽고 편하게 읽고 그 의미를 이해할 수 있"는가? 한글로만 글을 쓴다면 모든 학문을 "쉽고 편하게 읽고 그 의미를 이해할 수 있"다면, 세상에 어려운 학문

52) 「지평지성」, pp.63~64.

이 어디 있겠는가? 현재 "보기 쉽고 이해하기 쉬운 한글"로 써진 교과서의 글들을 학생들이 "쉽고 편하게 읽고 그 의미를 이해할 수" 없기 때문에 한글전용이 문제가 되고 있는 것이다. 단지 한글로 쓴다고 해서 학생들이 글을 잘 이해한다고 믿는 한글전용은 엄청난 착각과 망상이다. 한글 24자모는 배우기 쉽지만, 한글로 써진 글은 "쉽고 편하게 읽고 그 의미를 이해할 수 있"는 것은 아니다. 글자가 어려우면 글을 이해하기도 어렵고 글자가 쉬우면 글을 이해하기도 쉽다는 것은 전혀 이치에 맞지 않는다. 예를 들어, 英語 알파벳은 쉽다. 그렇다고 "보기 쉽고 이해하기 쉬운" 알파벳으로 써진 영어 글을 우리가 "쉽고 편하게 읽고 그 의미를 이해할 수" 있는가? 그렇다면 도대체 누가 영어를 어려워하겠는가? 그러니 "보기 쉽고 이해하기 쉬운 한글과 우리말로 다시 써서, 더 많은 학생들이 쉽고 편하게 읽고 그 의미를 이해할 수 있도록 해야 합니다."는 주장은 너무나 單純無識하고도 허황된 생각이다.

한글전용 이론은 전혀 현실과 맞지 않는 虛無孟浪한 헛소리이다. 현재 교과서들은 분명히 "보기 쉽고 이해하기 쉬운 한글"로 적혀 있다. 그런데 "학생들이 쉽고 편하게 읽고 그 의미를 이해할 수" 있는가? 예를 들어 보자. 어느 대학교재에 다음과 같은 漢字語 용어들이 한글로 적혀 있다. '두정엽', '궁형속', '각상회', '원속동물', '이관형기관', '구개치경음', '동태구개도', '성도', '연구개', '갑상연골', '후두개', '인두', '설첨', '비자음', '구개수음', '탄설음', '설배음', '무성평구개치경파찰음', '성절적자음', '피동화주', '기정치규칙', '이지 수형도', '운율구조적형제약'[53]. 이렇게 "보기 쉽고 이해하기 쉬운 한글과 우리말로" 써놓았다.[54] 그런데

53) 강옥미, 『한국어 음운론』, 태학사, 2003.

54) "보기 쉽고 이해하기 쉬운 한글과 우리말로"에서 '우리말'을 한글전용론자들은 '토박이말'로 생각하고 썼을지도 모른다. 하지만 '우리말'은 '韓國語'와 같은 말이다. 그러므로 '우리말' 안에는 漢字語도 들어간다. '토박이말'을 달리 표현하려면 '固有語'나 '純우리말'은 가능하다.

이 용어들을 과연 "많은 학생들이 쉽고 편하게 읽고 그 의미를 이해할 수" 있을까?

저 어려운 漢字語 用語들은 오히려 한자로 적어주었을 때 "많은 학생들이 쉽고 편하게 읽고 그 의미를 이해할 수" 있는 것이다. 그러니 한글로만 글을 적으면 이해가 쉽고 한자로 글을 쓰면 이해가 어렵다는 한글전용론은 착각과 망상이다. 한글이라는 글자가 쉬우면 내용 이해도 쉽고 한자라는 글자가 어려우면 내용 이해도 어렵다는 잘못된 선입관은 버려야 한다. 그 어휘에 가장 적합한 문자를 적는 것이 글의 이해를 쉽게 하는 방법이다. 한자어는 한자로 적는 것이 글을 이해하기 쉽게 만든다. 그렇기 때문에 訓民正音을 만든 世宗大王은 한자어를 반드시 한자로 적은 것이다. 우리는 왜 훈민정음을 만든 세종대왕이 훈민정음으로만 글을 적지 않고 한자어는 반드시 한자로 적었는지 그 이유를 잘 생각해 보아야 한다. 훈민정음으로만 글을 적으면 글이 쉽게 이해된다면 그 훈민정음을 만든 세종대왕이 왜 한자어를 훈민정음이 아닌 한자로 적었겠는가 말이다.

3-4) "청구인들 역시 문화 정체성을 언급하면서 한자 이름을 직접 쓰지 못하는 현상을 지적하고 있습니다. 그러나 한자 이름을 쓰지 못하는 사람이 많아졌다는 것은 그만큼 이름을 한자어로 하거나, 한자로 쓸 필요가 없어졌다는 것입니다. 한자 이름이 필요하다면, 외워서 쓰면 그만입니다. 자신과 가족의 이름을 쓰기 위해서 한자 교육, 한문 교육을 해야 한다는 것은 어딘지 앞뒤가 바뀐 주장입니다."[55]

55) 「지평지성」, p.81.

3-4)에 대한 反論

"한자 이름을 쓰지 못하는 사람이 많아졌다는 것은 그만큼 이름을 한자어로 하거나, 한자로 쓸 필요가 없어졌다는 것"이 아니다. 대한민국 정부가 1948년 만든 「한글전용법」과 2005년 만든 「국어기본법」으로 한글만 우리 글자로 인정하고 한자교육을 하지 않았고 한자를 쓰지 못하게 금지했기 때문이다. 대한민국 국민들이 한자를 배우지 못했고 한자 쓰기를 禁止당했기 때문에, 한자어 이름을 가진 한국인이 자기 이름도 원 글자로 적지 못하게 된 것이다. 이것은 자연스러운 현상이 아니라 대한민국 정부가 인위적이고 강제적인 방법으로 만든 잘못된 현상이다.

大韓民國 憲法 제10조는 "모든 국민은 인간으로서의 尊嚴과 價値를 가지며, 幸福을 추구할 權利를 가진다. 국가는 개인이 가지는 不可侵의 基本的 人權을 확인하고 이를 보장할 義務를 진다."고 규정하고 있다. 그런데 사람의 이름은 그 사람의 정체성을 드러내는 것으로서 "인간으로서의 尊嚴과 價値를" 상징적으로 나타낸다. 또 漢字語 이름을 가진 한국인이 자신의 이름을 원 글자인 한자로 적을 권리는 "개인이 가지는 不可侵의 基本的 人權"에 해당한다. 따라서 한자어 이름을 가진 사람은 자기 이름을 원 글자인 한자로 적어서 "인간으로서의 尊嚴과 價値를" 나타내야 한다.

그렇기 때문에 大法院에서는 '人名用 漢字' 5,761자를 정하여, 그 범위 안에서는 漢字로 자기 이름을 지어서 쓸 수 있게 해주었다. 이렇게 국가에서 한자로 자기 이름을 지어서 쓸 수 있게 하였다면, 당연히 그 정도 한자교육은 해주어야 하는 것이다. 이것은 '의무교육'이라는 개념에서 접근해야 할 일이다. 따라서 대한민국 정부는 大韓民國 憲法 제10조에 따라 한자어 이름을 가진 국민들이 자신의 이름을 한자로 적을 수 있도록 의무적으로 한자교육을 해주어야 한다. 문화국가라고 한다면 적어도 국민이 자기 이름은 올바르게 적을 정도의 기본 교육은 해주어야 하지 않겠는가? 따라서 현재 "한자 이름을 쓰지 못하는 사람이 많아졌다는 것은 그만큼 이름을 한자어로 하거나, 한자로 쓸 필요가 없어졌다는 것"이 아니라, 대한민국 정부가 憲法 제10조를 遵守하지 않고 있음을 의미한다. 당연히 해야 할 한자교육을 대한민국 정부가 하지 않음으로써 국민이 자기 이름도 제대로 적지 못하는 부끄러운 일이 벌어진 것이다. 그 책임을 개인에게 돌리면 안 된다. 대한민국 국민들은 잘못된 한글전용 정책의 被害者이자 犧牲羊인 것이다.

3-5) "전통문화를 계승하고, 동아시아 다른 나라와 문화를 교류하기 위해서 반드시 왕조실록이나 중국 고대 서적을 직접 읽어야 할 필요는 없습니다. 쉽게 풀어 쓴 번역서를 읽으면 됩니다. 학문적인 욕구가 있다면 사설 한자 학원을 이용하거나, 한문을 전공으로 하는 대학에 진학하면 됩니다."[56]

3-5)에 대한 反論

大韓民國 憲法 제9조는 "국가는 傳統文化의 繼承·發展과 民族文化의 暢達에 노력하여야 한다."고 규정하고 있다. 오늘날 한국 국민 전체에게 조선시대처럼 한문까지 읽고 이해할 능력을 갖추라고 하는 것은 무리한 요구다. 하지만 "傳統文化의 繼承·發展과 民族文化의 暢達에 노력"하려면 최소한 한국인 누구나 자기 집안의 '族譜' 정도는 읽을 수 있어야 한다. 족보는 자기 집안의 정체성을 나타내기 때문이다. 최소한 자기 집안의 정체성은 알아야 "傳統文化의 繼承·發展"을 꾀할 수 있지 않겠는가? 또한 한국인이 명승고적지에 갔을 때 '漢文 懸板', '碑石', '안

56) 「지평지성」, p.82.

내판', '설명문' 등에 적힌 漢字 정도는 읽고 이해할 수 있어야 한다. 名勝古蹟은 지역사회의 정체성을 드러내기 때문이다. 지역사회의 정체성을 알아야 "傳統文化의 繼承·發展"을 꾀할 수 있지 않겠는가? 따라서 최소한 대한민국 국민 누구나 자기 집안의 族譜와 명승고적지의 현판 정도는 읽고 이해할 수 있어야 大韓民國 憲法 제9조가 규정하는 "傳統文化의 繼承·發展과 民族文化의 暢達에 노력"할 수 있을 것이다.

따라서 大韓民國 憲法 제9조를 遵守하려면 대한민국 국민 전체가 어느 정도의 한자교육은 받아서 최소한의 한자능력은 갖추어야 한다. 그 최소한의 한자능력은 앞에서도 설명했듯이 '常用漢字' 2,000자 정도면 될 것이다. 그렇게 생각하는 까닭은 이웃 나라 日本도 '常用漢字'를 2,136자 정해서 쓰고 있기 때문이다. 따라서 우리나라도 漢字 2,000자 정도를 '常用漢字'로 정하여, 大韓民國 정부가 公敎育에서 義務的으로 전 국민에게 실시해야 한다. 그러므로 "사설 한자 학원을 이용하거나, 한문을 전공으로 하는 대학에 진학하면 됩니다."라고 하는 말은 大韓民國 憲法 제9조를 준수해야 하는 국가의 의무를 무시하는 무책임한 말이다.

또 "쉽게 풀어 쓴 번역서를 읽으면" 된다고 하지만, 그 말은 두 가지 점에서 잘못되었다. 첫째로, 현재처럼 한자를 국민에게 가르치지 않으면 한문을 현대어로 "쉽게 풀어 쓴 번역서를" 누가 만들 수 있는가? 한문 고전을 번역할 전문가는 어릴 적부터 漢字敎育을 받은 사람들 중에서 나온다. 현재처럼 한자교육을 소홀히 하면 한문 고전을 번역할 사람은 어디서 나오는가? 갑자기 어디 하늘에서 한문 전문가가 뚝 떨어지는가? 한자를 전혀 모르다가 "한문을 전공으로 하는 대학에 진학"하면 한문을 번역할 만한 전문가가 될 수 있는가? 필자가 바로 한자를 전혀 모르다가 "한문을 전공으로 하는 대학에 진학"한 사람이다. 필자는 대학에 입학한 후 열심히 한자·한문공부를 하여 어느 정도 한문을 읽고 이해할 수준은 되었다. 하지만 너무 늦게 공부를 시작하였기 때문에 한문을 깊이 있게 飜譯할 수준까지는 이르지 못했다. 그러므로 한문을 현대어로 "쉽게 풀어 쓴 번역서를" 만들려면 한자를 국민 전체에게 어렸을 적부터 가르쳐야 한다. 그 중에서 전문가가 나오는 것이다.

둘째로, 한자를 전혀 모르는 사람은 "쉽게 풀어 쓴 번역서를 읽"어도 글을 이해하기 어렵다. 독자가 어느 정도 한자능력이 있어야 "쉽게 풀어 쓴 번역서를 읽"고 이해할 수 있다. 왜냐하면 한문을 번역한다고 해서 모든 한자어를 일일이 다 풀어 써줄 수는 없기 때문이다. 그러므로 어느 정도 쉬운 한자어는 독자가 스스로 알아서 이해할 수 있어야 한다. 예를 들어, 다음의 文章을 보자.

> 忠勳府(충훈부)는 그들의 속임수에 넘어가 呈狀(정장)에 題辭(제사)를 써 주고 監官(감관)으로 差定(차정)하여 各處(각처)에 내려보내서 百姓(백성)을 侵擾(침요)한 弊端(폐단)이 모든 道(도)에 두루 미치게 하였으므로, 法規(법규)대로 責任(책임)을 묻는 일이 없을 수 없겠으니, 당해 堂上(당상)과 郞廳(낭청)은 모두 먼저 罷免(파면)하고 나중에 推問(추문)함이 마땅합니다.[57]

이 문장에서 漢字로 적은 用語들을 모두 쉬운 말로 풀어서 번역할 수는 없다. 그러면 문장이 너무 지루해지지 때문이다. 또 '忠勳府(충훈부)', '監官(감관)', '堂上(당상)', '郞廳(낭청)' 같은 한자어 고유명사들은 번역할 수도 없다. 따라서 저런 정도로 번역할 수밖에 없고 어려운 用語는 밑에 脚註로 풀어주는 수밖에 없다. 그러므로 독자가 어느 정도 漢字能力을 갖춰야 "쉽게 풀어 쓴 번역서를 읽"어도 글을 理解할 수 있는 것이다. 한문이 아닌 英語 등 外國語를 "쉽게 풀어 쓴 번역서를 읽"어도 글을 이해할 수 있으려면, 독자가 그 번역서 내용을 이해할 만한

57) 金昌辰, 『務安(무안) 關聯(관련) 備邊司謄錄(비변사등록)』, 시와사람, 2012, p.63.

어휘력을 갖추고 있어야 한다. 마찬가지로 한문을 "쉽게 풀어 쓴 번역서를 읽"어도 글을 이해할 수 있으려면 독자가 어느 정도의 한자 어휘력은 갖추고 있어야 하는 것이다. 곧 그것이 '常用漢字' 2,000자 정도는 배워야 길러지는 것이다.

3-6) "개화기 이후 한글이 제1문자로서의 확고한 지위를 확보함과 동시에, 한자는 부수적인 문자로 그 위상이 변화되었습니다. 문어과 구어가 구분되던 어문생활에서 문어와 구어가 일치하는 언문일치가 이루어지면서 한자는 매우 불편한 문자로 인식되기 시작하였고, 한글은 언문일치에 더 완벽한 표기 체제로서 지위를 공고히 하게 되었습니다."[58]

3-6)에 대한 反論

"한글이 제1문자로서의 확고한 지위를 확보"하게 된 것은 "개화기 이후"가 아니다. 그보다 한참이나 뒤인 1990년대부터이다. 그리고 그렇게 된 것도 言衆이 자연스럽게 선택해서 이루어진 것이 아니다. 大韓民國 정부가 1948년에 만든 「한글전용법」과 1970년대에 朴正熙 대통령이 강력히 추진한 한글전용정책에 크게 힘입었다. 그러니까 이것은 정부가 인위적이고 강제적으로 만든 결과이다.

1980년대까지는 '國漢字混用'이 중심이었지 '한글전용'이 중심이 아니었다. '國漢字混用'이 중심이었다는 말은 한자와 한글이 동등한 자격으로 함께 쓰였다는 뜻이다. 곧 「한글전용법」이나 「국어기본법」이 규정하듯이 한자는 괄호 안에 적는 것이 아니라 한자도 한글과 똑같이 밖으로 내어 쓰였다는 것이다. 그런 표기 방식이 1980년대까지는 대세

58) 「지평지성」, p.101.

였다는 것이다. 『한겨레신문』이 1988년에 창간되면서부터 신문에서 한글전용이 본격적으로 시작된다. 『한겨레신문』은 종합일간지로는 최초로 한글전용과 가로쓰기를 시작했다. 그 이후 1990년대 이후 다른 신문들은 하나둘 한글전용으로 전환하였다. 따라서 "한글이 제1문자로서의 확고한 지위를 확보"하게 된 것은 "개화기 이후"가 아니라 그보다 한참이나 뒤인 1990년대 이후부터인 것이다. 그리고 그런 현상을 더욱 확고하게 굳혀버린 것이 바로 2005년에 만든 「한글기본법」이다. 「국어기본법」은 한글만 우리 글자로 규정하고 한자는 우리 글자에서 배제시켜 버렸기 때문에, 그 법의 힘을 빌려서 그때부터 "한글이 제1문자로서의 확고한 지위를 확보"하게 되었다.

따라서 "文語과 口語가 구분되던 어문생활에서 문어와 구어가 일치하는 언문일치가 이루어지면서 한자는 매우 불편한 문자로 인식되기 시작하였고, 한글은 언문일치에 더 완벽한 표기 체제로서 지위를 공고히 하게 되었습니다."라는 주장은 전혀 사실과 다른 말이다. '한글전용'이 자연스럽게 이루어진 일이라면 이 주장이 맞는 말이다. 하지만 '한글전용'은 자연스러운 현상이 아니라 대한민국 정부가 만든 「한글전용법」과 「국어기본법」의 두 개의 법에 의해 인위적이고 강제적으로 만들어진 비정상적인 현상임을 歪曲해서는 안 된다.

한글전용론자들이 저런 주장을 떳떳하게 하려면 지금이라도 한자와 한글을 同等한 조건에서 경쟁할 수 있도록 허용해야 한다. 「국어기본법」을 개정하여 漢字와 한글 두 글자를 한국어의 글자로 함께 인정하고, 학교에서 한자와 한글을 함께 교육해야 한다. 그러고 나서 국민에게 文字選擇權을 돌려주면 된다. 그러면 국민이 자유의사로 문자를 자연스럽게 선택해서 쓸 것이다. 그 결과에 대해서는 국민 누구나 인정할 것이다. 하지만 지금의 한글전용 현상은 정부가 「한글전용법」과 「국어기본법」의 두 개의 법으로 65년간 人爲的이고 强制的으로 만들어낸 부

자연스러운 현상이다. 따라서 현재의 한글전용체제의 정당성에 대해서는 한글전용론자들 외에는 국민 누구도 인정하거나 승복할 수 없는 것이다.

3-7) "새로운 세대는 한글을 통해서도 얼마든지 신지식을 습득할 수 있었고, 일반 사회의 언어생활에서도 큰 어려움을 겪지 않게 되었습니다. 그 자연스러운 귀결로 새로운 세대들은 기성세대들이 즐겨 사용하는 어려운 한자어를 적게 사용하게 된 것입니다. 결국 지식의 대중화와 문자사용의 보편화라는 실용적 측면과 한자 학습을 통한 어휘의 정확한 의미 파악 중에서 새로운 세대는 전자, 즉 경제성을 선택하게 됩니다. 한국에서 한자와 한문 교육은 필수가 아니라 선택이 되었습니다."59)

3-7)에 대한 反論

저런 주장도 大韓民國 정부가 「한글전용법」과 「국어기본법」을 만들지 않았다면 맞는 말이다. 하지만 대한민국 정부가 두 개의 法을 만들어 국민에게 한글전용만 강제한 결과로서 저런 현상이 나왔기 때문에 저 주장은 받아들이기 어렵다. 그러니까 "한국에서 한자와 한문 교육은 필수가 아니라 선택"이 된 것은 언중의 자연스러운 선택으로 인한 "자연스러운 귀결"이 아니다. 그것은 대한민국 정부가 두 개의 법과 한글전용 교과서 등으로 65년간에 걸쳐서 인위적이고 강제적으로 만든 것이다.

한글專用論者는 "새로운 세대는 한글을 통해서도 얼마든지 신지식을 습득할 수 있었고, 일반 사회의 언어생활에서도 큰 어려움을 겪지 않

59) 「지평지성」, pp.101~102.

게" 되었다고 큰소리친다. 한글전용론자들이 그렇게 자신 있다면 「국어기본법」의 힘을 빌려 한글전용을 국민에게 더 이상 强制해서는 안 된다. 국민에게 자유로운 문자선택권의 자유를 주어야 한다. 그래서 한글전용이 편리한 사람은 한글전용을 하고 국한자혼용이 편리한 사람은 국한자혼용을 하게 해주어야 한다.

"새로운 세대는 前者, 즉 경제성을 선택하게 됩니다. 한국에서 한자와 한문 교육은 필수가 아니라 선택이 되었습니다."라는 한글전용론자들의 말은 거짓말이다. 대한민국 정부가 「한글전용법」과 「국어기본법」으로 "한자와 한문 교육은 필수가 아니라 선택"으로 강제로 만들어버리지 않았는가? 실제로는 정부가 法으로 "한자와 한문 교육은 필수가 아니라 선택"으로 강제하는데, 한글전용론자들은 그것을 마치 국민들이 자유로운 선택으로 그렇게 하는 것처럼 거짓말하고 있는 것이다. 한글전용론자들은 「국어기본법」의 뒤에 숨어 法의 힘을 빌려 저렇게 狐假虎威하는 위선적인 언행을 보이고 있다.

4. 한글전용의 弊害에 대한 歪曲과 回避

4-1). "청구인들은 초등학교부터 학생들에게 한자를 가르쳐야 한다고 주장합니다(청구서 42쪽). 초등학교 교사와 학부모 90% 이상이 초등학교 한자교육의 필요성을 인정하고 있으며(청구서 24쪽), 국민들의 68.5%가 초등학교에서부터 한자교육을 시작하는 것이 바람직하다는 의견을 보였다는 통계도 덧붙이고 있습니다(청구서 42쪽). 한자가 정규과목이 아니기 때문에, 한자교육이 제대로 실시되지 않는다고 주장합니다(청구서 24쪽).

그러나 이런 주장은 이미 너무 아픈 우리 아이들을 더 괴롭히겠다는 것입니다. …… 한자마저 정규 과목이 되거나 국어 교과 내용의 일부로 포함된다면, 학생들이 책상 앞에 앉아 있어야 할 시간은 더 늘어날 것이고, 이미 빠듯한 학생들의 일정표에 한자학원 수강 시간까지 들어가게 될 확률이 높아 학생들의 지친 어깨를 더욱 짓누르게 될 것입니다. 설령 청구인들 주장처럼 어려서 한자를 가르치는 것이 효과가 있다 하더라도, 그렇다고 반드시 필수 정규과목에 포함해야 하는지 의문입니다. 한자를 가르치고자 하는 부모의 욕심, 한자 교육을 통해 돈을 버는 사람들의 욕심 때문에 이미 너무 아픈 아이들을 더 괴롭혀도 되는 것인지 청구인들에게 되묻고 싶습니다."[60]

4-1)에 대한 反論

「법무법인 지평지성」은 意見書의 여러 곳에서 語文政策은 국민의 뜻에 따라 해야 한다고 다음과 같이 주장하고 있다.

- "한자가 아무리 훌륭한 문자라고 하더라도, 일반 국민들이 원하지 않는데 쓰라고 강요할 수는 없습니다."[61]
- "위와 같은 주장이야말로 한자를 배울 필요가 없다는 생각을 가진 학생과 학부모의 자유와 결정권을 중대하게 침해하는 것입니다."[62]
- "아무리 좋은 내용이라도, 보통 사람들이 쉽게 이해할 수 없는 말, 글로 쓰인 것이라면 아무 의미가 없습니다. 현실의 눈으로 보더라도, 한글과 한자가 뒤섞인 책을 학생들이 읽지 않는다면, 그와 같은 방식은 이미 효용성을 잃어버린 것입니다. 그 내용을 알리고 싶다

60) 「지평지성」 pp.40~42.

61) 「지평지성」, p.35.

62) 「지평지성」, p.37.

> 면, 한자를 멀리하는 사람들을 탓할 것이 아니라, 보기 쉽고 이해하기 쉬운 한글과 우리말로 다시 써서, 더 많은 학생들이 쉽고 편하게 읽고 그 의미를 이해할 수 있도록 해야 합니다."[63]

이처럼 한글전용론자들은 "일반 국민들이", "보통 사람들이", "더 많은 학생들이" 바라는 교육을 해야 한다고 주장하고 있다. 그러면서 "학생과 학부모의 자유와 결정권을" 존중해야 한다고 역설하고 있다. 그런데 왜 "초등학교 교사와 학부모 90% 이상이 초등학교 학자교육의 필요성을 인정하고 있으며, 국민들의 68.5%가 초등학교에서부터 한자교육을 시작하는 것이 바람직하다는 의견을 보였다는" 데에 대해서는 갑자기 말을 바꾸어 현실을 외면하고 말을 異常한 데로 돌리는가?

眞實은 이렇다. 현재 대한민국이 하고 있는 한글전용 교육은 실제로는 국민 대다수의 뜻이 아니다. 소수 한글전용론자들의 뜻에 불과하다. 대한민국 정부는 그들의 말만 듣고 「한글전용법」과 「국어기본법」을 만들어서 수십 년간 한글전용 교육을 하고 있다. 그 결과, 학생들은 교과서를 이해하지 못하여 苦痛받고 있으며, 국민들의 국어능력도 날로 저하되고 있다. 그래서 현재의 상태를 改善해야 한다는 요구가 봇물 터지듯 터져 나오게 된 것이다. 그것이 바로 "초등학교 교사와 학부모 90% 이상이 초등학교 학자교육의 필요성을 인정하고 있으며, 국민들의 68.5%가 초등학교에서부터 한자교육을 시작하는 것이 바람직하다는 의견"으로 나타난 것이다. 그렇다면 대한민국 정부는 마땅히 국민 절대다수 의견을 받아들여 語文政策을 改革해야 마땅할 것이다. 그것이 순리다.

그런데 한글專用論者들은 다른 곳에서는 "일반 국민들이", "보통 사람들이", "더 많은 학생들이" 바라는 교육을 해야 한다고 주장하다가, 정작 "일반 국민들이", "보통 사람들이", "더 많은 학생들이" 한글전용을

63) 「지평지성」, pp.63~64. 밑줄은 필자.

그만 두고 國漢字混用 교육을 해야 한다고 요구하니까 자신들의 말을 바꾸고 있다. 곧 "이미 너무 아픈 우리 아이들을 더 괴롭히겠다는 것"이라고 엉뚱한 소리를 하고 있다. 그러니까 자기가 한 주장을 자기 스스로 뒤집는 모순된 모습을 보이고 있다.

한글전용론자들은 "한자를 가르치고자 하는 부모의 욕심, 한자 교육을 통해 돈을 버는 사람들의 욕심 때문에 이미 너무 아픈 아이들을 더 괴롭혀도 되는 것인지 청구인들에게 되묻고 싶습니다."고 말한다. 그런데 이 말은 賊反荷杖이다. 왜냐하면 현재 아이들이 "이미 너무 아픈 아이들"이 된 것은 다름이 아니라 한글전용 교육 때문이기 때문이다. 다음의 글을 보자.

> 어느 중학교 역사 선생님으로부터 이런 얘기를 들은 적이 있다. "요즘 학생들 중엔 안중근 의사(義士)를 의사(醫師) 선생님으로 아는 애들도 있다." 설마 그럴까 했는데 괜한 말이 아니었던 모양이다. 며칠 전 한 방송사 리포터가 지나가는 학생에게 "야스쿠니 신사에 대해 알고 있느냐"고 물었다. 학생이 되물었다. "야스쿠니 신사? 신사숙녀 할 때 신사 아니에요?" 일본 전범(戰犯)들 위패를 모아놓은 신사(神社)를 신사(紳士)로 알고 있었다.
>
> 지난해 고교생 퀴즈 프로그램인 KBS '골든벨'에서 "이비인후과는 어디가 아픈 사람들이 갈까요?"라는 문제가 나왔다. 모두 쉰 문제 중에서 열 번째쯤에 나온 것이었으니까 프로그램 제작진이 그리 어렵지 않다고 본 셈이다. 그런데 틀린 학생이 무더기로 나와 탈락했다. 이(耳)가 귀, 비(鼻)가 코, 인후(咽喉)가 목구멍을 뜻한다는 것만 알면 쉽게 맞힐 문제였다.
>
> 하긴 요즘 아이들만 흉볼 일이 아니다. 초등학교 때 가분수 · 대분수, 중학 들어가 교집합 · 인수분해 같은 수학 용어를 이름에 담긴 뜻도 모

> 른 채 배웠다. 한자로 假分數·帶分數·交集合·因數分解라고 쓴다는 건 어른이 돼서야 알았다. 처음 배울 때 선생님이 왜 이런 이름인지 한자 뜻풀이를 해 가며 설명해줬더라면 수학에서 그렇게 헤매지는 않았을 것 같다. 과학 시간에 파충류·양서류·갑각류나 화성암·변성암·퇴적암의 뜻과 생김새를 머릿속에 떠올리기는 또 얼마나 힘들었던가. 그 이름들에 쓰인 한자를 알았다면 훨씬 쉽게 깨칠 수 있었을 것이다.
>
> 국어사전에 실린 우리말 어휘 가운데 70%가 한자어다. 아이들에게 지식을 전하는 교과서에서는 한자로 된 단어·용어가 90%나 된다. 한자어를 누구나 쉽게 이해할 수 있게 간편한 우리말로 바꿀 수 있으면 좋겠지만 우리 어문 현실은 그렇지 못하다. 그러니 한자를 모르는 어린 세대가 한글로만 쓰인 한자 단어투성이 교과서를 배우기란 암호 해독만큼이나 힘든 일이다. 공부에 재미를 못 붙일 뿐 아니라 아예 이해를 못 하는 일이 벌어진다. 국어 과목만의 문제가 아니다.[64]

왜 한글전용론자들은 "이미 너무 아픈 우리 아이들"이 된 원인이 저 위의 기사처럼 바로 잘못된 한글전용 교육에 있음을 외면하는가? 그 원인이 한글전용에 있으니까 한글전용을 바로잡아야 우리 아이들이 치유되지 않겠는가?

자녀들에게 올바른 국어교육을 하여, 한글전용 때문에 "이미 너무 아픈 아이들"이 된 자녀들의 고통을 덜어주고자 하는 90%의 학부모들의 당연한 바람이 "한자를 가르치고자 하는 부모의 욕심"인가? 왜 학부모들이 자녀들에게 한자를 가르치고자 하는지 그 이유를 진지하게 생각해 보아야 하지 않겠는가? 왜 한글전용론자들은 학부모들의 당연한 요구를 비난하는가? 또 학생들을 잘못된 한글전용의 고통에서 해방시켜

64) 金泰翼 논설위원, 「[만물상] 어휘력과 한자 교육」, 『朝鮮日報』, 2013.06.26. 굵은 글씨와 밑줄은 필자. 앞으로도 같음.

주고자 하는 교육자들과 지식인들의 노력을 "한자 교육을 통해 돈을 버는 사람들의 욕심"이라는 말로 비난하는가? 도대체 그렇게 학부모들과 교육자들과 지식인들을 低級스럽게 비난을 해서야 되는가? 대한민국에서 한글전용론자만 무조건 옳고 다른 사람들은 모두 틀리는가? 한글전용론자들은 무조건 자기들만이 옳다는 독선적이고 傲慢放恣한 태도를 버려야 한다.

위의 「법무법인 지평지성」이 주장한 말을 빌려서 그대로 돌려주는 말로 결론을 내리고자 한다. "지금 현재 하고 있는 한글전용과 "같은 방식은 이미 효용성을 잃어버린 것입니다." 그렇기 때문에 방법을 달리하여 국한자혼용의 더 효율적인 방법으로 "더 많은 학생들이 쉽고 편하게 읽고 그 의미를 이해할 수 있도록 해야 합니다."

> 4-2) "언어는 학문의 대상만이 아닙니다. 생활 속에서 쉽고 정확하게 의사를 전달할 수 있는 도구여야 합니다. 우리 국민들이 지능지수가 전 세계적으로 우수한 편임은 널리 알려진 사실입니다. 그와 같은 우수한 국민들이 청구인들이 지적한 것처럼 글을 읽거나 말을 듣고도 그 뜻을 제대로 이해하지 못하고 있다면, 그 표현 수단이나 표현 방법이 잘못된 것은 아닌지 되짚어 생각할 필요가 있습니다."65)

4-2)에 대한 反論

"우수한 국민들이 청구인들이 지적한 것처럼 글을 읽거나 말을 듣고도 그 뜻을 제대로 이해하지 못하고 있다면, 그 표현 수단이나 표현 방법이 잘못된 것은 아닌지 되짚어 생각할 필요가 있습니다."는 말은 국

---

65) 「지평지성」, p.51.

한자혼용론자들이 한글전용론자들에게 되돌려주고 싶은 말이다. 왜 우수한 우리 국민이 "글을 읽거나 말을 듣고도 그 뜻을 제대로 이해하지 못하"겠는가? 대한민국 건국 이후 지금까지 65년간 실시해온 한글전용 정책이 실패했기 때문이다. 우리 국민의 국어능력이 저하된 원인은 바로 한글전용 교육과 한글전용으로 된 글에 있다. 그러니 "그 표현 수단이나 표현 방법이 잘못된 것은 아닌지 되짚어 생각할 필요"를 인식했다면, 이제는 더 이상 한글전용 교육방법과 한글전용 문자 표기를 고집해서는 안 되는 것이다.

4-3) "청구인들은 "한국 성인의 약 4분의 3이 문해력 1~2단계로서 일상생활이 어려운 정도이고, 4~5단계(여러 정보를 종합해서 복잡한 문제를 파악하고 해결할 수 있는 사람)는 2.4%로 23개 조사대상 중 22등"이라고 주장하고 있습니다(청구서 48쪽). 그 결과가 사실이라면, 그 원인은 청구인들도 지적한 것처럼, 한자어는 표준국어대사전에 오른 말의 70%(국립국어원의 조사에 따르면 57%)를 차지하고 있고, '우리말 한자어'에는 약 25%가 동음이의어(청구서 45쪽)이기 때문입니다."[66]

4-3)에 대한 反論

그러니까 「법무법인 지평지성」의 주장에 따르면, 현재 한국 국민의 國語能力이 낮은 원인은 한자어가 한국어의 70%이고 한자어 동음이의어가 25%인 것이라는 것인가? 곧 한국어 구조 자체가 한국 국민이 국어능력이 낮은 원인이라는 것인가? 그렇다면 한국인은 한국어를 쓰는 한 영원히 국어능력이 낮은 상태를 벗어날 수 없다는 말인가? 요컨대

66) 「지평지성」, pp.57~58.

우리 한국어는 低級스러운 언어이고 한국인은 국어능력이 낮을 수밖에 없는 열등 민족이라는 것인가? 도대체 어떻게 한국인으로서 한국어와 한국인을 이렇게 自己卑下할 수 있는가? 한글전용론자들은 한글만 소중한 줄 알고 한국어와 한민족은 소중한 줄 모르는가? 도대체 어떻게 그런 사고방식을 가질 수 있는가? 한민족과 한국어가 있기 때문에 한글도 필요한 것이지 한글이 한민족과 한국어 위에 존재하는 것이 아니다.

현재 한국 국민의 국어능력이 낮은 원인은 한국어 구조 자체에 있는 것이 아니다. 그런 한국어 구조에 맞춰서 순리대로 국어생활을 하지 않기 때문이다. 한국어의 어휘에서 한자어가 70%이고 한자어 동음이의어가 25%이므로, 한글로만 글을 적으면 한국인의 國語能力은 低下될 수밖에 없다. 한자어를 한자로 적어서 문자의 형태적 변별력을 높여야 한국어의 어휘의 70%를 차지하는 한자어의 의미가 드러날 것이고, 25%를 차지하는 한자어 동음이의어도 구별될 수 있다. 그러니까 한자어를 한자로 적어서 정상적인 문자생활을 한다면 한국 국민의 국어능력이 높아진다. 한글전용으로 그렇게 순리적인 국어생활을 하지 못하도록 막아버리는 것이 한국 국민의 국어능력이 낮게 된 원인이다.

한글전용론자들은 한글전용이 실패한 책임을 한국어 구조 자체에 떠넘기는 厚顔無恥한 일을 하지 말아야 한다. 어문정책을 한국어에 맞춰야지 한국어를 語文政策에 맞추라 해서야 말이 되는가? 발에 신을 맞춰야지 신에 발을 맞추라는 것이 한글전용의 주장이다.

5. 國漢字混用이 韓國語 文字史의 主流라는 사실을 歪曲

> 5-1) "한자를 배우고 싶은 학생은 스스로 공부하면 되고, 자식에게 한자를 가르치고 싶은 부모는 직접 가르치거나 사설 학원을 이용하

면 됩니다."[67]

5-1)에 대한 反論

大韓民國 정부는 외국어인 영어와 로마자는 왜 현재 공교육에서 필수로 가르치고 있는가? 왜 "부모는 직접 가르치거나 사설 학원을 이용"하게 하지 않는가? 영어와 로마자가 한국인에게 필요하기 때문에 公敎育에서 가르치는 것이 아닌가? 그런데 한자가 영어의 로마자보다 덜 중요한가? 한자는 우리 민족이 2천 년간 써온 문자인데다 현재도 우리 민족이 쓰고 있는 문자이다. 그러므로 한자는 한국어 교육에 필요하다. 반면에 영어는 외국어 교육에 필요하다. 그렇다면 어떤 것이 더 중요한가? 한국어가 외국어보다 더 중요하므로 당연히 한자가 영어보다 더 중요하지 않는가? 그러므로 공교육에서 로마자를 가르친다면 당연히 한자도 공교육에서 가르쳐야 하는 것이다.

국어교육은 모든 교육의 바탕이 되므로 모든 교육의 최우선 교육이 되어야 한다. 한자교육은 그 국어교육의 한 부분이다. 그러므로 당연히 공교육의 최우선 교육이 되어야 한다. 외국어 교육인 영어교육은 한자교육에 비하면 그 순위가 한참 뒤로 밀려야 한다. 대한민국이 정상적인 국가라면 말이다. 그런데 공교육에서 영어교육은 하고 한자교육은 하지 말아야 한다? 그러니 "한자를 배우고 싶은 학생은 스스로 공부하면 되고, 자식에게 한자를 가르치고 싶은 부모는 직접 가르치거나 사설 학원을 이용하면 됩니다"고? 도대체 이 말이 한국어를 사랑하는 사람이 할 수 있는 말인가? 한글전용론자들은 한글만 소중하고 한국어는 소중하지 않는가? 도대체 한국어가 더 소중한가, 아니면 한글이 더 소중한가? 한국어가 있기 때문에 한글도 필요한 것이지 한국어가 없다면 한글도 소용없다. 그런데 한글전용론자들은 한글만 소중한 줄 알지 한국어

67) 「지평지성」, p.37.

가 소중한지는 전혀 모른다. 참으로 시야가 좁은 井底之蛙 같은 사람들이다.

> 5-2) "한글과 한자를 섞어 쓰면 쉽게 이해하기 어려운 글과 말이 됩니다. …… 한글과 한자가 뒤죽박죽 섞여 있는 글을 쉽게 읽지 못하는 것은 지식이 떨어지거나 한자 실력이 모자라서가 아닙니다. 한글과 한자가 혼용된 글은 가독력이 현저하게 떨어지기 때문입니다."[68]

5-2)에 대한 反論

"한글과 한자를 섞어 쓰면 쉽게 이해하기 어려운 글과 말이 됩니다."라는 말은 사실을 정반대로 말한 것이다. 일본어 글은 한자와 假名[가나]를 섞어 쓰기 때문에 쉽게 이해된다. 이것은 日本語를 조금이라도 배워본 사람은 다 아는 상식이다. 일본어 글은 한자와 假名[가나]를 섞어 쓰기 때문에 可讀力이 높다. 그래서 쉽게 이해되므로 띄어쓰기조차 하지 않는다. 따라서 저 위의 주장은 사실을 정반대로 왜곡한 것이다. "한글과 한자가 혼용된 글은 가독력이 현저하게 떨어지"는 것이 아니라 "한자와 假名[가나]가 혼용된 글은 가독력이 현저하게" 높아지는 것이다.

日本語 글은 띄어쓰기를 하지 않는데도 읽고 이해하는 데 지장이 없다. 이 사실은 곧 한자와 假名[가나]를 섞어 쓰는 문장 구조가 가독력 면에서 우수하다는 것을 단적으로 증명한다. 반대로 한국어 글은 한글전용을 하기 때문에 띄어쓰기를 하지 않으면 글을 이해하는 데 매우 혼란스럽게 된다. 따라서 한글전용 글과 국한자혼용 글 중 어느 쪽이

68) 「지평지성」, pp.42~43.

더 可讀力이 좋고 이해하기 쉬운 글인지는 너무나 명백하다. 그러니 저 위의 주장은 사실을 정반대로 말한 것이다. "한글전용한 글은 가독력이 顯著하게 떨어"진다고 말해야 옳다.

5-3) "한자가 우리말을 형성해 왔다는 것은 한자를 읽고 쓸 수 있는 사람들에게만 맞는 이야기입니다. 한자를 모르던 사람들도 수천 년 이 땅에서 말을 하면서 살았기 때문입니다."69)

5-3)에 대한 反論

물론 "한자를 모르던 사람들도 수천 년 이 땅에서 말을 하면서" 살아왔다. 그런 사람들이 주로 쓰던 토박이말도 國語辭典에 올라 있다. 마찬가지로 한자를 잘 알던 사람들이 주로 쓰던 한자어도 국어사전에 올라 있다. 그 결과로서 현재 國立國語院이 만든 『표준 한국어 대사전』에 수록된 한국어 어휘 50만여 개 중에서 한자어가 57% 이상을 차지하고 있는 것이다. 그러므로 "한자가 우리말을 형성해 왔다는 것은 한자를 읽고 쓸 수 있는 사람들에게만 맞는 이야기입니다."라는 말은 맞지 않다. 漢字는 우리말인 한국어를 발전시키는 데 이바지하였는데, 한국어는 비단 "한자를 읽고 쓸 수 있는 사람들"뿐만 아니라 "한자를 모르던 사람들"에게도 같은 모국어이기 때문이다.

한글전용론자들은 이런 식으로 한자를 아는 사람과 한자를 모르는 사람으로 한국인을 나누려는 경향이 있다. 지금이 封建時代나 階級時代도 아닌데, 共産主義者들이 '無産者'와 '有産者'를 나누는 것처럼 '有識者'와 '無識者'로 나누어서 국민을 분열시켜서 무엇을 하자는 말인가? 위험한 발상이라 아니할 수 없다. 1443년에 世宗大王이 訓民正音을 창

69) 「지평지성」, p.46.

제한 이래 1980년대까지는 국한자혼용이 한국어 문자 표기의 중심이었다. 곧 한자와 한글이 함께 쓰인 글이 主流였다는 말이다. 다시 말해서 한민족은 한자와 한글을 나누지 않고 함께 섞어 쓰면서 540년 이상을 살아왔다는 것이다. 그러니까 웬만한 한국인은 한자와 한글을 둘 다 알고 함께 써왔다는 말이다. 그런데 광복 이후 한글전용론자들은「한글전용법」을 만들고 또「국어기본법」을 만들어서 한자와 한글을 억지로 나누려고 안간힘을 써왔다. 도대체 왜 그러는가? 한자와 한글을 이렇게 철저하게 갈라놓는 일이 한국어 발전에 무슨 도움이 되는가?

"한자를 모르던 사람들도 수천 년 이 땅에서 말을 하면서 살았기 때문입니다."라고 말하면 안 된다. "한자를 모르던 사람들"이라고 해서 한자어를 한 마디도 말 안 하고 살았는가? "한자를 모르던 사람들"인 廣大들이 말로 판소리를 만들었는데, 그 판소리 辭說에도 한자어가 많이 들어 있다. 그러니까 "한자가 우리말을 형성해 왔다는 것은 한자를 읽고 쓸 수 있는 사람들에게만 맞는 이야기입니다."라고 말하면 안 된다. 글자로는 한자를 모르던 사람들도 한자어가 섞인 한국말을 하면서 살아온 것이다. 지금도 한글전용으로 한자를 모르는 국민이 대다수지만 그래도 한자어는 다 말과 글로 쓰고 살지 않는가?

문제는 한자를 모르는 사람도 한자어를 쓰지 않을 수 없는 한국어의 현실이다. 한자를 잘 모르니까 한자어를 잘못 사용하게 되는 것이다. 발음을 틀리게 적기도 하고 또 의미를 잘못 알고 쓰기도 한다. 그러니까 한자교육은 안 하면서 한자어를 한글로 적게 하면, 결국 나중에는 현재의 한글 표기조차도 엉망이 될 수밖에 없을 것이다.[70] 따라서 어차피 한국인은 한자어를 쓰지 않을 수 없는데, 한자어를 틀리지 않게 사용하려면 한자를 배워서 바르게 사용해야 하는 것이다.

---

70) 姜昶錫,「국어 표기법과 漢字」,『開新語文硏究』제19집, 개신어문학회. 2002.

5-4) "개화기 이후 한글이 제1문자로서의 확고한 지위를 확보함과 동시에, 한자는 부수적인 문자로 그 위상이 변화되었습니다. 문어과 구어가 구분되던 어문생활에서 문어와 구어가 일치하는 언문일치가 이루어지면서 한자는 매우 불편한 문자로 인식되기 시작하였고, 한글은 언문일치에 더 완벽한 표기 체제로서 지위를 공고히 하게 되었습니다."[71]

5-4)에 대한 反論

"개화기 이후 한글이 제1문자로서의 확고한 지위를 확보"했다는 말은 거짓말이다. 앞에서도 밝혔지만 開化期 이후 글의 중심은 국한자혼용이었다. 물론 개화기 이후 한문은 사라졌고 한글이 그 전보다는 위상이 높아진 것은 사실이다. 하지만 개화기 이후에 한글전용이 중심이 된 것이 아니라 한글과 한자가 함께 섞어 쓰는 글이 중심이 되었다. 그러니까 그 당시에는 한자와 한글이 동등하고 대등하게 섞여 쓰인 국한자혼용이 中心이었지 "한글이 제1문자로서의 확고한 지위를 확보"한 상황이 아니었던 것이다.

지금 「국어기본법」에서 爭點이 되는 점은 '한글전용'이 옳으냐, '國漢字混用'이 옳으냐는 것이다. 곧 한자를 단 한 자도 안 쓰는 글[한글전용]이 옳으냐 아니면 漢字를 한 자라도 섞어 쓰는 글[國漢字混用]이 옳으냐는 문제이다. 그런데 세종대왕이 훈민정음으로 쓴 최초의 글인 『龍飛御天歌』 이래 개화기를 거쳐서 1980년대까지 韓國語 文字 表記의 主流는 계속해서 漢字와 한글을 同等하게 섞어 쓰는 國漢字混用 글이었다. 이것은 1980년대까지의 신문이나 잡지 등을 보면 누구나 확인할 수 있는 사실이다.

---

71) 「지평지성」, p.101.

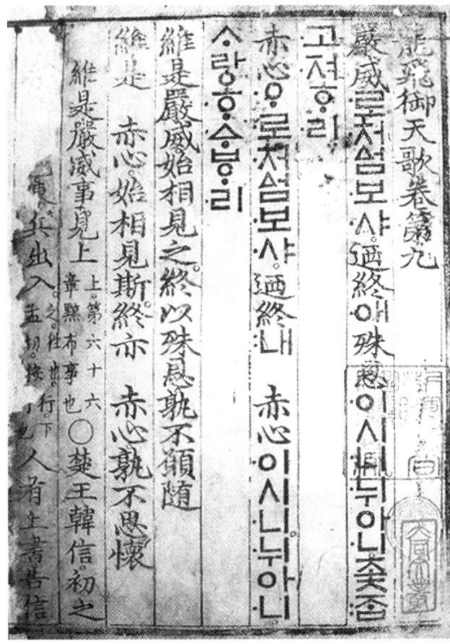

『龍飛御天歌』(문화재청 제공)

그러니까 "한자는 부수적인 문자로 그 위상이 변화되었습니다. 文語과 口語가 구분되던 어문생활에서 문어와 구어가 일치하는 언문일치가 이루어지면서 한자는 매우 불편한 문자로 인식되기 시작하였고, 한글은 언문일치에 더 완벽한 표기체제로서 지위를 공고히 하게 되었습니다."라는 주장은 1980년대까지는 할 수 없는 말이다. 한자는 『龍飛御天歌』 이래 개화기를 거쳐 1980년대까지 "한자는 부수적인 문자로 그 위상이 변화"된 것이 아니라 한글과 동등하고 대등한 관계를 계속해서 유지해 왔다.

이처럼 세종대왕이 훈민정음을 창제한 이래 한자와 한글은 동등한 관계로 계속해서 함께 쓰여 왔다. 1980년대까지만 해도 한자는 떳떳하게 앞에 내어 홀로 쓰이기도 했고, 아니면 한자가 앞에 한글이 뒤에 괄호 안에 쓰이기도 했다. 그때까지만 해도 지금과 같은 "한자는 附隨的인 문자"가 결코 아니었다.

"한자는 부수적인 문자"로 전락하게 된 계기는 朴正熙 대통령이 1970년대에 한글전용을 강력히 추진한 일이었다. 물론 그 이전에도 「한글전용법」이 있어서 한자를 괄호 안에 적으라고 규정했다. 하지만 그 규정을 따르는 사람은 거의 없었다. 그러다가 박정희 대통령이 1970년대에 한글전용을 강력하게 지속적으로 추진하였다. 하지만 신문 같은 매체들이 선뜻 그 정책에 협조하지 않았다. 언론인들은 한글전용이 이치에 맞지 않고 국한자혼용이 이치에 맞는다는 사실을 알고 있었기 때문이다. 하지만 워낙 정부가 한글전용을 강력히 추진함으로써 20여 년이 지난 1990년대 중반 이후부터 한글전용 글이 주류로 올라서게 되었다. 그러니까 정부가 그렇게 강력히 추진했어도 한글전용이 정착되는 데는 적어도 20년이 넘게 소요된 것이다.

그리고 “한자는 부수적인 문자”로 결정적으로 固着시킨 것은 2005년에 만든 「국어기본법」이다. 「국어기본법」은 한글만 우리 글자로 인정하고 한자는 외국 글자로 규정하여 버렸다. 그러므로 한자는 앞에 내어 홀로 쓰일 수 없고 반드시 한글 뒤에 괄호 안에 넣어 쓰여야 하는 “한자는 부수적인 문자”로 전락하고 만 것이다. 이때부터 ”한글이 제1문자로서의 확고한 지위를 확보“하게 되었다.

결국 “한자는 부수적인 문자”가 된 것은 大韓民國 정부가 「한글전용법」과 「국어기본법」으로서 한글전용을 65년간 추진해온 데 그 원인이 있는 것이다. 그러니까 대한민국 정부가 65년간에 걸쳐서 인위적이고 강제적으로 “한자는 부수적인 문자”가 되지 않을 수 없도록 만들어 버린 것이다. 이러한 역사적 사실을 정확하게 기술해야지 “문어과 구어가 구분되던 어문생활에서 문어와 구어가 일치하는 언문일치가 이루어지면서 한자는 매우 불편한 문자로 인식되기 시작”했다고 역사를 왜곡하는 거짓말을 해서는 안 된다.

만약에 대한민국 정부가 「한글전용법」과 「국어기본법」으로 65년 간 持續的으로 한글전용을 강요하지 않았다면, 대한민국의 문자 표기는 지금도 국한자혼용이 중심일 것이다. 왜냐하면 정부가 1948년에 「한글전용법」을 만들었고 박정희 대통령이 1970년부터 한글전용을 강력히 추진했지만, 지식인들은 거기에 協助하지 않았고 또 신문들도 1980년대까지는 국한자혼용을 하면서 20여 년 간 저항했기 때문이다. 그러므로 “大韓民國 정부는 1948년에 만든 「한글전용법」과 2005년에 만든 「국어기본법」을 통해 국민에게 65년 간 지속적으로 한글전용을 强要하였다.

이렇게 大韓民國 정부는 人爲的이고 强制的으로 한글을 제1문자로서 확고한 지위를 부여하고 漢字를 附隨的인 문자로 만들어 버렸다."고 記述해야 역사를 정확히 기록한 것이 된다.

6. 漢字와 漢字語를 中國 文字와 中國語로 歪曲

> 6-1) "아무리 오랫동안 사용하여 왔다고 하더라도, 한자를 아는 것이 우리말을 이해하고 바로 쓰는 데 도움을 줄 수는 있을지언정 한자 자체가 우리 글자가 되는 것은 아닙니다."72)

6-1)에 대한 反論

"한자 자체가 우리 글자가 되는 것은 아닙니다."라는 말은 정말로 잘못된 인식이다. 漢字 자체는 분명히 우리 글자이다. 이 문제에 대해서는 뒤에서 자세히 설명하고자 한다.

> 6-2) "많은 국민들이 정확하게 이해하지 못할 중국말, 중국에서 일본을 거쳐 이상해진 한자로 된 말을 쓰면서 그 말들을 계속 쓰라고 강요하는 것이야말로 국민을 바보로 만드는 일입니다."73)

6-2)에 대한 反論

韓國語의 語彙로서 漢字語를 "많은 국민들이 정확하게 이해하지 못할 중국말, 중국에서 일본을 거쳐 이상해진 한자로 된 말"이라고 歪曲

72)「지평지성」, p.98.

73)「지평지성」 p.40.

하는 것은 큰 잘못이다. 물론 우리는 漢字를 中國과 함께 사용하기 때문에, 中國에서 들어온 漢字語들도 많이 있다. 하지만 그것이 무슨 잘못인가? 그 漢字語들은 韓國語의 語彙를 풍부하게 만들었다. 그래서 中國에서 들어온 漢字語는 韓國語 표현능력을 확대하는 데 이바지했다. 그러므로 "많은 국민들이 정확하게 이해하지 못할 중국말"이라고 비난할 일이 아니다. "중국말"이라는 것은 中國語 發音이어야 하는데, 韓國語의 漢字語는 韓國語 발음으로 읽으므로 "중국말"이 아니다. 그리고 漢字語를 한글로 적으니까 이해를 잘 못하는 것이지 漢字로 적으면 잘 이해할 수 있다. 따라서 "많은 국민들이 정확하게 이해하지 못할 중국말"이라고 말하는 것은 사실과 전혀 다른 惡意的 표현이다. 이런 식으로 우리 韓國語 안의 漢字語를 惡意的으로 비난하는 것은 곧 우리말 자체를 自己卑下하는 매우 안 좋은 태도이다.[74)]

또 開化期 이래 日本에서 들어온 近代 漢字語들도 물론 있다. 西洋의 새로운 문물들을 소개할 때 日本人들이 번역한 한자어들이다. 이러한 한자어들이 있어서 우리는 西洋의 문화를 손쉽게 받아들이고 이해할 수 있었다. 그런데 『표준 한국어 대사전』에 수록된 韓國語 漢字語가 30여만 단어인데, 日本에서 들어온 漢字語를 최대한 잡아서 1만 단어라고 쳐도 고작 3.3%에 불과하다.

그리고 가장 중요한 것은 비록 中國이나 日本에서 들어온 漢字語라고 할지라도 發音을 韓國語로 하면 그것은 韓國語의 단어가 된다는 점이다. '文學'을 日本에서 받아들였지만 日本語는 [분까구]라고 發音하는데 반해 우리는 [문학]이라고 다르게 發音한다. 따라서 '文學[분까꾸]'는 日本語이고, '文學[문학]'은 韓國語인 것이다.

---

74) 崔炅鳳, 『한글민주주의』, 책과 함께, 2012, p.102. "언어순혈주의가 극단으로 치달을 경우 국어 속 한자어를 외래어로 보고, 한자어의 존재를 중국 문화에 대한 종속으로 판단하기도 한다."

中國에서 들어온 漢字語도 마찬가지다. 우리가 中國語 발음과 다르게 발음하기 때문에 그 韓國語로 읽는 한자어는 韓國語의 한자어이다. 中國人이 漢字로 적힌 한자어를 韓國語 발음으로 읽지 않기 때문이다. 예를 들면, '孔子'를 [쿵쯔]라고 읽는 한자어는 中國語이고, '孔子'를 [공ː자]라고 읽는 한자어는 韓國語인 것이다. 문자의 형태는 똑같게 보여도 發音이 다르기 때문에 각기 다른 언어인 것이다.

日本에서 들어온 漢字語도 마찬가지다. 新羅 때 慶州를 '東京'이라 했다. 「處容歌」에도 '東京'이 나온다. 그 '東京'을 [동경]이라고 읽는 한자어는 韓國語의 한자어이다. 반면에 현재 日本의 首都인 '東京'도 있다. 그 '東京'을 [토오쿄오]라고 읽는다면 그 한자어는 日本語의 한자어이다. 그러니까 漢字로 적힌 '東京'만 보고는 그 漢字語가 어느 나라 단어인지 알 수 없는 것이다. 그 漢字語의 發音을 듣고서야 그 漢字語가 어느 나라 단어인지 알 수 있다. 高麗 때 平壤을 '北京'이라 했다. 그런데 현재 中國의 首都도 '北京'이다. 따라서 '北京'이라는 漢字만 보고서는 어느 나라 단어인지 알 수 없다. 발음이 [북경]이면 韓國語 단어이고, [베이징]이면 中國語 단어인 것이다. 현재 『표준 한국어 대사전』에 수록된 한국어 語彙 30여만 한자어는 모두 한국어로 발음하므로, 모두 한국어 어휘로서의 한자어인 것이다.

그렇기 때문에 한국어 어휘로서의 한자어를 "많은 국민들이 정확히게 이해하지 못할 중국말"이라고 하는 것은 정말로 妄發이다. 한국인이 쓰는 한자어는 한국어로 발음한다. 중국인이 쓰는 '중국말'은 중국어로 발음한다. 어떻게 이 두 개를 混同하는가? '先生'을 韓國人은 [선생], 中國人은 [시엔셩], 日本人은 [센세이]라고 발음한다. 각기 다른 세 가지 발음이 어떻게 같은 언어가 될 수 있는가? '先生'은 발음에 따라 韓中日 세 나라의 각기 다른 단어인 것이다.

'중국말'은 四聲으로 발음하는 中國語이다. 한글전용론자들은 그 '중국말'하고 우리가 발음하는 '한국말'도 구별 못하는가? 그리고 '文學'과 '哲學' 같은 漢字語들을 누가 "일본을 거쳐 이상해진 한자로 된 말"로 여기는가? 그렇게 말하는 한글전용론자들은 그러면 그 "일본을 거쳐 이상해진 한자로 된 말"을 쓰지 않고 '文學'과 '哲學'을 뭐라고 말하는가? 한글전용론자들은 異常한 偏見으로 언어학과 문자학에 맞지 않는 헛소리만 늘어놓는다. 그 헛소리는 자기들도 실천하지 못하는 妄發에 지나지 않는다. "우리말에서 쓰이는 한자어가 중국 한자어인지 일본 한자어인지 아니면 한국 한자어인지를 구별하는 일은, 사전 편찬자나 국어사 연구자가 하는 일일 뿐 일반 대중의 국어생활과는 직접적인 관계가 없는 것"[75]이라는 崔炅鳳 교수의 지적이 옳다. 번역가 이희재 씨도 같은 지적을 하고 있다.

> 무수히 새로운 어휘가 나오는 과학 분야에 한자어를 쓰지 않고 토박이말만을 고집하기란 불가능합니다. 특히 명사를 토박이말로 바꾸는 데는 한계가 있습니다. '민주주의, 정부, 의회, 자본, 노동, 추상, 구체, 투표, 자유, 이성, 정의, 물질, 중력, 진화, 적용, 탄력, 사회, 공약'처럼 현대 한국어에서 없어서는 안 될 중요한 개념어 가운데 상당수는 19세기 말 이후 일본에서 만들어진 한자어입니다. 이런 관념어를 토박이말로 바꾼다는 것은 현실적으로 불가능하고 또 그럴 필요도 없습니다. 말의 원산지에 집착하는 것은 합리적인 태도가 아닙니다. 외국어에서 새로운 관념과 용어를 받아들인다는 것은 전혀 부끄러운 일이 아닙니다.[76]

그러니까 어떤 漢字語가 中國이나 日本에서 들어왔다는 그 사실 자

75) 崔炅鳳, 『한글민주주의』, 위의 책, p.156.

76) 이희재, 『번역의 탄생』, 교양인, 2009, p.286. 굵은 글씨 및 밑줄 필자.

체만으로 저 한글전용론자들이 무조건 排他性을 드러내는 것은 큰 잘못이다. "중국말, 중국에서 일본을 거쳐 이상해진 한자로 된 말을 쓰면서 그 말들을 계속 쓰라고 강요하는 것이야말로 국민을 바보로 만드는 일입니다."라는 말은 感情에 치우친 말로서, 전혀 現實性이 없는 헛소리이다. 이는 현대 韓國人들에게 국어생활을 포기하라고 하는 것과 같은 말이다. 한글전용론자들의 저 말이 옳다면 자신들도 "중국말, 중국에서 일본을 거쳐 이상해진 한자로 된 말"을 쓰지 않을 수 없는 바보인 것이다.

다만 이희재 씨가 "하지만 토박이말로 써줄 수 있는 표현은 토박이말로 써주는 것이 좋습니다. …… 한자어 동사의 남발이 걱정스러운 것은 그것이 일본에서 들어왔기 때문이 아니라 불필요하게 어렵고 현학적이기 때문입니다."[77]라고 하는 말은 合理的인 지적이므로 받아들일 필요가 있다. 現代 韓國人이 이해하기에 너무 어려운 한자어거나 또는 不合理하게 만들어진 한자어라면 再檢討해서 고칠 필요가 있다.[78] 그러니까 일단 中國이나 日本에서 들어온 漢字語들을 韓國語의 語彙로서 인정한 바탕 위에서 조금씩 고쳐나가는 것이 바람직한 일이다. 하지만 漢字語들이 中國이나 日本에서 들어왔다는 그 사실 자체만으로 그 漢字語들 전체를 韓國語의 語彙로서 인정하지 않고 무조건 否定해버리는 것은 결코 올바른 태도가 아니다.

6-3) "이와는 달리, 한자는 어디까지나 다른 나라의 글자로서 세계의 글자 중에서도 구조가 복잡하고, 글자 수가 많으며, 의미 파악이 어려운 글자가 많아서 가장 배우기 어렵고 쓰기 힘든 글자입니다."[79]

---

77) 이희재,『번역의 탄생』,위의 책, p.287.

78) 심재훈 고유선 기자,「외래어 투성이 금융용어…순화작업은 '게걸음'」,『연합뉴스』, 2013.10.08.

6-3)에 대한 反論

"한자는 어디까지나 다른 나라의 글자"라는 말은 아주 잘못된 말이다. 漢字는 어디까지나 韓國語의 글자이다. 이 문제는 뒤에서 자세히 설명하고자 한다.

6-4) "한자를 쓰기 때문에, 듣고 말하는 말로는 전혀 기능을 할 수 없는 말이 계속 남아 있게 됩니다. 이를 테면, 청구인들은 "한글과 한자는 상보적 관계에 놓여 있습니다(청구서 33쪽)"라는 표현을 하고 있는데, "相補"라는 한자 없이 위 단어만 듣고는 그 의미를 예상하기 어렵습니다. 쉽게 "한글과 한자는 서로 돕는 관계"라고 하면 충분할 것을, 괜히 '상보적 관계'라는 표현을 씀으로써 그 뜻을 알기 매우 어려워졌습니다. …… 청구인들이 청구서 49쪽에서 예로 들고 있는 '진통(陣痛 산모가 해산할 때 주지적으로 반복되는 통증 / 鎭痛 통증을 가라앉혀 진정시킴), 인재(인재(人才 재주가 뛰어나게 놀라운 사람 / 人材 학식이나 능력이 뛰어난 사람), 배치(配置 일정한 자리에 알맞게 나누어 둠 / 排置 일정한 차례나 간격에 따라 벌여 놓음)와 같은 것들도 마찬가지입니다. 이처럼 한자말을 강조해 쓰다 보면, 우리말을 풍부하게 쓰는 것을 가로막는 부작용이 일어나게 됩니다."[80)]

6-4) 에 대한 反論

6-4-1) 漢字語는 漢字로 적어야 한다는 사실을 한글전용론자가 是認함

"한자를 쓰기 때문에, 듣고 말하는 말로는 전혀 기능을 할 수 없는 말이 계속 남아 있게 됩니다. 이를 테면, 청구인들은 "한글과 한자는

79) 「지평지성」, p.98.

80) 「지평지성」, p.51.

상보적 관계에 놓여 있습니다(청구서 33쪽)"라는 표현을 하고 있는데, "相補"라는 한자 없이 위 단어만 듣고는 그 의미를 예상하기 어렵습니다."라는 주장은 잘못이다. 만약에 저 글처럼 ""相補"라는 한자 없이 위 단어만 듣고는 그 의미를 예상하기 어렵습니다."라는 주장이 사실이라면, 왜 한글전용론자들은 "相補"라는 한자 없이 한글 '상보'를 읽고는 "그 의미를 예상하기 어렵습니다."라는 말은 받아들이지 않는가? '相補'라는 한자어를 귀로 들을 때 漢字를 보지 못하기 때문에 이해하기 어렵다면, 마찬가지로 '相補'를 한글로 '상보'라고 적어놓으면 漢字를 보지 못하기 때문에 이해하기 어렵지 않겠는가? 어차피 둘 다 漢字 '相補'를 보지 못해서 생기는 일이기 때문이다.

한글전용론자들은 지금 저 말로써 漢字語는 들어서 이해하기 어려운 語彙라는 주장을 하고 싶은 것이다. 귀로는 한자어 '相補'를 적은 漢字를 보지 못하기 때문에 이해하기 어려우니까 한자어는 쓰지 말아야 한다는 주장이다. 한글전용론자들의 저 주장을 옳다고 인정하자. 그러나 되묻고 싶다. 그렇다면 왜 당신들은 한자어 '相補'를 한글로 '상보'로만 적어도 이해가 가능하다고 주장하는가? 만약에 한자로 적은 '相補'를 눈으로 보지 못해서 귀로 듣는 '相補'라는 한자어를 이해할 수 없다면, 마찬가지로 한글로 적은 '상보'도 한자 '相補'를 보지 못한 것이니까 이해할 수 없는 일이 아니겠는가?

결국은 저 주장은, 한자어를 한글로만 적어도 이해가 가능하다는 한글전용론자들의 주장이 잘못이라는 것을 스스로 告白한 것이다. 한글전용론자들의 주장대로 한자로 적은 '相補'를 보지 않고 한글로 적은 '상보'만으로 그 단어의 의미를 이해하는 일이 가능하다면, 마찬가지 이치로 한자 '相補'를 눈으로 보지 못해도 귀로 '상보'를 듣고도 그 단어의 의미를 이해하는 일이 가능하지 않겠는가? 그러니 한글전용이 불가능하다는 사실을 한글전용론자들 스스로 밝혀주고 있다.

필자의 경험으로 보면, 한글로 적은 '상보'든 귀로 듣는 '상보'든 글에서 漢字로 적은 '相補'를 보는 것보다는 확실히 이해도가 떨어진다. 그러니까 문자의 표기에 한정하여 말한다면, 한자어는 한자로 적는 것이 확실히 理解度를 높인다.

그리고 귀로 들을 때 '상보'는 확실히 눈으로 보는 한자 '相補'보다는 理解度가 떨어지는 것이 사실이다. 하지만 필자가 평소에 한자 '相補'를 보고 그 의미를 잘 알아두었다면, 말로 된 '상보'라는 발음을 귀로 들었을 때, 머릿속에서 그 한字 '相補'를 聯想하여 그 의미를 떠올리게 된다. 그런데 만약에 필자가 평소에 한자 '相補'를 보지 못해서 그 의미를 모른다면, 귀로 처음 '상보'라는 단어를 들었을 때 그 의미를 알기 어렵다. 그럴 경우에는 문맥을 통해서 '상보'의 의미를 類推해서 그 의미를 짐작하고 넘어가게 된다. 하지만 사실은 정확한 의미는 모르면서 적당히 넘어가는 경우가 많다.

한편 눈으로 볼 때는 이렇다. 한자어는 한자로 적혀 있으면 이해하기가 좋다. 첫째로 그 한자를 보고 바로 그 한자어의 의미를 알 수 있으면 가장 좋다. 둘째로 그 한자를 보고도 얼른 그 한자어의 의미를 모르는 경우도 있다. 하지만 어느 정도 짐작은 가능하다. 최소한 同音異議語 중에서 어느 것인지는 알 수 있으니 혼란스럽지는 않다. 셋째는 그 한자어를 이루는 한자가 확실히 밝혀져 있으므로 정확한 의미를 알고 싶으면 國語辭典이나 한자자전을 찾아볼 수 있어서 좋다.

반면에 눈으로 볼 때 한자어가 한글로 적혀 있으면 이해하기가 어렵다. 同音異議語 중 어느 단어인지 알 수 없기 때문이다. 또 동음이의어가 아닐지라도 그 한자어가 정확히 어느 한자로 구성되어 있는지 알 수 없어서 문맥을 통해서 짐작해야 하므로 막연하고 힘들다. 일단 어느 한자로 구성된 한자어인지 짐작이 되었을 경우에는, 그 전에 한 번이라도 한자로 적은 것을 보고 의미를 정확히 알아두었던 한자어라면 이해가 편해진다. 그 다음에는 한글로라도 한 번 접해본 한자어라면 조금 낫다. 하지만 가장 이해하기 힘든 것은 한 번도 이전에 접해보지 못했던 한자어가 한글로 적혀 있을 경우이다. 그럴 경우에는 그 한자어는 거의 암호가 되어버린다. 어느 한자로 구성되어 있는지 알 수 없으므로 國語辭典이나 한자자전을 찾아볼 수조차 없다. 참으로 답답한 상황이다.[81]

지금까지의 설명은 글의 표기가 한자와 한글로 되어 있을 경우의 理解度이다. 또 한편, 글이 한글전용으로 되어 있을지라도 한자를 배운 사람과 한자를 배우지 못한 사람의 독해능력에서 차이가 난다. 한자를 배운 사람은 비록 한글로 적힌 한자어일지라도 자신의 한자능력을 가지고 그 한자어의 의미를 유추해볼 수 있다. 하지만 한자를 배우지 못한 사람은 대강 그 한자어의 의미를 뭉뚱그려 짐작할 뿐 正確한 의미는 알지 못한다. 따라서 만약에 글의 표기는 한글전용을 하더라도 학교에서 한자교육은 반드시 해야, 독자들이 글을 이해하는 데 有利하다. 현재 北韓이 바로 그런 방식을 택하고 있다. 글은 한글전용으로 적되, 학교에서 漢字敎育은 하고 있다.[82]

따라서 결국은 漢字語는 반드시 단 한 번이라도 한자로 적어서 그 正確한 意味를 파악해두는 일이 語彙力을 기르는 데 가장 중요하다. 그렇게 한자로 적힌 한자어를 보고 정확한 의미를 알아두면, 나중에는 귀

81) 金昌辰 校註, 『두껍전』, 지만지, 2009. pp.91~92. "이십팔수는 각항저방심미기는 동방청룡이요, 두우여허위실벽은 북방현무요, 규루위묘필자삼은 서방백호요, 정귀류성장익진은 남방주작이요". 古小說은 이런 식의 한글로 된 글이 많은데, 이런 글을 어떻게 문맥으로 이해할 수 있는가? 이래도 한글전용이 옳은가?

82) 李漢東 외, 『國語 槪念의 定立과 국어기본법의 違憲性』, 語文政策正常化推進會, 2012, p.17. 北韓은 글은 철저히 한글전용을 한다. 하지만 漢字敎育은 한다. 우리나라 고등학교에 해당하는 '高級中學校'까지 漢字 1,500자를 가르친다. 그리고 '高等專門學校'까지 漢字 2,000자를 가르친다. '大學'에서는 거기에 漢字 1,000자를 더하여 총 漢字 3,000자를 교육한다.

로 듣건 한글로 적힌 것을 보건 그 정확한 의미를 알 수 있다. 그래서 평소에 독서를 많이 해서 다양한 어휘들을 익혀두는 것이 語彙力을 기르는 데 좋다. 특히 한자어를 한자로 정확하게 적은 글을 많이 읽는 것이 좋다. 이렇게 한자어는 한자로 적어서 정확한 의미를 파악해두는 일이 국어능력을 기르는 데 가장 근본적이고 중요한 일이 된다.

6-4-2) 한글전용은 韓國語의 힘을 弱化시킬 것을 목표로 삼음

"쉽게 "한글과 한자는 서로 돕는 관계"라고 하면 충분할 것을, 괜히 '상보적 관계'라는 표현을 씀으로써 그 뜻을 알기 매우 어려워졌습니다. …… 이처럼 한자말을 강조해 쓰다 보면, 우리말을 풍부하게 쓰는 것을 가로막는 부작용이 일어나게 됩니다."라는 말도 잘못이다. 저 말은 '상보적 관계'를 "한글과 한자는 서로 돕는 관계"로 풀어서 쓰라는 주장이다. 요컨대 조금이라도 한자어는 쓰지 말라는 말이다.

이 주장은 두 가지가 잘못되었다. 첫째는 "쉽게 '한글과 한자는 서로 돕는 관계'라고 하면 충분할 것을, 괜히 '상보적 관계'라는 표현을 씀으로써 그 뜻을 알기 매우 어려워졌습니다."는 말이 '言語의 經濟性'을 무시하고 있다는 점이다. '相補的 關係'는 5음절에 6칸을 차지한다. 반면에 '서로 돕는 관계'는 6음절에 8칸을 차지한다. 그러므로 '相補的 關係'가 더 적은 글자 수로 같은 의미를 나타낼 수 있다. 글 쓰는 사람들은 壓縮美가 있는 표현을 選好하는데, 이 자연스러운 현상을 人爲的으로 바꿀 수는 없는 것이다. 지금 저 주장은 한글로 적은 '상보적 관계'가 의미 파악이 어려우니까 쉬운 말로 풀어 쓰라는 것이다. 하지만 말을 길게 풀어 쓸 것이 아니라 그냥 한자로 '相補的 關係'라고 적으면 된다. 그러면 '言語의 經濟性'도 살면서 의미 파악도 쉽다. 왜 이렇게 쉬운 길을 놔두고 구태여 먼 길로 돌아가라 하는가? 그러니까 문제는 한글전용론자들이 한자어를 죽어도 한자로 쓰지 못하게 하는 게 잘못된 생각이

지, 저 한자어 자체가 잘못된 것이 아니다.

둘째는 "이처럼 한자말을 강조해 쓰다 보면, 우리말을 풍부하게 쓰는 것을 가로막는 부작용이 일어나게 됩니다."라는 말은 사실을 정반대로 왜곡하고 있다. 지금 저 글에서처럼 한글전용론자들이 조금이라도 어려운 한자어를 쓰지 못하게 가로막고 있다. "'상보적 관계'라는 표현"도 쓰지 말라고 한다. 그래서 "우리말을 풍부하게 쓰는 것을 가로막는 부작용이 일어나게" 나타나는 것이다. 지금 한글전용론자들은 韓國語 語彙의 57% 이상을 차지하는 漢字語를 "많은 국민들이 정확하게 이해하지 못할 중국말, 중국에서 일본을 거쳐 이상해진 한자로 된 말"이라고 罵倒하면서, "그 말들을 계속 쓰라고 강요하는 것이야말로 국민을 바보로 만드는 일입니다."라는 식으로 한자어를 쓰지 못하게 억압한다.

요컨대 한글전용론자들은 한국어 어휘의 57% 이상을 차지하는 한자어를 버리라는 주장하는데, 그렇게 한다면 한국어 어휘는 현재의 절반 이하로 줄어들 것이 아닌가? 그것이 바로 "우리말을 풍부하게 쓰는 것을 가로막는 부작용이 일어나게" 되는 것이 아니가? 그러니 "이처럼 한자말을 강조해 쓰다 보면, 우리말을 풍부하게 쓰는 것을 가로막는 부작용이 일어나게 됩니다."라는 말은 사실을 正反對로 歪曲하는 말인 것이다. 따라서 "이처럼 한글전용을 강제해 쓰게 하면, 우리말을 풍부하게 쓰는 것을 가로막는 부작용이 일어나게 됩니다."라고 말해야 옳은 말이 되는 것이다.

한글전용론자들은 漢字語는 "중국말"이니 "중국에서 일본을 거쳐 이상해진 한자로 된 말"이라고 罵倒하며 쓰지 못하게 한다. 그렇게 되면 韓國語의 語彙는 縮小된다. 그런데 그것이 韓國語의 발전에 무슨 도움이 되는가? 言語는 語彙가 豊富할수록 힘이 강해진다. 英語가 國際語로 쓰일 수 있는 것은 語彙가 가장 豊富한 언어이기 때문이다. 만약에 조금이라도 어려운 英語 단어라 해서 쓰지 못하게 한다면, 英語의 語彙는 줄어들 것이며 그에 따라 英語의 힘은 약해질 것이다. 과연 그것이 옳은 일인가?[83] 그러므로 韓國語의 語彙를 縮小시켜야 한다고 저렇게 주장하는 한글전용론자들의 주장은 결국은 한국어의 힘을 弱化시켜야 한다는 이야기와 똑같다.

한글전용은 이처럼 한국어의 어휘를 축소시키고 한국어의 힘을 약화시키는 것을 목표로 삼고 있다.[84] 우리말의 힘을 약화시킬 한글전용을 大韓民國 정부는 도대체 왜 語文政策으로 선택하는가? 「국어기본법」이 현재처럼 계속 유지된다면, 한국어는 점차로 그 힘이 弱化되어 언젠가는 사라질 운명에 처할 것이다. 한국어가 사라지면 韓民族도 사라진다. 그러므로 대한민국 정부는 현재 한글전용 정책으로 한국어를 죽이고 궁극적으로는 한민족을 멸망시키려고 애쓰고 있는 것이다. 따라서 우리가 한글전용을 없애지 못하면, 한국어가 멸망하고 한민족이 멸망하고 말 것이다. 한글전용이 없어져야 할 것이냐, 아니면 한국어와 한민족이 멸망해야 할 것이냐? 이것은 우리 韓國人의 選擇에 달렸다.

---

83) 이희재, 『번역의 탄생』, 앞의 책, p.286. "말의 원산지에 지나치게 집착하는 것은 합리적인 태도가 아닙니다. 외국어에서 새로운 관념과 용어를 받아들인다는 것은 전혀 부끄러운 일이 아닙니다. 지금은 세계어로 추앙받는 영어도 멀리는 덴마크어와 스웨덴어, 가깝게는 그리스어와 라틴어, 프랑스어에서 크게 영향을 받았습니다."

84) 李東昱, 「인터뷰/「한글창제 연구」 독일인 라이너 도멜스 박사─저승의 세종대왕은 한글전용을 개탄할 것─」, 앞의 글. "지금처럼 한글전용을 계속한다면 어떤 현상이 벌어질 것 같습니까. / "틀림없이 한국어는 약해질 것입니다. 한국어의 70%는 한자입니다. 한자로 표기하지 않으면 정확히 파악할 수 없는 글자들입니다. 나도 한글을 좋아합니다. 그러나 한글이 아름다워서 한글만 쓴다면 곤란할 겁니다. 말과 글은 사람과 사람 사이에 의식을 전달하는 도구입니다. 꽃을 생각하면 쉽습니다. 뿌리를 잘라버린 꽃다발은 화려하고 아름다워 보이기는 해도 며칠 못가서 시들어 버리고 맙니다. 꽃을 상대방에게 줄 때 뿌리째 준다면 꽃을 받은 사람은 이 꽃을 심어 가꿀 수가 있지요. 한자는 한글의 뿌리이니까, 자르지 않고 서로가 주고받는다면 한국어는 더욱 아름답게 번성할 것입니다."

6-5) "청구인들 주장처럼 한자어가 2,000년 동안 우리의 생활에 영향을 주었고, 일본을 거쳐 수입된 서양 학문이 많았기 때문에 학문 분야가 중국말, 일본말(일본식 한자어)로 가득했기 때문에 우리말이 자리를 잡을 겨를이 없었던 것입니다."[85)]

6-5)에 대한 反論

앞에서도 설명했지만, 韓國語의 한자어는 한국말의 語彙이지 "중국말, 일본말(일본식 한자어)"이 결코 아니다. 지금 저 주장은 한자어는 "우리말"이 아니라는 주장이다. 오로지 토박이말만이 "우리말"이라는 것이다. 저 주장은 두 가지로 잘못이다.

첫째는 만약에 한국어 안의 한자어가 한글전용론자들의 주장대로 "중국말, 일본말(일본식 한자어)"이라면, 도대체 왜 한글전용론자들은 그 "중국말, 일본말(일본식 한자어)"을 쓰는가 하는 점이다. 지금 저 인용한 글 안에서만도 한자어는 "청구인, 주장, 한자어, 생활, 영향, 일본, 수입, 서양, 학문, 학문, 분야, 중국, 일본, 일본식, 한자어"처럼 많다. 한자어를 外國語로 비난하려면 자기 자신은 이런 한자어를 하나도 안 써야 옳지 않은가? 왜 자기 자신은 "중국말, 일본말(일본식 한자어)"을 쓰면서, 남들에게는 그런 "중국말, 일본말(일본식 한자어)"을 쓴다고 비난하는가? 이런 행동은 "제 얼굴에 침 뱉기"가 아닌가?

둘째로, 韓國語 안의 漢字語는 "중국말, 일본말(일본식 한자어)"이 아니라 "우리말"이다. 文字의 형태는 비슷해도 발음이 다르면 다른 언어이다. 西洋의 언어들도 로마자는 서로 비슷하고, 단어도 같거나 비슷한 것이 많다. 하지만 발음이 달라서 다른 언어가 되는 것이다.[86)] 이처럼

85) 「지평지성」, pp.61~62.

86) 崔炅鳳, 『한글민주주의』, 앞의 책, p.146. (가) Socrates (그) 소크라테스 : (영) 소크러티즈, (프) 소크라라트, (독) 소크라테스, (스) 소크라티스. (나) George (영)

서양인들은 문자는 같은 로마자로 적지만, 각기 자기 민족의 발음으로 달리 읽는다. 그 각기 다른 발음에 따라 언어가 달라지는 것이다. 곧 언어는 문자가 달라서 구별되는 것이 아니라 발음이 달라서 구별되는 것이다. 漢字文化圈도 마찬가지다. 한국어로 발음하는 한자어는 "우리말"이지 "중국말, 일본말(일본식 한자어)"이 결코 아니다. 한자로 적힌 한자어의 문자 형태가 中國語 · 日本語와 같다 할지라도 한국어 발음으로 읽으면 "우리말"인 것이다. 그러니까 "중국말, 일본말(일본식 한자어)"에서 들어왔을지라도 우리가 한국어 발음으로 읽고 사용한다면 그것은 "우리말"이 되는 것이다.[87] 그리고 그것은 "우리말"을 풍부하게 만들어주는 일로서 결코 나쁜 일이 아니다. 한글전용론자들은 다음과 같은 지적을 새겨들어야 한다.

> 한자어들은 이미 조선의 어휘 체계 안에 들어와 있는, 다시 말해 귀로 들었을 때 의미가 곧장 파악되는 단어들임에도 생소한 외국어로 취급되고 있다는 점이다. …… 한문이 본래 중국의 글자였다고 하더라도, 혹은 일본식 한자로 번역한 것이라 할지라도, 그 단어들의 발음은 중국과 일본에서 똑같은 한자를 읽을 때 내는 발음과 다른 조선식 발음이라는 것이다. 따라서 이런 식으로 한자어를 폐기하는 것은, 이미 습득한 단어를 다시 습득케 하는 이중의 부담을 지우는 것이다.[88]

토박이말만 "우리말"이 아니라 中國, 日本에서 들어온 漢字語도 "우리말"이다. 그러니 한글전용론자의 "학문 분야가 중국말, 일본말(일본

조지 : (프) 조르주, (독) 게오르크, (스) 호르헤, (이) 조르지오, (그) 게오르기오스. (다) Wien (독) 빈 : (영) 비에너, (프) 비엔느, (스) 비에너스, (이) 비엔나.

87) 外來語라는 것이 본질적으로 그런 것이다. '外國語'가 韓國語 안에 들어와서 韓國語의 발음에 同化되면 '外來語'로 바뀌는 것이다. 外國語인 '어륀지'가 韓國語에 同化되어 '오렌지'가 되면 外來語가 되는 것이다.

88) 文惠允, 『문학어의 근대』,소명출판, 2008, p.177. 밑줄 필자.

식 한자어)로 가득했기 때문에 우리말이 자리를 잡을 겨를이 없었던 것입니다."와 같은 말은 "우리말"의 개념도 틀리게 말한 것이다. 만약에 토박이말만 "우리말"이라고 한다면 한국어 어휘의 57%는 버려야 한다. 결국은 한글전용론자의 저런 주장은 한국어의 어휘를 절반 이하로 축소시켜서 한국어의 힘을 약화시키자는 것이다. 한국어가 약해지면 한민족도 약해진다. 그러니 한글전용을 滅亡시키지 못하면, 韓國語가 滅亡하고 韓民族이 滅亡하고 말 것이다.

6-6) "정상적인 고등학교 과정을 마친 학생이라면 최소한 "미분", "적분"의 대략적인 의미는 알 수 있을 것입니다. 반대로 "微分", "積分"이라고 쓰면 오히려 그 의미를 파악하지 못하는 사람이 많을 것입니다. 의미가 전달이 되면 그것이 말과 글입니다. 미분과 적분을 한자어로 쓰고 만족할 것이 아니라, 미분과 적분의 뜻이 무엇인지를 우리말로 쉽게 설명하려는 노력을 해야 합니다. 그렇게 연구할 결과가 쌓이면, 언젠가는 미분 적분에 해당하는 우리말을 찾을 수 있을 것입니다."[89]

6-6)에 대한 反論

6-6-1) 漢字語를 한글로 적는 것이 漢字로 적는 것보다 낫다는 詭辯

한글 '미분'·'적분'이라고 쓰는 것보다 한자로 "'微分', '積分'이라고 쓰면 오히려 그 의미를 파악하지 못하는 사람이 많을 것입니다."라는 주장은 너무나 어이가 없다. 한자어를 漢字로 적는 것보다 한글로 적는 것이 더 "대략적인 의미는 알 수 있을 것"이라고 하니, 한글전용론자들은 필자가 한글로 적은 한자어들을 보고 그 "대략적인 의미"를 말해주

89) 「지평지성」, p.63.

기 바란다. 어느 지역의 地名이다. '양학, 현화, 가입, 외반, 용학, 유월, 만풍, 양매, 광산, 산길, 천장, 양월, 양간'. 한글전용론자들은 저 한글로 적힌 한자어 地名을 보고 그 '대략적인 의미'를 알 수 있는가? 필자는 전혀 意味를 짐작조차 할 수 없다. 그러나 저 地名들을 漢字로 '養鶴, 玄化, 加入, 外盤, 龍鶴, 柳月, 萬豊, 兩梅, 廣山, 山吉, 泉壯, 洋月, 兩干' 처럼 적어놓으면 필자는 정확히 그 意味를 알 수 있다. 한글로 적어놓으면 '대략적인 의미'조차 짐작할 수 없지만, 漢字로 적어놓으면 意味가 正確히 들어오지 않는가?

"微分"이라고 漢字로 쓰면 최소한 '米粉', '微粉', '未分', '美粉'과 혼동은 되지 않는다. 하지만 한글로 '미분'이라고 적으면 '微分', '米粉', '微粉', '未分', '美粉' 중 어느 것인지조차도 알 수 없다. 그런데 한글로 '미분'·'적분'이라고 쓰는 것보다 漢字로 "'微分', '積分'이라고 쓰면 오히려 그 의미를 파악하지 못하는 사람이 많을 것"이라고 하니 어안이 벙벙하다. 바로 이런 한글전용론자들의 주장을 言語道斷, 語不成說이라고 한다. 이런 詭辯을 일삼는 荒唐無稽한 한글전용 주장이 錯覺과 妄想이 아니면 도대체 무엇일까?

6-6-2) 한글전용 교육은 학생을 苦痛에 몰아넣는 無責任한 教育

"미분과 적분의 뜻이 무엇인지를 우리말로 쉽게 설명하려는 노력을 해야 합니다. 그렇게 연구할 결과가 쌓이면, 언젠가는 미분 적분에 해당하는 우리말을 찾을 수 있을 것입니다."라고 하는 말도 너무나 無責任한 주장이다. 문제는 지금 당장 우리 학생들이 저 한글로 적힌 "미분, 적분" 같은 한자어의 의미를 몰라 苦痛을 겪고 있다는 것이다. 그것을 지금 당장 해결해 주어야 한다. 그 해결 방법은 쉽다. 漢字語 학술용어를 漢字로 적어주고 정확한 意味를 설명해 주면 된다. 그런데도 한글전용론자들은 그것은 죽어도 못하게 막고, "그렇게 연구할 결과가 쌓이면, 언젠가는 미분 적분에 해당하는 우리말을 찾을 수 있을 것입니다.”라는 無責任한 말만 늘어놓고 있다. 그런 날이 올지도 모르고, 또 온다고 하더라도 그때가 언제일지도 모르는데, 그때까지 무조건 기다리라고? 언제일지도 모를 그런 날이 올 때까지 韓國의 학생들은 하염없이 기다리면서, 대책 없는 한글전용 교육의 犧牲羊이 계속해서 되어야만 하는가? 이미 수십 년간 수많은 韓國 국민들이 이 무책임한 한글전용 교육의 희생양이 되어 왔는데, 도대체 언제까지 얼마나 더 많은 被害者들이 나와야만 이 무책임한 한글전용 교육은 끝날 것인가?

도대체 왜 이래야 하는가? 아니 지금 당장 해결할 방법이 있는데, 왜 그것은 죽어도 해서는 안 된다고 막고, 아무 對策 없는 헛소리만 늘어놓고 있는가? 정말로 한글전용론자들의 傲慢과 偏見이 너무나 답답하고 무섭다. 現實을 있는 그대로 直視해야지 무슨 共産主義 같은 이념에 얽매여서, 現實을 度外視한 한가로운 소리나 늘어놓으면 교육의 현실 문제가 해결이 되는가? 도대체 누가 ‘微分’, ‘積分’을 한글전용론자들이 주장하는 것처럼 쉬운 말로 代置해 줄 것인가?

왜 한글전용론자들은 지금까지 수십 년간 ‘微分, 積分’을 자기들이 주장하는 바대로 쉬운 말로 바꾸는 작업을 하지 않았는가? 그렇게 수십 년간 그냥 손 놓고 있다가, ‘微分’, ‘積分’을 원 글자인 漢字로 적어달라는 요구를 하니까, 갑자기 “그렇게 연구할 결과가 쌓이면, 언젠가는 미분 적분에 해당하는 우리말을 찾을 수 있을 것입니다.”라는 생뚱맞은 소리를 하는가? 도대체 왜 ‘微分’, ‘積分’이 ‘우리말’이 아닌가? 도대체 왜 ‘우리말”인 ‘微分’, ‘積分’을 다른 말로 바꿔야만 하는가? ‘微分’, ‘積分’을 그냥 漢字로 적고 나서, 그 漢字의 意味를 정확히 풀이해주면 도대체 왜 안 되는가?

한글전용론자들은 順理를 거역하고 말도 안 되는 억지를 부리고 있다. 다음의 지적을 깊이 새겨들어야 한다.

> 토박이말이 여러모로 장점이 많은 것은 사실입니다. 하지만 이미 많은 근대어가 한자어로 만들어져 우리말 어휘로 자리 잡은 상태에서 굳이 그것을 한자어라는 이유만으로 버리는 것은 사회적 손실이 너무 큽니다. 함축성이 중요한 짧은 시에서라면 모를까 이런 시도를 일반화하기에는 여러모로 위험 부담이 큽니다.[90)]

"미분과 적분을 한자어로 쓰고 만족할 것이 아니라, 미분과 적분의 뜻이 무엇인지를 우리말로 쉽게 설명하려는 노력을 해야 합니다."라는 말도 잘못이다. 물론 교사는 "미분과 적분의 뜻이 무엇인지를 우리말로 쉽게 설명"해 주어야 한다. 문제는 '미분', '적분'을 한글로 적어놓고 설명하는 게 나은가, 아니면 漢字로 적어놓고 설명하는 게 나은가 하는데 있다. 漢字語는 漢字를 組合해서 만들었다. '微分'은 한자 '微'와 한자 '分'을 조합해서 만들었다. 그렇다면 원 글자인 漢字로 적어놓고, 설명을 하는 것이 더 效率的이지 않겠는가? '작을 微'와 '나눌 分'이 합쳐져서 '微分'은 '작게 나눔'이라는 뜻이 된다고 설명해 주는 게 좋지 않은가? 왜 이 常識的인 이야기를 한글전용론자들은 異常한 핑계들을 대어가면서 죽어라 否認하는가?

> 6-7) "또한 청구인들은 한글로만 기록된 각종 문화재의 안내문이 마치 암호문처럼 되어 있음을 지적하고 있습니다. …… 우리 문화를 알리려면 당연히 일반인이 사용하지 않는 한자어를 풀어서 쉽게 설명해야 합니다. 청구인들은 그 대안으로 각루, 요소, 용연 들을 한자로 쓰면 된다고 합니다. 그렇게 되면 우리 문화를 우리의 말과 글로 표현할 길은 점점 없어집니다."[91)]

90) 이희재, 『번역의 탄생』, 앞의 책, p.286.

6-7)에 대한 反論

각종 문화재의 안내문에 들어 있는 한자어 용어들이 많이 있다. 저 위에서 보기로 든 "각루, 요소, 용연"이라는 용어가 있을 때, "당연히 일반인이 사용하지 않는 한자어를 풀어서 쉽게 설명해야" 하는가? 그렇지 않다.

言語는 오랜 "社會的 約束"이다. 그러므로 歷史的으로 이미 굳어진 用語들은 그대로 쓰는 게 좋다. 歷史 用語들을 함부로 다른 말로 바꿔 버리면, 첫째로는 지금까지 기록된 모든 다른 문헌들의 같은 用語와 互換되지 않으므로 큰 混亂이 온다. 둘째로는 말이 길어져서 '言語의 經濟性'을 해친다. 그렇기 때문에 歷史 用語들은 傳統 그대로 쓰는 것이 最善이다. 아주 어려운 漢字語는 다시 풀어서 써줘야 할 경우도 있겠지만 웬만한 한자어 용어는 그냥 그대로 적는 것이 낫다.

예를 들어, 『朝鮮王朝實錄』太祖 8권, 4년(1395년) 9월 29일(庚申)자 기사이다.

> 그 밖에 주방(廚房)·등촉방(燈燭房)·인자방(引者房)·상의원(尙衣院)이며, 양전(兩殿)의 사옹방(司饔房)·상서사(尙書司)·승지방(承旨房)·내시다방(內侍茶房)·경흥부(敬興府)·중추원(中樞院)·삼군부(三軍府)와 동·서루고(東西樓庫)가 무릇 3백 90여 간이다. 뒤에 궁성을 쌓고 동문은 건춘문(建春門)이라 하고, 서문은 영추문(迎秋門)이라 하며, 남문은 광화문(光化門)이라 했는데, 다락[樓] 3간이 상·하층이 있고, 다락 위에 종과 북을 달아서, 새벽과 저녁을 알리게 하고 중엄(中嚴)을 경계했으며, 문 남쪽 좌우에는 의정부(議政府)·삼군부(三軍府)·육조(六曹)·사헌부(司憲府) 등의 각사(各司) 공청이 벌여 있었다.[92]

91) 「지평지성」, pp.81~82.

위 글에서 괄호에 漢字를 적어준 漢字語 用語들은 朝鮮時代의 制度와 관련되거나 고유명사들이다. 따라서 저런 용어들은 그대로 적어놓고 그 용어를 이해하도록 노력해야지, 저런 용어들을 쉬운 말로 풀어서 번역할 수는 없는 일이다. 예를 들어서 現代의 '靑瓦臺'나 '憲法訴願' 같은 용어들을 "푸른 기와집", "국가 기본법에 하소연하여 자기의 부탁을 들어주기를 바람" 하는 식으로 풀어서 번역할 수 없는 것과 같은 이치다. 위에서 보기로 든 "각루, 요소, 용연"이라는 용어들도 마찬가지다. 그것을 漢字로 그 용어 그대로 적어놓고 그 용어를 이해하도록 노력해야 한다.[93] 물론 그러려면 독자가 어느 정도의 漢字能力을 갖추어야 한다. 大韓民國 憲法 제9조는 "국가는 傳統文化의 繼承·發展과 民族文化의 暢達에 노력하여야 한다."고 규정하고 있다. 그렇기 때문에 大韓民國 憲法 제9조를 준수하려면 大韓民國 정부는 국민에게 기본 漢字教育을 義務的으로 해야 하는 것이다.

"청구인들은 그 대안으로 각루, 요소, 용연 들을 한자로 쓰면 된다고 합니다. 그렇게 되면 우리 문화를 우리의 말과 글로 표현할 길은 점점 없어집니다."라는 말은 語不成說이다. "각루, 요소, 용연"이라는 용어도 모두 "우리의 말과 글"이다. 그런데 왜 그것을 풀어 쓰지 않으면 "우리 문화를 우리의 말과 글로 표현할 길은 점점 없어집니다."라고 말하는가? 朝鮮時代의 용어들은 "우리의 말과 글"이 아닌가? 지금 한글전용론자들은 朝鮮時代에 우리 祖上들이 쓰던 韓國語와 그 後孫들인 우리들이 쓰는 韓國語를 완전히 分離·斷絶시키자고 하는 것인가? 이렇게 조상들의 言語 및 傳統文化와 후손들을 완전히 分離·斷絶시켜서 어떻게 大韓民國 憲法 제9조가 규정하는 "傳統文化의 繼承·發展과 民族文化

92) 國史編纂委員會, 『國譯 朝鮮王朝實錄』, 「太祖실록」, 太祖 4년(1395년) 9월 29일.

93) 이희재, 『번역의 탄생』, 앞의 책, p.286. "특히 명사를 토박이말로 바꾸는 데는 한계가 있습니다. ……이런 관념어를 토박이말로 바꾼다는 것은 현실적으로 불가능하고 또 그럴 필요도 없습니다."

의 暢達"을 이룰 수 있겠는가? 그러니 한글전용이란 "국가는 傳統文化의 繼承·發展과 民族文化의 暢達에 노력하여야 한다."고 규정하는 大韓民國 憲法 제9조를 정면으로 否定하고 拒逆하는 일이다. 大韓民國 정부는 도대체 왜 大韓民國 憲法 제9조를 정면으로 否定하고 拒逆하는 한글전용을 국가의 語文政策으로 채택하고 있는가?

6-8) "우리의 문화 정체성을 지키기 위해서는 한글을 써야 합니다."[94]

6-8)에 대한 反論

6-8-1) 古典에서 漢字 문헌이 한글 문헌보다 質的·量的으로 優秀

漢字와 한글 두 文字 중에서 어느 문자가 그 자체로 우리 민족의 文化 正體性을 더 잘 나타낸다고 말할 수는 없다. 왜냐면 둘 다 우리 민족이 오랫동안 써온 우리 문자기 때문이다. 흔히 우리 민족인 世宗大王이 만든 訓民正音[한글]이 우리 민족의 正體性을 더 잘 드러내는 것이 아니냐고 생각하기 쉽다. 그러나 漢字 또한 우리 민족이 2천 년간 써왔기 때문에, 漢字文化에도 우리 韓民族의 정신과 정서가 녹아들어 있다. 따라서 한글로 만든 문화만 우리 韓民族의 正體性을 드러내는 것이 아니라 漢字로 만든 문화도 우리 한민족의 정체성을 드러내는 것이다. 오히려 期間이나 그 量으로 보면 漢字文化가 한글문화보다도 더 오랜 기간 더 많은 우리 韓民族의 정신과 정서를 담아 왔다고 말할 수 있다.

그러니까 漢字와 한글, 두 문자 자체가 우리 민족의 문화 정체성을 나타내는 데 差等이 있는 것은 아니다. 중요한 것은 그 문자에 담는 내용이지 그 문자 자체가 한민족의 정체성을 더 잘 드러내고 못 드러내는

94) 「지평지성」, p.81.

것은 아니다. 예를 들어 우리가 인도네시아 찌아찌아족에게 한글을 수출했는데, 찌아찌아족이 쓰는 한글에서 韓民族의 정체성이 드러나는가? 아니지 않는가? 그러니까 한자와 한글이라는 문자 자체가 한민족의 정체성과 직접적인 관계는 없는 것이다. 따라서 "우리의 문화 정체성을 지키기 위해서는 한글을 써야 합니다."라는 주장은 근거가 없는 것이다.

아무튼 우리 韓民族이 漢字와 한글을 오랫동안 써왔으므로 두 문자로 창조한 문화들에는 "우리의 문화 정체성"이 들어 있다. 그래도 굳이 어느 문자가 더 韓民族의 문화 正體性을 잘 드러내고 있는지 따져보자면, 質的·量的의 두 면으로 살펴볼 수밖에 없다. 우선 質的인 면을 보자면, 유네스코가 지정한 우리나라의 '世界 記錄文化 遺産'을 살펴보면 알 수 있을 것이다. 大韓民國의 '世界 記錄文化 遺産'은 古典으로는 『訓民正音』, 『朝鮮王朝實錄』, 『直指心體要節』, 『承政院日記』, 『朝鮮王朝儀軌』, 『海印寺 高麗大藏經板』, 『東醫寶鑑』, 『日省錄』의 8종, 현대물로는 "5.18 관련 기록물"과 "새마을운동 관련 기록물"의 2종이다. 이 중에서 현대물 2종을 제외한 古典 8종의 '世界 記錄文化 遺産'은 모두 漢字로 기록된 것들이다. 『訓民正音』만 漢字와 訓民正音이 섞여 있고, 나머지 책들은 모두 純漢文이다. 이렇게 韓民族이 창조한 最高 수준의 古典 문화유산은 모두 한자로 기록된 것들이다. 따라서 저 漢字로 기록된 문화유산들에 우리 한민족의 문화 정체성의 最高峰이 들어 있다고 말할 수 있다.

다음으로 量的인 면으로 살펴보자. 朝鮮王朝 때까지 이룩한 漢字 문헌과 한글 문헌을 비교해 보면, 漢字 문헌이 한글 문헌보다 양적인 면에서도 압도적으로 많다. 古典 文獻의 90% 이상이 한자로 기록된 것이다. 결국은 우리 古典文化에서 漢字文化가 한글문화보다 質的·量的으로 모두 압도적으로 우수하다고 결론 내릴 수 있다. 그런데 그 量的·質的으로 더 열등한 한글 문화유산에만 "우리의 문화 정체성"이 들어 있다니 그것이 도대체 말이 되는가?

그러므로 "우리의 문화 정체성을 지키기 위해서는 한글을 써야 합니다."는 주장은 전혀 타당성이 없다. 오히려 "우리의 문화 정체성을 지키기 위해서는 한자를 써야 합니다."고 말하는 것이 더 사실에 들어맞는다. 우리가 자랑하는 元曉 스님, 退溪 李滉 선생, 栗谷 李珥 선생, 茶山 丁若鏞 선생, 燕巖 朴趾源 선생 등의 著作物들과 『三國史記』, 『三國遺事』, 『亂中日記』 등에 "우리의 문화 정체성"이 들어 있지 않는가? 우리 韓民族이 訓民正音을 만들었다고 해서 무조건 한글만 써야 우리 韓民族의 正體性이 드러난다는 생각은 정말로 單細胞的이고 無腦兒的인 생각이다. 이런 低質스럽고 편협한 '한글민족주의'에서 벗어나야 大韓民國이 先進國이 될 수 있다.

6-8-2) 現代 글에서도 한글전용은 文化 正體性과 無關

다음으로 現代 한국인들이 쓰는 글을 가지고 "우리의 문화 정체성"을 생각해 보자. 단순히 文字 자체를 가지고 거기서 "우리의 문화 정체성"을 찾으려는 생각은 잘못이다. "우리의 문화 정체성을 지키기 위해서는 한글을 써야 합니다."라고? 오늘날 인터넷 같은 데에 한글로 수많은 허접한 글들이 써지고 있다. 地域感情을 부추기는 글이나 근거도 없이 남을 誹謗하는 글들이 한글로 범벅이 되고 있다. 또 海外에 가보면 한글로 落書해 놓은 글들도 많다. 또 北韓의 작가들은 무조건 한글전용으로 작품을 쓰는데, 거기에 "우리의 문화 정체성"이 들어 있는가? 北韓의 한글전용 글에 빨갱이 共産主義 사상밖에 더 들어 있는가? 또 '한겨레신문'과 '경향신문'과 '全敎組'는 한글전용하는데 그 글들에만 "우리의 문화 정체성"이 들어 있는가?

반대로 國漢字混用으로 쓴 글에는 "우리의 문화 정체성"이 없는가? 丹齋 申采浩 선생의 글들과 『白凡逸志』는 國漢字混用인데 우리 韓民族

의 민족정신이 없는가? 또 安重根 義士의 漢文 書藝作品에도 "우리의 문화 정체성"이 없는가? 朴正熙 대통령의 漢文 揮毫에도 "우리의 문화 정체성"이 없는가? 韓國人의 漢字語 이름을 적는 漢字에 "우리의 문화 정체성"이 없는가? 韓國의 地名들을 적은 한자에 "우리의 문화 정체성"이 없는가? 한자로 기록한 韓國人의 族譜에 "우리의 문화 정체성"이 없는가? 또 漢字를 상대적으로 많이 쓰는 '朝鮮日報'나 '문화일보'의 글에는 "우리의 문화 정체성"이 없는가?

우리는 단지 우리 韓民族이 訓民正音을 만들었다 해서 무조건 한글만 써야 한다는 單純無識한 '한글民族主義'에서 벗어나야 한다. 世宗大王은 당신이 훈민정음을 만들었지만 한글전용하지 않고 國漢字混用했다. 그 사실에서도 한글만 쓰는 것이 우리 한민족의 문화 정체성을 나타내지 않는다는 사실을 단적으로 알 수 있지 않는가? 한글전용파들이 아무리 어리석은 '한글民族主義'에 빠져 있다 할지라도 世宗大王을 "우리의 문화 정체성을 지키"지 못한 사람으로 몰아붙일 수야 없지 않는가? 한글만 100% 쓰는 한글전용만이 한글을 사랑하는 일이 아니다. 한글을 올바르게 쓰는 것이 진정으로 한글을 사랑하는 길이다. 한글을 올바르게 쓰는 길은 곧 世宗大王이 가르쳐준 대로 한자와 한글을 섞어 쓰는 것이다. 이것이 한글을 올바르게 쓰는 방법이고 또 한글을 진정으로 사랑하는 길이다.

7. 漢字와 漢字語는 몰아내야 한다는 잘못된 前提

7-1) "한글세대에게 한자어가 어려우면, 더 어려운 한자를 쓰는 것이 아니라 한글을 써서 더 쉬운 말로 풀어 설명하면 됩니다."[95)]

95) 「지평지성」, p.44.

7-1)에 대한 反論

이런 주장에 대해서도 앞에서 여러 번 설명했다. 漢字語를 "한글을 써서 더 쉬운 말로 풀어 설명"하는 것이 올바른 해법이 아니다. 한자어를 그냥 한자로 적고 정확히 이해하게 하면 된다. 어려운 한자어를 몰아내야 한다는 저런 주장은 학문적인 주장이라기보다는 '한글민족主義' 理念에 바탕을 둔 선동에 가깝다.

"한글을 써서 더 쉬운 말로 풀어 설명"하는 '國語醇化運動'이 光復 직후부터 지금까지 65년 동안 이루어졌지만 과연 얼마나 성과를 이루었는가? 진실로 저 한글전용론자들이 저런 생각을 가지고 그동안 열심히 노력했다면 왜 지금 한글전용의 문제점이 이렇게 심각하게 드러나겠는가? 무려 65년이 지났는데 말이다. 그러니 저 사람들이 입으로는 저렇게 주장하지만 실제로 행동으로는 자기들이 주장하는 바를 열심히 實踐하지 않은 것이다. 아니 실천하지 못한 것이다. 애초에 한글전용은 불가능한 妄想이기 때문이다. 저런 주장이 가능한 일이라면 왜 지금 한글전용 때문에 문제가 생기겠는가? 그렇기 때문에 저런 주장은 과거에도 不可能했고, 또 현재도 불가능하며, 나아가 미래에도 不可能한 일이다. 단지 저 주장은 지금 한자어를 한자로 적으라는 요구에 뭔가 對應을 하기는 해야 하는데, 달리 할 말이 없으니까 이럴 때마다 늘 습관적으로 그냥 늘어놓는 空念佛에 불과하다. 곧 무책임하게 책임을 回避하는 말에 지나지 않는다.

그동안 우리 국민은 한글전용론자들의 저런 그럴듯한 주장에 洗腦당하여 漢字語가 토박이말로 모두 바뀌어 한글전용이 可能할 날을 꿈꾸어 왔나. 그러나 그런 날은 지금까지 오지 않았고, 또 앞으로도 永遠히 오지 않을 것이다. 결국 한글전용은 言語 現實을 直視하지 못하는 사람들이 꿈꾸는 妄想에 지나지 않는 것이다. 韓國 국민은 이제 한글전용이 妄想임을 깨달아야 한다. 그리고 白日夢에서 하루빨리 깨어나야 한다.

한글전용은 理論上으로는 그럴듯하지만 실제로는 不可能하다는 점에서 共産主義 理論과 닮았다. 또 사람들을 集團으로 洗腦하여 熱狂하여 빠져들게 만든다는 점에서도 한글전용은 共産主義나 히틀러의 나치즘과도 비슷하다. 그래서 朴露子 교수는 한글전용론자들을 히틀러와 다름없는 사람들이라고 강하게 비판하고 있다.[96] 우리는 히틀러의 나치즘과 비슷한 '한글민족주의' 사고에 바탕을 둔 한글전용에서 벗어나야 한다. 錯覺과 妄想이기 때문이다. 한글전용은 正常的인 사고방식이 아니다.

7-2) "'다문화 센터'를 우리의 전통 차를 마시는 곳으로 이해한 것은 유명 인사의 잘못이 아닙니다. '다문화'라는 오해 소지가 있는 말을 만들었기 때문입니다. 처음부터 '문화나눔터', '다어울림센터', '무지개센터'처럼 오해의 소지가 없는 말로 표현했어야 합니다. 나아가 모르는 단어가 나오면 국어사전을 찾아서 그 뜻을 이해하도록 노력하면 되는 것이지, 한자어로 써야 그 뜻을 쉽게 알 수 있는 것만도 아닙니다."[97]

7-2)에 대한 反論

물론 새로운 말을 만들 때 잘 생각하여 만들어야 한다. 그리고 外國語가 韓國에 들어올 때도 飜譯語를 잘 만들어 써야 한다. 문제는 새로

---

96) 朴露子, 「한자를 포기할 수 있을까」, 앞의 글, "한국의 외솔 최현배 선생 등 언어 국수주의자들이 한자를 '남의 글'로 규정한 것은 문제의 소지가 있는 사고방식이다. 한국의 경우 아마도 이미 고조선 시기에 이용됐을 법한 한자를 '남의 글'로 본다는 것은, 불교를 '외래 종교'라 규정해 1868~72년 불교 사찰을 파괴하고 승려를 강제 환속시켰던 메이지 시대 초기의 신도(神道) 국수주의자들의 사유 방법이나, 기독교를 "독일 민족에 이질적인 유대인들의 종교"로 생각했던 히틀러의 사고방식과 큰 차이가 없는 것 같다."

97) 「지평지성」, p.56.

운 말을 만들고 새로운 번역어를 만들 때, 한자어와 토박이말 중에 어떤 것이 더 效率的이냐는 데 있다. 한자어가 토박이말보다 造語力이 더 뛰어나다는 것은 이미 국어국문학자들 사이에서는 定說로 되어 있다. 번역가 이희재 씨도 "조어를 할 때 잊어서는 안 되는 것은 작위적인 토박이말보다는 정착된 한자어가 훨씬 낫다는 것입니다."[98]라고 주장한다.

그런데 현재 한글전용 체제에서는 번역어를 한자어 조어로 하기가 어렵다. 그래서 外國語가 번역되지 않고 그냥 외국어 그대로 쓰이는 안 좋은 경향이 있다.[99] 이렇게 된 까닭은 바로 한글전용에 그 원인이 있다. 지금까지 보았듯이, 한글전용론자들은 한자어를 "중국말"이니 "일본을 거쳐 이상해진 말"이니 하여 罵倒한다. 또 「한글전용법」과 「국어기본법」으로 한자어를 한자로 쓰는 것도 절대로 못하게 막는다. 그러니 外國語가 들어왔을 때, 飜譯語나 新造語를 한자어로 만드는 길이 源泉封鎖되고 만다. 그렇기 때문에 현재 국립국어원이나 신문사 같은 기관들도 외국어의 번역어나 신조어를 토박이말로만 만들어야 한다는 强迫觀念에 젖어 있다. 그런데 문제는 토박이말은 조어력이 안 좋다는 데 있다. 그렇기 때문에 날마다 물밀 듯 들어오는 외국어들을 토박이말로는 도저히 번역해 낼 수 없는 것이다. 그래서 결국은 외국어가 무방비 상태로 그대로 들어와서 쓰일 수밖에 없게 된 것이다. 다음의 지적이 바로 그것이다.

> 한자어를 쓰는 비율이 줄어들면서 이를 대신해 서구 외래어나 조어법에서 벗어난 신조어들이 많아지기 때문이다. <u>국어 순화 운동이 오히</u>

98) 이희재, 『번역의 탄생』, 앞의 책, p.379.

99) 김어진, 「[클릭! chosun.com] 외국어에 중독된 한국 〈1〉 성채와 궁전에 사는 한국인」, 『朝鮮日報』, 2009.09.13. ~「[외국어에 중독된 한국-10] 신문은 '여론' 대신 '오피니언'」, 『朝鮮日報』, 2009.09.30. 총 10회로 연재된 연속 기사들을 보면 오늘날 한국 사회의 외국어 남용 현상을 잘 볼 수 있다.,

> 려 서구 외래어를 확산시켰다는 지적은 국어 순화 운동의 문제와 관련하여 주목할 필요가 있다. …… 새로 들어온 말이 한자어로 번역되었을 때 어휘에 대한 이해가 쉬어지고 그것의 사용 영역이 체계화될 수 있는 것은 한자어의 장점을 보여준다.[100]

그러니까 지금 저 위의 글에서 지적하고 있는 '다문화센터'라는 이름의 문제점은 그 이름이 잘못되어서가 아니다. 저 글에서는 '다문화센터'의 代案으로 '문화나눔터', '다어울림센터', '무지개센터'를 제시하는데, 그것이 '다문화센터'보다 결코 더 나은 作名이 아니다. 현재 '다문화'라는 用語는 우리 사회에서 중요한 時事用語로 널리 쓰이고 있다. 따라서 '다문화'라는 用語를 쓰는 것이 저 기관의 性格을 명확히 드러내 주며 또한 다른 곳들과 용어가 互換이 잘 된다. 반면에 '문화나눔터', '다어울림센터', '무지개센터'는 정확히 무엇을 하자는 곳인지 명확한 개념이 떠오르지 않는다. 따라서 이것들은 오히려 '다문화센터'보다 훨씬 誤解를 더 사기 쉬운 이름들이다.

그런데 '다문화센터'라는 이름이 문제가 되는 것은 그 이름 자체에 있는 것이 아니다. 단지 漢字로 적어야 할 漢字語 '多文化'를 한글로 '다문화'라고 적었기 때문에 '茶文化'라고 착각하는 오해가 벌어진 것뿐이다. 그러므로 漢字語 이름인 '多文化"를 원 글자인 한자로 "多文化'라고 적으면 아무 문제가 없다. 그런데 왜 한글전용론자들은 그 순리를 거역하여 한자어를 원 글자인 한자로는 죽어도 못 적게 하면서, 저렇게 엉뚱한 주장만 늘어놓고 있는지 참으로 답답하다.

7-3) "학문의 밑바탕을 넓히기 위해서도 의미가 분명하지 않은 한자어와 한자로 쓰기보다 쉬운 고유어와 한글로 써서 개념과 이론이

100) 崔炅鳳, 『한글민주주의』, 앞의 책, pp.111~112. 밑줄 필자.

다시 표현되어야 합니다. …… 쉬우면서도 정확한 설명이 물론 쉽지는 않겠지만, 그와 같은 노력을 하지 않으면 학문은 발전할 수 없습니다."[101]

7-3)에 대한 反論

앞에서도 지적했듯이, 광복 직후 '國語醇化運動'을 시작한 지 65년이 되었는데, 그동안 도대체 무엇을 하고 있다가, 한글전용의 문제점을 지적하니까 이제야 다시 저런 해묵은 주장을 늘어놓는가? "의미가 분명하지 않은 한자어와 한자로 쓰기보다 쉬운 고유어와 한글로 써서 개념과 이론이 다시 표현되어야 합니다."는 저 주장이 가능한 일이었다면 왜 아직까지 되지 않았겠는가? 저런 일이 애초부터 不可能한 일이었기 때문에 65년 동안 現實化되지 못한 것이 아니겠는가?

그리고 더 근본적으로 중요한 문제는 도대체 왜 저런 일을 해야만 하는가이다. 왜 "한자어와 한자로 쓰기보다 쉬운 고유어와 한글로" 써야 하는가? 이에 대해서 번역가 이희재 씨가 앞에서 이미 잘못된 일이라고 지적한 바 있다.[102] 그러니 漢字語는 그냥 漢字로 적어놓고 그 한자를 이용하여 그 漢字語의 개념을 正確히 이해하게 해주면 된다. 그런데 죽어도 한자어를 한자로 적지 않으려니까 저런 식의 답답한 주장만 65년째 되풀이하고 있는 것이다. 그렇게 할 必要도 없고, 가능하지도 않으며, 애써서 해보았자 效率性도 떨어지는 일을 도대체 왜 우리가 해야만 하는가? 그런데 왜 한글전용론자들은 "그와 같은 노력을 하지 않으면" 안 된다고 으름장을 놓는가?

---

101) 「지평지성」, p.64.

102) 이희재, 『번역의 탄생』, 앞의 책, p.286. "무수히 새로운 어휘가 나오는 과학 분야에 한자어를 쓰지 않고 토박이말만을 고집하기란 불가능합니다. 특히 명사를 토박이말로 바꾸는 데는 한계가 있습니다. …… 이런 관념어를 토박이말로 바꾼다는 것은 현실적으로 불가능하고 또 그럴 필요도 없습니다."

“한자어와 한자로 쓰기보다 쉬운 고유어와 한글로” 쓰는 일이 불가능한 일인 줄은 물론 한글전용론자 자신들도 다 안다. 그러니까 “쉬우면서도 정확한 설명이 물론 쉽지는 않겠지만”이라고 스스로 인정한다. 자, 그렇게 안 되는 일인 줄 깨달았다면 그만 두는 게 順理다. 한글전용을 철폐하면 한국어의 모든 문제는 다 해결된다. 그런데 왜 또다시 “그와 같은 노력을 하지 않으면 학문은 발전할 수 없습니다.“고 엉뚱한 흰소리를 늘어놓는가?

저 한글전용론자들의 주장대로 “쉬운 고유어와 한글로” 바꾸지 않으면 “학문은 발전할 수 없”다면, 도대체 元曉大師의 佛敎 연구와 退溪 선생과 栗谷 선생의 儒敎 연구와 茶山 선생의 實學 연구는 어떻게 그 높은 경지에 이를 수 있었다는 말인가? 또 저 한글전용론자들의 주장대로라면 한자어 학술용어를 한자로 쓰는 중국과 일본은 “학문은 발전할 수 없”어서 學問 後進國이 되어 있어야 할 것이다. 그런데 도대체 日本과 中國은 왜 우리나라보다 학문이 더 발전해 있는가? 그래서 學問의 最高峰만이 받을 수 있는 노벨상을 많이 받았는가? 반면에 한글만 쓰는 한국은 “학문은 발전”해도 엄청나게 발전해 있어야 할 텐데, 왜 학문이 낙후되어 있는가? 그래서 노벨상을 단 하나도 못 받았는가? 도대체 왜 한글전용론자들의 주장과 현실은 완전히 正反對인가? 도대체 한글전용론자들이 거짓말을 하는 것인가, 아니면 세상이 다 잘못된 것인가?

그냥 漢字語 用語를 한자로 쓰면 문제는 간단히 해결되는데, 왜 도대체 새로운 용어를 만들어야 한다는 말인가? 기존의 용어와 달라지는 데서 오는 혼란은 어떻게 하는가? 용어 하나 새롭게 만들기도 무척이나 어렵거니와 그 용어를 定着시키려면 또 얼마나 오랜 시간이 걸리는가?[103] 아니 그냥 한자어를 한자로 쓰면 간단한 일을 왜 이리도 複雜하

103) 文惠允, 『문학어의 근대』, 앞의 책, p.177. “따라서 이런 식으로 한자어를 폐기하는 것은, 이미 습득한 단어를 다시 습득케 하는 이중의 부담을 지우는 것이다.”

고도 不便하게 일을 擴散시켜야만 한다는 말인가?

하여튼 한글전용론자들의 주장을 들으면 필자가 어디 “異常한 나라의 엘리스”가 되는 기분이다. 저러한 空想과 妄想이 한글전용론자들끼리는 통하는지 모르지만, 正常的인 사고방식을 가진 사람들이 보면 도무지 왜 저러는지 이해가 안 되는 것이다. 荒唐無稽한 理念을 자기들끼리 教條的으로 떠받든다는 점에서 한글전용론자들은 共産主義者들과 一脈相通한다.

7-4) “우리 학계는 청구인들이 주장하는 것처럼, 그 시작부터 한자어로 된 개념, 용어를 가지고 연구를 하고 학생들을 가르쳤습니다. 그 결과가 무엇입니까. 노벨상은커녕, 전 세계적으로 인정받는 대학이 거의 없습니다. 단언할 수는 없지만, 쉽게 이해하고 뜻을 전달할 수 있는 우리말로 시작했다면 다른 결과가 나왔을 수 있습니다.”[104]

7-4)에 대한 反論

“한자어로 된 개념, 용어를 가지고 연구를 하고 학생들을 가르쳤습니다. 그 결과가 무엇입니까. 노벨상은커녕, 전 세계적으로 인정받는 대학이 거의 없습니다.” 이렇게 된 것도 마찬가지다. 漢字語 學術用語 자체가 문제가 아니다. 漢字語 學術用語를 한글로 적어놓아서 그 意味를 이해하지 못하게 한 한글전용이 문제인 것이다. 漢字語 學術用語는 한국에서만 쓰는 것이 아니다. 中國도, 日本도 모두 한자어 학술용어를 쓴다. 한자어 학술용어를 쓰는 日本과 中國은 노벨상을 많이 받았다. 그러니 한자어 학술용어 때문에 한국이 노벨상을 받지 못했다고 하는 주장은 語不成說인 것이다.

104) 「지평지성」, p.64.

그렇다면 한자어 학술용어가 韓國이 노벨상을 받지 못한 原因이 아닌 것은 분명하다. 한국이 노벨상을 받지 못한 이유는 다른 데 있다. 일단 漢字文化圈 韓中日 3국의 노벨상 수상자 수를 비교해 보자. 日本은 1949년 湯川秀樹(노벨물리학상)을 시작으로 2012년 山中伸彌(노벨생리의학상)까지 19명이 노벨상을 받았다. 그리고 中國은 1957년 李政道와 杨振宁(노벨물리학상)을 시작으로 2012년 莫言(노벨문학상)까지 노벨상을 7명이 받았다. 반면에 한국은 노벨평화상 1명밖에 못 받았다. 그러므로 노벨상 수상자가 많은 순서는 日本, 中國, 韓國이다.

漢字文化圈에서 노벨상을 가장 많이 받은 일본은 국한자혼용을 한다. 그 다음인 중국은 순한문을 쓴다. 끝으로 노벨평화상밖에 없는 한국은 한글전용을 한다. 이 결과를 놓고 보면, 국한자혼용을 하는 것이 학문 발전에 가장 效率的이다. 그 다음이 純漢文이고, 한글전용은 가장 비효율적이다.

자 결과가 이런데도 한자어 학술용어 때문에 "노벨상은커녕, 전 세계적으로 인정받는 대학이 거의 없"다고 하는 한글전용론자들의 주장이 얼마나 거짓말인가? 眞實은 그것이 아니라 韓國이 한글전용 때문에 "노벨상은커녕, 전 세계적으로 인정받는 대학이 거의 없"는 것이다. "한자어로 된 개념, 용어를 가지고 연구를 하고 학생들을 가르"치는 日本과 中國은 "노벨상은 물론, 전 세계적으로 인정받는 대학이" 많다. 오로지 한국만 같은 "한자어로 된 개념, 용어를 가지고 연구를 하고 학생들을 가르"치면서도 한글전용을 하기 때문에 "노벨상은커녕, 전 세계적으로 인정받는 대학이 거의 없"는 것이다. 모든 잘못된 것은 한글전용이 그 原因인 것이다.

日本은 漢字文化圈 3국 중에서 가장 먼저 近代化를 해서 노벨상을 많이 받았다 치자. 그러나 韓國과 中國은 비슷한 시기에 근대화를 이루었는데, 왜 중국은 노벨상을 7명이나 받았는데 한국은 평화상 1명밖에 없는가? 그 차이는 중국은 한자만 쓰고 韓國은 한글만 쓴다는 데 있다. 그러므로 이 결과로 본다면, 차라리 한자만 쓰는 것이 한글만 쓰는 것보다는 학문 발전에 더 有利하다고 말할 수 있다.105) 한편 漢字를 쓰는 日本과 中國은 '노벨문학상'도 받았는데, 한글전용하는 韓國은 '노벨문학상'도 못 받았다. 그러니까 한글전용은 學問과 文學이 발전하는 데 最惡의 문자 표기라고 결론지을 수 있다.

한글전용론자들은 마치 한글이 가장 優秀한 글자인 것처럼 한국 국민을 속이고 있다. 그리고 한글전용 때문에 한국이 발전했다고 선전한다. 하지만 사실은 그 正反對이다. 한글전용은 韓國語를 표기하는 여러 가지 방법 중 最惡의 표기 방식인 것이다.106) 사실이 이러한데도 한글전용론자들은 한국의 學問이 발전하지 못한 원인으로 엉뚱하게 漢字語 學術用語에 그 책임을 돌리니 賊反荷杖이라 아니할 수 없다.

漢字文化圈 韓中日 3국 중에서 노벨상을 가장 많이 받은 日本은 國漢字混用을 한다. 그렇다면 우리도 國漢字混用을 해서 학문을 발전시켜야 한다. 그래야 日本을 따라잡을 수 있다. 지금처럼 한글전용을 하고 있어서는 한국은 죽어도 일본을 따라잡을 수 없다. 지금처럼 한글전용을 계속 하다가는 모든 면에서 日本은커녕 中國보다도 뒤처질 것이다. 大韓民國 정부와 국민들은 제발 정신을 차려야 한다. 한글전용 같은 어리석은 정책을 계속 추진해서 대한민국을 더 이상 후퇴시켜서는 안 된다.

---

105) 趙長熙, 「'漢字공부 하지 말자'는 한국사회의 知的 수준」, 『月刊朝鮮』 2013년 10월호, "—**한자를 쓰는 중국인들은 머리가 좋겠네요. 게다가 중국어에는 고저장단(高低長短)도 있잖아요. / "훨씬 좋죠. 이해도, 기억도 잘합니다**. 사성(四聲)은 뇌 자극을 더 잘 받겠죠. 그렇게 되면 중국과의 국제경쟁에서 우리가 지는 겁니다. 그러니 한자를 배우는 것이 국가 존폐와도 관련이 있어요. 비록 뇌과학자이지만 일부 쇄국적(鎖國的)인 언어학자들이 한글전용을 만든 것 같아요."

106) 金昌辰, 「한글專用 體制에서 漢字語 表記의 問題」, 『漢字漢文敎育』 제23집, 韓國漢字漢文敎育學會, 2010, pp.187~212. 참고.

7-5) "한자어를 한자로만 쓸 수 있도록 하자는 것은, 한글 쓰기 운동으로 이제야 조금씩 기운을 찾아 가는 한글의 생명을 기어이 끊어 놓자는 것과 다름이 없습니다. 중요한 개념어 자리는 한자에 내주고, 조사나 어미 정도만 우리 한글을 찾아볼 수 있을 것입니다. 청구인들이 주장하는 것처럼 한자어는 모두 한자로만 적는 표기 방식을 공문서나 언론 등에서 취할 경우에 공문서의 가독성이 떨어질 뿐만 아니라 우리 문화 창조의 중요한 수단인 한글이 주인의 자리에서 객(客)의 자리로 밀려나는 문제가 발생합니다. 공문서, 교과서 등에서 어원을 밝혀 한자어는 한자로 적어야 한다면 우리말에 수없이 많은 서양 외래어는 모두 로마자(라틴 알파벳)로 적어야 한단 말입니까? 만약 그렇게 다양한 표기를 공문서에 허용하다면 국민의 알 권리를 제한하게 되고 국정 이해와 국력 결집에 걸림돌이 될 것입니다. 더 나아가 우리의 정신은 다시 중국, 일본, 미국과 같이 힘 있는 나라만 바라보는 신세가 될 것입니다."[107]

7-5)에 대한 反論

첫째, "한자어를 한자로만 쓸 수 있도록 하자는 것"이라는 말은 잘못이다. 國漢字混用論者들은 "한자어를 <u>한자로만</u> 쓸 수 있도록 하자"고 주장하는 것이 아니다. "한자어를 <u>한자로도</u> 쓸 수 있도록 하자"는 것이다. 한글전용론자들은 "한국어를 오로지 한글로만 적게 해야 한다"는 獨裁的인 사고방식을 지닌다. 하지만 국한자혼용론자들은 "국민 개개인이 한글이든 漢字든 自由롭게 쓸 수 있는 文字選擇權을 달라"는 민주적인 사고방식을 지닌다. 그러니까 「국어기본법」 제3조 제2항을 고쳐서 漢字도 한글과 함께 우리 글자로 인정하고, 「국어기본법」 제14조를 고

107) 「지평지성」, p.70.

쳐서 公文書를 國漢字混用할 수도 있도록 해달라는 것이다. 그 다음에는 국민 개개인의 自由로운 選擇에 맡기자는 것이다.

둘째, 國漢字混用을 하더라도 아마도 韓國 국민들은 쉬운 한자어는 그냥 한글로 적고, 다만 한글로 적어서는 이해하기 어려운 한자어만 한자로 적을 것이다. 그렇게 한다면 한국어 문자 표기에서 한글이 여전히 절대다수로서 전체 글자 수의 80~95% 정도를 차지하고, 한자는 아마도 5~20% 정도 차지할 것으로 예상된다. 지금 필자가 적고 있는 글이 필자가 바람직하게 생각하는 國漢字混用 형태이다. 그런데 현재 'ᄒᆞᆫ글'에서 필자가 쓴 글의 통계를 보니, 한자는 전체 글자 수의 11% 정도에 불과하다. 나머지 89%가 한글이다. 그런데 이것을 놓고서 "한글의 생명을 기어이 끊어 놓자는 것과 다름이 없"다고 말할 수 있는가? 誇張도 이 정도면 너무 심하다. 마치 99%를 가진 富者가 1%를 가진 가난한 자의 마지막 것까지 빼앗으려 애쓰는 것과 같은 貪慾스러운 행태가 현재 한글전용론자들의 모습이다. 한글을 89% 적고 한자를 11% 적는데, 그것을 "한글 쓰기 운동으로 이제야 조금씩 기운을 찾아 가는 한글의 생명을 기어이 끊어 놓자는 것과 다름이 없습니다."고 말할 수 있는가?

眞實은 한글전용론자들이 하는 말과 正反對이다. 현재 大韓民國의 한글전용 정책은 "한자의 생명을 기어이 끊어 놓자는 것과 다름이 없"는 일이다. 왜냐하면 漢字는 밖으로 내놓고는 단 한 글자도, 0.001%도 못 쓰게 막고 있기 때문이다.[108] 이런 것을 "한자의 생명을 기어이 끊어 놓자는 것과 다름이 없"는 일이라고 말해야 表現이 맞는 것이다. 100% 한글을 쓰지 않으면 "한글의 생명을 기어이 끊어 놓자는 것과 다름이

108) 「한글전용법」과 「국어기본법」에서는 漢字는 반드시 괄호 안에 적도록 규정하고 있다. 이것은 漢字를 우리 글자로 인정하지 않고 外國 글자로 취급하여, 글자로서가 아니라 단지 參考로만 적게 하는 것에 지나지 않는다. 이것은 2천 년 간 당당하게 우리 글자로서 쓰이던 漢字를 완전히 한글의 종으로 轉落시킨 무자비한 橫暴이다. 이것은 傳統文化에 대한 심각한 自己卑下이자 彈壓이다.

없"다고 공갈치는 한글전용론자들의 獨善的이고 獨裁的인 사고방식이 기가 막히다. 100% 한글만 지향하는 한글전용은 투표율 100%, 찬성률 100%를 지향하는 北韓의 共産 獨裁와 도대체 무엇이 다른가? 도대체 民主主義 시대에, 다문화 사회에서 어떻게 이렇게 "나만이 100% 옳다"는 "天上天下 唯我獨尊"의 獨不將軍이 있을 수 있는가? 自由民主主義를 표방하고 있는 대한민국 정부가 어떻게 이런 共産獨裁式 한글전용을 語文政策으로 선택하고 있는지 도저히 납득이 되지 않는다. 대한민국 정부는 언제까지 이런 獨不將軍式 語文政策으로 국민들을 분열과 갈등 속에 몰아넣을 것인가? 대한민국 정부는 '共存'과 '妥協'이 民主主義 사회를 원만하게 유지해 나가는 지혜라는 사실도 모르는가?

셋째, "청구인들이 주장하는 것처럼 한자어는 모두 한자로만 적는 표기 방식을 공문서나 언론 등에서 취할 경우에 공문서의 가독성이 떨어질 뿐만 아니라 우리 문화 창조의 중요한 수단인 한글이 주인의 자리에서 객(客)의 자리로 밀려나는 문제가 발생합니다."도 잘못이다. 앞에서 國漢字混用이 한글전용보다 可讀性이 좋다는 사실을 日本語 글을 事例로 들어 밝힌 바 있다.

그리고 "우리 문화 창조의 중요한 수단인 한글이 주인의 자리에서 객(客)의 자리로 밀려나는 문제가 발생합니다."도 말이 안 된다. 앞에서도 밝혔지만 國漢字混用을 해보았자 한글이 80~95%를 차지할 것이다. 그런데 왜 "주인의 자리에서 객(客)의 자리로 밀려나는" 일이라고 말하는가? 글 전체의 5~20%를 차지할 漢字는 主人이 되고 80~95%를 차지할 한글은 客이 된다면, 도대체 이게 말이 되는가?

또 하나, "우리 문화 창조의 중요한 수단인 한글"이라는 말도 語弊가 있다. "우리 문화 창조의 중요한 수단"은 왜 무조건 한글이어야만 하는가? 한글도 될 수 있지만 漢字도 될 수 있다. 그러니 일방적으로 이렇게 마치 한글만 "우리 문화 창조의 중요한 수단"인 것처럼 말하면 안 된다.

앞에서도 설명했지만 우리 古典文化의 90% 이상은 한글문화가 아니라 漢字文化였다. 그러니 한글전용론자들은 지독한 偏見에 사로잡혀 있다. 한글전용론자들은 客觀的인 시각으로 세상을 보지 못하고 있다.

넷째로, "공문서, 교과서 등에서 어원을 밝혀 한자어는 한자로 적어야 한다면 우리말에 수없이 많은 서양 외래어는 모두 로마자(라틴 알파벳)로 적어야 한단 말입니까?"도 잘못이다. 漢字語와 西洋 外來語는 韓國語에서 차지하는 位相이 전혀 다르다. 漢字語는 "국어에 완전히 동화되고, 또 일반인들에게 외국어에서 온 말이라는 의식이 없이 고유어와 똑같이 취급되는 말"인 "歸化語"이다. 곧 漢字語는 西洋에서 들어온 다른 外來語와는 달리 외래어로 취급되지 않고 그냥 한국어로 취급된다.[109] 이렇게 국어국문학계에서 한자어는 토박이말과 다름없는 한국어로 본다. 그래서 漢字語는 '準固有語'라고 한다. 반면에 서양 외래어는 분명히 밖에서 들어온 말로서 낯선 느낌이 드는 말이다. 그러니까 한자어와 서양 외래어는 달리 취급해야 한다.

> 외래어의 번역어로 한자어가 사용되어온 역사 그리고 한자어가 활용되어온 역사를 볼 때 서구 외래어와 한자어는 동등하게 취급될 수 없음은 분명하다. 새로 들어온 말이 한자어로 번역되었을 때 어휘에 대한 이해가 쉬어지고 그것의 사용 영역이 체계화될 수 있는 것은 한자어의 장점을 보여준다. …… 한자어와 고유어는 어근을 통해 의미를 유추할 수 있다는 점에서 새로운 어휘라도 이해할 수 있는 가능성이 높지만, 서구 외래어는 해당 외국어에 대한 이해가 없는 한 이러한 가능성이 차단되기 때문이다.[110]

109) 정희원,「외래어의 개념과 범위」,『새국어생활』제14권 제2호, 국립국어연구원, 2004.

110) 崔炅鳳,『한글민주주의』, 앞의 책, p.112.

漢字語는 우리 韓國語의 어휘니까 우리 글자인 한자로 적어주는 게 마땅하다. 하지만, 西洋 外來語는 분명히 밖에서 들어온 어휘니까 우리 글자가 아닌 로마자(라틴 알파벳)로 적어줄 수는 없는 일이다. 그래서 한자어는 그냥 밖으로 한자를 내어 써야 하지만, 서양 외래어는 한글 뒤에 로마자를 넣어 써야 하는 것이다.

다섯째로, "만약 그렇게 다양한 표기를 공문서에 허용하다면 국민의 알 권리를 제한하게 되고 국정 이해와 국력 결집에 걸림돌이 될 것입니다. 더 나아가 우리의 정신은 다시 중국, 일본, 미국과 같이 힘 있는 나라만 바라보는 신세가 될 것입니다."라는 말도 잘못이다. 위에서 말했지만 한자어는 韓國語의 어휘니까 한국어의 글자인 漢字로 적어주어야 한다. 하지만 다른 외래어들은 그렇게 해서는 안 된다. 따라서 한글전용론자들이 憂慮하는 바처럼 저런 일들은 일어나지 않을 것이다. 저런 것이야말로 한글전용론자들의 杞憂에 지나지 않는다. 한자어만 한자로 적어주면 그만이다. 한글전용론자들은 그것을 하지 못하게 하기 위해 이야기를 이상한 방향으로 擴大시켜 나가는데, 모두 부질없는 소리들이다. 한국어인 한자어를 한자로 적는 일하고 왜 서양의 외래어 표기들하고 엉뚱하게 結付시키는가?

7-6) "한자를 계속 쓰고 가르치면, 한자어가 많이 쓰일수록 순우리말(고유어)은 점점 사라져 갈 수밖에 없기 때문입니다. 한자어는 표준국어대사전의 57%를 차지할 정도로, 기득권을 가지고 있습니다. 한자의 말을 만드는 힘(조어력)이 좋기 때문이 아니라, 한자로 말을 만드는 데 우리가 너무 익숙해져 있기 때문에 습관으로 한자로 된 말을 다시 만드는 것입니다."[111]

111) 「지평지성」, p.73.

7-6)에 대한 反論

7-6-1) 漢字語는 토박이말을 없애기보다는 새로운 말을 만듦

"한자를 계속 쓰고 가르치면, 한자어가 많이 쓰일수록 순우리말(고유어)은 점점 사라져 갈 수밖에 없기 때문입니다."는 잘못이다. 漢字와 漢字語가 처음 들어왔을 때는 물론 토박이말을 물리치는 副作用도 있었다. 하지만 그 뒤에는 한자와 한자어는 없던 새로운 낱말을 만들어내는 創造的인 기능을 더 많이 했다. 사회가 날로 복잡해지면서 새로운 단어들이 필요해졌는데, 그럴 경우에 造語力이 좋은 漢字語가 유용하게 쓰인 것이다. 그러니 "한자어가 많이 쓰일수록 순우리말(고유어)은 점점 사라져 갈 수밖에 없"다는 말은 사실이 아니다. 오늘날 漢字語는 날로 새로운 말을 만들어내는 데 쓰이는 것이지 순우리말(고유어)을 없애버리는 일을 하는 것이 아니다. 저 글도 "한자로 말을 만드는 데 우리가 너무 익숙해져 있기 때문에 습관으로 한자로 된 말을 다시 만드는 것입니다."라고 한자어가 새로운 단어들을 만든다고 인정하고 있지 않는가? 그러니 저 글은 앞뒤가 맞지 않는 自家撞著을 저지르고 있다.

7-6-2) 漢字語 新造語가 만들어지는 것은 造語力이 좋기 때문

"한자어는 표준국어대사전의 57%를 차지할 정도로, 기득권을 가지고 있습니다. 한자의 말을 만드는 힘(조어력)이 좋기 때문이 아니라, 한자로 말을 만드는 데 우리가 너무 익숙해져 있기 때문에 습관으로 한자로 된 말을 다시 만드는 것입니다."도 잘못이다. 왜 "한자로 말을 만드는 데 우리가 너무 익숙해져 있"을까? 그것은 바로 "한자의 말을 만드는 힘(소어력)이 좋기 때문"이다. 만약에 저 글의 주장처럼 "한자의 말을 만드는 힘(조어력)이 좋기 때문이 아니라"면 왜 言衆이 토박이말을 새로 많이 만들지 漢字語를 새로 많이 만들겠는가? 토박이말로 새로운 낱말을 만드는 것이 더 便利하다면 왜 우리가 굳이 불편한 한자어로 새로운 낱말을 만들었겠는가? 言衆은 造語力이 좋은 한자어로 新造語를 만들어 쓰는 것이 편리하기 때문에 자연스럽게 順理를 따른 것이다. 그렇게 자연스럽게 이루어지는 언어 현상을 누가 인위적으로 간섭하려 하면 안 된다. 다음의 말을 보자.

> 이때 번역어의 체계성을 살릴 수 있는 방안의 하나로 제기되는 것이 한자를 이용한 번역어의 생산이다. 한자어의 경우는 조어력이 뛰어날 뿐만 아니라, 서구 외래어에 비해 우리말 사용자의 개념 체계에 부합할 가능성이 월등히 높다. 우리에게 익숙한 고유어가 좋지만, 고유어를 찾는 게 불가능할 경우 한자어를 활용하여 번역하는 것은 이런 점에서 의미가 있다. 한자어와 고유어 그리고 외래어에 대한 균형 잡힌 시각이 필요한 이유다.112)

日本語의 경우에도 우리와 마찬가지로 飜譯語는 漢字語가 담당하는 게 慣例가 되어 있다. 그 이유는 두 가지이다. 그 하나는 漢字語가 토박이말보다 音節 수가 적고 簡潔하게 단어를 만들 수 있어 '言語의 經濟性'을 살릴 수 있다는 장점 때문이다.113) 또 다른 이유는 漢字語가 토박이말보다 觀念的인 의미를 담기에 더 適合하다는 점 때문이다.114)

112) 崔炅鳳, 『한글민주주의』, 앞의 책, p.112.

113) 이희재, 『번역의 탄생』, 앞의 책, p.316. "이렇게 가나로만 쓰면 단어 길이가 늘어나는 문제를 해결해주는 것이 바로 한자입니다. 일본이 19세기 후반에 서양 문물을 받아들이면서 번역어를 만들어낼 때 한자에 기댔던 이유도 바로 여기에 있습니다."

114) 야나부 아키라, 김옥희 옮김, 『번역어의 성립』,마음산책, 2011, pp.48~49. "후코자와 유키치를 제외한 당시의 많은 지식인들은 왜 이런 방식을 취하지 않은 걸까? 왜 한자어만 쓰려 했던 걸까? …… 여기에는 지난 천몇백 년 동안 일본이 중국 등의 선진 문화를 한자라는 文語를 통해 받아들인 역사적 배경이 있다. 일본은 일관되게 번역을 통해 선진 문화를 받아들인 나라다. 번역되어야 할 선진 문명의 단어에는 반드시 '평이한 일본어'로는 표현이 불가능한 의미가 있게 마련이다. 중요한

한글전용론자들은 "한자어는 표준국어대사전의 57%를 차지할 정도로, 기득권을 가지고" 있다고 말한다. 그렇다면 한글전용론자들은 한자와 한자어가 지니는 그 기득권을 정당하게 인정해야 한다. 그런데 왜 「국어기본법」은 한자와 한자어가 2천년간 애써 이룩해온 기득권을 인위적이고 강제적으로 박탈하는가? 지금 「국어기본법」이 문제가 되고 있는 것은 자연스러운 언어현상을 공권력이 인위적이고 强制的인 방법으로 탄압하고 오도하기 때문이다.

요컨대 언중이 한자어로 새로운 단어를 만드는 것은 그들이 한자의 조어력을 인정했기 때문이다. 그리고 한자로 새로운 한자어를 만든다 해서 기존의 토박이말이 사라지는 것은 아니다. 오늘날 새로운 한자어를 만드는 일은 기존에 없었던 새로운 文物이 밖에서 들어왔을 때, 기존에 없던 이름을 漢字語로 새로 만들어 내는 일이기 때문이다. 따라서 "한자를 계속 쓰고 가르치면" "순우리말(고유어)은 점점 사라져" 간다는 것은 한글전용론자들의 杞憂에 불과하다. 時代錯誤的인 發想이다.

또 그럴 리도 없겠지만 設使 그렇게 해서 한국어 어휘 안에서 한자어의 비율이 점차 커진다고 가정하자. 그렇더라도 그것은 언어의 自然스러운 현상이다. 거기에 국가 권력이 인위적으로 개입하려는 태도는 잘못이다. 한자어도 토박이말도 모두 우리의 소중한 한국어 어휘이기 때문이다. 외국어가 아닌 한 한국어 안에서 한국어 어휘들끼리 자유롭게 경쟁하여 自然淘汰되고 適者生存하는 일이 무엇이 잘못인가? 우리는 밖에서 外國語가 들어오는 것은 적극적으로 막아야겠지만 안에서 韓國語 語彙들끼리 서로 경쟁하는 것은 굳이 간섭하거나 막을 필요가 없다. 만약에 그 생존경쟁에서 漢字語가 이기고 토박이말이 진다면 그것은 漢字語가 그만큼 語彙로서 競爭力이 있고 토박이말은 경쟁력이

단어일수록 더 그렇다. …… 그래서 그런 표현하기 어려운 의미를 한자어에 떠넘긴 것이다."

떨어진다는 의미이기 때문이다. 그렇다면 우리는 경쟁력이 강한 한자어를 살려 나가야지 왜 경쟁력이 떨어지는 토박이말을 살리려 애써야 하는가? 경쟁력이 강한 한자어를 살리고 키워 나가야 한국어의 경쟁력이 강해지는 것이다.

현재 大韓民國의 語文政策이 잘못된 것은 「국어기본법」으로 경쟁력이 강한 한자어는 억지로 못 쓰게 가로막고 경쟁력이 약한 토박이말만 억지로 쓰게 밀어준다는 점이다. 그 때문에 경쟁력이 매우 강한 영어 같은 외국어가 들어오니까 경쟁력이 약한 토박이말은 제대로 대항하지 못하고 맥없이 무너지고 마는 것이다. 그래서 결국 한국어가 밖에서 들어오는 영어 같은 외국어를 막지 못하고 안방을 내어주게 되어버린 것이다. 따라서 밖에서 들어오는 영어 같은 외국어를 막으려면 경쟁력이 강한 한자어를 오히려 토박이말보다 더 키워 나가야 한다. 그러기 위해서는 한자부터 먼저 우리 글자로 인정해야 한다. 그래야 물밀 듯 들어오는 영어 같은 외국어에 맞서서 한국어가 살아남을 수 있다. 곧 현재의 한글전용 정책을 國漢字混用 정책으로 바꾸지 않으면 한국어는 언젠가 영어 같은 외국어에 잡아먹히고 말 것이다. 그리하여 한국어는 소멸의 길을 걸을 것이다. 한글전용 정책은 韓國語를 弱化시키고 멸망으로 이끄는 自殺行爲인 것이다.

7-7) "한자가 가지고 있다는 말을 만들어 내는 능력(조어력, 造語力)을 강조하면서 서구 외래어와 일본식 한자어가 마구잡이로 사용되는 현실을 문제삼고 있는 견해도 있으나, 왜 반드시 한자어로 새로운 현상과 사물을 설명해야 하는지 알 수 없습니다. 오히려 순우리말(고유어)을 더 만들어 내려는 노력을 기울어야 할 것입니다."[115]

115) 「지평지성」, p.74.

7-7)에 대한 反論

"한자가 가지고 있다는 말을 만들어 내는 능력(조어력, 造語力)을 강조하면서 서구 외래어와 일본식 한자어가 마구잡이로 사용되는 현실을 문제삼고 있는 견해"에 대해서는 앞에서 이미 설명한 바 있다. 원래 漢字語의 造語力이 좋으므로 한자어로 飜譯語를 만들어 써야 한다. 그런데 현재 대한민국의 어문정책이 한글전용 정책이라서 한자어보다는 토박이말로만 번역어를 만들려고 한다. 그러나 토박이말은 조어력이 좋지 않아서 번역어를 잘 만들지 못한다. 그 결과로 현재 "서구 외래어와 일본식 한자어가 마구잡이로 사용"되고 있는 것이다.

"왜 반드시 한자어로 새로운 현상과 사물을 설명해야 하는지 알 수 없습니다. 오히려 순우리말(고유어)을 더 만들어 내려는 노력을 기울어야 할 것입니다."는 말은 일리가 있다. 물론 한자어가 신조어를 만드는 능력이 뛰어나지만 토박이말이라고 전혀 신조어 만드는 능력이 없지는 않기 때문이다. 한글전용론자들이 그렇게 생각한다면, 남들에게 "노력을 기울어야 할 것입니다."라고 訓戒하지 말고, 자신들 스스로가 "순우리말(고유어)을 더 만들어 내려는 노력"을 열심히 하기 바란다. 다만 한국어 조어법의 傳統에 맞게 合理的으로 새로운 말을 만들기 바란다. 궁색한 토박이말로 억지 造語를 하지 말기 바란다.[116)]

그리고 제발 토박이말로만 飜譯語나 新造語를 만들어야 한다는 獨斷은 부리지 말기 바란다. 그러니까 漢字語로 번역어를 만들어서는 안 된다는 배타적인 주장은 하지 말라는 것이다. 능력이 되면 토박이말로 번역어나 신조어를 만들어도 좋지만, 또 한자어로 번역어나 신조어를 만

116) 억지 造語의 예로, 국립국어원이 '네티즌'의 번역어로 만든 '누리꾼'이라는 토박이말을 들 수 있다. '누리'는 '世上'이고 '꾼'은 '어떤 일을 직업적으로 하는 사람'인데 그것이 '인터넷을 하는 사람'과 무슨 관계가 있는가? '네티즌'은 中國이 번역한 '網民,'이 좋다. '그물로 맺어진 사람'으로서 영어 '네티즌'의 의미와 똑같다. 그 외에도 '누리집', '먹거리', '수리온' 등 엉터리 토박이말 造語들이 많다.

들어도 좋은 것이다. 두 가지 방법으로 다 만들 수 있다면 외국어를 대치할 한국어를 만들 가능성이 더욱 커지니까 좋은 것이다. 그러니 제발 토박이말과 한글만 써야 옳다는 그런 獨斷的이고 閉鎖的인 한글전용 주장은 그만 하기 바란다.

한글전용론자들은 진실로 韓國語를 사랑한다면 무엇보다도 外國語와 로마자를 막는 데 힘을 기울여야 한다. 그런데 오히려 현재 한글전용론자들은 漢字語와 漢字를 쓰지 못하게 막는 데 온 힘을 쏟고 있다. 그렇기 때문에 한자어와 한자가 밀려난 빈자리에 英語와 로마자가 들어와서 안방 차지를 해버리고 있는 것이다. 결국 한글전용은 외국어와 로마자를 한국어 안에 불러들이는 앞잡이 노릇을 하고 있는 것이다. 오늘날 외국어 범람은 한글전용이 그 근본 원인인 것이다.[117] 요컨대 한글전용은 겉으로는 '한글민족주의'를 내세우지만 속으로는 '西洋 事大主義'의 속성을 지니고 있는 것이다.[118] 한글전용은 겉과 속이 다른 위선적인 語文政策이다.

이래서는 안 된다. 한국어의 모든 요소들인 한자어와 토박이말, 한자와 한글은 무엇보다도 밖에서 들어오는 외국어를 막는 데 온 힘을 쏟아야 한다. 그러려면 서로 다투지 말고 힘을 합쳐야 한다. 그런데 현재 大韓民國의 어문정책인 한글전용은 한자어와 토박이말, 한자와 한글을 對立·分裂·葛藤시키는 데 힘쓰고 있다. 한자어와 토박이말, 한자와 한글이 서로 대립·분열·갈등하면 한국어의 힘은 필연적으로 弱化될 수밖

---

117) 崔炅鳳, 『한글민주주의』, 앞의 책, pp.109~110. "최현배 편수국장이 주도한 어문개혁이 일사천리로 진행되면서 한자와 한자어는 우리말의 발전을 위해 없어져야 할 대상으로 굳어지게 되었다. 그러나 한자어를 고유어로 대체하는 것이 현실적으로 성공하지 못한 상황에서, 이러한 인식의 확산은 어휘체계의 빈칸을 서구 외래어가 대체하는 계기가 되었다고 볼 수 있다."

118) 한글전용의 內的 屬性이 '西洋 事大主義'라는 사실은 뒤의 제Ⅲ부 「한글전용의 歷史的 誤謬」의 「(2) 周時經 한글전용론의 本質은 '로마자 事大主義'」에서 자세히 논하고자 한다.

에 없다. 그 약해진 틈새로 영어와 같은 외국어들이 마음 놓고 물밀 듯 들어오고 있는 것이 현재 한국어의 상황이다. 어떻게 정부가 自國語를 이렇게 망치려고 작정하고 애쓰는지 도무지 이해가 되지 않는다. 하루라도 빨리 大韓民國의 어문정책은 한자어와 토박이말, 한자와 한글을 아울러서 한국어의 힘을 極大化시키는 방향으로 轉換해야 한다.

7-8) "단어로서는 한자어의 비중이 높지만, 이은말로서는 고유어의 비중이 훨씬 크다는 사실이 통계 숫자로 밝혀짐으로써 국어에서 고유어가 한자어보다 훨씬 커다란 비중을 차지하고 있음이 분명히 드러났기 때문입니다. 분석 결과에 의거하면 우리말은 고유어만으로 일반 언어활동이 가능하며 한자어를 고유어로 대치하는 국어순화 작업이 전혀 불가능한 것이 아님을 짐작할 수 있습니다."[119]

7-8)에 대한 反論

"분석 결과에 의거하면 우리말은 고유어만으로 일반 언어활동이 가능하며 한자어를 고유어로 대치하는 국어순화 작업이 전혀 불가능한 것이 아님을 짐작할 수 있습니다."는 잘못이다. 그럴 必要도 없고 또 그렇게 될 可能性도 없다. 이 문제도 이미 앞에서 여러 번 설명한 바 있다.

지금 그런 주장을 하는 짧은 글 안에서도 "단어, 한자어, 비중, 고유어, 비중, 사실, 통계, 숫자, 국어, 고유어, 한자어, 비중, 분명, 분석, 결과, 의거, 고유어, 일반, 언어, 활동, 가능, 한자어, 고유어, 대치, 국어순화, 작업, 전혀, 불가능, 짐작"처럼 漢字語가 29개나 쓰이고 있다. 이처럼 저 글은 자기 자신도 漢字語를 많이 씀으로써 "한자어를 고유어로

119) 「지평지성」, p.97.

대치하는 국어순화 작업"이 不可能하다는 사실을 스스로 증명해 보이고 있다. 그런데 왜 "한자어를 고유어로 대치하는 국어순화 작업이 전혀 불가능한 것이 아님을 짐작할 수 있습니다."와 같은 虛荒된 소리를 하는가? 그럴 必要도 없고, 또 그렇게 될 可能性도 전혀 없다.

도대체 왜 한글전용론자들은 말과 행동이 다른 二重的이고 僞善的인 言行을 보이는 걸까? 한글전용은 근본적으로 實現될 수 없는 妄想이기 때문이다. 現實로는 절대로 증명해서 보여줄 수 없는 妄想을 입으로만 그럴듯하게 떠들어 국민을 속이는 것이 바로 한글전용 이론이다.

7-9) "국가의 문화정책은 "문화가 생겨날 수 있는 문화풍토를 조성하는 데" 있으며 그 문화에는 "엘리트문화뿐만 아니라 서민문화, 대중문화"도 포함되어야 합니다."120)

7-9)에 대한 反論

"문화에는 "엘리트문화뿐만 아니라 서민문화, 대중문화"도 포함되어야" 한다는 말은 필자가 大韓民國 정부에 하고 싶은 말이다. 大韓民國에는 한글전용으로 만드는 "서민문화, 대중문화"도 물론 있어야 하지만, 國漢字混用으로 만드는 "엘리트문화"도 있어야 할 것이 아닌가? 그런데 왜 정부는 「국어기본법」에서 한글만 우리 글자라 하고 漢字는 除外시켜 버리는가? "국가의 문화정책은 "문화가 생겨날 수 있는 문화풍토를 조성하는 데" 있다면, 다양한 "문화가 생겨날 수 있는 문화풍토를 조성"해야 하지 않는가? 그 다양한 문화풍토 속에서 다양한 문화가 창조되어, 거기에서 대한민국 문화의 국제경쟁력이 생기지 않겠는가?

그런데 왜 대한민국 정부는 굳이 「국어기본법」에서 한자를 제외시켜

120) 「지평지성」, p.105.

서 오로지 한글문화만 꽃피우게 하고, 한자문화는 말려 죽이려 하는가? 한글 하나로 만드는 단조로운 문화보다는 한자와 한글 두 글자로 만드는 다양한 문화가 대한민국 문화 발전에 당연히 더 이롭지 않는가? 지금은 바야흐로 다문화시대가 아닌가? 왜 이미 가지고 있던 두 개의 문자에서 굳이 하나를 인위적으로 제외시키 버리는가? 그래서 우리 문화 창조의 다양한 가능성을 일부러 축소시키려 애쓰는가? 韓流를 계속해서 더 확대시켜 나가려면 한글뿐만 아니라 漢字도 우리 글자로 인정해서 "서민문화, 대중문화"와 함께 "엘리트문화"도 아울러 육성해 나가는 것이 마땅하다.

> 7-10) "한글이 발전하고, 순우리말로 된 말이 늘어나야 우리말이 좀 더 발전할 것임은 두말할 나위가 없습니다."[121]

7-10)에 대한 反論

'우리말'이란 '韓國語'와 同義語이다. 韓國語의 語彙에서 토박이말만 중요한 것이 아니라 한자어도 똑같이 중요하다. 또 한국어의 문자에서 한글만 중요한 것이 아니라 한자도 똑같이 중요하다. 모두가 균형 있게 고루 발전해야 한국어가 힘이 커진다.

따라서 "한글이 발전하고, 순우리말로 된 말이 늘어나야 우리말이 좀 더 발전할 것임은 두말할 나위가 없습니다."는 주장은 전혀 말이 되지 않는다. 이처럼 어느 한 쪽만 一方的으로 편드는 것은 옳지 않다. 도대체 왜 "한글"과 "순우리말"만이 힘이 커져야 "우리말이 좀 더 발전할 것임은 두말할 나위가 없"는가? 그러면 "漢字"와 "漢字語"가 힘이 커지면 우리말이 퇴보하는가? 도대체 이런 근거 없는 선동이 어디 있는가? 日

121) 「지평지성」, p.81.

本은 국한자혼용하고 있는 데 일본어가 퇴보했는가? 중국은 순한문만 쓰고 있는 데 중국어가 退步했는가?

「국어기본법」이 현재 한국어의 두 문자 중에서 漢字를 버리고 오로지 한글만 인정하는 일은 飮食으로 치자면 편식하는 일이고, 사람을 대하는 태도로 보자면 偏愛하는 일이다. 이런 치우친 어문정책으로 한국어가 균형 있게 발전하기는 불가능하다. 그런 외눈박이 같은 비정상적인 생각으로 만든 「국어기본법」이 "한글"과 "순우리말"을 발전시켰는지는 모르나, 오히려 전체적인 한국어의 수준과 전반적인 韓國人의 국어 능력은 퇴보시켰다. 한글이 아무리 중요하다 하나 한국어보다 더 중요한가? 한국어가 한글보다 중요한 것임을 안다면, 한국어를 弱化시키는 한글전용 정책은 그만 두어야 한다. 한국어를 발전시키려면 한국어의 두 문자인 漢字와 한글을 고루 발전시켜야 한다. 또 토박이말과 함께 漢字語도 고루 발전시켜야 한다.

8. 語文政策으로서 '한글전용'의 適合性에 대한 反論

8-1) (가) 문화국가 원리의 특성과 국어기본법

청구인들은 국어기본법의 규정들이 문화의 자율성과 국가적 중립성을 요구하는 문화국가의 원리에 반한다고 주장하므로 과연 그러한 주장이 타당한지, 그리고 앞으로 우리나라가 지향해야 할 문화정책 내지는 언어정책은 무엇이어야 하는지에 대해 살펴보겠습니다.

① 문화국가 원리의 특성 : 문화의 개방성 내지 다원성

— 우리나라는 제헌헌법 이래 〈문화국가의 원리〉를 헌법의 기본원이로 채택하고 있으며, 현행 헌법은 전문에서 "문화의 …… 영역에

있어서 각인의 기회를 균등히 할 것"을 선언하고 있을 뿐 아니라, 제9조에서 국가에 전통문화의 계승·발전과 민족문화의 창달을 위하여 노력할 의무를 지우고 있습니다.

— 〈문화국가의 원리〉란 국가의 문화국가 실현에 관한 과제 또는 책임을 통하여 실현되는바, 이는 국가의 문화정책과 밀접 불가분의 관계를 맺고 있으며 오늘날에 와서는 국가가 어떤 문화현상에 대하여도 이를 선호하거나 우대하는 경향을 보이지 않는 불편부당의 원칙이 가장 바람직한 정책으로 평가받고 있습니다.

— 오늘날 문화국가에서의 문화정책은 그 초점이 문화 그 자체에 있는 것이 아니라 '문화가 생겨날 수 있는 문화풍토를 조성'하는 데 두어야 할 것이며, 문화국가 원리의 이러한 특성은 문화의 개방성 내지 다원성의 표지와 연결되는데, 국가의 문화 육성의 대상에는 원칙적으로 모든 사람에게 문화창조의 기회를 부여한다는 의미에서 모든 문화가 포함됩니다(헌재 2004.5.27.2003헌자1)

② 문화국가 원리의 특성과 국어기본법

— 문화국가 원리의 특성인 '문화의 개방성 내지 다원성의 표지'라는 측면에서 볼 경우, 국어 사용을 촉진하고 국어의 발전과 보전의 기반을 마련하여 국민의 창조적 사고력의 증진을 도모하려는 국어기본법의 입법취지는 국어 사용의 기준을 엄격하게 고수하여 우리 언어의 발달을 저해하는 것이라고 볼 수 없습니다. 오히려 우리 언어의 발달을 촉진하여 언어문화의 개방성 내지 다원성을 조성하는 계기가 되며, 헌법상 문화국가 원리에 충실한 입법입니다.

— 우리나라는 근대사회 이전까지 중국의 문자인 한자(漢字)가 공적인 문학, 교육의 언어로 사용되었기 때문에 고유문자인 '한글'을 기반으로 하는 국어 표준이 형성되기 어려웠고, 더욱이 근대사회의 초

입에서 일본의 강점으로 근대의 독립된 정치·경제 체제가 요구하는 표준어의 형성도 본격화되지 못하였습니다.

— 국어는 우리 문화 발전의 핵심적인 요소인바, 국민들이 의사소통을 원활하고 효과적으로 할 수 있도록 하기 위해 국가가 국어를 장려하는 언어정책 자체는 국가가 취할 수 있는 문화정책의 가능한 범주에 속하는 것이고, 또한 그러한 문화정책은 우리 사회가 통일된 공동체로서 일체감을 갖도록 하는 것으로서, 국어기본법의 입법 목적은 입법자가 추구할 수 있는 헌법상 정당한 공익에 해당하고 이러한 공익을 실현하여야 할 현실적인 필요성이 존재하는 것도 명백합니다.

③ 소결

"국어 사용을 촉진하고 국어의 발전과 보전의 기반을 마련하여 국민의 창조적 사고력의 증진을 도모함으로써 국민의 문화적 삶의 질을 향상하고 민족문화의 발전에 이바지함을 목적으로 한다."라는 국어기본법의 입법 취지는 우리의 헌법 이념에 반하는 사회적 폐습과는 무관하며, 오히려 우리 헌법 제9조에서 언급한 전통문화의 계승·발전과 민족문화의 창달에 합치됩니다. 따라서 국어기본법의 여러 규정들이 헌법상 〈문화국가의 원리〉에 배치되는 것이라 할 수 없습니다.[122)]

8-1)에 대한 反論

8-1-1) 「국어기본법」의 '한글전용'은 文化의 開放性과 多樣性에 違背

"국가가 어떤 문화현상에 대하여도 이를 선호하거나 우대하는 경향을 보이지 않는 불편부당의 원칙이 가장 바람직한 정책으로 평가"받고

122) 「법무법인 사랑」, 2. 문화국가의 원리(문화의 자율성과 국가적 중립성).

있다. 그런데 현재 大韓民國은 우리 글자 중에서 '한글'만 특별히 "선호하거나 우대하는 경향을 보이"고 있다. 곧 「국어기본법」 제3조 제2항에서 우리 글자로서 '한글'만 인정하고 '漢字'는 除外시켜 버리고 있다. 따라서 「국어기본법」 제3조 제2항은 "가장 바람직한 정책으로 평가"받는 "불편부당의 원칙"에 정면으로 違背된다.

또 "문화국가 원리의 이러한 특성은 문화의 개방성 내지 다원성의 표지와 연결"된다. 그런데 현재 「국어기본법」 제3조 제2항은 "한글이란 국어를 표기하는 우리 고유문자를 말한다."고 규정하고 있다. 이 '固有文字'라는 개념은 閉鎖的인 개념으로서 "문화의 개방성"과는 완전히 相沖되는 개념이다. 곧 「국어기본법」 제3조 제2항은 "문화국가 원리"인 "문화의 개방성"과는 완전히 正反對되는 것이다.

「국어기본법」의 이념인 '한글專用主義'는 二元化되어 있던 한국어의 문자 체계를 '한글專用'이라는 單一 체계로 縮小시키려는 것이다. "오로지 쓴다"는 '專用'이라는 개념은 '單一性'을 추구하는 것으로서 "문화국가 원리"인 "문화의 다원성"과 정면으로 相沖된다.

「국어기본법」의 이념인 '한글專用主義'가 "문화국가 원리"인 "문화의 개방성 내지 다원성"을 해치고 있다는 점에 대해서는 外國人 한국어 전문가들의 견해가 일치하고 있다.

— 외국인으로서 한국학, 그것도 언어학을 공부하면서 한자를 쓸 수밖에 없는 한국을 어떻게 보십니까.

"한국 사람들은 너무 순수한 것만을 고집하는 경향이 있는 것 같아요. 독일어도 분석해 보면 여러 언어群(군)으로부터 영향받아 왔고 지금도 불편없이 잘 쓰고 있어요. 그렇다고 우리가 못난 민족이란 생각을 해 본 적이 없습니다. 동양문화권이니까 영어가 아닌 중국 글자인 한자를 유용하게 사용한다는 것은 현명한 태도라고 봅니다. 일본이 한자를 그토록 많이 쓰지만 서양에서 비웃지 않습니다."

— 서양 사람들은 한자에 대해 어떤 생각을 하고 있습니까.

"서양의 보통사람들이 볼 때 한자는 심오하게 느껴질 겁니다. 그들은 한자를 중국의 소유라고 생각지는 않습니다. 중국 문화권에서 사용되는 문자라고 보는 겁니다."[123]

과연 '토종 한국인'들도 한자를 '국어 속의 이질적인 요소' '남의 글'로 배척하기만 해야 하는가? 대중적인 글에서 한자를 남용할 일은 없지만, 국내 인구보다 30배나 많은 이웃 나라들의 인구에게 통하는 '코드'가 이미 우리 언어 속에 내재돼 있다는 것을 굳이 나쁘게만 볼 일인가? …… 한국의 외솔 최현배 선생 등 언어 국수주의자들이 한자를 '남의 글'로 규정한 것은 문제의 소지가 있는 사고방식이다. …… 외부와의 접촉을 지나치게 꺼리는 사람에 대해 우리는 흔히 '대인기피증'이라고 진단한다. 솔직히 말하면, '순 우리말'을 고집하시는 분들을 보면 꼭 떠오르는 표현이다.[124]

20세기의 한국은 일제시대와 한국전쟁 등 힘든 시기를 겪었다. 따라서 아픈 역사와 단절이 필요했고 강한 민족적 자부심을 심어줄 필요가 생겼다. 이런 시대적 요구를 한글 전용 정책이 채운 것이다. 그러나 20세기 말에 와서는 경제가 발전하고 민주화가 이뤄졌으며 시대적 요구도 달라졌다. 지금은 열린 자세로 문화적 교류를 하면서 동시에 자국에 대해 깊이 이해하는 것이 요구되는 시대가 됐다. 그렇다면 더더욱 한국어 문자에서 한자의 존재를 빼낼 이유가 없다. 한자는 한국 문화에 영

123) 李東昱, 「인터뷰 「한글창제 연구」 독일인 라이너 도멜스 박사—저승의 세종대왕은 한글전용을 개탄할 것—」, 앞의 글. 굵은 글씨 및 밑줄 필자. 앞으로도 같음.

124) 朴露子, 「한자를 포기할 수 있을까」, 앞의 글.

향을 많이 미친 중국 문명과의 가교로써 깊은 교양을 담은 문자다. 동시에 경제적, 인적 교류가 많은 일본과도 가교가 될 수 있다.125)

8-1-2) 한글과 함께 漢字에도 文化創造의 機會를 附與해야

"국가의 문화 육성의 대상에는 원칙적으로 모든 사람에게 문화창조의 기회를 부여한다는 의미에서 모든 문화가 포함"되어야 한다. 그런데 현재「국어기본법」제3조 제2항은 한자를 우리 글자에서 제외시켜 버렸다. 그래서 2천년간 고전문화의 90% 이상을 창조해 왔던 '漢字文化'는 앞으로는 "문화창조의 기회"가 사라져 버렸다. 그러니까 앞으로 대한민국에서는 한자를 바탕으로 하는 한자문화, 고급문화는 볼 수 없게 되어버린 것이다. 대한민국에서는 앞으로 오로지 한글을 바탕으로 하는 한글문화, 大衆文化만 "문화창조의 기회"를 가질 수 있다. 따라서「국어기본법」은 "국가의 문화 육성의 대상에는 원칙적으로 모든 사람에게 문화창조의 기회를 부여한다는 의미에서 모든 문화가 포함"되어야 한다는 원칙을 위반한 것이다.

그러므로「법무법인 사랑」이 "문화국가 원리의 특성인 '문화의 개방성 내지 다원성의 표지'라는 측면에서 볼 경우, 국어사용을 촉진하고 국어의 발전과 보전의 기반을 마련하여 국민의 창조적 사고력의 증진을 도모하려는 국어기본법의 입법취지는 국어사용의 기준을 엄격하게 고수하여 우리 언어의 발달을 저해하는 것이라고 볼 수 없습니다."고 하는 주장도 잘못된 말이다. 앞에서 설명했듯이, 한글만 우리 글자로 인정하는「국어기본법」제3조 제2항은 "문화국가 원리의 특성인 '문화의 개방성 내지 다원성의 표지'"에 違背된다. 따라서 한글전용 정책은 "국어사용을 촉진하고 국어의 발전과 보전의 기반을 마련하여 국민의

125) 로버트 파우저,「한자를 초등생부터 가르치사」,『중앙선데이』제311호, 2013.02.24.

창조적 사고력의 증진을 도모하려는 국어기본법의 입법취지"와도 어긋난다. "국어사용을 촉진하고 국어의 발전과 보전의 기반을 마련"하려면 한국어의 모든 가능성을 크게 넓혀야 하는데, 한글전용은 한국어의 가능성을 오히려 좁히고 있기 때문이다.

그러므로 「법무법인 사랑」이 주장하는 「국어기본법」이 "우리 언어의 발달을 촉진하여 언어문화의 개방성 내지 다원성을 조성하는 계기가 되며, 헌법상 문화국가 원리에 충실한 입법입니다."라는 주장은 語不成說이다. 한자와 한글 두 개의 문자에서 한자를 일부러 제외시켜 버린 「국어기본법」이 어떻게 "언어문화의 개방성 내지 다원성을 조성하는 계기가 되"는가? 정반대로 「국어기본법」은 "언어문화의 개방성 내지 다원성을" 가로막는 법률이다. 또 "국가의 문화 육성의 대상에는 원칙적으로 모든 사람에게 문화창조의 기회를 부여한다는 의미에서 모든 문화가 포함"되는데, 한자 문화를 일부러 배제시켜 버린 「국어기본법」이 어떻게 "헌법상 문화국가 원리에 충실한 입법"이 되는가?

또 「법무법인 사랑」이 주장하는 "우리나라는 근대사회 이전까지 중국의 문자인 한자(漢字)가 공적인 문학, 교육의 언어로 사용되었기 때문에 고유문자인 '한글'을 기반으로 하는 국어 표준이 형성되기 어려웠고, 더욱이 근대사회의 초입에서 일본의 강점으로 근대의 독립된 정치 · 경제 체제가 요구하는 표준어의 형성도 본격화되지 못하였습니다."는 주장도 잘못된 것이다. 이 주장에는 틀린 부분들이 많다. 우선 "중국의 문자인 한자(漢字)"라는 사고방식부터 잘못되었다. 필자는 앞에서 한자가 왜 우리 글자인지를 자세히 설명하였다. 한자는 결코 "중국의 문자"가 아닌 한국어의 우리 문자이다.

그리고 "우리나라는 근대사회 이전까지 중국의 문자인 한자(漢字)가 공적인 문학, 교육의 언어로 사용되었기 때문에 고유문자인 '한글'을 기반으로 하는 국어 표준이 형성되기 어려웠고"라는 주장도 잘못된 것이다. 비록 "근대사회 이전까지" 한자어가 한국어 어휘의 중심을 차지하였다 하더라도, 한편으로는 한자를 모르는 사람들은 토박이말 위주로 살아 왔다. 그러므로 한국어 안에는 한자어 계열과 토박이말 계열의 두 계층의 언어가 고르게 발달해 왔다.

여기서 "국어 표준"이라는 개념이 나오는데, '표준어'는 말이 중심이다. 글의 표준어는 그 말의 표준어를 적은 것이기 때문이다. 그런데 조선시대까지 아무리 문자생활은 한문 위주로 했다고는 하나, 말은 한자어만 쓴 것은 아니다. 말은 토박이말도 많이 썼다. 그런 것이 모두 합쳐져서 한국어를 형성한 것이다. 그리고 조선시대까지도 "국어 표준"은 서울말이었을 것인데, 서울말에도 한자어만 있는 게 아니라 토박이말도 들어 있다. 요컨대 "우리나라는 근대사회 이전까지 중국의 문자인 한자(漢字)가 공적인 문학, 교육의 언어로 사용"된 것은 사실이지만 "국어 표준"은 한자어와 토박이말이 고루 섞인 서울말로 형성되어 왔다. 아무 잘못된 일이 없다.

「법무법인 사랑」이 주장하는"고유문자인 '한글'을 기반으로 하는 국어 표준"이 만들어져야 할 필요는 없다. 도대체 왜 "국어 표준"이 반드시 "고유문자인 '한글'을 기반으로" 해야 하는가? "고유문자인 '한글'을 기반으로"한 국어라는 것은 아마도 '토박이말'일 텐데, 왜 한국어 표준어가 반드시 '토박이말' 중심이어야만 하는가? 그럴 필요는 없다. 그것은 오로지 한글전용론자들만의 독특한 개인적인 취향에 불과하다. 한국어 표준어는 한자어 계열과 토박이말 계열이 잘 조화되어서 자연스럽게 형성되는 것이 바람직하다.

영어도 한국어와 비슷하게 두 가지 계층의 어휘들로 이루어져 있다.

> 모든 언어의 어휘는 보통 일상 어휘와 고급 어휘의 두 층위로 나뉩니다. 영어는 특히 그런 현상이 심합니다. 프랑스어에서 들어온 어휘도

> 많지만 그 뒤 르네상스기를 거치면서 라틴어와 그리스어에서 들어온 과학어와 학술어가 많기 때문입니다. …… 익숙한 한자라는 외피에 둘러싸여서 그렇지 엄밀한 의미에서 이런 일본산 한자어는 모두 외래어라고 말할 수 있겠지만 이런 외래어를 배제한다면 한국인은 아마 정상적인 언어생활을 할 수가 없을 것입니다.[126)]

그런데 英語에서는 일상 어휘로만 英語 標準을 삼아야 한다는 주장을 하지 않는다. 또 일본어도 우리 한국어와 똑같이 한자어와 토박이말의 두 가지 계통으로 이루어져 있지만, 토박이말로만 일어의 표준을 삼아야 한다는 주장을 하는 사람은 없다. 그런데 유독 우리 한국어에서만 토박이말로만 한국어의 표준을 삼아야 한다는 비정상적인 주장이 횡행하고 있다. 되풀이 말하지만, 한국어에서 토박이말도 소중하지만 한자어 또한 소중하다. 각기 어휘로서 성격이 다르며 또 쓰이는 곳이 다르기 때문이다. 또 주로 사용하는 계층도 조금 다르기 때문이다. 그러니 "고유문자인 '한글'을 기반으로 하는 국어 표준"을 이루어야 한다는 주장은 전혀 妥當性이 없다. 그것은 오로지 한글전용론자들만의 독특한 개인적인 취향에 불과하다.

한국어 표준어의 기준은 "표준어는 교양 있는 사람들이 두루 쓰는 현대 서울말로 정함을 원칙으로 한다."로 되어 있다. 여기에 "고유문자인 '한글'을 기반으로 하는 국어 표준"을 이루어야 한다는 내용은 전혀 없다. 따라서 한글전용론자들의 주장은 자기 주관적인 감정일 뿐 아무런 근거가 없다.

한글전용론자들이 이렇게 병적으로 계속해서 토박이말만 한국어로 인정하고 오로지 토박이말만 써야 한다고 우겨대는 데는 다음과 같은 역사적 배경이 있다.

---

126) 이희재, 『번역의 탄생』, 앞의 책, pp.317~318.

> 그렇다면 해방 직후 국어 순화 운동을 벌인 사람들은 왜 유독 한자어 문화에 강한 거부감을 가졌던 것일까? 이는 국어 순화 운동이 기본적으로 한자문화권에서 벗어나 우리의 것을 되찾자는 근대기 국문 운동의 연장선상에 있다는 역사적 사실과 관련된 것으로 보인다. …… 정치 · 문화적 독립에 대한 열망은 민족의 정체성을 찾고자 하는 문화운동으로 연결되었다. 문화운동은 다른 어떤 문화로부터도 영향을 받지 않은 우리 고유의 것을 찾고자 하는 방향으로 전개되는가 하면, 다른 한편으로는 서양의 신문물을 받아들여 새롭게 우리 문화를 건설하려는 방향으로 전개되었다. 근대 국어 운동도 마찬가지였는데, 이러한 흐름에서는 서구 외래어보다 한자에 적대적인 태도를 취하는 경향이 강화될 수밖에 없었다.[127]

그러니까 한글전용론자들의 이러한 사고방식은 한자문화권에서 벗어나고자 하는 몸부림인데, 과연 이것이 합리적인 일일까? 저 위의 글에서도 지적하고 있지만, 우리나라가 '漢字文化圈'에서 이탈하면서부터 자연스럽게 '英語文化圈'으로 편입되어 가고 있다. 오늘날 대한민국 사회의 '英語熱風'이 바로 그런 현상인데, 한글전용론자들에 의해 한자어가 쫓겨난 그 빈자리에 영어가 침투해 들어오는 것이다. 곧 한글전용론자들이 저렇게 한자어를 쫓아내면 낼수록 한국어 안에 영어가 범濫하게 되는 것이다. 그러니까 오늘날 '英語熱風'을 넘어선 '英語狂風'은 한글전용론자들이 한자와 한자어를 쫓아내는 일과 동전의 앞뒤와 같은 현상이다. 다시 말해서 한글전용론자들의 한자와 한자어 배척은 곧 영어를 위해서 앞길을 닦아주는 앞잡이 노릇인 것이다.

이렇게 하여, 대한민국이 '漢字文化圈'에서 이탈하여 '英語文化圈'으로

127) 崔炅鳳, 『한글민주주의』, 앞의 책, p.111.

편입되어 가는 현상이 우리에게 이로운 일일까? 우리가 지금보다 더 깊숙이 '영어문화권'으로 編入되어 들어간다면 과연 한국어는 어떻게 될까? 다음과 같은 글을 보자.

> 외래어와 번역어로 한자어가 사용되어온 역사 그리고 한자어가 활용되어온 역사를 볼 때 서구 외래어와 한자어는 동등하게 취급될 수 없음은 분명하다. …… 한자어의 고유어는 어근을 통해 의미를 유추할 수 있다는 점에서 새로운 어휘라도 이해할 수 있는 가능성이 높지만, 서구 외래어는 해당 외국어에 대한 이해가 없는 한 이러한 가능성이 차단되기 때문이다. 아무리 익숙한 영어 접사라도 국어사전의 표제어가 될 수 없다는 사실을 생각해보라. 외국어를 외래어로 받아들이더라도 해당 외국어의 형태 분석 의식까지는 수용하지 않는 것이다. 외래어를 체계적으로 활용하여 국어생활을 하는 것이 근본적으로 어려울 수밖에 없는 이유다.[128)]

위 글에서 보듯이 우리가 '英語文化圈'으로 편입되어 들어간다면, 한국어와 영어는 이질적이기 때문에 영어의 요소를 한국어 안에서 활용할 길은 없다. 그렇다면 자꾸 늘어나는 영어의 수요는 결국은 영어라는 언어 자체를 요구하게 될 것이다. 그리하여 결국은 영어를 따로 공용어로 인정해야만 하는 날이 오게 될 것이다. 지금 이대로 계속해서 한글전용으로 한자와 한자어를 쫓아내고 영어를 불러들인다면, "2023년, 드디어 영어 공용화가 시작"[129)]될 것이다. 그 뒤에는 머지않아 "제1국어가 한국어에서 영어로 바뀌"[130)]게 될 것이다. 그리고 "영어 공용화 실

---

128) 崔炅鳳, 『한글민주주의』, 위의 책, p.112.

129) 시정곤 외, 『한국어가 사라진다면』,한겨레출판, 2003, p.33.

130) 시정곤 외, 『한국어가 사라진다면』, 위의 책, p.85.

시 후 남한은 미국의 정치, 경제, 문화 블록에 완전히 편입"[131]될 것이고, "상층부의 엘리트들은 모국어인 영어 사용에 아무런 문제를 못 느끼"[132]게 될 것이다. 그리고 마침내 서기 2510년에는 한국어가 지구상에서 사라져버릴 것이다.[133]

이 모든 일은 대한민국 정부가 「한글전용법」과 「국어기본법」을 만들어 한자와 한자어를 쫓아내려 한 데서부터 비롯한 일이다. 그때부터 우리나라는 '漢字文化圈'을 이탈하여 '英語文化圈'으로 編入해 들어가는 길을 밟게 되는 것이다. 그리고 그 결과는 마침내 한국어가 소멸하는 것이다. 결국 한글전용은 한국어를 소멸시키려는 시한폭탄이라는 사실을 우리 한국인은 알아야 한다.

끝으로, 「법무법인 사랑」이 내린 "국어기본법의 입법 취지는 우리의 헌법 이념에 반하는 사회적 폐습과는 무관하며, 오히려 우리 헌법 제9조에서 언급한 전통문화의 계승·발전과 민족문화의 창달에 합치됩니다."는 결론도 잘못된 것이다. "국어기본법의 입법 취지" 자체는 좋다. 하지만 그 「국어기본법」의 내용 중에 「국어기본법」의 입법 취지에 맞지 않는 내용들이 들어 있어서 문제가 되는 것이다. 그것이 한자를 우리 글자에서 제외시켜 버린 「국어기본법」 제3조 제2항과 제14조 제1항이 대표적인 것이다. 한자와 한자어를 쫓아내버리면 "국어사용을 촉진하고 국어의 발전과 보전의 기반을 마련하여 국민의 창조적 사고력의 증진을 도모함으로써 국민의 문화적 삶의 질을 향상하고 민족문화의 발전에 이바지"하는 일은 불가능한 것이다. 한국어의 57~70%를 버리는 일이 어떻게 "국어사용을 촉진하고 국어의 발전과 보전의 기반을 마련" 하는 일이 되겠는가?

---

131) 시정곤 외, 『한국어가 사라진다면』, 위의 책, p.207.

132) 시정곤 외, 『한국어가 사라진다면』, 위의 책, p.148.

133) 시정곤 외, 『한국어가 사라진다면』, 위의 책, p.184.

한자를 우리 글자에서 제외시켜 버리면, 古典文化의 90% 이상을 차지하는 한자문화를 버려야 한다. 우리 고전문화의 90% 이상을 除外시켜 버리라는 「국어기본법」은 "우리 헌법 제9조에서 언급한 전통문화의 계승 · 발전과 민족문화의 창달"과 정면으로 위배된다. 그리고 한글전용은 결국은 한국어의 소멸로 귀결되고 마는 것이다. 그렇기 때문에 한자를 우리 글자에서 배제해버린 「국어기본법」은 반드시 개정해야만 하는 것이다.

> 8-2) 우리나라가 세계적인 정보통신(IT) 강국으로 발돋움할 수 있게 된 것은, 알파벳보다도 더 뛰어난 표음문자인 한글의 위력에 힘입은 바가 매우 큰 사실을 깊이 인식하여야 합니다. 우리가 비록 산업화에는 뒤졌으나, 정보화시대를 선도함으로써 선진국 진입과 민족문화 창달이라는 국가목표를 더 빨리 달성하기 위해서는 한글과 한자의 장점을 함께 취하되, 디지털 영역에서 세계적으로 독보적인 강점을 지닌 한글에 더 비중을 두는 선택을 할 수밖에 없습니다.[134)]

8-2)에 대한 反論

韓國語를 사용하는 분야가 "정보통신(IT)" 분야만 있는 것이 아니다. 그러니까 "우리나라가 세계적인 정보통신(IT) 강국으로 발돋움할 수 있게 된 것은, 알파벳보다도 더 뛰어난 표음문자인 한글의 위력에 힘입은 바가 매우 큰 사실을 깊이 인식"한다고 하더라도, 그것이 곧 「국어기본법」에서 한자를 우리 글자에서 배제시켜야 한다는 論理로 비약해서는 안 된다. 만약에 "정보통신(IT)" 분야에서 한글이 漢字보다 유리하다면, 그 분야에서는 한글 위주로 산업정책을 펼 수도 있다. 그러니까 "정보

---

134) 「법무법인 사랑」, (나) 정보화 시대에서 국가 언어정책의 지향점.

화시대를 선도함으로써" "디지털 영역에서" 한글을 중심으로 우리나라 발전을 꾀하는 것은 좋다. 그렇다 할지라도 "정보통신(IT)" 분야를 제외한 다른 모든 분야에서까지 한자를 아예 쓸 수 없도록 「국어기본법」 제3조 제2항과 제14조 제1항이 규정하는 것은 잘못이다. 그러니까 지금 「법무법인 사랑」이 주장하는 것은 "정보통신(IT)" 분야에 국한된 이야기니까, 그것을 한국어 전반을 포괄하는 어문규범인 「국어기본법」에 확대 적용해야 한다고 주장하는 것은 논리의 비약이 심한 것이다.

더 나아가 "정보통신(IT)" 분야에 국한하여 말한다 하더라도, 한글만 100% 쓰고 한자는 완전히 쓰지 말아야 한다는 것도 너무 극단적이다. 그 분야의 전문용어에도 한자어 전문용어들이 있기 때문이다. 예를 들어 그 중에서 다음과 같은 용어들을 한글로 적어놓는다면 일반인들이 그 의미를 알 수 있을까? "소자, 박막, 액정, 대역, 시분할, 간섭계, 공표권, 단말기기, 동기방식, 사행성 게임, 압전 전계효과, 이소자계전기, 이종망 종단장치, 양성자교환 막연료전지, 이진 정합성 표준". 그렇기 때문에 "정보통신(IT)" 분야에 국한하여 말한다 하더라도 "한글에 더 비중을 두는 선택"을 하는 것까지는 좋으나, 한자를 전혀 쓸 수 없게 전면 금지하는 것은 이치에 맞지 않는 것이다.

하물며 모든 한국인의 다양한 모든 국어생활에서 한자를 전혀 써서는 안 된다는 말이 이치가 맞겠는가? 따라서 우리 글자에서 한자를 완전히 除外시켜 버리라는 「국어기본법」 제3조 제2항과 공문서는 한글전용하라는 동법 제14조 제1항은 도저히 이치에 맞지 않는 것이다. 한자를 우리 글자 안에 포함시키고, 국한자혼용하는 것이 한국어의 전통과 순리를 따르는 길이다.

8-3) ① 한글의 현 주소

A. 유네스코에서는 1989년 '세종대왕상(KING SEJONG PRICE)'을

제정하여 해마다 인류의 문맹률을 낮추는 데 공적을 남긴 단체나 개인에게 시상하고 있습니다.

B. 한글은 19개의 자음과 21개의 모음만으로 10,000개 이상의 글자(음절자)를 표현할 수 있으나, 음절 문자인 일본어의 가나는 표현할 수 있는 글자 수가 몇 백 개에 불과할 정도로 엄청난 격차를 보이고 있습니다.

※ 청구인들은, 일본이 고유문자인 〈가나〉와 한자(漢字)를 철저히 혼용하였고, 한자 폐지와 알파벳을 쓰자는 논의에서 한자를 지켜낸 결과, 오늘날과 같은 국가 발전과 경제대국을 이루었다고 단언합니다(심판청구서 제41쪽 상단)

그러나 이러한 설명에 접하면 '남의 떡이 커 보인다'는 속담이 떠오르는바, 일본어의 언어 특성상 한자(漢字)와 〈가나〉를 혼용할 수밖에 없는 불가피한 현실을 외면한 독선적 논리가 아닐 수 없습니다.

한 가지 쉬운 예를 들어 보겠습니다. 만약 일본이 〈가나〉 전용을 한다면, 모든 책의 두께가 두 배로 늘어나게 마련입니다. 지명인 '下關'(일본 약자로는 '下関')을 한자로 쓰면 활자 두 칸을 차지하지만, 〈가나〉로 쓰면 しものせき(시모노세키)로서 무려 다섯 칸을 차지하게 됩니다. 이런 일본은 어떤 상황에서도 〈가나〉 전용이 불가능하며, 싫든 좋든 한자를 쓸 수밖에 없는 것입니다. 〈가나〉의 불편함 때문에 어쩔 수 없이 한자(漢字)를 혼용하는 일본을 그저 흉내 내려는 의식에서 국한문 혼용 주장이 나왔음을 알 수 있습니다. 이는 비유컨대, 삼천리 금수강산에 맑은 물뿐이다 보니, 정작 물 귀한 줄 모르고 석유 구할 생각만 하는 것과 같은 이치입니다.[135)]

135) 「법무법인 사랑」, (다) 한글의 우수성과 정보화 시대.

8-3)에 대한 反論

8-3-1) 한글의 優秀性은 誇大 包裝된 것

"A. 유네스코에서는 1989년 '세종대왕상(KING SEJONG PRICE)'을 제정하여 해마다 인류의 문맹률을 낮추는 데 공적을 남긴 단체나 개인에게 시상하고 있습니다."는 말은 사실을 왜곡한 것이다. "세종대왕상[King Sejong Prize, 世宗大王賞]"은 "1989년 6월 한국정부의 제의에 따라 국제연합교육과학문화기구(유네스코) 집행위원회에서 제정, 1990년부터 대상자를 뽑아 문맹퇴치의 날인 매년 9월 8일에 수상한다. 상은 본상과 장려상의 2부문으로 수여되며, 상금 3만 달러는 한국정부가 출연한다."[136]는 것이 진실이다. 곧 이 賞은 유네스코가 자발적으로 制定한 것이 아니다. 한국 정부가 상금 매년 제공하겠다고 하면서 만들어줄 것을 제안하여, 유네스코가 받아들인 것뿐이다. 그러니까 다만 유네스코를 앞에 내세웠을 뿐, 실제적인 주관자는 대한민국 정부인 것이다. 그러니 저 賞이 마치 한글의 優秀性을 국제 사회가 公認하는 징표인 것처럼 말하는 것은 거짓말이다.

「법무법인 사랑」이 주장하는 "B. 한글은 19개의 자음과 21개의 모음만으로 10,000개 이상의 글자(음절자)를 표현할 수 있으나, 음절 문자인 일본어의 가나는 표현할 수 있는 글자 수가 몇 백 개에 불과할 정도로 엄청난 격차를 보이고 있습니다."는 주장도 무의미한 소리이다. 왜냐하면 문자는 자기 나라말을 적기에 불편함이 없으면 되는 것이다. 일본어의 글자인 假名[가나]가 비록 수백 개의 음절밖에 나타내지 못하지만 일본인의 발음을 적기에는 불편함이 없다. 그러니 일본인에게는 假名[가나]은 편리하고 훌륭한 글자이다. 만약에 日本人에게 우리 한글을 쓰라고 준다 한들 그들로서는 假名[가나]보다 더 나은 것도 없다. 왜냐하면 한글이 아무리 많은 음절을 적을 수 있다 할지라도 일본어 발음

136) [네이버 지식백과](두산백과).

에는 그런 수많은 음절이 없으므로 그런 수많은 음절들을 적을 글자가 필요 없기 때문이다. 그렇기 때문에 한글이 우리 한국어 발음을 적기에 편리한 것과 마찬가지로 假名[가나]는 일본어 발음을 적기에 편리한 것이다. 그러니 한글과 假名[가나]은 어떤 글자가 더 우월하고 열등하고가 없다. 그냥 자기 나라말을 적기에 편리하면 다 똑같이 좋은 글자인 것이다. 따라서 저런 비교는 아무 의미가 없다.

8-3-2) 日本이 國漢字混用할 수밖에 없는 理由

일본이 國漢字混用하지 않을 수 없는 이유를 「법무법인 사랑」은 "만약 일본이 〈가나〉 전용을 한다면, 모든 책의 두께가 두 배로 늘어나게 마련입니다. 지명인 '下關'(일본 약자로는 '下関')을 한자로 쓰면 활자 두 칸을 차지하지만, 〈가나〉로 쓰면 しものせき(시모노세키)로서 무려 다섯 칸을 차지하게 됩니다. 이런 일본은 어떤 상황에서도 〈가나〉 전용이 불가능하며, 싫든 좋든 한자를 쓸 수밖에 없는 것입니다. 〈가나〉의 불편함 때문에 어쩔 수 없이 한자(漢字)를 혼용하는 일본을 그저 흉내내려는 의식에서 국한문 혼용 주장이 나왔음을 알 수 있습니다."라고 주장하고 있는데, 잘못된 주장이다. 日本에서는 漢字 폐지 문제를 두고 수많은 논쟁이 오갔다. 그 중에서 주장 몇 개를 인용해 본다.

> 이노우에의 주장은 한자폐지에는 철저하게 반대하지만, 언문일치와 한자절감에는 적극적으로 찬성하고 있는 점이 특색이다. 그는 한자 폐지론자들의 주장을 아홉 항목으로 정리하여 각각에 대해 반론을 가한 후, 한자의 장점을 다음과 같이 들고 있다.
>
> (1) 문자 성립 과정이 단어문자라는 점에서 사물의 개념을 파악하는 데 편리하다.
>
> (2) 한자와 가나를 혼용하여 문장 파악을 쉽게 한다.

(3) 일본 문화는 한자 · 한학으로 형성되었으므로 이를 계승하기에 유익하다.

(4) 양학의 수용은 한학이 기초가 되어야 비로소 가능하다.137)

문자체계로서의 한자는 여러 가지 결점을 가지고 있다. 단어문자로서의 기능도 결코 완전하지 않다. 그럼에도 불구하고 일본어를 한자로 표기하기 시작한 지 천 수 백 년이 흘렀고, 이를 비판적으로 바라볼 수 있게 되고서도 200년 정도가 지난 현재에도 일본인들은 여전히 한자를 사용하고 있다. 또한 한자를 근본부터 재평가하려는 분위기도 거의 찾아볼 수 없다. 그 이유는 한자가 여러 가지의 결점을 가지면서도 이에 상응하는 이점을 갖고 있기 때문이라고 생각된다. 일본어에서 한자가 담당하는 역할로서 이제까지 지적되어 온 것은 대체로 다음 세 가지로 정리할 수 있다. (1) 말의 맺고 끊김과 의미의 통합을 나타내는 기능 (2) 말을 구별하여 지정하는 기능 (3) 말을 만드는 기능138)

즉 한자가 단어의 의미를 한정하거나 다른 동음어와 구별하게 하는 기능은 현재의 어휘체계가 변하지 않는 한 유효하다. 그러나 외래어를 가타카나로 표기하는 일이 많아지거나 한자를 필요로 하지 않는 단어가 대폭 증가한다면 그 기능은 한정된 범위에서만 유용할 것이다. 더욱이 일본어 사용자의 자각에 의해 한자로 써야 할 단어를 기피하려는 의식이 높아진다면 이 기능은 쓸모없는 것이 될 것이다.139)

---

137) 노무라 마사야끼 지음, 송영빈 옮김, 『한자의 미래』,커뮤니케이션북스, 2007, p. 71. 굵은 글씨 및 밑줄은 필자. 앞으로도 같음.

138) 『한자의 미래』,위의 책, p.125.

139) 『한자의 미래』,위의 책, p.130.

위 세 개의 의견을 합쳐서 要約하자면, 日本語 문자 표기에서 漢字를 버리지 못하는 이유는 다음의 크게 세 가지다. 1)漢字는 意味 識別을 쉽게 하며, 특히 同音異議語 구별에 필요하다. 2)한자는 새로운 말을 만드는 조어능력이 좋다. 3)漢字는 전통문화를 계승하는 데 필요하다. 이 세 가지 기능은 한자가 가진 불편한 점과 단점을 相殺하고도 남을 만큼 일본어에서 매우 중요한 것이었다. 그렇기 때문에 일본에서 수십 년간에 걸쳐서 한자 폐지에 대해서 수많은 논쟁이 벌어졌지만, 결국은 일본인들은 합리적으로 판단하여 한자를 버리지 않기로 결정한 것이다.

8-3-3) 韓國이 國漢字混用할 수밖에 없는 理由

「법무법인 사랑」은 일본이 한자를 버리지 않는 이유로 "'下關'(일본 약자로는 '下関')을 한자로 쓰면 활자 두 칸을 차지하지만, 〈가나〉로 쓰면 しものせき(시모노세키)로서 무려 다섯 칸을 차지하게 됩니다."라고 주장했다. 이 주장이 옳다면, 그 주장 그대로 똑같이 한국어에서도 한자를 써야만 하는 이유가 된다. 일본어는 한자를 읽을 때 음독과 훈독의 두 가지 방식이 있다. 음독은 소리 위주로 읽는 방식이고, 훈독은 뜻으로 풀이해서 읽는 방식이다. 지금 저 보기는 음독이 아닌 훈독이다. 그러니까 '下関'을 뜻으로 풀이해서 읽은 것이다. '下関'을 일본어 음독으로 읽으면 'かかん'이 된다. 그리고 훈독으로 읽으면 'しものせき'가 된다. '下'는 'しも'이고 중간에 'の'가 들어가고 '関'이 'せき'이다. 그래서 'しものせき'는 '下関'의 뜻을 풀이해서 읽는 것이다.

자 그렇다면 우리나라에서도 훈독의 보기를 들어본다. 우리나라 國號인 '大韓民國'을 음독으로 읽어서 소리글자로 적으면 '대한민국'이다. 하지만 소리글자인 한글'대한민국'으로는 한자어의 의미를 나타내지 못한다. 그래서 일본이 뜻을 나타내서 읽고자 하는 방식이 훈독이다. 곧 漢字를 뜻으로 풀어서 읽는 방식이다. 그러면 '大韓民國'을 일본처럼 훈독으로 풀어서 읽어 보기로 하자. 아마도 '큰 한겨레의 백성이 주인인 나라' 정도가 될 것이다. 그러니까 '대한민국'을 음독하니까 4음절밖에 안 되는 것이 훈독하니까 13음절로 늘어난 것이다. 띄어쓰기까지 포함하면 17칸을 차지한다. 어떤가? 일본어에서는 한자 2음절이 假名[가나] 5음절로 늘어나는 것처럼 한국어에서도 한자 4음절이 한글 13음절로 늘어나는 것이다. 비슷하지 않는가? 그러니까 한글전용론자들이 정말로 저것이 일본에서 국한자혼용하지 않을 수 없는 이유라고 주장한다면 필자는 그대로 받아들이겠다. 그렇다면 한글전용론자들도 한국에서도 똑같은 이유로 국한자혼용하지 않을 수 없다는 사실을 인정해주기 바란다. 이것이야말로 자기 재주에 자기가 당하는 꼴이다. 도대체 이것이 "제 얼굴에 침 뱉기"가 아니고 무엇인가?

整理하면 이렇다. 예를 들어 '大韓民國'을 한글로 '대한민국'이라고 적으면 뜻을 알 수 없다.[소리글자 音讀] 그래서 한글로 그 뜻을 나타내려고 한자어의 의미를 풀어서 한글로 '큰 한겨레의 백성이 주인인 나라'라고 적으면 글자 수가 많이 늘어난다.[소리글자 訓讀] 그래서 훈독이 글자 수가 많이 늘어나니까 일본에서 글자 수를 줄이기 위해서는 한자어를 한자로 '대한민국'이라고 적지 않을 수 없다.[漢字] 이것이 「법무법인 사랑」이 일본이 국한자혼용할 수밖에 없는 이유라고 주장하는 내용이다. 그런데 그 이치는 한국어에서도 똑같은 것이다. 그런 이유로 일본에서 국한자혼용해야 한다면, 똑같은 이유로 한국에서도 국한자혼용하지 않을 수 없는 것이다. 그러니 「법무법인 사랑」이 한국이 국한자혼용하지 않을 수 없는 이유를 아주 잘 설명해 준 것이다. 그렇게 잘 알면서 왜 한글전용을 해야 한다고 우기는지 알 수 없다. 저 글은 한글선용이 억지 주장임은 자기들 스스로 告白한 것이다.

한편 「법무법인 사랑」은 "〈가나〉의 불편함 때문에 어쩔 수 없이 한자(漢字)를 혼용하는 일본을 그저 흉내 내려는 의식에서 국한문 혼용 주장이 나왔음을 알 수 있습니다."라고 주장한다. 그런데 「법무법인 사랑」은 우리나라에서 국한자혼용을 맨 처음 시작한 분이 누구인지나 알고 하는 소리인가? 바로 세종대왕이다. 세종대왕이 훈민정음을 만든 후 최초로 지은 『龍飛御天歌』는 "海東 六龍·이 ᄂᆞᄅᆞ: 샤 : 일: 마다 天福·이시·니 古聖·이 同符·하시·니"로 시작된다. 이처럼 世宗大王이 우리나라에서 맨 처음으로 국한자혼용 표기를 시작한 분이다. 그렇다면 「법무법인 사랑」은 世宗大王이 "일본을 그저 흉내 내려는 의식에서 국한문 혼용"을 했다는 것인가? 도대체 이것이 말이나 되는 소리인가? 한글전용을 억지로 주장하려다 보니, 이제는 그 한글의 원본인 훈민정음을 만든 세종대왕까지 "일본을 그저 흉내 내려는 의식에서 국한문 혼용"한 사람으로 매도하고 폄하하는가?

도대체 한글전용론자들은 세종대왕이 우리나라에서 최초로 국한자 혼용한 사실도 모르는가? 그리고 세종대왕이 왜 국한자혼용을 했는지 그 이유도 모르는가? "〈가나〉의 불편함 때문에 어쩔 수 없이 한자(漢字)를 혼용하는 일본"과 똑같이, 훈민정음을 만든 세종대왕도 한자어의 의미를 나타내지 못하는 "訓民正音의 불편함 때문에 어쩔 수 없이 한자(漢字)를 혼용"하게 된 사실을 모르는가? 참으로 답답한 일이 아닐 수 없다.

지금 한글전용과 국한자혼용 논쟁, 이 문제는 한 나라의 어문정책을 결정하는 중대한 일이기 때문에 공부를 많이 하고 신중히 접근해야 한다. 그런데 한글전용론자들은 공부를 깊이 있게 하지도 않으면서 문제를 너무 쉽게 보는 것 같다. 그렇기 때문에 "이는 비유컨대, 삼천리 금수강산에 맑은 물뿐이다 보니, 정작 물 귀한 줄 모르고 석유 구할 생각만 하는 것과 같은 이치입니다."와 같은 말도 안 되는 헛소리나 늘어놓고 있다. 대한민국 정부가 도대체 이렇게 사실도 제대로 알지 못하고 헛소리나 늘어놓는 사람들의 말만 듣고 「국어기본법」을 만들었다니 참으로 한심하기 그지없다.

8-4) C. 물론 영어도 24개의 알파벳만 알면 모든 글자를 쓸 수 있으나, 한글은 글자와 그 소리가 같은 표음문자라는 점에서 더 우수합니다.

예를 들어 한글은 '하마'의 '하'와 '하천'의 '하'가 똑같이 '하'로 발음되는 반면, 영어에서 A는 9가지 소리가 있고, F에는 11가지 소리가 있어서 헷갈리는 경우가 많습니다. 즉 HAND의 'HA'는 '해[hæ]'로 읽히며, HARMONY의 'HA'는 '하[ha]'로 읽히듯이 A의 앞뒤에 어떤 알파벳이 오느냐에 따라 각기 다르게 읽히는 것입니다.

D. 영국의 문화학자이자 역사 다큐멘타리 작가인 존 맨은 "한글은 모든 언어가 꿈꾸는 최고의 알파벳"이라고 극찬한 바 있습니다.

E. 유엔개발계획(UNDR : United Nations Development Programme)에서 매년 발행하는 인간개발지구(H야 : Human Development Indications) 중 2003년 자료에 의하면 한국의 문맹률은 2.1%입니다. 또한 2008년 조사에 의할 경우, 한글 전용 세대인 10대~40대의 문맹률은 0%로 나타났습니다.

② 한글과 한자(중국어)의 비교

A. 한글의 경우

예를 들어서 '침실이 편안하다(臥室舒服)'라는 문장을 컴퓨터나 휴대전화 등에서 '한글'로 입력하는 경우에는 불과 2~3초 안에 그 입력이 완료됩니다.

B. 중국어의 경우

반면 위 문장을 중국어로 표기하는 경우에는 '臥室舒服'이 되는데, 그 입력 방법이 매우 까다로우며 시간이 상당히 많이 소요됩니다.

약 50만 자에 이르는 한자를 일일이 컴퓨터나 휴대전화 자판에 올리기는 원천적으로 불가능한 일입니다. 따라서 중국어 문장을 타자화하는 경우, '臥室舒服'이라는 문장의 발음인 「wo shi shu fu」를 알파벳에 의해 자판에 입력한 후 그에 해당하는 한자(漢字)가 화면에 여러 개 나타나면, 그중 해당하는 글자를 선택함으로써 한 글자 한 글자의 입력을 완료하게 되는 것입니다.

이 입력 과정을 상세히 설명하면 다음과 같습니다. …… (이하 줄임)

C. 한글 · 한자 혼용의 경우

위 "침실이 편안하다"라는 문장에서 한자어인 '침실'과 '편안'이라는 두 단어를 한자(漢字)로 쓰는 「한글 · 한자 혼용인 문장」을 작성한다고 가정해 보겠습니다. 「한글 · 한자 혼용인 문장」을 작성하기 위해서는, 위 B항의 (i)(ii) 과정과 유사한 절차를 밟아 '침실→寢室'로, '편안→便安'으로 변환하는 과정을 거쳐야만 합니다. 이렇게 완성된 '寢室이 便安하다'라는 「한글 · 한자 혼용인 문장」을 작성하는 데 소요되는 시간이란, 한글로만 작성된 "침실이 편안하다"라는 문장에 비해 최소한 2~3배 이상의 긴 시간이 소요될 것임은 주지의 사실이 아닐 수 없습니다.

청구인들은 글자 하나마다 변환이 필요한 것이 아니라 단어별로 변환이 가능하다는 점을 들어 항변할지도 모릅니다. 그러나 낱글자마다 변환하지 아니하고 단어별로 변환을 한다 할지라도, 그 시간과 노력이 적지 않게 소요될 것임은 당연한 이치입니다. 또한 일상용어가 아닌 전문용어(專門用語)와 신조어(新造語)인 경우에는 단어별 변환 기능을 기대할 수 없기에, 그러한 낭비 요소는 더욱 짙게 나타납니다.

D. 소결

— 날이 갈수록 심화되고 있는 정보화 시대의 한가운데에서, 문장을 통한 정보 전달시「한글 · 한자 혼용의 문장」을 주장하는 것은 이제 막 가속도가 붙으려는 우리의 발전 속도에 스스로 족쇄를 채우려는 퇴행적 사고가 아닐 수 없습니다. 이는 표음문자의 우수성을 스스로 포기한 채, 표의문자의 불편함을 감수함은 물론 정보화 시대를 선도할 수 있는 절호의 기회를 스스로 차버리는 격이니 이는 시대의 흐름을 역행하는 참으로 안타까운 일이라 할 것입니다.

— 산업화 · 근대화는 늦었을망정, 알파벳보다 우수한 한글을 발판으로 삼아 정보화 시대만큼은 우리가 선도함으로써 세계 속에서 당당히 우리의 민족문화를 창달해야만 합니다. 여기서 한글 · 한자 혼용 논란으로 다시금 머뭇거리게 된다면, 이야말로 헌법 제9조에 명시된 민족문화의 창달을 저해하는 결과가 되어 전통문화의 계승 · 발전에도 악영향을 끼칠 수밖에 없을 것입니다. 또한 우리보다 한참 앞서 가고 있는 서구 여러 나라와 일본을 앞지를 수 있는 천재일우의 기회를 놓치는 어리석음을 범하게 될 것입니다.

— 위에서 본 것처럼 주어 하나, 서술어 하나인 지극히 단순한 문장의 경우에도 그 효율성의 차이가 완연한데, 하물며 문장이 길거나 복잡한 경우를 상정한다면 그 노력과 시간의 낭비의 차이는 엄청나다고 하지 않을 수 없습니다. 또한 그러한 낭비를 5,000만 명에 이르는 우리 국민 전체가 함께 겪어야 한다고 가정한다면, 우리 앞에 놓인 선진국들을 한시바삐 따라잡아야 할 뿐 아니라 나아가 그들을 앞지르기 위해서, 즉 향후의 정보화 시대를 대한민국이 선도하기 위해서는 어떠한 국어정책을 펼쳐야 할 것인지 자명하다고 하지 않을 수 없습니다.[140)]

140)「법무법인 사랑」, 다) 한글의 우수성과 정보화 시대.

8-4)에 대한 反論

8-4-1) 한글은 韓國語 標準發音도 적지 못하는 劣等한 소리글자

위의 C와 D는 한글이 세계에서 가장 우수한 소리글자라는 주장이다. 하지만 이것은 잘못된 주장이다. 소리글자인 한글은 토박이말에만 적합한 글자이다. 한글은 한자어에 대해서는 소리는 나타내지만 意味는 나타내지 못하는 胎生的 限界가 있다. 게다가 현행 한글은 한국어 표준발음마저도 정확히 적지 못하고 있다. 世宗大王이 만든 훈민정음은 분명히 세계에서 가장 우수한 소리글자였다. 하지만 현행 한글은 그렇지 못하다. 한글은 훈민정음보다 표음능력에서 퇴보한 글자이다.[141)]

오늘날 한글을 한국어 표준발음으로 정확하게 소리 내어 읽을 수 있는 한국인은 거의 없다. 일반인은 물론이고 아나운서나 성우들도 한글을 표준발음으로 읽는 사람은 드물다. 그 이유는 현행 한글이 한국어 표준발음을 적지 못하고 있기 때문이다. 1988년에 文敎部가 告示한 「표준발음법」의 제3장 '소리의 길이'의 제6항은 "모음의 장단음을 구별하여 발음하되, 단어의 첫 음절에서만 긴소리가 나타나는 것을 원칙으로 한다."고 규정하고 있다. 곧 母音의 長短音을 구별하여 발음해야 韓國語 標準發音이 된다. 그런데 현행 「한글맞춤법」은 모음의 장단음을 구별하여 적지 않도록 규정하고 있다.

이렇게 현행 「표준발음법」과 「한글맞춤법」은 서로 어긋난다. 「한글맞춤법」이 1933년에 먼저 만들어지고 「표준발음법」이 1988년에 나중에 만들어지다 보니, 「한글맞춤법」이 「표준발음법」을 반영하지 못하게 되어버린 것이다. 사실은 1933년에 「한글맞춤법」을 만들 때는 국한자혼용을 하던 시절이라 한자 표기를 통해서 적절히 장단음 구별을 할 수 있었다. 그래서 굳이 한글에까지 장단음 표기를 하지 않아도 된다고

---

141) 金昌辰, 「漢字 · 한글의 發音 및 表記 資質 比較- 한글專用의 言語學的 · 國語史的 檢討 -」, 『草堂大 論文集』 제13집, 草堂大, 2008, pp.85~110. 참고.

생각했던 것이다. 그런데 光復 이후 뜬금없이 대한민국 정부가 한글전용 정책을 펴는 바람에, 「한글맞춤법」에 장단음 구별 표기 규정을 넣지 않은 것이 큰 失策이 되어버린 것이다.142) 그 결과, 현행 「한글맞춤법」에 따라 한글을 쓰면 한국어 표준발음을 적지 못하게 되어버린 것이다. 그러니 현행 한글을 읽으면 한국어 표준발음을 할 수 없는 것이다.

母音의 長短音을 구별하여 발음해야 한국어 표준발음이 되는 까닭은 무엇인가? 표준어는 서울말이 기준인데, 서울 방언의 특징이 모음의 장단음을 구별하는 것이기 때문이다. 서울 방언은 왜 모음의 장단음을 구별하여 발음할까? 첫째로 모음의 장단음을 구별하여 단어의 의미를 구별할 수 있다. 예를 들어 토박이말 [눈]은 '目', '眼'을 가리키고, [눈:]은 '雪'을 가리킨다. 또 한자어 [감사]는 '監査'나 '監司'를 가리키고, [감:사]는 '感謝'를 가리킨다. 둘째로 모음의 장단음을 구별하여 발음하면, 말소리가 변화가 있고 여유가 있으며 기품이 있고 운율이 생겨 아름답게 들린다. 그래서 진짜 서울말을 들으면 참으로 아름답게 들린다. 그런데 오늘날처럼 모음의 장단음을 구별하지 않고 무조건 짧게만 발음하면, 말소리가 單調롭고 촉급하며 조잡하고 경박하게 들린다.143)

현행 한글은 모음의 장단음을 구별하여 적지 않는다. 그렇기 때문에

---

142) 李基文, 「漢字 問題의 本質」, 『새교육』 제170호, 1968. 12. "이 중대한 사실, 즉 우리의 現行 正書法은 어디까지나 國漢混用體를 위주로 이루어졌다고 하는 사실이 오늘날 文字 問題, 특히 漢字 問題에 대한 論議에서 완전히 잊혀지고 있다는 것은, 이 論議가 아직 問題 核心을 건드리기조차 못하고 있음을 말해주는 것이다. …… 만약 漢字를 폐지한 뒤라도 現行 正書法 그대로 족하다고 생각하는 사람이 있다면 그는 似而非 學者라고 烙印을 찍을 수밖에 없는 것이다. 왜냐하면, 그는 漢字語는 漢字로 쓰는 것을 前提로 하고, 더 기본적으로는 漢字 知識을 前提로 하여 만들어진 現行 正書法이, 漢字 知識이 전혀 없어질 時代에는 不適當하게 되리라는 自明한 사실을 덮어두고 있기 때문이다."

143) 李圭恒(前 KBS 아나운서 실장), 「아나운서(言語運士/師)의 발음세계와 源泉－이민을 온 漢字, 韓字語로 귀화－」, 제169회 韓國語文會 주최 語文講演會, 2008.03.22. 참고.

標準發音을 하려면, 한글을 읽는 사람 자신이 한글을 보면서 첫 음절이 장음인지 단음인지 스스로 분별하면서 발음해야 한다. 이것은 오랫동안 발음훈련을 받은 사람이 아니면 불가능하다. 토박이말도 그렇지만 특히 한자어는 더욱 어렵다. 한자어는 한국어 어휘의 60% 이상을 차지하고 있는데, 정부가 한글전용으로 漢字語들도 무조건 한글로 적게 하기 때문이다.

예를 들어, '감사'를 한글로 적어놓았다고 하자. 읽는 사람은 1단계로 '감사'가 漢字로 '監査'인지 '監司'인지 '感謝'인지부터 알아내야 한다. 그런 다음에 2단계로 그 '감'의 한자음이 장음인지 단음인지를 판단해야 한다. 그런데 이런 판단을 한글 '감사'를 눈으로 보는 순간에 즉각적으로 해서, 그것을 순식간에 밖으로 발음해야 한다. 이것은 한자를 잘 알고 게다가 한자음까지 모음의 장단을 구별하여 정확히 아는 사람이 아니면 불가능하다. 그러니 한글로 적힌 한자어를 모음의 장단음을 구별하여 표준발음을 하는 일은 매우 어렵다.

韓國放送(KBS)의 이지연 아나운서는 2012년에 어느 방송 프로에서 자신은 한자를 모르는 "漢字 障碍人"이라고 고백한 적이 있다.[144] 오늘날 이렇게 한자도 모르는 사람들이 아나운서를 하고 있으니, 아나운서들이 한자어의 장단음을 구별하여 표준발음을 할 리가 만무하다. 이런 까닭으로 오늘날 아나운서들도 절대다수가 모음을 무조건 짧게만 발음하는 엉터리 발음을 하고 있는 것이다.[145] 韓國語 語彙 중 20~30%는

---

144) 김은설 기자, 「KBS 이지연 아나운서 "한자 장애인" 발언 논란」, 『스타투데이』, 2012.04.18.

145) 金昌辰, 「잘못된 방송언어와 그 대책(2)-뉴스의 장단음 혼란을 중심으로-」, 『草堂大論文集』 제8집, 草堂大, 2003, pp.123~146., 金昌辰, 「2002년 3월 한국방송 뉴스 9의 장단음 혼란 실태」, 『언어와 문화』 창간호, 草堂大 語學研究所, 2003, pp. 1~27., 金昌辰, 「2004년 10월 4일 한국방송 밤 9시 뉴스의 발음 혼란 실태」, 『草堂大論文集』 제10집, 草堂大, 2005, pp.85~116., 金昌辰, 「2005년 1월 9일(일) 문화방송 뉴스데스크의 발음 혼란 실태」, 『草堂大 産業大學院 論文集』 제4호, 草堂大 産

첫 음절을 길게 발음해야 표준발음이 된다. 그런데 한국의 아나운서 대다수는 母音을 100% 무조건 짧게만 발음하는 엉터리 발음을 하고 있다. 그리하여 오늘날은 방송에서도 서울말 표준발음을 거의 들을 수 없게 되어버렸다. 그래서 과거 서울말의 아름다움이 사라져버렸다. 이에 대해 韓國語 發音 전문가들은 개탄을 금치 못하고 있다.

> 訓民正音 制字原理와 (表音 精密性이 뛰어난) 15세기 表記法은 음운학 관점에서 보아 틀림없이 '世界第一'이지만, 現行 한글맞춤법은 '길이 韻素'(chroneme)와 '사이 된소리' 表記未備 같은 致命的 缺點, 그리고 그 탓에 단어 뜻 구별이 잘 안 되는 短點 때문에 實用面에서는 사뭇 '世界最下'에 가까울 정도로 매우 劣惡한 正書法인 것이다. 現行맞춤법이 고작 그런 수준 밖에 안 된 것은 制定당시 1930년대에 한글전용 可望性을 전혀 念頭에 두지 않고, 漢字混用을 前提로 했기 때문이라고 할 수 있다. …… (한글의) 이런 音韻學的 不良맞춤법 때문에 한국인들은 數 많은 同綴異音語 혼돈 늪에서 音韻분별 감각이 무뎌지게 되어, <u>우리 글을 自信있게 正確한 발음으로 낭독할 수 있는 사람이 매우 드물게 되었다. 심지어 직업적 放送人들조차 表音未備 한글전용 원고를 들고 날마다 不正確한(듣기 싫은) 엉터리 發音을 쏟아내는 바람에</u>, 지금 KBS, MBC, SBS, YTN … 할 것 없이, 그 뉴스를 들으며 (사투리 使用者나 外國人이) 서울말/표준말 발음을 배운다는 것은 緣木求魚라 할까, 어림도 없는 일이 되었다. 그러니 現代 文明國 나라 체면이 이보다 더 구겨질 수가 없다. …… 이러한 表音不備 現行맞춤법으로 한글전용을 당장 全面 實施하자는 주장은 (언어학 門外漢들의 어떤 理念的 口號에 그친다면 몰라도) 서울말/표준말 音韻體系를 제대로 아는 사람의 言語學的

業大學院, 2005, pp.29~58., 金昌辰,「한류열풍 드라마의 심각한 발음 혼란」,『말과글』2005년 겨울호(제105호), 한국어문교열기자협회, 2005, pp.62~68. 참고.

관점에서 보면, 우리말을 野蠻語 상태로 그냥 놓아두자는 주장, 또는 한글을 三流文化用으로만 固定시키자는 주장과 별로 다를 것이 없다.[146]

실제로 한글맞춤법도 구체적인 발음 정보를 반영하지 못한다. 특히, 모음의 장단, 음절의 강약, 말의 리듬, 된소리되기, 소리의 덧나기와 닮기 등의 음성 정보는 맞춤법에 전혀 나타나지 않는다. …… 우리 주변에는 사투리 발음이나 비표준적인 발음이 더 많이 들리고 막상 표준발음 사용자를 찾기도 쉽지 않다.[147]

장단음에 의해서 분화(分化)되는 어휘가 약 15,000단어이기 때문에 이를 지켜야 하며 품위를 주는 기능도 있기에 철저해야 합니다. …… 반세기 이상 한글전용과 한자혼용의 소모전(消耗戰)은 이제 막을 내려야 하겠습니다. 언어학적으로 또 한국어의 특성상 한글전용은 무리라는 객관적인 결론도 이제 나왔습니다.[148]

전문 MC이니 하는 미명으로 치장된 외부인의 방송 출연은 저의 방송 상식으로는 이해가 가지 않습니다. 저는 이들을 방송의 천재라 부르고 싶습니다. 저의 경우 수십 년 방송 생활을 하고도 쩔쩔 매는 방송을, 이들은 아무렇지도 않게 쉽게 하기 때문입니다. 이들의 방송은 한마디로 완성도가 결여되어 있습니다. 장단음을 지킬 줄 모른다는 말입

146) 兪萬根(전 大韓音聲學會 회장), 「'訓民誤音'이 된 오늘날 '한글' 問題」『한글+漢字문화』 제111호(2008.10.), 전국漢字敎育추진총연합회, pp.12~13.

147) 이현복 서울대 명예교수(大韓音聲學會 명예회장), 『한국어 표준발음사전』,서울대 출판부, 2002, p.iii~iv.

148) 李圭恒 아나운서(韓國放送 전 아나운서실장), 『아나운서로 가는 길』, 에듀그린, pp.109~111.

니다.[149]

나라에서 한글 전용에 밀려 한자를 안 가르치므로 생긴 신세대 말이 온통 '짧은 말' 밖에 할 줄 모르는 언어 반병신 시대에 처해 있어 우려를 낳고 있고 앞으로도 이대로 방치하여 이 신세대들이 나라의 지도자가 되었을 때 연설을 하는 자리에서 어떤 언어를 쓸까 심히 우려되는 바입니다.[150]

이렇게 오늘날 한국어 발음이 혼란스러워진 데는 몇 가지 원인이 있다. 한자어를 한자로 적지 않는 것, 현행 한글이 標準發音을 적지 못하고 있는 것, 학교에서 발음교육을 하지 않는 것, 放送에서 표준발음을 하지 않는 것, 현재「漢文」교과에서 표준 한자음 교육을 하지 않는 것 등에 책임이 있다.[151] 이 중에서 현행 한글이 표준발음을 적지 못하고 있다는 점도 중요한 원인이다. 세종대왕은 한국어 발음을 정확히 적기 위하여 훈민정음 옆에 傍點을 찍었다. 이 방점이 훈민정음이 우수한 소리글자가 될 수 있었던 데 중요한 구실을 했다. 곧 방점이 있었기 때문에 훈민정음이 한국어 발음의 고저장단를 정확히 나타낼 수 있었던 것이다. 세계의 언어학자들이 우수한 소리글자라고 찬탄하는 것은 바로 그 방점이 있는 훈민정음이다.「법무법인 사랑」이 "D. 영국의 문화학자이자 역사 다큐멘타리 작가인 존 맨은 "한글은 모든 언어가 꿈꾸는 최고의 알파벳"이라고 극찬"했다고 하는 글자는 현행 '한글'이 아니라

149) 李圭恒 아나운서,『아나운서로 가는 길』, 위의 책, p.77.

150) 崔屹 聲優(전 韓國放送. 韓國聲優協會 初代 理事長), 다음 블로그,「우말사」.

151) 金昌辰,「한자음 표기의 문제점과 개선 방안」,『한민족문화연구』제18집, 한민족문화학회, 2006, pp.173~200., 金昌辰,「'漢字 읽기'에서 長短音 發音 敎育의 必要性과 그 方法」,『漢字漢文敎育』제21집, 韓國漢字漢文敎育學會, 2008, pp.181~211., 金昌辰,「長短音 區別하는 韓國語 標準發音을 確立해야 한다」,『國漢混用의 國語生活』,韓國語文會, 2009. pp.19~28.

바로 세종대왕이 만든 '訓民正音'을 가리킨다. 그런데 현행 한글은 그 방점을 버렸기 때문에 훈민정음이 갖고 있던 정확한 표음능력을 잃어버렸다.

현행 한글은 한국어도 정확히 적지 못하는 열등한 소리글자인데, 한국 국민 절대다수는 정반대로 이 글자를 세계에서 가장 우수한 소리글자라고 믿고 있다. 韓國 국민들은 현실을 정확히 알지 못하고 한글의 虛像을 보고 있는 것이다. 이러한 한글의 결점을 더욱 악화시킨 것이 바로 「국어기본법」이다. 「국어기본법」 제3조 제2항은 한글만 우리 글자로 인정하고, 동법 제14조 제1항은 公文書를 그 한글로만 적으라고 강요한다. 그래서 오늘날 공문서와 학교의 教科書를 비롯하여 한국어 글의 98%는 한글전용이 되어버렸다. 그런데 한글은 한국어도 정확히 적지 못하는 劣等한 소리글자이다. 이런 한글로만 적힌 글을 읽는 한국인의 발음이 어떻게 되겠는가? 필연적으로 모음의 장단음을 구별하지 못하는 엉터리 발음을 할 수밖에 없다. 아나운서나 성우들도 마찬가지다. 한글전용으로 된 대본을 놓고 읽으니 母音의 장단음을 구별하지 못하는 엉터리 발음을 할 수밖에 없다. 그러니 大韓民國 정부가 「국어기본법」 제3조 제2항에서 한자를 우리 글자에서 제외시켜 버리고 제14조 제1항에서 공문서를 한글전용하라고 한 것은 한국어 발음을 확실히 망가뜨리려고 아주 작정한 일이다. 그렇지 않다면 한국어 발음에 완전히 無知蒙昧한 인간이 「국어기본법」 제3조 제2항과 동법 제14조 제1항을 만든 것이다.

한글전용으로 인해 한자어의 의미 파악이 어려워졌다는 사실을 웬만한 한국 국민은 이제 다 안다. 하지만 그 일 못지않게 한국어의 발음이 한글전용 때문에 혼란스러워져버린 일도 엄청나게 심각한 일이다. 왜냐하면 한국어가 오늘날 '世宗學堂' 등을 통해서 외국에 보급되고 있는데, 그 한국어는 말 위주로 소개되기 때문이다. 그 한국어의 발음이 현재 비표준발음으로서 엉망진창인 것이다. 그러니 엉터리 한국어 발음을 현재 전 세계에 보급하고 있는 이 일이 어찌 심각하지 않겠는가?

한글전용은 현재 이렇게 글과 함께 말의 양쪽에서 한국어를 망치고 있다. 글과 말 양쪽에서 한국어의 의미 파악을 어렵게 하여 한국인의 意思疏通을 어렵게 만들고 있다. 그러니「국어기본법」제1조가 밝히는 "국어사용을 촉진하고 국어의 발전과 보전의 기반을 마련"하는 데 가장 걸림돌이 되는 것은 바로 다름 아닌「국어기본법」제3조 제2항과 제14조 제1항이다.

8-4-2) 한글전용은 실질文盲率을 높였음

위의 E는 한글전용이 한국인의 文盲率을 떨어뜨렸다는 주장이다. 물론 한글전용이 단순 문맹률을 떨어뜨린 것은 맞는 말이다. 하지만 한자를 가르치지 않음으로써 오히려 한국인의 국어능력을 더 저하시켰다. 곧 실질 문맹률은 더 높여놓은 것이다. 이 문제에 대한 몇 가지 연구결과를 소개하면 다음과 같다.

8-4-2-1)『韓國 成人의 文解 실태와 OECD 국제비교 조사연구』

2003년에 OECD 국가들 간에 국민의 讀解能力 比較 調査를 한 적이 있다.[152] 이 연구에 따르면 한국 성인의 약 4분의 3(75.8%)이 문해력이 1~2단계로서 일상생활을 하는 데 지장을 받을 정도라는 사실이 밝혀졌다. 문해력 1~2단계는 가장 낮은 단계로서 우리 국민 4분의 3이 그 단계에 머물러 있다는 것은 현재 우리나라 국민의 독해능력 저하가 심각함을 보여준다. 문해력이 4~5 단계라야 여러 정보를 종합, 복잡한 문제를 파악하고 해결할 수 있는 사람, 즉 지도층이 될 수 있다. 그런

---

152) 이희수 · 한유경 외,『韓國 成人의 文解 실태와 OECD 국제비교 조사연구』,한국교육개발원. 2003.

데 이 단계에 속한 한국 성인은 겨우 2.4%로서 23개 조사 대상(나라 및 언어권) 중 22등으로 나타났다. 곧 거의 꼴등으로 나타났다.

논문을 작성한 中央大 이희수 교수는 "현대사회와 OECD에서의 문해의 개념은 '국어' 능력을 넘어 수리능력, IT능력, document 이해력 등 문해의 수준이 높아지고 넓어져 '敎養(교양)' 개념에 가까워지고 있다."고 문해의 개념을 설명했다. 李 교수는 "한자교육이 강화되면 우리말의 대부분을 차지하는 국어력 수준이 높아질 것"이라고 전망했다. 그는 "내 아이들에게도 한자교육을 강조한다."며, "한국인의 문해력, 문장력을 높이기 위해서는 한자교육 강화와 함께 포괄적 문해교육이 평생교육 차원에서 접근되면 좋을 것 같다."고 했다. 이어 "문해력과 국가수준은 (상관)관계가 있을 것"이라고 덧붙였다.

위의 조사·연구를 진행한 이희수 교수의 분석대로, 현재 한국인의 한자능력이 낮아서 한국인의 국어능력이 저하된 것이다. 그러니까 한글전용은 단순 문맹률을 떨어뜨린 것은 맞지만 반대로 실질 문맹률은 오히려 크게 높여버린 결과를 불러왔다.

8-4-2-2) 「국어 능력 실태와 문법 교육의 문제점」

현재 國立國語院長인 서울대 국어교육과 閔賢植 교수는 2009년에 「국어 능력 실태와 문법 교육의 문제점」이라는 논문을 발표한 바 있다.[153] 閔 교수는 이 논문에서 "한글 덕분에 단순 문맹률은 낮으나, 規範(규범) 교육이 부실하여 실질 문맹률인 문식성(文識性, literacy) 평가에서 문식성이 낮고, 高학력자일수록 문식성이 낮게 나타났다."고 발표했다.

그는 "1990년부터 중학교에서 한자가 선택 교과로 격하돼 한국인의

153) 閔賢植, 「국어 능력 실태와 문법 교육의 문제점」, 『국어교육연구』 제44집, 국어교육학회, 2009, pp.1-56.

한자 및 한자어 이해력이 급감하고 있다."며 "한글전용으로 인해 한자어의 어원 의식 상실로 한글세대에게는 漢字語의 同音異義語(동음이의어)가 多義語(다의어)로 인식되는 다의어化 현상이 생기고 있다."고 했다.

閔 교수는 예로 '진통'(陣痛: 산모가 해산할 때 주기적으로 반복되는 통증)과 '진통'(鎭痛: 통증을 가라앉혀 진정시킴)을 들었다. 醫大의 산부인과 학생들이 '산모가 진통을 시작하자 진통 주사를 놓았다'라고 한글체로만 익히다 보니 어원 의식이 없어 동음이의어로 별개인 이 두 단어를 한 단어의 다의어인 것으로 착각하는 의식이 형성되어 있다는 것이다. 또 다른 예로 '전자파'(電磁波, electromagnetic wave)와 '전자파'(電子波, electron wave)가 있다. 이 두 단어는 한자와 원어가 다른 개념이므로 한글로만 적으면 변별이 안 된다. 이러다 보니 미묘한 차이의 전문 개념의 한자어들에 대해 어원 의식이 사라져 정확한 개념 변별이 이루어지지 못하고 어휘력도 줄게 된다는 것이다. 가령 '人才(인재)'와 '人材(인재)' / '配置(배치)'와 '排置(배치)'의 경우에도 '人才'는 재주가 뛰어나게 놀라운 사람이란 뜻이고, '人材'는 학식이나 능력이 뛰어난 사람이란 뜻이다. '配置'는 사람이나 물자 따위를 일정한 자리에 알맞게 나누어 둠이란 뜻이고, '排置'는 일정한 차례나 간격에 따라 벌여 놓음이란 뜻인데 이런 변별 의식이 사라져 버리고 있는 것이다.

위의 논문에서 지적하다시피, 한국인이 한자를 모름으로써 오늘날 국어능력이 날로 저하되고 있다. 그러니까 한글전용은 단순 문맹률을 떨어뜨린 것은 맞지만 반대로 실질 문맹률은 오히려 크게 높여버린 결과를 불러왔다.

8-4-2-3) 「한자논쟁의 사회 · 정치 · 문화적 의미와 어문정책」

현재 國立國語院長인 서울대 국어교육과 閔賢植 교수는 2002년에 「한자논쟁의 사회 · 정치 · 문화적 의미와 어문정책」이라는 논문을 발표

한 바 있다.[154)]

이 논문에서, 漢字에 대한 역사적 인식에 대해 "우리 민족의 역사를 어떻게 바라보느냐는 歷史觀(역사관)이 한자 논쟁 속에 압축돼 있다." 고 했다. 閔 교수는 "한자를 우리가 역사적, 문명적 생존을 할 수 있었던 기반으로 보는 긍정적 시각과 민중사관에 입각해 부정적 시각을 갖는 것으로 나뉜다."면서 이를 보수와 진보, 국가주의적 관점과 민중주의적 관점이라고 표현했다. 그러면서 閔 교수는 "東아시아 질서 속에서 한자 문화를 적극적으로 수용한 조상들 덕분에 중세 시대에 국가 정체성을 유지할 수 있었고, 오늘날의 국가 정체성을 유지할 수 있었다는 긍정적인 역사관 정립이 필요하다."고 했다.

또 閔 교수는 "우리의 언어생활이 口語體(구어체) 중심의 日常(일상) 언어생활과 文語體(문어체) 중심의 專門(전문) 언어생활로 구분할 때, 일상 언어생활은 한글專用이 대세이나 전문 언어생활에서는 한자 소양이 유용하다."며 "(현재) 한자 이해도가 매우 낮아져 학문의 硏究史(연구사)를 제대로 이해하지 못해 보고서가 부실하고 대학생의 학력 低下(저하)가 심각한 상태로 나타나게 될 수밖에 없다."고 했다. 그는 "대학 신입생의 경우 國漢混用(국한혼용)체 글을 못 읽는 학생이 대부분이며, (대학)교양국어 시간에 한자어 讀音 학습 자료집을 따로 제공한다."면서 이는 2~30년 전 대학생들에게서는 상상도 못할 일이라고 했다.

閔 교수는 "한자교육을 國語敎育科(국어교육과)나 國文科(국문과)에서 다루고 연구하지 않아, 한자 문제의 主務(주무) 學科(학과)가 中文科(중문과)인 것으로 아는 사람이 많다."고 지적했다. 이어 "중문과는 중국 語文學(어문학)과 중국 한자를 다루는 것이 기본이고, 한국 漢文學(한문학)과 한자교육은 국문과의 古典文學(고전문학), 한문학, 국어교육

154) 閔賢植, 「한자논쟁의 사회 · 정치 · 문화적 의미와 어문정책」, 『亞細亞硏究』 통권 110호, 高麗大 亞細亞問題硏究所, 2002, pp.9-59.

분야의 소관사항"이라고 정리했다. 그는 "중·고교의 國史 교과서도 한글 전용체로 되어, 역사상의 수많은 한자어를 이해하지 못해 韓國史 지식에 대한 이해도와 역사 인식이 떨어진다."며 "한자 교육 不在는 歷史 문맹으로까지 확대되고 있다."고 경고했다.

위의 논문에서 지적하다시피, 한국인이 한자를 모름으로써 오늘날 국어능력이 날로 저하되고 있다. 그러니까 한글전용은 단순 문맹률을 떨어뜨린 것은 맞지만 반대로 실질 문맹률은 오히려 크게 높여버린 결과를 불러왔다.

8-4-3) 文字 入力의 '速度'가 한글전용의 當爲性이 될 수 없음

"② 한글과 한자(중국어)의 비교"은 제목부터가 잘못되었다. 왜 우리가 쓰는 漢字가 中國語인가? 우리가 쓰는 漢字는 한국어의 文字이다. 아무튼 「법무법인 사랑」의 주장은 컴퓨터나 휴대전화에 입력할 때, 한글 입력이 한자 입력보다 훨씬 빠르고 편리하다는 주장이다. 그 주장은 맞다. 그 사실은 인정한다. 문제는 그것이 「국어기본법」이 우리 글자에서 한자를 제외시켜 버리고 공문서를 한글전용하라고 하는 當爲性이 될 수는 없다는 것이다. 情報通信 분야에서는 확실히 한글이 한자보다 편리하다. 그러니까 그런 분야에서는 한글 위주로 편리하게 문자생활을 하면 그만이다.

하지만 韓國人의 문자생활에는 정보통신 분야 말고도 훨씬 더 다양한 분야들이 있다. 그러니 정보통신 분야에서의 그 장점 하나만을 가지고 다른 모든 분야에서도 한자를 써서는 안 된다고 주장하는 것은 논리의 비약이 너무 심한 것이다. 「국어기본법」에서 한자를 우리 글자에서 제외하고 한글전용을 정당화하려면 한국어의 모든 문자생활에서 한자는 단 0.001%도 밖에 내어 쓸 필요가 없다는 사실을 증명해야만 한다. 그런데 그것이 어디 가능한가?[155] 그렇기 때문에 100% 한글만 앞

에 내어 쓰고 0.001%도 한자를 밖에 내어 쓰지 말라는 「국어기본법」은 그 당위성을 결코 인정받을 수 없는 것이다.

위에서 「법무법인 사랑」이 "일상용어가 아닌 전문용어(專門用語)와 신조어(新造語)인 경우에는 단어별 변환 기능을 기대할 수 없기에, 그러한 낭비 요소는 더욱 짙게 나타납니다."라고 주장하는데, 그 말이 맞는다고 치자. 그런데 그 말은 그 용어를 入力할 때만 해당되는 것이 아니다. 그 용어를 이해하는 데도 똑같이 적용된다. 곧 "일상용어가 아닌 전문용어(專門用語)와 신조어(新造語)"가 한자어인데 한글로 적어놓으면 무슨 의미인지 알 수 없는 경우가 대부분이다. 따라서 그런 경우에는 반드시 한자로 적어주어야 하는 것이다. 이런 점에서도 한글전용은 불가능하다는 사실을 알 수 있다. 그러니까 「법무법인 사랑」의 그러한 주장은 곧 스스로 한글전용이 잘못됨은 告白하는 말이다.

8-4-4) 言語는 '速度'보다 表現의 '正確性'과 '豊富性'이 重要

「법무법인 사랑」은 "D.소결. — 날이 갈수록 심화되고 있는 정보화 시대의 한가운데에서, 문장을 통한 정보 전달시 「한글 · 한자 혼용의 문장」을 주장하는 것은 이제 막 가속도가 붙으려는 우리의 발전 속도에 스스로 족쇄를 채우려는 퇴행적 사고가 아닐 수 없습니다. 이는 표음문자의 우수성을 스스로 포기한 채, 표의문자의 불편함을 감수함은 물론 정보화 시대를 선도할 수 있는 절호의 기회를 스스로 차버리는 격이니 이는 시대의 흐름을 역행하는 참으로 안타까운 일이라 할 것입니다."고 주장한다. 그러나 이는 잘못된 사고방식이다.

"정보화 시대의 한가운데에서, 문장을 통한 정보 전달시" 곧 携帶電話 文字 入力 같은 일을 할 때, 단지 문자 입력 속도의 '빠름'만이 유일

155) 金昌辰, 「한글專用 體制에서 漢字語 表記의 問題」, 『漢字漢文敎育』 제23집, 韓國漢字漢文敎育學會, 2010, pp.187~212. 참고.

하고도 최고의 價値인가를 생각해 봐야 한다. 오늘날 청소년들이「법무법인 사랑」이 강조하는 한글의 便利性을 잘 이용하여 틈만 나면 휴대전화에서 빠르게 문자를 날리고 있다. 또 인터넷에서 악플 다는 데 한글 입력의 빠름을 惡用하고 있다. 자, 그런데 그것이 무슨 가치가 있는가? 그러니까 휴대전화에서 한글로 문자를 빨리 입력할 수 있다는 것이 오늘날 무슨 큰 가치를 창출하고 있는가 말이다. 예를 들어서 문자를 빨리 입력하여 기업체나 국익에 얼마나 보탬이 된다는 統計라도 나와 있는가? 아니면 반대로 우리가 문자를 빨리 입력하지 못하여 개인이나 기업체나 나라에 무슨 큰일이 생기는가?

도대체 문자생활에서 문자 입력 속도가 조금 빠르다는 게 무엇이 그리 重要한가? 어떤 文學家가 컴퓨터에 글을 입력하는데 국한자혼용으로 천천히 입력을 한다고 치자. 그러면 속도는 물론 늦을 것이다. 하지만 만약에 그 문학작품이 우수하다면, 빨리 쓴 문학작품보다 더 가치가 있지 않겠는가? 오히려 그런 예술 활동에서는 深思熟考해서 천천히 적는 것이 더욱 좋은 일이 아닌가? 그러니까 문자 입력 속도가 빠른 것만이 글쓰기에서 유일하고도 最高의 價値는 아닌 것이다.[156]

또 法曹界를 놓고 보자면, 좋은 裁判官이 되는 데 判決文을 컴퓨터에 빨리 입력하는 것이 가장 중요한 기준인가? 좋은 재판관이 되는 데는 시간이 오래 걸리더라도 심사숙고해서 가장 합리적인 판단을 내리는 것이 중요한 일이 아니겠는가? 도대체 문자생활에서 문자 입력의 속도가 무엇이 그리 중요한가? 어떤 학생이 문자 입력을 빨리 잘해서 공부를 잘했다는 소리를 들어본 적이 있는가? 학생이 답안지에 글자만 빨리

156) 세계적인 作家들이나 詩人들이 컴퓨터에 문자 입력을 빨리 해서 훌륭한 文學家가 되었는가? 컴퓨터에 문자 입력을 빨리 해서 노벨문학상을 받을 수 있다면, 한글이 문학작품을 쓰는 데 最高일 것이다. 하지만 문학작품의 質은 글쓰기의 빠르기와는 아무 상관없다. 그렇기 때문에 한글이 漢字보다 문자 입력을 빨리 할 수 있다는 것이 글쓰기에서 별로 큰 長點이 되지 못하는 것이다.

쓰면 좋은 점수를 받는가? 정확하고 풍부하게 내용을 채워야 좋은 점수를 받을 것이 아닌가?

도대체 文字生活에서 速度만을 重視하는 사고방식이 어떻게 있을 수 있는가? 따라서 「법무법인 사랑」이 "산업화 · 근대화는 늦었을망정, 알파벳보다 우수한 한글을 발판으로 삼아 정보화 시대만큼은 우리가 선도함으로써 세계 속에서 당당히 우리의 민족문화를 창달해야만 합니다."라고 주장하는 것은 전혀 이치에 맞지 않는 헛소리인 것이다. 컴퓨터에 한글을 빨리 입력하는 것하고 "민족문화를 창달"하는 것이 도대체 무슨 상관이 있는가?

「법무법인 사랑」은 "여기서 한글 · 한자 혼용 논란으로 다시금 머뭇거리게 된다면, 이야말로 헌법 제9조에 명시된 민족문화의 창달을 저해하는 결과가 되어 전통문화의 계승 · 발전에도 악영향을 끼칠 수밖에 없을 것입니다."라고 주장하지만, 누누이 이야기하지만 "민족문화를 창달"은 漢字를 제외하고는 논의할 수조차 없다. 일본에서도 한자를 오랜 논쟁 끝에 끝내 없앨 수 없었던 중요한 이유 중 하나는 한자를 없애면 전통문화와 단절된다는 것 때문이었다. 다음 글들을 보자.

> 국어학자인 오노 스스무씨는 제8기 심의회가 발족하기 전인 1964년에 「현재 가장 중요한 것(이いま いちびん대사(大事)な こと)」이라는 제목으로 아래와 같은 견해를 발표하고 있다. …… 한자-가나 혼용문을 일본어의 정식 표기로 하는 것을 명확히 할 필요가 있는 것은 이것이 국어정책의 기본을 이루는 것이기 때문이다. …… 한자-가나 혼용문은 이미 800년 이상 역사를 가진 표기법이며 현재 일본어를 표기하는 문자 조직으로서 가장 타당한 것이다. …… 문자는 쓰는 기능만이 아니라 미래를 위해 과거의 문헌을 전하며 사람들이 이것을 읽을 수 있게 하는 기능을 갖추어야 한다. 메이지시대, 다이쇼시대의 막대한 양의 한자

-가나 혼용 문헌을 읽지 못하면서 앞으로의 일본 문화를 고도화할 수는 없다.[157)]

보수파가 주장하듯 한자를 제한하거나 자체를 바꾸는 일은 국민이 직접적으로 과거의 문헌과 접촉하는 측면에서 장애가 된다는 주장은 잘못된 것이 아니다.[158)]

전후의 개혁에 가담한 사람들이 언어의 '혼란'이라는 것을 아무렇지도 않게 말하고 있다는 것입니다. 예전에는 그 말이 옳은지 그른지 엄연하게 판단했던 것입니다. 그러나 언어에 대한 기준이 전혀 없으므로 언어가 흔들리고 있다는 것입니다. 이것은 전후의 언어정책이 편의적 도구주의에 빠져 있었기 때문입니다.[159)]

이상의 인용문에서 보듯이, 일본이 쉽사리 한자를 포기하지 못한 것은 한자를 버리면 民族文化, 傳統文化가 斷絶되기 때문이었다. 우리나라도 마찬가지다. "민족문화를 창달"하고 "전통문화의 계승 · 발전"을 이루려면 漢字를 포기해서는 안 되는 것이다. 따라서 「법무법인 사랑」이 "민족문화를 창달"하고 "전통문화의 계승 · 발전"을 해야 한다면서 한자를 포기해야 한다는 것은 앞뒤가 맞지 않는 주장이다.

아래의 기사는 韓國古典飜譯院에 관한 기사이다.

우리나라 최고 번역전문가가 모였음에도 이처럼 작업이 '더딘' 이유는 고전번역이 단순히 문자 해독만 하는 것이 아니기 때문이다. 정출헌(53) 부산대 한문학과 교수는 "고전을 번역하는 건 고전을 산출한 과거

157) 『한자의 미래』, 앞의 책, p.183.

158) 『한자의 미래』, 앞의 책, p.185.

159) 『日本語の探究』,pp.211~212, 앞의 책, 『한자의 미래』, p.187에서 再引用.

> 의 지적 시공간을 오늘날의 지적 시공간 속에 삽입하는 과정이자, 모두가 읽고 공유할 수 있는 지적 층위를 확충해가는 과정"이라며 "번역은 곧 '과거의 현재화'이자 '지식의 민주화'"라고 설명했다. …… 자료를 찾은 뒤 번역팀이 한 일은 수록 내용에 다소 차이가 있는 두 판본 가운데 후대에 편찬한 장서각 소장본을 저본(底本)으로 하고, 규장각 소장본을 대교본(對校本)으로 삼아 문자와 어구 이동을 철저히 교감(校勘 · 비교해 바로잡음)한 것. 이후 끊어 읽을 부분을 표시하고, 따옴표와 마침표 등을 달아 번역 과정 오류를 줄이는 '표점' 작업을 한 뒤 '조선왕조실록'과 '승정원일기'를 비롯한 관련 자료 40여 종을 수집해 원문을 교감함으로써 문자만으로는 이해하기 어려운 부분까지 해석하는 데 주력했다.[160]

漢文古典을 번역하는 일은 밑줄 친 부분에서 나타나듯이 매우 더디게 진행된다. 여기서 중요한 것은 문자 입력의 속도가 아니다. 한문고전 번역은 속도 위주로 할 수가 없는 일이다. 중요한 傳統文化와 관련된 작업은 시간이 오래 걸려서 천천히 이루어지는 것이다. 만약에 혹시라도 '速度'만을 중시하여 번역한다면 값싼 번역, 엉터리 번역이 나올 수밖에 없다. "우리의 민족문화를 창달"하고 "전통문화의 계승 · 발전"하는 데는 '速度'는 전혀 중요하지 않다. 오히려 '漢字'가 必須不可缺의 요소로서 가장 중요하다.

그런데 「법무법인 사랑」은 한글전용으로 빨리빨리 글을 쓰지 않으면 "민족문화의 창달을 저해하는 결과가 되어 전통문화의 계승 · 발전에도 악영향을 끼칠 수밖에 없을 것입니다."고 주장하니 어이가 없다. 民族文化와 傳統文化는 만들어진 것도 오랜 세월에 걸쳐서 천천히 이루어

160) 송화선 기자, 「고전 중인 '고전번역'-한국고전번역원 인력과 돈 태부족, 문화보고에 먼지만 쌓여-」, 『주간동아』, 제874호, 2013.02.04.

진 것이고, 또 現代에 맞게 번역하고 재해석하는 것도 천천히 오랜 시간에 걸쳐서 신중히 이루어 나가야 하는 일이다. 그리고 무엇보다도 "우리의 민족문화를 창달"하고 "전통문화의 계승 · 발전"하는 일은 漢字를 떠나서는 불가능한 일이다.

「법무법인 사랑」이 주장하듯이 그렇게 "알파벳보다 우수한 한글"을 가지고 대한민국은 65년간 열심히 한글전용으로 글을 빨리빨리 썼다. 그런데 왜 그럴듯한 결과가 없는가? 도대체 글자를 빨리빨리 쓴다고 學問이 발전하는가, 문학이 발전하는가, 문화와 문명이 발전하는가? 그러면 전 국민에게 속기를 가르쳐야 할 일이 아닌가? 문자 입력 속도를 가지고 한글전용을 合理化하려는 「법무법인 사랑」의 정신 수준에 어이가 없다. 한글전용론자들은 세상을 너무 단순하게 본다는 생각이 든다.[161)]

결론에서 「법무법인 사랑」은 "우리 앞에 놓인 선진국들을 한시바삐 따라잡아야 할 뿐 아니라 나아가 그들을 앞지르기 위해서, 즉 향후의 정보화 시대를 대한민국이 선도하기 위해서는 어떠한 국어정책을 펼쳐야 할 것인지 자명하다고 하지 않을 수 없습니다."라고 주장한다. 이 결론 역시 "정보화 시대를 대한민국이 선도하기 위해서" 文字 入力 速度가 빠른 한글로만 글을 써야 한다는 주장이다. 하지만 '速度'보다 중요한 것은 '正確性'이다.[162)] 글쓰기에서 문자 입력이 빠르기만 하면 무슨 소용인가? 글을 적는 사람이 전달하고자 하는 의미가 읽는 사람에게

161) 필자도 한글이 문자를 빨리 입력하여서 우리나라가 先進國이 될 수 있다면, 그렇게 되기를 정말로 鶴首苦待해 마지않는다. 정말로 글을 빨리 쓰면 우리나라가 先進國이 될 수 있다면 필자도 앞으로 글을 빨리 써야겠다. 그런데 나는 지금까지 나라는커녕 어떤 개인이라도 글을 빨리 써서 성공했다는 소리는 단 한 번도 들어 본 적이 없다. "선진국들을 한시바삐 따라잡기" 위해서는 한글전용으로 글을 빨리빨리 써야 한다는 「법무법인 사랑」의 그 말이 弄談이 아니고 眞談인가?

162) 예를 들어, 미사일이 있다고 치자. 물론 미사일의 速度가 빠르면 좋을 것이다. 하지만 미사일이 단순히 速度만 빠르다고 좋은 미사일일까? 아무리 빨리 날아간다 할지라도 目標物을 正確하게 命中시키지 못하고 엉뚱한 곳을 맞힌다면 그게 무슨 소용인가?

정확하게 전달이 되어야만 글을 쓴 보람이 있지 않는가? 따라서 '速度'보다 더 중요한 것은 '正確性'인 것이다. 그럼 점에서는 한자가 한글보다 우수한 점도 분명히 있는 것이다. 한글전용한 글은 한자어의 의미 전달에서 부정확성을 많이 나타낸다. 반면에 한자는 한자어의 의미를 정확히 나타낼 수 있기 때문이다.

그렇기 때문에 우리보다 선진국인 일본이 假名[가나]전용을 하지 않고 國漢字混用을 하고 있는 것이다. 조금 느리더라도 正確하고 精密하게 모든 일을 처리하려는 日本人들의 사고방식을 우리도 배울 필요가 있다. 날림으로 모든 일을 그저 빨리 처리하려고만 하고, 나중에는 後遺症과 副作用을 앓는 한국은 너무 "빨리빨리"만 추구하는 경향이 있다. 오늘날 한국인이 한글전용을 좋아하는 것도 그런 한국 사회의 "빨리빨리" 분위기와 관계가 있는데, 이제는 재검토할 필요가 있다.

우리가 1945년 光復했을 때는 한글도 모르는 문맹자가 너무 많았다. 그러니 나라를 다스리기 위해서는 당장 쉬운 한글만이라도 "빨리빨리" 교육해서 국민의 文盲率을 떨어뜨릴 필요가 있었다. 그래서 시대 상황에 따라 어쩔 수 없이 1948년에 「한글전용법」을 만들었다고 이해해줄 수도 있다. 게다가 6.25전쟁까지 겪고 나니, 정말로 폐허밖에 남은 것이 없었다. 당장 배가 고프니, 어떻게든 배를 채우기 위해서 "빨리빨리" 돈을 벌어야만 했다. '速度'를 중시하는 한국 사회의 분위기는 그러한 역사적 상황 속에서 만들어졌다. 그리하여 우리는 속도전으로 경제성장을 이루었다. 1970년대에 朴正熙 대통령이 한글전용을 강력히 추진한 일까지도 그러한 시대적 분위기에서 문맹을 "빨리빨리" 없애기 위해 필요했다고 이해해줄 수도 있다. 그렇게 '速度戰'의 한글전용으로 단순 문맹률을 낮추는 데는 성공했다. 그리하여 우리는 이제는 중진국의 선두에까지 이르렀다. 여기까지는 나름대로 성공적이었다.

하지만 이제 우리는 '速度戰'의 시대는 지나갔음을 인정해야 한다. 이제는 '精密性'의 시대에 들어섰다. 大韓民國은 이제는 電子工學 분야와 造船과 自動車 産業에서는 세계적인 강국이다. 이러한 精密産業을 하는 데 단순히 속도만 중요한가? 아니다. 이제는 속도보다는 정밀성이 필요하다. 그래야 중진국을 벗어나서 선진국으로 진입할 수 있다.

문자생활도 마찬가지다. 이제는 한글전용의 '速度戰'에서 벗어나야 한다. 글 한 편을 쓰더라도 좀 더 정확하고 풍부한 내용을 담도록 문자생활의 질과 격을 높이는 방향으로 어문정책의 방향을 전환해야 한다. 그런 데 쓸모 있는 문자가 바로 한자이다. 한자는 뜻글자로서 뜻을 담고 있기 때문에, 소리글자인 한글보다 생각을 깊게 하고 창조력도 더 키울 수 있다. 현 朴槿惠 대통령도 2013년 7월 10일 국내 언론사 논설실장들과 午餐하는 자리에서 "漢字라는 것이 딱 보면 그냥 한글로 써져 있는 것보다 뭔가 直感으로 오는 것이 있다. 그런 것을 놓친다는 것은 상당히 아쉽다."[163]고 말한 적이 있지 않는가?

그렇기 때문에 우리는 절대로 한자를 버릴 수 없는 것이다. 물론 한글의 편리성이라는 장점도 살리면서 한자의 正確性이라는 장점도 함께 곁들인다면 相乘作用을 켜서 한국어 문자 표기는 지금보다 더 좋은 단계로 올라설 수 있을 것이다. 그런 의미에서 볼 때, 한자를 우리 글자에서 완전히 제외시켜 버린 「국어기본법」은 시대착오적인 법이다. 2005년에 「한글전용법」을 버리고 새 법을 만들 때는 한 차원 더 수준 높은 국어생활을 할 수 있는 방향으로 전환했어야 한다. 그런데 오히려 한글전용을 더 강화하는 방향으로 盲目的으로 나가버렸다는 데서 「국어기본법」은 크게 판단 착오를 하고 만 것이다.

8-4-5) 韓國語 專門家인 外國人들이 國漢字混用을 주장

韓國人이 아닌 外國人들은 客觀的인 시각에서 한글전용과 國漢字混

163) 이동훈 기자, 「박근혜 대통령, 논설실장 오찬 발언」, 『한국일보』, 2013.07.10.

用 중에서 어떤 쪽이 더 옳다고 생각할까? 외국인들은 밖에서 이 문제를 제3자의 처지에서 바라보기 때문에 내국인인 우리들보다 오히려 더 객관적으로 냉철하게 바라볼 수가 있다. 그런데 외국인들은 한국인보다 더 한자를 배우기 힘든 환경에 놓여 있다. 따라서 한자를 어려워하기 때문에 한글전용이 옳다고 말하기 쉽다고 추측된다. 그럼에도 한국어를 연구하여 잘 아는 외국인 학자들은 客觀的인 처지에서 異口同聲으로 국한자혼용이 옳다고 조언하고 있다.

8-4-5-1) 獨逸人 라이너 도멜스 박사[164]…… 저승의 世宗大王은 한글전용을 慨嘆할 것[165]

李東昱기자가 라이너 도멜스 박사와 인터뷰를 시작하면서, "세종대왕은 한글 전용을 바랐던 것이 아닐까요?"라고 묻는다. 그러자 라이너 도멜스 박사는 "나는 아니라고 봅니다. 그 당시 기록된 문헌들을 보아도 한자로 기록되어 있었습니다. 제가 알기로 세종대왕은 한글 전용을 위해 한글을 창제한 것이 아닙니다. 세종대왕은 한자를 잘 읽을 수 있도록 도와준 분이지 한자를 반대한 적이 없기 때문입니다."라고 대답한다. 이후의 인터뷰에서 중요한 대목을 간추려 싣는다.

—한자 倂記(병기)에 대해 어떻게 생각하십니까.

"해야죠.……지금 세종대왕이 살아 계시다면 한글 전용에 반대하셨을 것이 분명합니다. 언어학의 大家(대가)이기도 했던 세종대왕 스스로

---

164) 독일인 라이너 도멜스 박사는 1990년 서울대 국어국문학과 대학원에 유학 와서, 4년 뒤에 「玉編類 한자음 비교연구(1994년)」로 국어학 석사학위를 받았다. 그리고 독일로 돌아가서 朝鮮 世宗 때의 『洪武正韻譯訓』을 연구하여, 함부르크대학에서 韓國學 박사학위를 받은 韓國語 전문가이다.

165) 李東昱, 「인터뷰/「한글창제 연구」 독일인 라이너 도멜스 박사—저승의 세종대왕은 한글전용을 개탄할 것—」, 『月刊朝鮮』, 1999년 12월호.

가 한글 전용으로 된 책들을 높게 평가할 수 없었을 겁니다. 신낙균 문화관광부 장관이 공문서와 도로표지판부터 한자倂記(병기)를 하도록 결정했다는 데 이것은 참 잘한 일이라고 봅니다."

—외국인으로서 한국학, 그것도 언어학을 공부하면서 한자를 쓸 수밖에 없는 한국을 어떻게 보십니까.

"한국 사람들은 너무 순수한 것만을 고집하는 경향이 있는 것 같아요. 독일어도 분석해 보면 여러 언어群(군)으로부터 영향받아 왔고 지금도 불편없이 잘 쓰고 있어요. 그렇다고 우리가 못난 민족이란 생각을 해 본 적이 없습니다. 동양문화권이니까 영어가 아닌 중국 글자인 한자를 유용하게 사용한다는 것은 현명한 태도라고 봅니다. 일본이 한자를 그토록 많이 쓰지만 서양에서 비웃지 않습니다."

—서양 사람들은 한자에 대해 어떤 생각을 하고 있습니까.

"서양의 보통사람들이 볼때 한자는 심오하게 느껴질 겁니다. 그들은 한자를 중국의 소유라고 생각지는 않습니다. 중국 문화권에서 사용되는 문자라고 보는 겁니다."

도멜스 박사는 "한글로 된 책은 너무 어렵다"며 이렇게 말했다.

"한자가 포함된 책을 읽으면 主題語(주제어)를 금방 찾아낼 수 있어 중요한 부분만 읽어도 쉽게 내용을 알게 됩니다. 그런데 한글로만 표기된 책은 주제어 찾기가 쉽지 않습니다. 또 문장 하나 하나가 한자를 포함했을 때 의미를 확연하게 느낄 수 있는 데 반해 한글로민 된 책은 빨리 이해할 수 없다는 점이 있어요."

—한글 전용론자들은 한자어라도 한글로 표기하면 문맥을 통해 얼마든

지 해석할 수 있다고 합니다. 예를 들어 「복수」라는 단어를 보면, 단어만으로는 「復讐」, 「複數」, 「腹水」도 있고 「福壽」도 있습니다. 그러나 문맥 속에서는 이것이 무슨 뜻인지 금방 안다는 겁니다. 외국인의 입장에서 이런 주장을 어떻게 보십니까.

"제 어휘력이 부족해서 그렇겠지만, 한글로만 된 책은 同音異義語(동음이의어)가 너무 많아요. 현미경을 통해서 어떤 사물을 관찰할 때 초점이 정확하게 맞질 않아서 뿌옇게 보이는 것과 같아요. 얼마나 답답한지 한국 사람은 모를 겁니다. 저같은 외국인은 몇 번씩 반복해서 읽어야 하는 고통스러움이 있습니다. 한자가 함께 나오는 책들은 한 번 읽어도 또렷하게 그 내용을 이해할 수 있어요. 초점이 맞는 현미경으로 보는 것과 같지요."

—그럼에도 지금처럼 한글전용을 계속한다면 어떤 현상이 벌어질 것 같습니까.

"틀림없이 한국어는 약해질 것입니다. 한국어의 70%는 한자입니다. 한자로 표기하지 않으면 정확히 파악할 수 없는 글자들입니다. 나도 한글을 좋아합니다. 그러나 한글이 아름다워서 한글만 쓴다면 곤란할 겁니다. 말과 글은 사람과 사람 사이에 의식을 전달하는 도구입니다. 꽃을 생각하면 쉽습니다. 뿌리를 잘라버린 꽃다발은 화려하고 아름다워 보이기는 해도 며칠 못가서 시들어 버리고 맙니다. 꽃을 상대방에게 줄 때 뿌리째 준다면 꽃을 받은 사람은 이 꽃을 심어 가꿀 수가 있지요. 한자는 한글의 뿌리이니까, 자르지 않고 서로가 주고받는다면 한국어는 더욱 아름답게 번성할 것입니다."

—하지만 3천 자나 되는 글자를 배우는 데는 시간이 많이 걸리잖습니까.

"물론 많이 걸리겠지만 나중을 생각하면 그 길이 빠른 길입니다. 처음 배울 때는 시간이 걸리지만 배우고 나면 한자가 표기된 책을 읽고 이해함으로써 얻어지는 이익이 얼마나 큽니까. 조급성 때문에 단기적으로 빨리 익힐 수 있는 한글만 배우면 학습하는 과정에서야 시간과 노력이 그만큼 작게 들지요. 하지만 그 후부터 책을 읽을 때마다 두고두고 값비싼 대가를 치르게 됩니다."

그리고 라이너 도멜스 박사는 마지막으로 다음과 같이 결론을 맺는다.

"한글은 音價(음가)가 무척 논리적이어서 쉽게 읽어 갈 수 있지요. 한자는 뜻을 정확히 알 수 있고 보기에도 재미가 있습니다. 두 문자의 장점을 취합한다는 것이 바로 세종대왕의 훈민정음 창제 정신을 이어받는 것이 아닐까요."

8-4-5-2) 러시안 朴露子 교수[166]……韓國語에서 漢字를 버릴 수 있을까[167]

한자를 포기할 수 있을까

유럽 언어들에서 보기 드문 언어의 압축력을 만들어내는 '지혜의 건전지'… 언어는 '섞임'의 토양서 자라는 것, 순 우리말 고집은 '대인기피증' 같아

몇 년 전, 외국인을 위한 한국어 교육 관련의 한 학회에서 한자를 "서양인 등 한자문화권 외부인들의 한국어 학습의 장벽 중 하나"로 꼽은 한 국내 학자의 발표를 들은 일이 있었다. 이 의견이 국내 학계에서 거의 통설인 듯한데, 내 경험으로 봐서는 그렇게만 보기 힘들다. 이것

166) 朴露子 교수는 원래 러시아인으로서 韓國으로 歸化한 사람이다. 그는 韓國學을 전공하는 학자로서 현재는 노르웨이 오슬로국립대 교수이다.

167) 朴露子, 「한자를 포기할 수 있을까」, 『한겨레21』제630호, 한겨레신문사, 2006.10.13.

이 외국어 학습의 변증법이라 할까?

최악의 걸림돌은, 시간과 노력을 투자해 좋은 학습 방법을 쓰면 바로 최고의 디딤돌이 된다는 법. 한국어를 전공하지 않는 학습자들에게 한자 학습이 추가 부담이 될지도 모르지만, 한자를 배울 만한 충분한 시간을 가진 전공자 같으면, 초기의 진입장벽, 즉 어려운 습자 과정이라는 산맥만 넘으면 그야말로 시원한 물이 흐르는 아름다운 계곡이 펼쳐진다.

'표적수사'를 러시아어로 바꾸면?

많은 한자어들이 유럽 언어들에서 보기 드문 의미의 압축성을 과시한다. 예컨대 '일조권'(日照權)과 같은 의미의 표현을 영어로 지어보시라. 직역하자면 '햇빛을 누릴 권리' 같은 설명식의 표현이 되는데, 한국어 능통자가 긴 설명 없이 이 의미를 석 자의 한자어로 말할 수 있는 것은 사실 누가 봐도 부러운 일이 아닌가? 내 모국어인 러시아어 같으면, '일조권'을 의역하는 데 적어도 4~5개의 단어가 필요하다. '일조권'과 같은 의미의 표현은 유럽 언어들에서도 하나의 관용구가 될 수 있지만, '표적 수사'나 '친인척 비리' 정도면 아예 따로 문장을 지어 설명할 필요가 있을지도 모르겠다. '표적 수사'의 러어 의역을 한국어로 다시 직역해보면 '수사의 주체 내지 감독자가 특별히 경계하거나 혐오하는 대상자가 표적이 되어 불공평하게 진행되는 수사'쯤 될 것인가? 어쨌든 학생 때 나는 이런 압축적 표현력을 가진 한·중·일의 언어가 끝없이 부럽기만 했다. 약 7년 전 국내의 한 전문 번역자 양성기관에 출강했을 때 '지식기반 사회'의 러어 번역어를 만드는 것이 얼마나 고역이었는지 지금도 생생히 기억한다. 영어 같으면 준비된 번역어가 있지만, 이 간단한 여섯 글자의 한자 표현을 러어로 좀 어색하고 장황한 문어로 의역해야 했다.

간단명료하면서도 의미심장한 한자어들을 익히면서 "이렇게 복잡한 이야기를 이렇게 쉽게 정리할 수도 있구나!" 하고 내내 감탄사를 연발했지만, 학생으로서 나의 진정한 사랑은 고사성어였다. 나에게 넉 자짜리의 고사성어는 거의 한 권의 책과 맞바꿀 수 있는 지혜의 무게를 지니는 것 같았다. 예컨대 지금도 동아시아 종교사 수업 때면 불교의 방편론을 설명하려고 늘 칠판에 쓰는 '임기응변'(臨機應變)을 들어보자. 이 간단한 표현 하나를 머리에 떠올려 계속 반추하고 명상을 해보면, 상황에 융통성 있게 대처하면서도 기회주의자가 되지 않는 처세법을 다 터득할 수 있는 것 같다. 처세서를 사느라 돈 쓸 일도 없이. 나는 이 표현을 접하면 꼭 남의 말에 잘 응대해 이 고사의 유래가 된 제나라 재상 안평중(晏平仲)에게서 개인적 선물을 받은 것 같은 고마운 느낌이 든다. 그리고 나는 지금도 일일삼성(一日三省), 하루에 세 번 자신을 재점검하는 것이 좋다는 가르침대로 하루에 몇 번씩 각종 고사성어를 떠올리면서 내가 이 부류에 해당되지 않는지 생각해본다. 눈이 높아봤자 재주가 따르지 않아 아무것도 제대로 못하는 안고수비(眼高手卑) 아닌가, 자신의 밭에 물을 대듯이 이미 내린 결론을 뒷받침하기 위해 논증 과정을 편의적으로 하는 아전인수 (我田引水) 격이 아닌가? 러어에도 어떤 유럽 언어에도 없는 이 '지혜의 건전지' 없이 내가 과연 살 수 있었을까 가끔 궁금하기도 하고. 물론 고사성어를 모르고 사는 많은 사람들처럼 그럭저럭 살아갔겠지만, '임기응변'의 의미를 한 번도 고심해 보지 않은 이들에게 왠지 아쉬움이 생기기도 한다.

한글 통해 한자 · 한문 · 일본어까지 익혀

하이퍼텍스트인 인터넷에서는 한 사이트의 가치가 다른 사이트와 링크가 얼마나 잘되는지에 따라 많이 좌우된다. 언어 공부의 세계에서도 마찬가지로 학습 대상으로서 특정 언어의 가치는, 그 언어가 다른 언어의 연속 학습의 디딤돌이 어느 정도 돼줄 수 있는가에 따라 달라지게 돼 있다. 나에게 한글의 가치는 한글 공부 그 자체에도 있었지만, 한글을 통해 한자, 한문 그리고- '한자 코드'를 통해- 초급 일본어까지 익힐 수 있는 데에 있었다. 말하자면 한자 문화권 바깥에서 이 한자 문화권 안으로 틈입한 자인 나로서는 배우기 쉬운 과학적 · 체계적 기호 체계로서의 한글이란 바로 난삽한 한문 · 일본식 국한문 혼용 표기 세계로 가는 첩경이기도 하다.

나는 지금도 중국의 고전 한시까지 습관적으로 한글로 표기해 한국식 발음으로 읊고, 현재 체류하고 있는 후쿠오카의 간판이나 식당 메뉴판들까지도 한국어 한자어 지식을 총동원해 어렵게 판독하다시피 한다. 나는 한국어 속의 한자어를 익혔기에 일본어를 따로 배울 일도 없이 "요야쿠가 무료데스"를 들으면 예약이 무료인 줄로 당장 눈치챌 수 있다. 과연 '토종 한국인'들도 한자를 '국어 속의 이질적인 요소' '남의 글'로 배척하기만 해야 하는가? 대중적인 글에서 한자를 남용할 일은 없지만, 국내 인구보다 30배나 많은 이웃 나라들의 인구에게 통하는 '코드'가 이미 우리 언어 속에 내재돼 있다는 것을 굳이 나쁘게만 볼 일인가?

메이지 시대 초기의 마에지마 히소카(前島密)처럼 한자를 아예 폐기처분해 '언문일치'의 완전을 기하자는 일본의 근대주의적 민족주의자들이나, 그들 후배의 영향을 강하게 받은 것으로 판단되는 한국의 외솔 최현배 선생 등 언어 국수주의자들이 한자를 '남의 글'로 규정한 것은 문제의 소지가 있는 사고방식이다. 한국의 경우 아마도 이미 고조선 시기에 이용됐을 법한 한자를 '남의 글'로 본다는 것은, 불교를 '외래 종교'라 규정해 1868~72년 불교 사찰을 파괴하고 승려를 강제 환속시켰던 메이지 시대 초기의 신도(神道) 국수주의자들의 사유 방법이나, 기독교를 "독일 민족에 이질적인 유대인들의 종교"로 생각했던 히틀러의 사고방식과 큰 차이가 없는 것 같다. 그러면 이두도 아닌 순수 한문만 쓴데다 그 저술에서 '신라'라는 자신의 국가 명칭을 겨우 몇 번만 썼을 뿐 주로 '국적이 없는' 형이상학적 이야기를 했던 원효를 '우리' 지성사에서 빼버려야 한단 말인가? 그런데 진정한 '남의 말'이라 하더라도, 그 사용을 굳이 그렇게까지 꺼릴 이유가 무엇인가? 물론 우리에게는 예컨대 일본어나 영어에서 온 차용어들이 제국주의 침략과 연상돼서 불쾌하게 생각될 수도 있고 '언어 제국주의'에 대한 우려를 불러일으킬 수도 있다. <u>그런데 단어들에 과연 꼭 명확한 '국적'이 있는가?</u>

한 유명한 국수주의적 언어학자가 '커피'라는 '외국말'을 차마 입에 올릴 수 없다 하여 '미국 차'라는- 정확하게 이야기하면 역시 '순 우리말'이 아닌- 표현을 써왔다고 하는데, '커피'에다 과연 '미국'이라는 꼬리표를 꼭 달아야 하는가? 커피 원두의 원산지로 알려진 곳은 에티오피아고, 그 원두가 잘 자라는 한 계곡의 이름이 나중에 아랍어 'Qah'wa '(중독성이 있는 음료)의 유래가 됐다는 설이 있다. 우리가 흔히 아는 유럽언어의 '커피'와 같은 단어는, 터키어를 매개로 하여 그 아랍어 단어를 기반으로 한다. 그 정도의 계보를 가진 단어라면 '미제 침략의 언어적 표현'이라기보다는 차라리 우리가 공유해도 좋을 세계사의 일부분이 아닌가? '남의 말'이 만약 모두 '침투'라면 바깥 세계에서도 '태권도'와 같은 한국어 차용어를 서둘러 그쪽의 '순 우리말'로 '순화'해야 하는가?

단어들에 꼭 명확한 국적이 있는가

음과 양의 합침이 우주 만물을 만들고 두 사람의 합침이 가족을 만들고 수많은 방언들의 영향들의 합침과 스며듦이 언어를 만들어 발전시킨다. 사람이 외부인들과의 '소통' 속에서 성장하듯 언어도 외부와의 '섞임'을 토양 삼아 자란다. <u>외부와의 접촉을 지나치게 꺼리는 사람에 대해 우리는 흔히 '대인기피증'이라고 진단한다. 솔직히 말하면, '순 우</u>

리말'을 고집하시는 분들을 보면 꼭 떠오르는 표현이다.

8-4-5-3) 朴露子 교수 …… 韓國人들은 漢字만 나오면 '自我分裂'[168)]

한자만 나오면 '자아분열'

한글만이 공식언어인 국가의 한쪽에서 한문이 문화 자본으로 대물림되는 현실 … 해방 후 이승만·박정희의 한글 전용 밀어붙이기는 왜 실패할 수밖에 없었나

약 10년 전에 필자의 한 지인이 자신의 갓난아이에게 순 한글 이름을 지어준 일이 있었다. 그에게 "한자 이름을 지을까, 순 한글 이름을 지을까 고민을 많이 하셨느냐"고 물었는데, 대답은 의외였다. "한자 이름? 요즘 그런 이름을 아이에게 주면 매국노 소리밖에 들을 것 또 있나?" 그 자신도 일본어를 필요로 하는 업무상 한자를 잘 알았고, 또 지금은 순 한글 이름을 가진 아들에게 사적으로 한자를 가르치게 하고 있기도 하다.

말하자면, 현실상 한자를 무시할 수 없는 입장이지만, 당위적으로 '중국글'에 대해서 적당한 배타심 역시 떨쳐버릴 수 없는 것이다. 그것이야말로 한자를 보는 우리의 이율배반적 시각의 전형이라 할 것이다.

순한문투의 '순 우리말 신문'

한편으로는 1998~2005년에 한자검정능력시험의 응시자 수가 3만 5천 명에서 100만여 명으로 폭발적으로 늘어나는 등 한국 상류층과 중상층 상부에게 요즘 한자란 영어와 마찬가지로 자녀 조기교육의 필수 항목이 됐다. 또 한편으로는 원칙상 여전히 '국문'이 한글 전용을 뜻하는 것이고, 공교육 체계에서 한문 교육이 필수가 아닌 선택으로 돼 있

168) 朴露子, 「漢字만 나오면 '自我分裂'」, 『한겨레21』 제631호, 2006.10.20.

다. 우리에게 한글날이 있지만, 원효부터 20세기의 다석 유영모(1890~1981)까지 세계에 내놓을 만한 한국의 철학 사상이 한문 없이 이해될 수 없음에도 '한문 문화의 날'을 제정하자는 제안을 내놓는 것은 상상하기 어려운 일이다. 자아 분열이라 할까? 한국 지배계층은 자신들의 자녀만큼은 당연히 돈을 들여 한문 솜씨라는 문화 자본이 대물림되게끔 하지만, 공식 담론상으로는 오로지 '국문'만이 국민 공동체의 공식 언어인 것처럼 이야기하고, 피지배자들의 공교육을 통한 충분한 한문 익히기를 사실상 불가능하게 만든다.

한문 문제에서는 근대 한국 지배자들의 선언과 그들도 잘 알고 있던 언어생활의 현실은 늘 달랐다. 우리가 통상 〈독립신문〉을 '최초의 순 우리말 신문'이라고 보지 않는가? 말과 글이 서로 같은 미국의 신문에서 시사점을 얻은 서재필이 언문일치의 당위대로 〈독립신문〉에서 한자를 배제한 것은 사실이지만 이 신문이 한문투에서 벗어난 것은 아니었다. 예컨대 다음과 같은 예문을 감상해보시기를.

> "강한 군사 되는 근본은 첫째는 죽는 것을 두려워 아니하고 쇄골분신되더라도 도적들에게 쫓겨 (…) 도망질 아니하는 것이라 (…) 만일 한 동관이 경계 없는 일을 행하거든 이 동관을 조용히 불러 이치를 따져 말을 하여 효유해주고, 그래도 듣지 않으면 상관에게 말하여 군중 법률로 다스리게 하는 것이 옳다."('논설', 1896년 7월9일)

'쇄골분신'(碎骨粉身 · 자진해 자신을 희생시킴), '효유'(曉諭 · 깨닫도록 일러줌)와 같은 구식 한문 표현들이나, 일본 계통의 '동관'(同官), '법률'과 같은 단어들을 순 한글로 적는다고 해서 그 구성 한자의 의미를 몰랐던 다수의 조선 평민들이 더 잘 이해하는 것은 아니었다. 서재필이 희망했던 언문일치를 그 당시의 조선에서 제대로 실현하자면, 조선인다수에게 생소했던 한문 계통의 단어를 좀더 친숙한 순 조선어 단어로 바꿔서 쓰거나, 65% 이상의 아이들이 소학교에 다니고 있던 당시의 일본처럼 다수의 조선인에게 기초 한자를 익히게 해야 했을 것이다. 그런데 미 · 일만큼의 교육 발달도 당장 이루지 못하고, 그렇다고 한자 계통의 고등 어휘를 '순 조선화'할 수도 없었던 서재필과 같은 계몽주의자들은, '국문'을 외쳐봐야 결국 한자어를 한글로 적는 수준을 뛰어넘을 수 없었다.

한자 폐지안, 일본에선 좌절되다

재미있게도, 대한제국 시기 초기의 〈독립신문〉보다 1907~10년 〈대한매일신보〉의 국문판이 훨씬 더 한문투에 옭매여 있었다. 물론 한글 전용 신문의 출현이 새로운 문명의 도입과 시민 공동체 만들기에 하나의 디딤돌이 됐지만, 그 신문을 이해하기 위해서라도 한문 지식이 어차피 절실히 필요했기에 개화기 · 식민지 시기 동안 한문 서당에 다니는 인구는 오히려 늘어나기만 했다. 언문일치의 이념만 가지고는, 전통 사회의 고등 어휘를 담당했던 한자가 근대적 개념의 동아시아적 소화의 기능을 맡게 되는 현실을 타개할 수 없었다.

일제가 패망하자 '봉건적이며 비과학적인' 한자의 씨를 한 · 일 양국에서 말리겠다는 미국인들이 남한을 통치하게 됐다. 미 군정청의 학무국은 최현배(1894~1970) 선생과 같은 기독교 계통의 한글 전용론자를 상당수 기용해 그들에게 언어정책을 맡겼다. 미군정 시기에 한글 전용에 관한 법률이 먼저 발표된 뒤 이승만 정권이 1948년 10월9일 한글날에 '한글 전용법'을 공포해 미군정의 조치를 재확인했다. 비슷한 시기에 미군의 점령하에 있던 일본에서도 추진됐다가 지식인의 저항에 부딪쳐 좌절된 '한자 폐지안'이 남한에서는 성공한 셈이다.

문제는 역시 이념에 복종되지 않는 현실이었다. 1950년대 내내 이승만 정권의 내각에서 한글 전용에 관한 각종 실천요강들을 채택해 공포했지만 1950년대 말에도 신문 지상 전체 문자의 약 38%에 달하는 한자 사용 빈도는 실제로는 식민지 말기에 비해 전혀 줄지도 않았다. 원칙상은 모두 쉬운 한글을 쓰는 평등한 '국민'이 됐지만, 실질적으로는 문화생활을 영위하려는 이들은 각급 학교의 필수 한자 교육 이상의 한문 교육을 사적으로 받아야 했다. 1970년부터 호적과 민원서류를 한글화하고 한자 간판에 대해서까지 단속을 벌이는 등 병영국가 지향의 박정희 정권이 이승만에 비해 '언어 국민화' 정책을 더 강경하게 밀고 나갔지만, 역시 현실의 벽에 부딪치고 말았다. 박정희가 그렇게도 좋아했던 충효사상을 보급하기 위해서라도 한자의 이해가 필요했던데다 '경제 기적'의 비결 중 하나가 대일 수출입과 기술제휴였기에 일본어 학습을 위해서도 한자가 절실했다.

결국 학교에서 일본어가 제2외국어로 등장한 1972~73년부터 필수과목으로서의 한문교과가 국어과목에서 독립되어 신설됐다. '국적이 있는 교육'에 대한 열이 식어 한문이 영어 등에 밀려 선택과목이 된 것은 1990년대 초반이지만, 모든 정책 변화에도 불구하고 대한민국의 엘리트 전문가 집단에 합류하려는 사람들은 언제나 사적으로라도 한자 실력을 닦지 않을 수 없었다. 한글 전용을 선포한다고 해서 그동안 일본을 통해 수입해온 한자 어휘를 다 없앨 수 없지 않는가?

한문 교육 의무화가 낫지 않나

어떤 특정 이념이 국가와 시민사회가 함께 추진하는 일관적인 정책에 뒷받침되면 현실의 일부분을 바꿀 수 있는 것은 물론이다. 1970년대 이후 국가의 한글 전용 정책과 한글 전용을 지향했던 민주화 운동의 노력의 결과는, 신문 등 매체의 언어는 일반석 학력의 소유자가 한자 없이도 쉽게 인지할 수 있을 만큼 한글 전용 형태로 정형화됐다. 그런데도 위에서 본 바와 같이 한자 교육에 대한 넓은 의미의 사회적 필요성은 오히려 증대했다. 미래지향적인 관점에서 본다면, 민족주의적 이념의 허상에 매달리는 것보다는 이 필요성을 솔직히 인정해 중·고등학교의 한문 교육을 필수화하고 대폭 강화하는 공교육 내실화 정책을 통해 빈부격차가 한자 실력의 차이로 연결되는 지금과 같은 상황을 조금이나마 개선하는 편이 낫지 않겠는가?"

8-4-5-4) 美國人 로버트 파우저 교수[169] …… 漢字를 初等生부터 가르치자[170]

한자를 초등생부터 가르치자

지난해 말 광화문 편액을 한자인 '光化門'으로 쓰기로 결정하면서 한국어와 한자 표기에 대한 끝없는 논쟁이 다시 뜨거워졌다. 한자 표기를 지지하는 논리는 문화재의 정통성을 지켜야 된다는 것인 반면, 한글 표기를 지지하는 논리는 한국의 고유 문자인 한글을 섬겨야 한다는 것이다. 이 논쟁은 19세기 말부터 지금까지 계속되면서 정치적 분위기에 따라 한글·한자 겸용 정책에서 한글 전용 정책을 오갔다. 오래된 논쟁인 만큼 각 주장을 뒷받침하는 논리가 설득력이 있기 때문에 논쟁의 생명력은 강하다.

한국어 문자 표기 논쟁은 언어학의 문자론적 관점에서 접근할 필요가 있다. 문자론이라는 것은 언어학의 하위 분야로, 세계의 다양한 문자 및 언어 안에서 그 문자의 활용을 연구하는 학문 분야다. 19세기에

169) 美國人 로버트 파우저 교수는 서울대 國語教育科에서 外國人으로는 처음으로 교수가 된 사람이다. 그는 美國 미시간대에서 東洋語文學 學士와 言語學 碩士를 받았으며, 아일랜드 트리니티대에서 言語學 博士를 했다. 그리고 日本 京都大를 거쳐 서울대에 赴任했다.

170) 로버트 파우저, 「한자를 초등생부터 가르치자」, 『중앙선데이』 제311호, 중앙일보사, 2013.02.24.

는 문자론을 연구하는 학자가 많았지만, 20세기 중반부터 조금씩 퇴조해 지금은 연구자가 적은 게 현실이다.

문자론 관점에서 보면 한국어엔 흥미 있는 측면이 있다. 첫째, 한국어는 찾기 어려운 자기 언어를 위해 개발한 문자를 보유하고 있다. 많은 언어는 다른 거대 문명에서 문자를 빌려오거나 빌려온 문자를 파생적으로 발달시켜 사용한다. 예를 들어 영어의 알파벳은 그리스 문자에서 파생한 로마제국의 언어인 라틴어의 문자이며, 그 알파벳은 유럽의 많은 언어에서 활용됐다. 또 일본어의 가나 문자는 중국의 문자인 한자에서 파생된 것이다. 그러나 한글은 다른 언어에서 찾을 수 없는 독특한 문자이며 한국어의 발음을 잘 반영해 한국인에게 큰 자부심을 안겨준다.

둘째로 흥미 있는 것은 한국에서 한글과 한자 두 문자를 모두 공식적으로 인정하고 있다는 점이다. 일본은 세 가지 문자인 히라가나 · 가타카나 · 한자를 인정한다. 두 문자 이상을 인정하며 사용하는 나라는 한국과 일본밖에 없다. 다른 언어들은 모두 다 한 가지 문자만 사용한다. 물론 오늘날 한국은 사실상 한글 전용이지만 학교에서 한자를 가르치며 사회에서도 한자를 사용하는 경우가 많다. 북한은 강력한 한글 전용 정책을 쓰는 것으로 알려져 있으며 학교에서 교양으로 한자를 가르치지만 사회에서 사용하지는 않는다. 이렇게 보면 한국어 문자 표기를 둘러싼 논쟁이 조금 더 선명하게 보인다. 한글은 민족적 자부심의 상징이지만 한국 문화에 영향을 많이 미친 중국 문명과 19세기 이전의 역사와는 단절돼 있다. 반면 한자는 중국 문명과 역사를 존중하는 상징이지만 한국의 고유한 것은 아니다.

역사의 흐름에 따라 시대적인 요구는 달라진다. 20세기의 한국은 일제시대와 한국전쟁 등 힘든 시기를 겪었다. 따라서 아픈 역사와 단절이 필요했고 강한 민족적 자부심을 심어줄 필요가 생겼다. 이런 시대적 요구를 한글 전용 정책이 채운 것이다. 그러나 20세기 말에 와서는 경제가 발전하고 민주화가 이뤄졌으며 시대적 요구도 달라졌다. 지금은 열린 자세로 문화적 교류를 하면서 동시에 자국에 대해 깊이 이해하는 것이 요구되는 시대가 됐다.

그렇다면 더더욱 한국어 문자에서 한자의 존재를 빼낼 이유가 없다. 한자는 한국 문화에 영향을 많이 미친 중국 문명과의 가교로서 깊은 교양을 담은 문자다. 동시에 경제적, 인적 교류가 많은 일본과도 가교가 될 수 있다. 한글을 우선하면서 한자의 가치를 인정하고 어문정책에 반영하는 것이 바람직하다. 그 첫걸음은 초등학교부터 국어 시간에 한자 교육을 포함시키는 것이다. 사실 건국 이후 1970년대 초까지 국어 시간에 한자를 가르친 선례가 있어서 무리한 제안은 아니다. 한자가 배우기 어려운 문자인 만큼 일찍 시작할수록 학습 효과가 높아진다. 또 21세기가 요구하는 열린 태도를 양성하는 데 도움이 될 것으로 보인다.

8-4-5-5) 독일인 베르너 사세 전 한양대 석좌교수[171] …… 漢字를 가르쳐야

독일인 베르너 사세 전 한양대 석좌교수가『朝鮮日報』허윤희 기자와 한 인터뷰 중에서 중요한 부분만 소개한다.

> "외국인들에게 15분만 '우리, 우리' 하면 도망가요. 한국 역사를 소개할 때는 '우리'를 너무 강조하면 안 돼요. 한식, 한옥, 한글 모두 훌륭하지만 '세계에서 유일하다'고 선전하면, 국가주의에 경도된 듯 보입니다. '한국 제일'보다 한국 문화도 동아시아, 나아가 전 세계 다른 문화들처럼 어떤 특색을 가진 똑같은 문화라는 걸 인정해야 합니다."

171) 독일인 베르너 사세 전 한양대 석좌교수는 독일 보훔대학에서「계림유사에 나타난 고려방언」이란 논문으로 한국학 박사 학위를 받았다. 독일 함부르크 대학에 재직 중이던 지난 2002년『月印千江之曲』을 독일어로 처음 번역해 주목받았다. 독일 대학에서 정년퇴임 후인 2006년 한국에 정착했는데, 그는 50년 가까이 한국과 인연을 맺고 있다.

그는 "한국인들의 과도한 국수주의가 문제"라고 애정이 어린 비판을 쏟아냈다. "5000년 역사는 멋진 말이지만, 과학적으로 증명해 내야 해요. 이런 걸 과도하게 자랑하면 한국 밖에서는 웃음거리가 될 수도 있어요. 과장하지 말고, 좀 더 체계를 갖춰 외국인에게 한국사를 사실적으로 소개하는 편이 좋지요."……

한양대 석좌교수 재직 중에는 학생들이 한국 문화에 너무 무지해서 놀랐다고 했다. "마흔 이하 젊은이들은 한자를 몰라서 의사소통에 오해가 많아요. 한자는 1500년 이상 한국 문화 속에 있었으니까 외국어가 아니라 한국어의 큰 범주에서 봐야 해요. 자기 문화를 알게 하려면 한자와 한문 교육을 해야 합니다."[172)]

이상으로 韓國語를 잘 아는 外國人 學者 네 분의 말을 들어보았다. 그들은 하나같이 韓國語에서 漢字를 버려서는 안 된다고 忠告한다. 이 外國人 學者들은 客觀的인 처지에서 진심어린 助言을 해준 것이다. 그러므로 韓國語의 글자에서 漢字를 除外시켜 버린 「국어기본법」 제3조 제2항은 바로잡아야 마땅하지 않겠는가?

요컨대 법무법인 「사랑」이 주장한 "정보화 시대의 한가운데에서, 문장을 통한 정보 전달시 「한글 · 한자 혼용의 문장」을 주장하는 것은 이제 막 가속도가 붙으려는 우리의 빌진 속도에 스스로 족쇄를 채우려는 퇴행적 사고가 아닐 수 없습니다. 이는 표음문자의 우수성을 스스로 포기한 채, 표의문자의 불편함을 감수함은 물론 정보화 시대를 선도할 수 있는 절호의 기회를 스스로 차버리는 격이니 이는 시대의 흐름을 역행하는 참으로 안타까운 일이라 할 것입니다."는 발은 전혀 이치에 맞지 않는 말이다. 앞에서 든 연구 결과들이나 외국인 학자들의 충고를 들어

172) 허윤희 기자, 「韓國 널리 알리려면 '우리' '제일' 이 말부터 빼세요」, 『朝鮮日報』, 2013.10.09.

보면, 大韓民國이 미래에 正常的으로 발전해 나가기 위해서는 한글전용으로는 불가능한 것이다. 한글전용은 非正常的인 어문정책이기 때문이다. 한글이 "표음문자의 우수성"을 지니고 "정보화 시대"에 적합한 글자라고 인정한다고 치자. 그렇더라도 독일인 베르너 사세 교수의 말대로 학생들이 한글전용 때문에 한국 문화에 무지하고 한자를 몰라서 意思疏通에 지장이 많다면 한글전용은 잘못된 일이다. 소리글자인 한글만으로 국어생활을 하는 데는 불완전하기 때문이다. 그 부족한 부분은 뜻글자인 漢字가 補完해줄 수 있다. 그러므로 漢字와 한글의 倂用 정책을 펴는 것이 合理的인 것이다. 外國語인 英語도 쓰는 마당에 왜 우리 민족이 2천년간 사용해 온 漢字를 완전히 버려야 하는가 말이다. 그런 過激하고 極端的인 한글전용에는 필연적으로 副作用과 後遺症이 따를 수 밖에 없는 것이다. 先進國을 바라보는 大韓民國은 이제는 좀 더 圓滿하고 合理的인 어문정책으로 轉換해야 하는 것이다.

8-5) "문자생활을 통해서도, 인간의 존엄성(헌법 제10조)과 평등(헌법 제11조)을 잘 실현하는 방향으로 국가는 모든 노력을 경주해야만 합니다.

그런데 한자(漢字)를 혼용하는 문자생활을 하는 경우, 한자의 빈도수 혹은 난이도 때문에 국민의 문자 해독 정도는 여러 계층으로 나뉘기 마련입니다. 한자(漢字)를 아는 사람과 모르는 사람 사이에 정보량의 차이가 생기고, 한자(漢字)를 많이 아는 사람과 적게 아는 사람 사이에서도 정보량에 차이가 생깁니다. 그리고 이는 곧 국민간의 위화감으로 이어지게 되어 국민들이 평등하게 살 수 있는 권리(평등권)를 박탈당하는 결과를 초래합니다.

만약 신문이나 정부의 공문서 혹은 국가의 시험 등이 한글 · 한자 혼용을 한다고 하면, 국민의 상당수는 일상생활 및 행정의 수많은 정보에 눈감을 수밖에 없어서 사회적인 불평등이 조장되고, 국가의 시험에 응시할 수 있는 자격에 불균형이 생기는 결과 국민의 평등의식은 소멸하게 되는바, 이는 결국 국가의 경쟁력 저하로 귀결될 것입니다. 즉 헌법적 이념인 인간의 존엄성과 평등을 더욱 잘 실현함으로써 인간의 가치를 구현하려는 측면에서도, 우리의 향후 언어정책은 한글·한자 혼용보다는「한글전용」을 지향할 필요가 있습니다."[173]

8-5)에 대한 反論

「법무법인 사랑」이 위에서 한 주장은 심각한 誤謬를 많이 담고 있다.

8-5-1) 사람의 讀解力은 어떤 경우에나 差異가 남

「법무법인 사랑」은 "한자(漢字)를 혼용하는 문자생활을 하는 경우, 한자의 빈도수 혹은 난이도 때문에 국민의 문자 해독 정도는 여러 계층으로 나뉘기 마련입니다."라고 주장한다. 이것은 너무나 당연한 일이 아닌가? 아니 한글전용을 하는 경우에도 "국민의 문자 해독 정도는 여러 계층으로 나뉘기 마련" 아닌가? 한자를 배워서 漢字語를 잘 아는 사람은 한글전용으로 된 글을 읽어도 잘 이해하는 편이고, 漢字를 전혀 배우지 못해서 한자어를 이해하지 못하는 사람은 그보다 못한 게 당연하다.「법무법인 사랑」은 마치 한글전용을 하면 모든 한국 국민이 다 문자 解讀을 똑같이 잘하는 것으로 생각하고 있는데 너무나 심한 錯覺이다. 한글전용을 해도 "국민의 문자 해독 정도는 여러 계층으로 나뉘기 마련"이다. 한글전용 교육을 해도 학생들의 국어 점수는 각기 다르지 않는가?

173)「법무법인 사랑」, (라) 인간의 가치 실현.

8-5-2) 한글전용은 韓國人을 下向平準化하자는 愚民化政策

사람의 학습능력은 차이가 나게 마련이다. 그런데 漢字教育을 하면 학습 결과가 각자 다르게 나타날 것이라고 하면서 「법무법인 사랑」은 시비를 건다. 그런 주장이 옳다면, 국가가 학생들에게 한자교육뿐만 아니라 도대체 무슨 교육을 할 수 있을 것인가? "한자(漢字)를 아는 사람과 모르는 사람 사이에 정보량의 차이가 생기고, 한자(漢字)를 많이 아는 사람과 적게 아는 사람 사이에서도 정보량에 차이가 생깁니다. 그리고 이는 곧 국민 간의 위화감으로 이어지게 되어 국민들이 평등하게 살 수 있는 권리(평등권)를 박탈당하는 결과를 초래합니다."고 주장한다면 아예 국가는 모든 교육을 포기해야 할 것이다.

「법무법인 사랑」이 알아야 할 사실은 세 가지다. 첫째는, 우리가 "한자(漢字)를 혼용하는 문자생활을 하는 경우"에는 먼저 常用漢字 2,000자를 정해서 그 범위 안에서만 해야 한다는 것이다. 그렇기 때문에 「법무법인 사랑」이 걱정하듯이 "한자의 빈도수 혹은 난이도 때문에 국민의 문자 해독 정도는 여러 계층으로 나뉘기 마련입니다."와 같은 결과는 생기지 않을 것이다. 둘째는 우리가 "한자(漢字)를 혼용하는 문자생활을 하는 경우"에는 그 常用漢字 2,000자를 公教育에서 전 국민에게 가르친 다는 전제 하에 國漢字混用을 해야 하는 것이다. 그러니까 「법무법인 사랑」이 걱정하듯이 "한자(漢字)를 아는 사람과 모르는 사람 사이에 정보량의 차이가 생기고, 한자(漢字)를 많이 아는 사람과 적게 아는 사람 사이에서도 정보량에 차이가 생깁니다."와 같은 결과는 생기지 않을 것이다. 셋째는, "모든 국민은 능력에 따라 균등하게 교육을 받을 권리를 가진다."고 하는 大韓民國 憲法 제31조 제1항은 교육 결과의 균등이 아니라 교육을 받을 기회의 均等을 가리킨다. 따라서 국가는 모든 국민에게 한자를 배울 기회를 균등하게 제공하기만 하면 되는 것이지 그 결과까지 균등하게 해주어야 할 의무는 없는 것이다.

학교에서 가르치는 한자를 잘 배우고 못 배우고는 個人差가 있으니, "한자(漢字)를 아는 사람과 모르는 사람 사이에 정보량의 차이가 생기고, 한자(漢字)를 많이 아는 사람과 적게 아는 사람 사이에서도 정보량에 차이가 생깁니다."는 당연한 일이다. 이렇게 개인차에 따라 학습 결과가 달라진다고 해서, "국민 간의 위화감으로 이어지게 되어 국민들이 평등하게 살 수 있는 권리(평등권)를 박탈당하는 결과를 초래"한다는 것은 너무나 엉뚱한 주장이다. 아니 인간의 학습 능력이 각기 다르기 때문에 공부 잘하고 못하는 학생이 나오는 것인데, 그것이 "국민들이 평등하게 살 수 있는 권리(평등권)를 박탈당하는 결과를 초래"하여 "국민 간의 위화감으로 이어지게" 된다는 주장이 어떻게 가능한가? 그렇다면 서울대 가는 학생 때문에 그런 대학 가지 못하는 학생들 사이에 "국민 간의 위화감으로 이어지게" 되어서 "국민들이 평등하게 살 수 있는 권리(평등권)를 박탈당하는 결과를 초래"했다는 것인가? 그래서 국가는 모든 국민을 다 서울대에 입학시켜주어야 "국민 간의 위화감"을 없애고 "국민들이 평등하게 살 수 있는 권리(평등권)를" 주는 것인가?

「법무법인 사랑」이 펼치는 이런 주장은 共産主義者들의 '平等主義'와 무엇이 다른가? 한글전용론자들은 아마도 인간은 모두 지적 능력이 공산품처럼 똑같아야 한다는 사고방식을 가지고 있는 것 같다. 그래서 조금이라도 어려운 한자 같은 것을 가르치면, 지적 능력에 따라서 학습 결과가 차이 나는 것이 잘못된 일이라고 생각하는 것 같다. 그러니 국민에게 조금이라도 어려운 것은 절대로 가르치지 말아서 한국 국민 모두를 지적으로 下向平準化시키는 게 한글전용의 목표인 것 같다. 결국 한글전용이라는 것은 '愚民化政策'이라는 것이 「법무법인 사랑」의 저와 같은 주장에서 잘 드러난다. 그런데 대한민국 국민 전체가 지적으로 하향평준화되어 우민이 되면 대한민국의 발전에 무슨 도움이 되는가? 대한민국 정부는 왜 이런 우민화정책인 한글전용을 어문정책으로 추진하는가? 대한민국 정부는 진정으로 모든 국민이 한글전용으로 우민이 되기를 바라는 것인가? 자유민주주의를 신봉하는 나라인 대한민국이 共産主義式 '平等主義'를 추구하는 한글전용을 語文政策으로 삼고 있다는 것은 이 정부의 정체성을 의심케 하는 일이다.

8-5-3) 漢字 2,000자는 日本과 中國에서 中學校 卒業生 수준

「법무법인 사랑」은 "만약 신문이나 정부의 공문서 혹은 국가의 시험 등이 한글·한자 혼용을 한다고 하면, 국민의 상당수는 일상생활 및 행정의 수많은 정보에 눈감을 수밖에 없어서 사회적이 불평등이 조장되고, 국가의 시험에 응시할 수 있는 자격에 불균형이 생기는 결과 국민의 평등 의식은 소멸하게 되는바, 이는 결국 국가의 경쟁력 저하로 귀결될 것입니다."라고 주장한다. 하지만 「법무법인 사랑」이 알아야 할 사실은 國漢字混用論者들이 주장하는 漢字敎育 및 漢字 使用은 '常用漢字' 2,000자 수준이라는 것이다. 그리고 그것은 日本과 中國에서 中學校 졸업생 수준 정도에 불과하다는 것이다.

中國은 소학교에서 한자를 2,500자 가르친다. 중학교에서는 1,000자를 더 가르친다. 그래서 중국에서 중학교 졸업자는 한자 3,500자를 안다. 이것이 '1급 기초한자' 3,500자에 해당한다. 중국 교육부는 2013년 8월에 '通用漢字' 8,105자를 발표했다. 중국 교육부는 한자를 使用頻度에 따라 가장 사용빈도가 높은 '1급 기초한자' 3,500자, 사용빈도가 조금 떨어지는 '2급 고급한자' 3,000자, 人名이나 地名에 쓰여 사용빈도가 극히 적은 3급 1,605자로 나눠 정리했다. 중국 국민들에게 이 '通用漢字' 8,105자 범위 안에서 한자를 사용하라는 것이다.

臺灣은 소학교에서 한자를 2,618자를 가르친다. 중학교에서는 882자를 더 가르친다. 그래서 대만에서 중학교 졸업자는 한자 3,500자를 안다. 대만은 고등학교에서는 한자 1,000자를 더 가르친다. 그래서 고등학교 졸업자는 漢字 4,500자를 안다. 대만에서는 '常用漢字'가 4,808자이다. 그리고 그보다 더 수준 높은 '次常用字'는 4,399자이다. 그래서 대만의 '通用漢字'는 9,207자이다.

日本은 소학교에서 한자를 1,006자 가르친다. 중학교에서는 1,130자를 더 가르친다. 그래서 日本에서 중학교 졸업자는 '常用漢字' 2,136자를 안다. 日本은 이 '常用漢字' 2,136자 범위 안에서 國漢字混用을 하고 있다.

이렇게, 우리나라를 제외한 漢字文化圈의 모든 나라는 늦어도 중학교까지는 모두 한자 2,000자 이상을 교육하고 있다. 그리고 '常用漢字'를 제정하여 국민 누구나 어느 정도 수준의 한자는 기본으로 알고 쓰게 하고 있다. 그 수준이 일본은 2,136자, 중국은 2,500자, 대만은 4,808자이다. 이렇게 본다면, 漢字文化圈에서 '常用漢字' 2,000자는 누구나 배울 수 있는 수준임을 알 수 있다. 중국과 대만은 소학교, 곧 우리나라의 초등학교만 졸업해도 漢字 2,500~2,600자를 알게 된다. 日本은 중학교를 졸업하면 한자 2,136자를 알게 된다. 그렇다면 한자문화권에서 한자 2,000자는 최소한의 기본 한자로서 늦어도 중학교 졸업 때까지는 누구나 배워야 할 수준임을 알 수 있다. 그런데 왜 우리 한국만 한자를 배우지도, 쓰지도 못하게 하는가? 한국인의 지능이 中國人, 臺灣人, 日本人보다 못하지 않는데, 다른 나라는 모두 하는 한자 2,000자를 왜 어렵다고 가르치지 않는가? 우리 한민족은 이미 지난 2천 년간 한자를 우리 글자로서 사용하여 빛나는 고급문화를 창조한 역사를 가지고 있다. 그러니 한자 유전자를 지닌 한국인이 상용한자 2,000자 정도를 배워서 쓸 수 없다는 것은 말이 안 된다. 中國, 臺灣, 日本이 다 하는 漢字 2,000자 교육을 유독 한국만 하지 않고 있는 일은 잘못된 일이다.

따라서 우리 한국도 의무교육인 중학교까지 상용한자 2,000자를 교육해서 그 범위 안에서 한자를 쓰게 한다면, 「법무법인 사랑」이 우려하는 바의 일은 결코 일어나지 않을 것이다. 일본도 '常用漢字' 2,136자 범위 안에서 교육하고 그 범위 안에서 한자를 사용하는데, 거의 아무런 문제가 없다. 오히려 그렇게 日本에서 國漢字混用함으로써 일본어 문자생활은 효율적으로 이루어지고 있다.[174] 뿐만 아니라 日本에서 '常用漢字' 2,136자 범위의 國漢字混用은 "기계를 사용한 한자처리 · 언어처리" 곧 情報處理 분야에서까지 효율적으로 잘 이루어지고 있다.[175]

韓國語와 日本語는 語彙 類型이나 統辭 구조에서 類似하다. 그러한 일본어가 한자를 버리지 않고 '常用漢字' 2,136자로 제한하여 효율적으로 문자생활을 하고 있는 지혜를 우리도 본받아야 한다. 왜 우리나라는 '모 아니면 도' 식으로 양극단으로만 달리려 하는가? 표기 형태에서 과거의 '純漢文'이 極端的인 표기 형태였다면 마찬가지로 현재의 '한글전용' 또한 극단적인 표기 형태이다. 이렇게 극단적인 표기 형태를 語文政策으로 택하면, 副作用과 反作用과 後遺症이 필연적으로 뒤따른다. 그러므로 '中庸的'이고 '妥協的'인 語文政策을 택하는 것이 끝없는 논쟁을 잠재울 수 있는 최선의 方策인 것이다. 그것이 바로 일본이 세계 제2차 대전 패배 직후 찾아냈던 '常用漢字 2,000자'의 지혜였다. 그에 반해 우리 한국인은 광복 직후부터 極端的인 語文政策을 택해서 65년째 부질없는 논쟁만 계속해오고 있다. 이제는 국론을 분열시키는 이런 문제를 종결하고, 中庸的인 語文政策을 선택하여 국민이 합심하여 국력을 더 키워 나가야 하지 않겠는가?

---

174) 노무라 마사야끼 지음, 송영빈 옮김, 『한자의 미래』, 앞의 책, p.96. "당용한자는 신문을 비롯하여 국민의 문자 생활 속에 점차 뿌리를 내려갔다. 일본어의 합리화로 언어생활의 능률이 향상되었을 뿐 아니라, 국민 다수의 읽기 · 쓰기 능력이 향상되었다."

175) 노무라 마사야끼 지음, 송영빈 옮김, 『한자의 미래』,위의 책, p.101. "일본인의 교육수준은 상당히 높아졌으며, 기계를 사용한 한자처리 · 언어처리는 상당히 진보하였다, 일본어를, 그리고 한자를 배우는 외국인의 수는 앞으로 점점 늘어날 것이다."

8-6) ① 청구인들은 법 제14조가 한글전용론만을 편애하면서 한글·한자 혼용론을 말살하고 있다고 주장합니다. 만약 법 제14조가 한글 전용만을 규정하였다면, 청구인들의 주장이 타당할 수 있습니다. 그러나 법 제14조 제1항 본문은 「한글전용론」의 주장을 반영하지만, 같은 항 단서 및 시행령 제11조는 「한글·한자 혼용론」의 주장을 반영함으로써 양 주장을 적절히 배분·채택한 것이며, 이 외에 택할 수 있는 다른 방법이란 현실적으로 존재하지 아니합니다.

※ 다만 '괄호 안에 한자 병기가 필요한 경우'를 확장하는 문제에 대해서는, 현 시행령 제11조의 내용 외에도 추가가 가능할 것인바, 이에 대해서는 관심 있는 국민들의 합리적 제안이 필요합니다.

② 결론적으로 법 제14조는 오로지 공공기관등의 공문서 작성 시 「한글 우선, 한자 보충의 원칙」을 선언한 것일 뿐, 일반 국민들의 언어생활에서 「한글 전용, 한자 배척」의 어문규범을 강요한 규정이 절대 아닙니다."[176]

8-6)에 대한 反論

8-6-1) 「국어기본법」 제3조 제2항과 제14조는 漢字 抹殺이 目的

「법무법인 사랑」은 "법 제14조는 오로지 공공기관등의 공문서 작성 시 「한글 우선, 한자 보충의 원칙」을 선언한 것일 뿐, 일반 국민들의 언어생활에서 「한글 전용, 한자 배척」의 어문규범을 강요한 규정이 절대 아닙니다."라고 주장한다. 이 말은 거짓말이이다. 우리나라에서 한글 전용은 세 단계로 추진되어 왔다. 그것은 계속해서 "「한글 전용, 한자 배척」의 어문규범을 강요"를 强化하는 방향으로 이루어져 왔다.

첫째는 李承晩 정부가 「한글전용법」을 만들어 漢字를 排斥했다.

176) 「법무법인 사랑」, (마) '한글전용론'과 '한글·한자 혼용론'의 균형 있는 배분.

李承晩 정부는 1948년에 정부를 수립하자마자 법률 제6호로 「한글전용법」을 만들었다. 그리고 여러 가지 행정 규칙을 정하여 직·간접적으로 한글전용을 모든 국민에게 강요하였다. 하지만 지식인들은 한글전용이 옳지 않음을 잘 알았기 때문에 협조하지 않았다. 그래서 큰 성과는 없었다.

둘째는 朴正熙 정부가 한글전용을 강력히 주진해 漢字文盲을 量産했다. 朴正熙 대통령은 1970년대 내내 모든 분야에 걸쳐서 한글전용을 강력히 추진했다. 朴正熙 정부는 漢字 간판을 한글 간판으로 바꾸라고 行政指示를 하는 식으로 강제로 민간인들에도 한글전용을 강제하였다. 하지만 지식인들은 별로 협조하지 않았다. 한글전용이 틀린 일임을 잘 알고 있었기 때문이다. 신문들은 1980년대까지도 國漢字混用을 하면서 버텼다. 그러다가 1988년에 『한겨레신문』이 창간되면서 한글전용과 가로쓰기를 처음으로 선보였다.

그리고 1990년대에 들어서서는 신문뿐만 아니라 출판사에서 발행하는 서적 등도 결국은 한글전용을 받아들이지 않을 수 없었다. 왜냐하면 정부가 지속적으로 한글전용 교육을 하는 바람에, 국민들이 漢字를 배우지 못하여 알지 못하게 되었기 때문이다. 따라서 독자들이 한자를 읽기 못하게 됨으로써, 신문이나 서적 등이 한자를 섞어 쓸래야 섞어 쓸 수가 없게 된 것이다. 大韓民國 정부가 수십 년에 걸쳐서 추진해온 한글전용이 累積되어, 드디어 그 效果가 1990년대 이후 나타나기 시작한 것이다.

셋째는 盧武鉉 정부가 「국어기본법」을 만들어 漢字를 追放해 버렸다. 이러한 상황에서 2005년에 盧武鉉 정부가 「국어기본법」을 만들었다. 이 법은 그 전의 「한글전용법」보다 오히려 한글전용을 더 확실하게 굳혀준 법이다. 왜냐하면 1948년의 「한글전용법」은 "大韓民國의 모든 공용문서는 한글로 쓴다. 다만, 얼마 동안 필요할 때에는 한자를 병용할 수 있다."고 하여, 다만 公文書를 한글전용한다는 규정만 하였지 韓國語의 글자가 어떤 것이라는 규정은 하지 않았다.[177] 하지만「국어기본법」제3조 제2항은 "한글이란 국어를 표기하는 우리의 고유문자를 말한다."고 규정함으로써, 오로지 한글만 우리 글자라는 것을 국가가 公式的으로 전 국민에게 宣言한다. 여기서 한자가 우리 글자일 가능성은 완전히 사라져 버렸다.

이렇게 하여,「국어기본법」제3조 제2항은 漢字가 우리 글자가 아니라고 하는 인식을 한국 국민에게 심어주면서, 국민 스스로 우리 글자가 아닌 한자를 멀리하고 쓰지 않게끔 유도하였다. 그러니까「국어기본법」제3조 제2항에는 한국 국민으로 하여금 한자를 외국 글자로 인식하고 한자 쓰기를 포기하게 유도하는 大韓民國 정부의 의도가 명백히 들어 있다.「국어기본법」제3조 제2항이 한국어의 문자를 규정하면서 한자에 대해서 아무런 언급이 없다는 그 자체로 한자를 배척하거나 말살하기 위한 意圖를 명백히 드러낸 것이다.

이렇게「국어기본법」이 한자를 우리 글자가 아니라고 분명히 인식한 것은 同法 제14조 제1항에서도 확인된다.「국어기본법」제14조 제1항은 "공공기관등의 공문서는 어문규범에 맞추어 한글로 작성하여야 한다. 다만, 대통령령으로 정하는 경우에는 괄호 안에 한자 또는 다른 외국 글자를 쓸 수 있다."고 규정하는데, "괄호 안에 한자 또는 다른 외국 글자를 쓸 수 있다"고 하면 '漢字'는 '外國 글자'와 同格이 되는 것이다. 이것이 바로「국어기본법」이 漢字를 排斥하거나 抹殺하기 위한 의도를 드러낸 것이다. 우리 한민족이 2천 년간 써온 '漢字'를 뜬금없이 '外國 글자'라고 하는 것이 漢字를 排斥하거나 말살하기 위한 의도가 아니고

177) 그러니까「한글전용법」에는 漢字가 우리 글자일 可能性의 餘地가 아직 남아 있었다. 다만 公文書의 표기 방식만 규정해 놓은 것이기 때문이다. 그러니까「한글전용법」은 漢字도 우리 글자지만 公文書에서는 便宜上 한글만 쓰겠다는 취지로 이해될 수도 있는 것이다.

무엇인가? 「법무법인 사랑」이 "중국의 문자인 한자(漢字)"[178], "한자(중국어)"[179]라고 주장하는 것도 바로 그러한 의도를 극명하게 보여주는 것이 아닌가?

이렇게 하여「국어기본법」은 「한글전용법」을 훨씬 더 강화하여 이 땅 안에서 漢字를 완전히 씨를 말리고 말겠다는 의지를 강력히 드러내고 있다. 이 「국어기본법」으로 인하여 한글전용론자들은 과거의「한글전용법」보다 훨씬 더 강력하게 한글전용을 추진할 수 있는 근거를 마련하였다. 아예 확실히 한자를 말살해버릴 수 있는 엄청난 무기를 손에 쥔 것이다. 그렇기 때문에 이제 「국어기본법」체제로 앞으로 몇 십 년만 더 지나간다면 한국어 안에서 한자는 완전히 사라지고 말 것이다. 우리는 한자를 잃어버린 越南과 똑같은 나라로 轉落하고 말 것이다.

8-6-2) 公文書를 한글전용하면 안 되는 國語學的 根據

「국어기본법」의 제14조 제1항은 "공공기관 등의 공문서는 어문규범에 맞추어 한글로 작성하여야 한다. 다만, 대통령령으로 정하는 경우에는 괄호 안에 한자 또는 다른 외국 글자를 쓸 수 있다."고 규정하고 있다. 그런데 公文書는 얼른 생각하면 公共機關만의 문서로 인식되어 일반 국민과는 관계없는 일처럼 보인다. 하지만 공문서는 공공기관이 국민과 상대하기 위한 문서이므로, 결국은 한국 국민은 모두 공문서와 直·間接的으로 연관을 맺고 살아간다. 따라서 공문서의 한글전용은 결국은 한국 국민 전체에게 영향을 미친다. 학교 教科書도 公文書의 일종으로 취급되므로, 국민은 공문서를 私文書의 본보기라고 생각한다. 따라서 공문서가 한글전용한다면 사문서들도 직·간접적으로 영향을 받아 그것을 따라 하게 된다. 공문서의 한글전용이 좋은 일이라면 사문

178) 「법무법인 사랑」, II-2. 문화국가의 원리.

179) 「법무법인 사랑」, II-2. 문화국가의 원리.

서에까지 좋은 영향을 끼치는 것이고, 나쁜 일이라면 사문서에까지 나쁜 영향을 끼치는 것이다. 그러므로 공문서의 한글전용 표기가 합리적인지 아닌지를 따져보는 일은 중요하다. 공문서의 한글전용 표기는 國語學的으로 볼 때, 여러 가지 不合理한 점을 드러낸다. 그것은 다음과 같다.

8-6-2-1) 한글전용은 意味 把握을 어렵게 함

韓國 국민 대다수는 한글전용으로 이해 國漢字混用 때보다 漢字語의 意味를 잘 파악하지 못하게 되었다. 그것은 앞에서 들었던 여러 조사 결과에 잘 나타나 있다. 漢字語를 한글로 적었을 때, 특히 人名, 地名, 動植物名, 作品名 등과 같은 한자어 고유명사, 學術用語, 專門用語, 어려운 한자어, 새로 나온 한자어 등의 경우에는 더욱 더 의미 파악이 어렵다.

예를 들어 "법무법인 지평지성"과 "법무법인 사랑"이라는 이름을 보자. 필자는 한글로 적은 "지평지성"이라는 말에서 의미를 알 수 없다. 또한 "사랑"의 정확한 의미도 알 수 없다.[180] 이렇게 한자어 고유명사를 한글로 적으면 독자에게 정확한 의미를 전달하지 못하는 것이다. 또 「법무법인 지평지성」과 「법무법인 사랑」의 주소로 각각 적혀 있는 "서대문구 충정로"와 "강남구 논현동"이라는 지명도 그 의미를 알 수 없는 이름이다. 물론 "서대문구"와 "강남구"가 어떤 한자를 쓰는지는 알고 있다. 그것은 필자의 머릿속에 기억된 지식 덕분이지 저 표기 덕분이 아니다. 곧 필자의 머릿속에 미리 입력·저장해둔 정보가 있는 경우에는

---

180) 만약에 우리나라가 國漢字混用을 하는 나라라면, 당연히 한글로 적은 「사랑」은 토박이말로서 '愛'의 의미일 것이다. 하지만 우리나라는 현재 한글전용을 하기 때문에 저 「사랑」이 토박이말 「사랑」인지 아니면 한자어 '舍廊'인지 알 수가 없는 것이다. 또한 「사랑」이 한자어라면 '四郞'이나 '思廊', '史朗' 등 여러 가지 한자어가 될 수도 있다.

한자어 고유명사를 한글로 적어놓아도 그 의미를 알 수 있다. 하지만 그만큼 腦의 부담이 커진다. 그리고 "충정로"와 "논현동"은 필자의 머릿속에 미리 입력·저장해둔 정보가 없기 때문에 한글로 적힌 한자어 고유명사를 보고서는 그 의미를 알 수 없다. 따라서 한자어 고유명사는 한자로 적어주는 것을 원칙으로 해야 正常的이고 圓滑한 意思疏通이 이루어지는 것이다.

또한 「법무법인 사랑」이 들어 있는 건물인 "영창빌딩"에서 "영창"의 의미도 알 수 없는 暗號이다. "한글"에서 "영창"을 치면 한자로 "映窓"과 "營倉"이 나오는데 그것은 일반명사이다. 그밖에도 고유명사로서 한글 "영창"은 漢字로 "永昌", "英昌", "永昶", "映創", "影窓", "瑛暢" 등도 있을 수 있다. 따라서 한글로 적힌 "영창빌딩"의 "영창"이 어떤 漢字로 적는 한자어인지 알 수 없으므로 그 意味를 알 수 없다.

言語의 목적은 '意味 傳達'이다. 따라서 글자는 意味를 나타낼 수 있어야 한다. 의미를 전달하지 못하는 글자는 단지 소리를 나타내는 發音記號에 불과하다. 그러니 지금 한자어를 한글로 적어서 의미를 알 수 없게 한 "지평지성", "서대문구 충정로", "강남구 논현동", "영창" 같은 것들은 모두 글자가 아닌 발음기호에 불과하다. 문자가 아닌 발음기호로 意思疏通을 하겠다는 발상 자체가 잘못이다. 한글전용이 근본적으로 잘못된 이유이다.

漢字語 人名 또한 한글로 적으면 의미를 알 수 없다. 예를 들어, 이번에 意見書를 제출한 법무법인 「지평지성」 소속 변호사인 '이공현', '박성철', '김태형', '구나영', '민창욱', '박보영'과 「사랑」 소속 변호사인 '홍영호'라는 한자어 이름을 보자. 한글로 적힌 이 사람들의 이름을 보고, 그 의미를 알 수 없다. 따라서 이 이름들은 암호에 불과하다. 원래 저 변호사들의 부모는 한자를 조합하여 한자어 이름을 지었다. 그 漢字 한 자, 한 자에는 모두 의미가 있다. 그 한자들을 조합한 한자어 이름

에는 부모가 그 자식에게 바라는 소망이 담겨 있다. 그 의미는 한자로 적었을 때 드러난다. 한글로 적으면 그 意味는 숨겨져 버린다. 그렇기 때문에 한자語를 적은 한글은 암호인 것이다. 단지 독음을 적은 發音記號에 불과한 것이다.

도대체 왜 오늘날 韓國人들은 자기의 소중한 이름을 글자로 적지 않고 발음기호로 적는가? 도대체 왜 자기 正體性을 隱蔽하고 이름을 暗號로 轉落시키는가? 그렇게도 자기 이름에 自信이 없는가? 필자의 이름인 '金昌辰'을 한글로 '김창진'이라고 적으면 다른 漢字를 쓰는 한글 同名異人들과 구별되지 않는다. 곧 金昌鎭, 金昌珍, 金昌眞, 金昌晉, 金昶津, 金彰振, 金暢進, 金蒼震 등과 다른 내 개인의 정체성이 드러나지 않는다. 그렇기 때문에 필자는 남과 다른 내 자신을 정확하고도 정직하게 드러내기 위해 이름을 반드시 漢字로 적는다. 이것이 漢字文化圈의 유구한 傳統이다. 지금도 같은 漢字文化圈인 日本과 中國, 臺灣에서는 三尺童子라도 자기 한자어 이름은 한자로 적을 줄 안다. 그런데 한국에서는 똑똑하다는 변호사들도 자기 이름을 글자로 적을 줄 모른다. 단지 발음기호를 적어놓고는 자기 이름을 적었다고 착각한다. 한국인도 1960년대까지만 해도 이름을 한글로 적는다는 바보 같은 생각은 꿈에도 하지 않았다. 그러나 한글전용으로 인해 오늘날 한국 국민은 자기 이름도 올바르게 적지 못하는 바보들이 되고 말았다.

또 地名을 보자. 예를 들어, 서울에 있는 동네 이름을 10여 곳 한글로 적어본다. "수송동, 서린동, 장사동, 신사동, 방화동, 화양동, 창전동, 원지동, 연지동, 장지동." 한글전용론자들은 이 地名들의 意味를 파악할 수 있는가? 漢字語 地名을 한글로 적으면 그 지명의 의미를 나타내지 못하는 것이다. 곧 地名의 正體性을 드러내지 못하는 일로서, 지명을 암호로 바꿔버리는 일이다. 오늘날 한글전용에 따라 동네 이름이 한글로 적혀 있다. 그에 따라 住民들이 歷史가 얽힌 동네의 意味를 알지 못하게 되었고, 결국은 동네에 애정을 갖지 않게 되어버렸다. 어떤 사물이 갖는 이름의 의미를 알지 못하면 그 대상에 대해 그만큼 무관심해진다. 한자어 고유명사를 한글로 적게 됨으로써, 대한민국 사회에서는 상대에 대해 급속도로 무관심해져 버렸다. 한글전용으로 인해 한국 사회가 더욱 삭막해져버린 것이다. 金春洙 시인이 "내가 그의 이름을 불러주었을 때,/ 그는 나에게로 와서 / 꽃이 되었다."고 할 때 '이름'은 곧 내가 대상에게 '意味'를 附與한 것을 뜻한다.[181] 한글전용으로 인해 韓國의 모든 漢字語 고유명사들은 '意味'를 잃어버렸다. '꽃'에서 다시 '하나의 몸짓'으로 전락하고 만 것이다. 서글픈 일이다. 이것은 훈민정음을 만든 세종대왕의 뜻이 아니다.

또 學術用語를 보자. 漢字語 用語들이 다음과 같이 한글로 적혀 있는데, 한글전용론자들은 그 의미를 알 수 있는가? '두정엽', '궁형속', '각상회', '원속동물', '이관형기관', '구개치경음', '동태구개도', '성도', '연구개', '갑상연골', '후두개', '인두', '설첨', '비자음', '구개수음', '탄설음', '설배음', '무성평구개치경파찰음', '성절적 자음', '피동화주', '기정치규칙', '이지 수형도', '운율구조적형제약'[182]. 지금 이런 한글전용 표기가 저 책에

181) 「꽃」에서 "내가 그의 이름을 불러 주기 전에는 / 그는 다만 / 하나의 몸짓에 지나지 않았다."는 아직 이름을 갖지 못한 사물을 뜻한다. 곧 아직 내게 '意味'를 지니지 못한 사물임을 뜻한다. "내가 그의 이름을 불러주었을 때,/ 그는 나에게로 와서 / 꽃이 되었다."는 내가 그에게 이름을 붙여서 불러준 것을 뜻한다. 곧 그것은 내가 어떤 사물에게 '意味'를 附與하여 이름을 지어 부른 일이다. 이름을 짓는다는 것은 곧 '意味'를 附與하는 일이다. "내가 그의 이름을 불러준 것처럼 / 나의 이 빛깔과 香氣에 알맞은 / 누가 나의 이름을 불러다오. / 그에게로 가서 나도 / 그의 꽃이 되고 싶다."는 남들도 나의 正體性에 알맞은 '意味'를 지닌 이름을 붙여서 나를 불러달라는 뜻이다. "우리들은 모두 / 무엇이 되고 싶다. / 너는 나에게 나는 너에게 / 잊혀지지 않는 하나의 눈짓이 되고 싶다."는 우리 모두가 서로서로에게 '意味' 있는 이름으로 기억되고 싶다는 뜻이다. 요컨대 金春洙 시인의 「꽃」은 내가 어떤 사물에 이름을 붙인다는 것은 곧 '意味'를 附與하는 일이라는 사실을 주제로 삼고 있다. 그런데 오늘날 한글전용으로 인해 漢字語 고유명사의 그 '意味'가 강제로 박탈당해버렸다.

만 한정된 특별한 일이 아니다. 오늘날 모든 대학의 모든 학과의 모든 대학교재들이 大同小異하다. 저렇게 대학교재들이 한글전용하면서 동시에 로마자로 범벅하고 있다. 한자는 안 쓰면서 외국 글자인 로마자는 마치 우리 글자처럼 쓰고 있다. 이것이 오늘날 '知性의 殿堂'이라는 한국의 대학들에서 벌어지고 있는 현상이다. 한글전용은 한자를 몰아낸 자리에, 한글과 토박이말로는 학술 전문용어를 만들어내지 못하니까 그 대신에 로마자와 영어 용어들을 불러들인 것이다. 앞에서 설명했듯이 한글전용이 한字와 한자어를 쓰지 못하게 함으로써 영어를 안방으로 불러들이는 앞잡이 노릇을 하고 있는 것이다. 앞서 한글전용 운동이 역사적으로 살펴볼 때 한자는 배척하면서 한편으로는 西洋文明을 받아들이자는 운동과 함께 벌어졌다고 밝힌 바 있다.[183] 오늘날 한국 사회에서 이렇게 영어가 氾濫하고 있는 현상은 한글전용 현상과 동전의 앞뒤와 같은 현상인 것이다.[184]

言語의 目的은 '意味 傳達'이다. 의미를 전달하지 못한 언어는 언어가 아니다. 오늘날 大韓民國에는 의미도 알 수 없는 암호들이 언어인 양 거짓으로 행세하고 있다. 바로 한글로 적힌 漢字語 人名, 地名, 動植物名, 作品名, 學術用語, 專門用語 등이다. 한글전용은 언어가 아닌 암호를 가지고 국어생활을 하자는 주장이다. 「국어기본법」 제14조 제1항은

182) 강옥미, 『한국음운론』,태학사, 2003.

183) 崔炅鳳, 『한글민주주의』, 앞의 책, p.111. "문화운동은 다른 어떤 문화로부터도 영향을 받지 않은 우리 고유의 것을 찾고자 하는 방향으로 전개되는가 하면, 다른 한편으로는 서양의 신문물을 받아들여 새롭게 우리 문화를 건설하려는 방향으로 전개되었다. 근대 국어 운동도 마찬가지였는데, 이러한 흐름에서는 서구 외래어보다 한자에 적대적인 태도를 취하는 경향이 강화될 수밖에 없었다."

184) 崔炅鳳, 『한글민주주의』 ,위의 책, p.102. "현재 일본어 표현과 일본 한자어는 사용하는 이의 무지를 질타하거나 고루함을 비판하는 예시로 사용되곤 하지만, 서구 외래어는 현학적인 또는 과시적인 표현 태도를 비판하는 예시로 자주 사용된다는 것은 흥미로운 사실이다. 외래어의 기원에 따라 이에 대한 저항의 양상이 다름을 알 수 있다."

그것을 公文書에 强制하는 한심한 조항이다.

8-6-2-2) 한글전용은 韓國語 發音을 망침

이 문제에 대해서는 이미 앞의 "8-4-1) 한글은 韓國語 標準發音도 적지 못하는 劣等한 소리글자"에서 설명했으니 줄인다.

8-6-2-3) 한 낱말을 두 번씩 적는 것은 非正常的인 表記

「국어기본법」 제14조 제1항이 틀린 세 번째 이유는 한 낱말을 두 번씩 적으라고 하는 점이다. "공공기관 등의 공문서는 어문규범에 맞추어 한글로 작성하여야 한다. 다만, 대통령령으로 정하는 경우에는 괄호 안에 漢字 또는 다른 외국 글자를 쓸 수 있다."에서, 앞에 한글을 적고 뒤에 괄호 안에 한자를 적으라고 하는 것은 非正常的인 표기 방식이다.

전 세계 어느 나라 언어나 말을 글로 적을 때는 한 번만 적는다. 그런데 「국어기본법」 제14조 제1항은 한 낱말을 한글과 한자로 두 번 적으라고 하니, 비정상적인 표기인 것이다. 만약에 우리가 한글전용을 하지 않고 국한자혼용을 한다면 한 낱말은 한 번만 적는다. 한글로 적든 한자로 적든 한 낱말은 한 번만 적는다. 그것이 전 세계 보편적인 정상적인 표기다. 한국어와 여러 면에서 유사한 일본어에서는 국한자혼용으로 한 낱말을 한 번만 적는다. 지구상에서 대한민국처럼 정부가 「국어기본법」까지 만들어서 한 낱말을 두 번씩 적으라는 비정상적인 표기를 국민에게 강요하는 駭怪罔測한 나라는 없다.

「국어기본법」 제14조 제1항에서 규정한 대로 한자어를 국한자병용으로 적어보기로 하자. 예를 들면 '방화(放火)'처럼 이중으로 적는 것이다. '放火'라고 한자로 적으면 두 글자면 될 것을 '방화(放火)'로 네 글자를 적는다. 괄호까지 따지면 여섯 글자나 된다. 이는 글 쓰는 노력과 지면을 두 배에서 세 배까지 낭비하게 하는 비효율적인 표기다. 또 괄호가 있어서 시각적으로도 지저분하다.

그런데 왜 대한민국 정부는 전 세계에 유례를 찾아보기 어려운 이런 비정상적인 표기를 공문서에 하게 하는가? 한글전용을 하다 보면, 한자어를 한자로 적지 않으면 의미 전달이 안 되는 일이 생긴다. 그럴 경우, 정상적인 사고방식을 가진 사람은 그 한자어를 그냥 한자로 적을 생각을 한다. 그래서 생기는 현상이 바로 국한자혼용이다. 그것이 바로 세종대왕이『龍飛御天歌』에서 처음으로 창안한 방식이다.[185]

그런데 한글전용론자들은 그러한 順理를 拒逆한다. 異常하게도 죽어도 漢字는 쓰지 못하게 하고자 한다. 하지만 한자가 없으면 의미가 전달이 안 되니까, 할 수 없이 窮餘之策으로 꾀를 낸다. 그것이 바로 한글은 일단 무조건 앞에 적게 한다. 그런 다음에 한글보다 실제로는 더 필요한 한자는 반드시 뒤에 괄호 안에 적게 하는 것이다. 그래서 전 지구상에 하나밖에 없는 이런 非正常的인 표기가 생겨난 것이다.

漢字語는 漢字로 적게 하는 국한자혼용을 하게 하면 지금 이런 번거로운 국한자병용보다 똑같은 공간 안에 더 많은 정보를 담을 수 있다. 독자들도 한 낱말을 두 번씩 읽는 국한자병용은 불편할 수밖에 없다. 그러니 한 낱말을 두 번씩 적게 하는 국한자병용 표기 방식은 時間 浪費, 空間 浪費, 努力 浪費, 視覺的 不快感 등의 여러 弊害를 낳는다.

8-6-2-4) 漢字語는 漢字를 한글보다 앞에 적어야

만약에 國漢字竝用을 한다 하더라도「국어기본법」제14조 제1항에서 규정한, 한글을 앞에 적고 漢字를 뒤에 괄호 안에 적는 표기 방식은 잘못이다. 왜냐하면 한자어의 원 글자는 한자이기 때문이다. 그렇기 때문에 당연히 원 글자인 漢字를 앞에 적게 해야 마땅하다. 그리고 그 한자

185)『龍飛御天歌』의 제1장. "海東 六龍·이 ᄂᆞᄅᆞ: 샤 : 일: 마다 天福·이시·니 古聖·이 同符·하시·니".

의 讀音(發音記號)에 불과한 한글은 뒤에 괄호 안에 적게 해야 순서가 옳은 것이다. 그런데 「국어기본법」 제14조 제1항은 원 글자인 한자를 뒤로 괄호 안에 귀양 보내버렸다. 반면에 원래 한자어의 발음기호밖에 안 되는 한글을 주인 행세를 시켜서 안방을 차지하게 만들었다. 이치가 전혀 맞지 않는 표기를 강제로 시키고 있는 것이다.

이것은 國語史的으로 살펴보아도 잘못이다. 世宗大王은 國漢字竝用할 때도 예를 들어 『釋譜詳節』에서 "衆·중生싱·ᄋᆞᆯ 너·비 濟·졩度·똥·ᄒᆞ·시ᄂᆞ·니 無뭉量·량功공德·득·이 그·지: 업·서" 식으로 적었다. 곧 글자인 한자를 앞에 적고 발음기호인 훈민정음은 뒤에 적었다. 다른 책들도 모두 한자를 앞에 적었다.[186] 그러므로 국한자병용을 하더라도 최소한 한자를 앞에 적는 것이 올바른 순서이다.

다음으로 국어학적으로 살펴보아도 이치에 맞지 않다. 形·音·義 세 가지 면에서 '방화(放火)'라는 표기 방식이 그릇된 이유를 설명하고자 한다.

(1) 正確한 發音이 不可能

'방화(放火)'라고 한글이 앞에 적혀 있다. 그렇다면 독자는 먼저 한글 '방화'를 보게 되므로, 누구나 [방화]라고 짧게 발음하게 된다. 하지만 이 낱말의 정확한 발음은 1음절이 긴소리인 [방:화]이다. 이것은 뒤에 적힌 한자 '放火'를 보아야만 알 수 있다. 그러므로 독자에게 정확한 발음을 읽게 하려면 원 글자인 한자를 앞에 적어주어야 하는 것이다. '放火(방화)'라고 漢字를 앞에 적어주어야 '放火'를 보고 정확한 발음을 하게 된다.

---

186) 다만 『月印千江之曲』만 단 하나의 例外로서 訓民正音을 앞에 적었다. 그것은 이 책이 음악 演奏를 위한 책이므로 發音記號를 중시하여 순서를 바꾸었다는 說이 있다.

(2) 正確한 意味 파악이 不可能

'방화(放火)'라고 한글이 앞에 적혀 있을 때, 독자는 먼저 한글 '방화'를 보게 된다. 하지만 한글 '방화'로는 '意味'를 알 수 없다.[187] 그러므로 뒤에 적힌 漢字를 보아야만 정확한 '意味'를 알 수 있다. 그러므로 먼저 한자를 보게 해야 빨리 의미를 파악할 수 있다. 곧 '放火(방화)'처럼 漢字를 앞에 적어주어야 漢字 '放火'를 보고 그 의미를 알 수 있다.

(3) 漢字의 象形性 사용한 표현이 不可能

漢字는 뜻글자로서 象形性을 가지고 있다. 한자의 상형성은 視覺的으로 形象의 의미를 보여줄 수 있다는 점에서 한자의 중요한 장점 중 하나이다. 그런데 한글을 무조건 한자보다 앞에 적게 하는 한글전용 표기 방식으로는 이 한자의 장점인 상형성을 사용할 수 없다. 이렇게 한자의 상형성을 표현하지 못하게 됨으로써, 한국어의 문자가 사용할 수 있는 表現力의 豊富性을 잃어버리게 되었다. 곧 오늘날 한자 낱자, 한자어나 漢字 語句, 漢文, 文學作品 등이 함부로 原形이 毁損되는 현상이 심각하게 벌어지고 있다.

① 漢字 낱자를 한글로 바꿔 적는 경우

보기를 두 개 들어본다. 趙龍憲은 "온돌 방바닥의 구조가 '아(亞)'자 형태로 생겼다고 해서 아자방이다."[188]고 썼다. 그러나 그 온돌의 구조는 "'아(亞)'자 형태"가 아니라 漢字의 "'亞'자 형태"다. 따라서 이것을 "'아(亞)'자 형태"라고 적으면 독자들은 마치 한글 '아'자 형태인 것처럼

187) 한글 '방화'에는 漢字로는 '放火', '防火', '邦畵', '芳花', '榜花', '訪花', '芳華', '邦貨' 등이 있기 때문이다.

188) 조용헌,「[조용헌살롱]〈153〉 亞字房」,『朝鮮日報』, 2005. 08. 30.

誤解하게 된다. 따라서 國漢字混用으로 '亞자 형태'라 적어야 하는 것이다. 만약에 國漢字竝用으로 적더라도 漢字를 앞에 적어서 "'亞(아)'자 형태"라 적어야 맞다.

李御寧은 "漢字의 지아비 '부(父)'는 두 손에 도끼(斧)를 들고 있는 현상을 본 뜬 것이라고 한다."[189]고 적고 있다. 여기서 "漢字의 지아비 '부(父)'"는 잘못이다. 漢字를 앞에 적어서 "漢字의 지아비 '父'" 또는 "漢字의 지아비 '父(부)'"라고 적어야 맞다.

그런데 오늘날 대부분의 한국인이 위 두 사람처럼 사실을 歪曲하여 글을 적고 있다. 바로 「국어기본법」 제14조 제1항에서 한글을 앞에 적으라고 규정하고 있기 때문이다. 그러니까 한글전용론자들은 국어기본법」 제14조 제1항이 公文書에 局限된 규정이라고 强辯하지만, 사실은 모든 국민은 이 규정을 따라 글을 쓰고 있는 것이다. 곧 현실적으로는 「국어기본법」 제14조 제1항은 모든 국민들에게 惡影響을 끼치고 있는 것이다. 그래서 저렇게 유명한 문필가들도 그 규정에 나쁜 영향을 받아서 엉터리 글을 쓰고 있는 것이다. 그렇기 때문에 公文書 규정이 올바르게 되어 있어야 私文書들도 그것을 본받아 올바르게 적게 되는 것이다.

② 漢字로 적어야 할 漢字語나 漢字 語句를 한글로 바꿔서 적는 경우도 많다.

"대한제국의 선포과정을 기록한 '대례의궤(大禮儀軌)'에는 이때 대한국새(大韓國璽), 황제지새(皇帝之璽), 황제지보(皇帝之寶), 칙명지보(勅命之寶), 제고지보(制誥之寶), 시명지보(施明之寶), 대원수보(大元帥寶), 원수지보(元帥之寶) 등 13과를 만들었다고 기록하고 있다."[190]라는 신

189) 이어령, 「이어령의 한국인 이야기 〈21〉」, 『중앙일보』, 2009.05.04.

190) 박록삼 · 강병철 기자, 「은밀히 새긴 '황제어새' 고종황제의 혼 오롯이」, 『서울신

문기사가 있다. 이 기사에 나오는 漢字語 고유명사들의 원 글자는 모두 漢字이다. 그런데 거꾸로 한글을 앞에 적고 漢字를 뒤에 괄호 안에 적고 있다. 이것은 명백한 歷史歪曲이다. 歷史를 正確히 기록해야 하는 신문이 이렇게 事實과 歷史를 歪曲하고 있는 것은 바로「국어기본법」제14조 제1항에 나쁜 영향을 받았기 때문이다.

③ 漢字로 적어야 할 漢文을 통째로 한글로 바꿔서 적는 경우도 많다.

"안중근 의사는 명필이었다. …… 보물 제569-2호인 '일일부독서 구중생형극(一日不讀書口中荊棘)'이 그 한 예다. …… 또다른 유묵으로는 보물 제569-25호인 '언충신행독경만방가행(言忠信行篤敬蠻邦可行)'을 꼽을 수 있다."[191]는 신문기사가 있다. 이 기사에 적힌 서예작품들은 모두 漢文이 원문이다. 그런데 저 기사는 거꾸로 원문인 漢文을 괄호 안에 적고 그 讀音인 한글을 앞에 적고 있다. 이것은 명백한 歷史歪曲이다. 歷史를 正確히 기록해야 하는 신문이 이렇게 事實과 歷史를 歪曲하고 있는 것은 바로「국어기본법」제14조 제1항에 나쁜 영향을 받았기 때문이다.

④ 文學作品도 한글전용으로 原作을 제멋대로 毁損하는 경우가 많다.

1970년대 이후 출간된 책들이나 신문에서는 한글전용으로 原作을 제멋대로 毁損하는 일이 日常化되어버렸다. 예를 들면 오늘날은 다음과 같이 과거 문학작품들을 모두 한글전용으로 적어 놓고 있다.

문』, 2009.03.18.

191) 임형두 기자,「〈볼록거울〉 명필 안중근」,『연합뉴스』, 2009.03.24.

광야[曠野] : 까마득한 날에 / 하늘이 처음 열리고 / 어데 닭 우는 소리 들렸으랴 // 모든 산맥들이 / 바다를 연모해 휘달릴 때도 / 차마 이 곳을 범하던 못하였으리라 // 끊임없는 광음(光陰)을 / 부지런한 계절이 피어선 지고 / 큰 강물이 비로소 길을 열었다 // 지금 눈 내리고 / 매화 향기 홀로 아득하니 / 내 여기 가난한 노래의 씨를 뿌려라 // 다시 천고(千古)의 뒤에 / 백마 타고 오는 초인(超人)이 있어 / 이 광야에서 목놓아 부르게 하리라.192)

그런데 李陸史 시인의「曠野」원 시는 그와는 많이 달라 漢字가 많이 쓰였다.

曠野 : 까마득한 날에 / 하늘이 처음 열리고 / 어데 닭 우는 소리 들렸으랴 // 모든 山脈들이 / 바다를 戀慕해 휘달릴 때도 / 참아 이곳을 犯하던 못하였으리라 // 끊임없는 光陰을 / 부지런한 季節이 피어선 지고 / 큰 江물이 비로소 길을 열었다 // 지금 눈 나리고 / 梅花香氣 홀로 아득하니 / 내 여기 가난한 노래의 씨를 뿌려라 // 다시 千古의 뒤에 / 白馬 타고 오는 超人이 있어 / 이 광야에서 목놓아 부르게 하리라.193)

『두산백과사전』은 원 시에서 한자로 적힌 제목 및 詩語 12개를 한글 또는 '한글(漢字)' 형태로 제멋대로 바꿔 歪曲하고 있다. 이처럼 한글전용 때문에 1970년대 이후 교과서나 신문, 책 등에서 文學作品의 원작을 훼손하는 일은 이제는 일상사가 되어버렸다. 현대문학 작품만 그런 것이 아니라 고전문학 작품들도 마찬가지다. 문학작품은 글자 한 자만 바

192) 『두산백과사전』,李陸史,「曠野」.

193) 崔東鎬 편,『7인의 항일 민족시집. 그칠 줄 모르고 타는 나의 가슴』, 시인사, 1982, p.89.

꿔어도 그 맛이 달라진다. 그런데 오늘날 한글전용 때문에 고전문학이나 현대문학의 거의 모든 문학작품들이 원형이 훼손되는 현상이 너무 심각하다. 한마디로 한글전용 때문에 한국의 모든 문학작품들은 집단으로 수난을 당하고 있는 것이다.

이렇게 한국 사회에 사실을 왜곡하는 가짜 글들이 양산되게 된 원인은 바로 「국어기본법」 제14조 제1항인 것이다. 「국어기본법」 제14조 제1항은 겉으로는 공문서에 국한하여 규정되어 있지만, 위에서 살펴본 것처럼 실제로는 한국 사회에서 모든 글들이 「국어기본법」 제14조 제1항을 준용하여 써지고 있다. 그럼으로써 우리 조상들이 이룩한 빛나는 문화와 문학작품 등이 원형이 破壞·毁損되어 歷史歪曲이 엄청나게 이루어지고 있다. 그러므로 「국어기본법」 제14조 제1항은 "국가는 전통문화의 계승·발전과 민족문화의 창달에 노력하여야 한다."는 大韓民國 憲法 제9조를 정면으로 위반하고 있다. 동시에 "민족문화의 정체성을 확립하고 국어를 잘 보전하여 후손에게 계승"하여야 한다는 「국어기본법」 제2조도 위반하고 있다.

8-6-2-5) 한글을 앞에 적어 漢字文化圈 外來語表記法을 歪曲

한글을 한자보다 앞에 적는 표기 방식 때문에 오늘날 한자문화권 외래어 표기가 왜곡되어 있다. 원래 한자문화권에서는 한자어 고유명사는 무조건 한자로 적고, 읽기는 자기 나라 발음으로 읽는 것이 오랜 전통이다. 이 전통은 韓·中·日 세 나라 모두 같았다. 예를 들어 조선에서는 중국 고유명사를 '孔子, 老子, 劉備, 秦, 漢, 長安, 洛陽, 泰山' 등으로 한자로 적고, 조선어 발음으로 각각 '노자, 공자, 유비, 진, 한, 장안, 낙양, 태산' 등으로 읽어 왔다. 또 일본 고유명사도 '德川家康, 豊臣秀吉, 小西行長, 伊藤博文, 東京, 大阪, 關東, 關西' 등으로 한자로 적고, 朝鮮語 발음으로 각각 '덕천가강, 풍신수길, 소서행장, 이등박문, 동경,

대판, 관동, 관서' 등으로 읽어 왔다. 이 전통은 2천년간 변함없이 내려왔다. 韓民族은 中國에 事大하던 朝鮮時代에도 중국 고유명사를 朝鮮語 발음으로 읽었다. 심지어는 일본의 植民地였던 일제강점기에도 조선인 대부분은 일본 고유명사를 조선어 발음으로 말했다.[194)]

그런데 광복 후 1948년에 만들어진 「日本語 外來語表記法」은 일본 고유명사를 한글로 적되 일본어 발음으로 적게 하였다. 그리고 1986년에 만들어진 「中國語 外來語表記法」도 그것에 영향을 받아서, 그 전까지는 중국 고유명사를 한국어 발음으로 읽어오던 것을 갑자기 중국어 발음으로 한글로 적게 바꾸어버렸다. 이렇게 광복 후 自主獨立國이 된 대한민국이 그전에는 한국어 발음으로 읽던 것을 오히려 외국어 발음으로 읽도록 바꿔버렸다. 그러니까 한국인이 스스로 한국어를 버리고 외국어를 불러들인 것이다. 이것은 우리 스스로 '言語主權'과 '文字主權'을 포기한 통탄스러운 일이다.

이렇게 한자문화권 外來語表記法이 일제강점기 때보다도 오히려 더 식민지의 언어처럼 卑屈하게 적게 된 것은 바로 「한글전용법」과 그것을 이은 「국어기본법」에 원인이 있다. 곧 「국어기본법」 제3조 제2항이 한글만 우리 글자로 인정하여 漢字는 외국 글자라 하고, 제14조 제1항은 한자를 적더라도 한글 뒤에 괄호 안에 적게 하기 때문이다. 그래서 절대로 한자는 앞에 적을 수 없게 하였다. 한글전용론자들은 이렇게 한글에 절대적인 특권을 주도록 만들어 놓고 나서, 그것을 惡用하여 한글로 외국어 발음을 적도록 만들어버린 것이다.

예를 들어 보자. 중국의 고유명사를 전통적인 한국어 표기 방식대로 적게 한다면, '毛澤東, 周恩來, 江澤民, 北京, 四川, 廣東, 天安門'처럼 漢

194) 朝鮮人 중에 학교교육을 통해 日本語를 배워서 아는 사람들은 日本 고유명사를 日本語 發音으로 말하기도 했다. 하지만 그렇지 않은 사람도 있다. 필자의 先親은 日本 유학파였지만 朝鮮語로 '동경, 대판, 관동대지진'이라 말하였다.

字로 적는다. 그러면 한국 국민 개개인은 당연히 이것을 각각 '모택동, 주은래, 강택민, 북경, 사천, 광동, 천안문'으로 읽을 것이다. 그러면 현재와 같은 문제가 발생하지 않는다. 한국인이 누가 漢字로 적힌 '毛澤東, 周恩來, 江澤民, 北京, 四川, 廣東, 天安門'을 보고서 자연스럽게 한국어 발음으로 읽지 굳이 알지도 못하는 中國語 발음으로 읽겠는가?

문제는 현행 한자문화권 외래어표기법은 한글을 앞에 적게 되어 있다는 점이다. 그것을 奇貨로 한글전용론자들은 그 한글로 일본어와 중국어 발음을 적도록 만들어버린 것이다. 그래서 '毛澤東, 周恩來, 江澤民, 北京, 四川, 廣東, 天安門'의 발음을 각각 中國語 發音인 '마오쩌둥, 저우언라이, 장쩌민, 베이징, 쓰촨, 광저우, 톈안먼'으로 적도록 만들어버렸다. 그 뒤에 괄호 안에 漢字를 넣어주는 경우도 있고 그렇지 않은 경우도 있다. 한자는 어차피 부수적인 요소가 되어버린 것이다.

그러면 누가, 왜 이런 일을 했는가? 원래 대한민국의 외래어 표기법은 광복 직후 1948년에 文敎部에서 만든「들온 말 적는 법」이 시초이다. 이 법은 당시 文敎部 編修局長이던 한글전용론자 崔鉉培가 주도하여 만들었다.「일본어 외래어표기법」은 그때 만든 것 중의 하나이다. 崔鉉培는 1948년에「한글전용법」과「들온 말 적는 법」을 함께 만들었다. 그는「日本語 外來語表記法」을 만들면서「한글전용법」의 효과를 확실히 하기 위해서, 한글을 앞에 적게 하고 日本語 발음으로 적게 만들었다. 왜냐면 그렇게 해야 한국 국민이 한자를 쓰지 못할 것이기 때문이다. 곧 예를 들어 한글로 적더라도 한국어 발음을 적게 한다면, 한국 국민은 그 일본 고유명사가 어떤 한자인지를 생각해낼 것이다. 그러면 漢字를 쓰고 싶어 할 것이다. 崔鉉培는 그것이 싫었다. 그래서 崔鉉培는 오로지 한국인이 漢字를 쓰지 못하게 하기 위하여, 아예 일본어 발음을 한글로 적게 해버린 것이다. 이렇게 한글전용을 굳히기 위한 방편으로 漢字文化圈 外來語表記法은 惡用된 것이다.[195)]

우리는 2천년간 한자어 고유명사는 국적을 불문하고 한자로 적고 한국어 발음으로 읽어왔다. 그러한 한국어 발음에 한민족의 민족 正體性이 들어 있었다. 앞에서도 설명했지만 한자를 읽는 발음에 따라 민족이 달라진다. 그런데 지금처럼 漢字語 고유명사를 한국어를 버리고 외국어 발음으로 읽으면 한민족의 정체성은 사라진다. 일본어 발음과 중국어 발음에 어떻게 한민족의 정체성이 들어 있겠는가?[196] 한국인이 한국어 발음을 스스로 버리고 일본어 발음과 중국어 발음을 한다는 것은 스스로 '言語主權'과 '文字主權'을 포기했다는 의미이다. 한글전용은 이처럼 내적으로 外國語 事大主義의 속성을 지니고 있다. 한글전용은 오로지 한글만 사랑하지 한국어는 사랑하지 않는 것이라는 증거가 바로 漢字文化圈 外來語表記法이다.

「日本語 外來語表記法」과 「中國語 外來語表記法」 같은 漢字文化圈 外來語表記法은 시급히 개정해야 한다. 곧 한자어 고유명사는 한자로 적고 읽기는 무조건 한국어 발음으로 읽는 2천년의 전통을 그대로 이어가야 한다. 현재 일본과 중국은 과거에 2천 년간 해왔던 그대로 자국어 발음 전통 그대로 지켜 나가고 있다. 오로지 한국만 한글전용론자들이 한글전용을 관철시키기 위해 외국어 事大主義 정책을 펴고 있다. 그

---

195) 金敏洙, 「한자 표기 原音主義의 문제」, 『새국어생활』 제14호 제2호, 국립국어연구원, 2004, p.161. "요컨대, 현행 외래어 표기법의 원지음주의는 1948년 미군정청 시기에 최현배 편수국장 주도하에 처음부터 채택된 것이다. 당시 1945년 12월 한자 폐지를 결의하고, 1948년 10월 한글전용을 선포한 배경 속에서 분석해 보면, 그 원지음주의 채택의 근본적 이유는 한글 전용을 쟁취한 묘안이었다고 하겠다. 가령, '북경'이라고 부르면 '北京'으로 쓰게 되나, '베이징'이라고 부르는데 한자로 '北京'으로 쓰지 않는다는 단순 논리에 만족했으니까 뒤따르는 여타의 문제를 널리 고려해 넣지 못했을 것이다."

196) 지해범 기자, 「[전문기자 칼럼] '白青剛'은 '백청강'이다」, 『朝鮮日報』, 2011.06.27. "말은 정신과 직결된다. 국립국어원이 백청강을 '바이칭강'으로 표기하라는 것은 그에게 민족성을 버리라고 요구하는 것과 같다. '백칭강'에는 민족성이 담겨 있지만, '바이칭강'에는 민족성이 없다. 이때 한글은 단지 소리를 옮겨 적는 도구로 전락한다."

리하여 우리 모국어의 전통까지 破壞·歪曲하면서, 국민들에게 큰 불편과 고통을 겪게 하고 있다.197)

따라서 현행 漢字文化圈 外來語表記法은 “국가는 전통문화의 계승·발전과 민족문화의 창달에 노력하여야 한다.”는 大韓民國 憲法 제9조를 정면으로 違反하고 있다. 동시에 “국어의 발전과 보전의 기반을 마련하”겠다는 「국어기본법」 제1조도 違反하고 있다. 또한 “국어가 민족 제일의 문화유산이며 문화 창조의 원동력임을 깊이 인식하여 국어 발전에 적극적으로 힘씀으로써 민족문화의 정체성을 확립하고 국어를 잘 보전하여 후손에게 계승할 수 있도록” 하겠다는 「국어기본법」 제2조도 違反하고 있다.

이상으로 「국어기본법」 제14조 제1항에서 규정한, 한글을 앞에 적고 漢字를 뒤에 괄호 안에 적는 표기 방식이 잘못이라는 점을 설명했다. 요약하면 다음과 같다. 한글을 앞에 적고 한자를 뒤에 괄호 안에 적는 표기 방식은 形·音·義 세 가지 면에서 모두 국어학적 이치에 들어맞지 않는다. 한자와 한글을 함께 적으려면 글자인 한자를 앞에 적고 그 讀音(發音記號)인 한글을 뒤에 괄호 안에 넣어 적어야 순서가 맞다. 현행 漢字文化圈 外來語表記法은 한글을 한자 앞에 적으면서 한국어를 내쫓고 일본어와 중국어를 불러들이고 있다. 그리하여 우리 ‘言語主權’과 ‘文字主權’을 포기하고 民族의 正體性을 파괴하고 있다.

그렇기 때문에 「법무법인 사랑」이 “만약 법 제14조가 한글 전용만을 규정하였다면, 청구인들의 주장이 타당할 수 있습니다. 그러나 법 제14조 제1항 본문은 「한글전용론」의 주장을 반영하지만, 같은 항 단서 및 시행령 제11조는 「한글·한자 혼용론」의 주장을 반영함으로써 양 주장

197) 金昌辰, 「日本 關聯 外來語表記法 改正의 必要性」, 『漢字漢文教育』 제21집, 韓國漢字漢文教育學會, 2010, pp.181~211., 金昌辰, 「日本語·中國語 外來語表記法의 廢棄 必要性」, 『語文研究』 제152호, 韓國語文教育研究會, 2011, pp.57~80.

을 적절히 배분·채택한 것이며, 이 외에 택할 수 있는 다른 방법이란 현실적으로 존재하지 아니합니다."라고 주장하는 것은 완전히 잘못된 말이다. 한국어 문자 표기에서 한자를 괄호 안이 아니라 밖에 내어 써야 할 경우가 분명히 있다. 따라서 어떤 경우에도 한자를 밖에 내어 쓰지 못하게 하는 「국어기본법」 제14조 제1항은 國語學的 이치에 맞지 않는다. 그래서 수많은 副作用을 낳고 있다. 따라서 「국어기본법」 제14조 제1항은 改正해야 마땅하다.

8-6-3) 韓國語 表記는 國漢字混用이 正答

「법무법인 사랑」은 어떤 곳에서는 韓國의 漢字는 中國·日本의 한자와는 다른 한국의 독자적인 한자라고 인정하고 있다.[198] 그러면서도 또 다른 곳에서는 "중국의 문자인 한자(漢字)", "중국어(한자)"[199]라고 정반대의 소리를 하고 있다. 이렇게 앞뒤가 맞지 않는 말을 하는 '법무법인 사랑'의 주장이 어떻게 타당할 수 있겠는가?

「법무법인 사랑」은 "결론적으로 법 제14조는 오로지 공공기관 등의 공문서 작성 시 「한글 우선, 한자 보충의 원칙」을 선언한 것일 뿐, 일반 국민들의 언어생활에서 「한글 전용, 한자 배척」의 어문규범을 강요한 규정이 절대 아닙니다."라고 强辯하고 있다. 아니 이게 무슨 말인가? 「법무법인 사랑」은 그 위에서는 분명히 "법 제14조 제1항 본문은 「한글전용론」의 주장을 반영"한다고 인정해 놓고는, 그 아래에서는 "「한글 전용, 한자 배척」의 어문규범을 강요한 규정이 절대 아닙니다."라고 또 그것을 否定하는가? "「한글전용론」의 주장"은 곧 "「한글 전용, 한자 배척」"이 아닌가? 왜 이렇게 앞뒤가 矛盾되는 말을 하는가? 그러니 '법무법인 사랑'의 주장이 어떻게 타당할 수 있겠는가?

---

198) 「법무법인 사랑」, III-2. 한자(漢字)가 동아시아의 문화적 코드인가?

199) 「법무법인 사랑」, II-2. 국어정책의 방향.

「법무법인 사랑」은 "법 제14조는 오로지 공공기관 등의 공문서 작성 시 「한글 우선, 한자 보충의 원칙」을 선언한 것"이라는 것 때문에 "「한글 전용, 한자 배척」의 어문규범을 강요한 규정이 절대 아닙니다."라고 주장한다. 그런데 「법무법인 사랑」이 들고 나온 "「한글 우선, 한자 보충의 원칙」"이라는 것은 곧 한글전용이 잘못된 것이라는 自己告白과 다르지 않는 말이다. 자, 생각해 보자. 만약에 '한글專用', 곧 "한글만 오로지 쓰기"가 말 그대로 가능한 일이라면, 도대체 왜 "한자 보충"을 해야 하는가? '專用'이란 오로지 그것 하나만을 쓰는 것이다. 그런데 거기에 왜 "한자 보충"을 해야 하는가? '한글專用'이 불가능한 일이기 때문에 "한자 보충"을 해야 하는 것이 아닌가? 그러니까 "한글 전용"이라는 개념과 "한자 보충"이라는 개념은 서로 矛盾되는 개념이다. 둘 중 하나는 분명히 거짓말인 것이다. 전용을 한다면 보충이 필요 없다. 보충한다면 專用이 아니다. 「법무법인 사랑」은 도대체 어떤 것이 옳다는 소리인가? 그러므로 "「한글 우선, 한자 보충의 원칙」"이라는 소리 자체가 "한글전용이 잘못된 정책"임을 자백하는 것이다.

그렇다면 한글전용론자들은 이제 솔직히 나와야 한다. 한글전용이 불가능함과 따라서 한글전용이 잘못된 정책임을 국민 앞에 자백해야 한다. '한글專用'이 진실로 가능한 일이라면 그냥 100% 한글만 쓰고도 아무런 불편 없이 살 수 있어야 한다. 그런데 그것은 실제로는 절대로 불가능한 일이다. 그렇기 때문에 "한자 보충의 원칙"이라는 허울 좋은 이름 아래 결국은 한자를 들여올 수밖에 없는 것이다. 그러니까 "한자 보충의 원칙"이라는 말은 한글전용이 실패한 것을 애써 自己合理化하려는 수작에 불과하다. "눈 가리고 아웅"이다. 大韓民國 정부가 이런 위선적인 한글전용을 語文政策으로 펴고 있다는 것은 참으로 부끄러운 일이다. 대한민국 정부는 한글전용을 하려거든 완전히 100% 한글만 쓰게 하라. 그렇게 못하겠거든 한글전용이라는 위선적인 정책을 포기하

라. 한자든 한글이든 국민 개개인이 알아서 자유롭게 알아서 쓰게 그냥 놔두어라. 도대체 왜 자유민주주의를 표방하는 대한민국이 국민들에게 글도 마음대로 쓰지 못하게 막는가? 이렇게 국민의 자유로운 권리를 제멋대로 침해한다면 대한민국이 도대체 북한과 다른 점이 무엇인가?

한글전용이 절대로 불가능하다는 사실은 한글전용론자들이 만든 국어사전을 보아도 알 수 있다. 한자어에는 한글로 적으면 같아져버리는 단어들이 워낙 많기 때문에 괄호 안에라도 한자를 적지 않을 수 없는 것이다. 그렇다면 왜 한글전용론자들은 한글전용이 망상에 지나지 않음을 솔직하게 인정하고 정당하게 한자와 한글을 함께 섞어 쓰려고 하지 않는가? 왜 한국어 표기에 한자가 필요하다는 사실을 인정하면서도, 반드시 한글만 우대해야 하고 한자는 賤待·薄待해야 한다고 생각하는가? 그래서 무조건 한글만 앞에 내어 쓰게 하고 한자는 뒤에 괄호 안에서만 쓰일 수 있도록 제약하는가?

과거 身分社會로 비유하자면, 한글은 種子가 양반이고 漢字는 상놈이고 종놈인가? 자유민주주의 대한민국이 문자 신분사회인가? 어처구니가 없는 일이다. 우리가 한자와 한글 두 문자가 함께 필요함을 인정한다면, 두 문자를 동등하게 대우해주어야 마땅하지 않는가?[200] 訓民正音[한글]이 우리 한민족인 세종대왕이 만든 글자라서 가치가 있다면, 한자는 훈민정음이 만들어지기 훨씬 이전부터 우리 한민족과 역사를 함께 하면서 우리를 "半萬年 文化民族"으로 만들어준 문자로서 또한 가치가 있다. 그러므로 "「한글 우선, 한자 보충의 원칙」"이라는 불평등한 원칙은 버려야 한다.

훈민정음을 만든 세종대왕은 이러지 않았다. 세종대왕의 원칙은 "漢

200) 예를 들어, 男子 혼자서는 살 수 없다고 인정해서 女子와 함께 살아야 함을 인정한다면, 女子도 男子와 同等하게 인격적으로 대접해야 마땅한 것이 아닌가? 왜 둘 중 하나만 尊待하고 하나는 賤待·薄待하는가? 漢字와 한글의 관계도 男子와 女子의 관계와 마찬가지이다. 對等하고 同等하게 권리를 인정해야 한다.

字語는 漢字로, 토박이말은 훈민정음으로 적는다."는 것이었다. 이것은 한자와 훈민정음이라는 두 문자를 동등하고 대등하게 인정한 것이다. 다만 어휘의 종류에 따라 문자를 달리하였을 뿐이다. 이것이 한국어를 적는 올바른 표기 방식이다. 우리는 세종대왕이 수립한 "國漢字混用의 原則"으로 돌아가야 한다. 세종대왕은 한자와 훈민정음이라는 두 가지 문자의 사용에 대해 모든 상황을 다 고려해 보았을 것이다. 그 결과로서 훈민정음을 만든 직후부터 국한자혼용을 하였다. 세종대왕은 훈민정음을 만든 분으로서 훈민정음의 한계 또한 정확하게 알고, 토박이말에만 훈민정음을 썼던 것이다. 그리고 한자어는 반드시 한자로 적었던 것이다. 그러니까 한국어로 글을 적는 방법은 한자와 훈민정음을 섞어 적는 것이 최선의 방법이라고 세종대왕은 결론 내린 것이다. 바로 이것이 정답인 것이다. 세종대왕은 훈민정음을 만들었을 때부터 이미 정답을 다 알고, 몸소 시범으로 우리에게 가르쳐주었다. 그런데 못난 후손들은 세종대왕의 뜻은 알려고도 하지 않고, 제멋대로 한글을 오용하고 남용하여 오늘날 한국어를 혼란스럽게 말들고 말았다. 늦었지만 이제라도 우리는 세종대왕이 훈민정음을 만든 본뜻을 따라 국한자혼용으로 되돌아가야 한다. 그것만이 이 문제의 올바르고도 유일한 해결책이다.[201)]

言語의 目的은 무엇인가? 의미는 모르더라도 단순히 읽는 것이 목적인가? 그렇다면 한글전용은 참으로 쉽고 좋은 방법이다. 하지만 언어는 의미를 주고받아 의사소통을 원활하게 이루는 것이 목적이다. 따라서 한자어의 의미를 전달하지 못하는 한글전용은 언어의 목적을 이룰 수 없는 不完全한 표기 방식이다. 국한자혼용은 한자어의 의미까지 전달

---

201) 현재「국어기본법」제14조 제1항이 세운 "한글 우선, 한자 보충의 원칙"은 不平等하다. 반면에 世宗大王이 세운 "漢字語는 漢字로, 토박이말은 訓民正音으로"라는 원칙은 平等하다. 封建時代 때의 원칙이 더 民主的이고 民主主義 시대 때의 원칙이 더 封建的이다. 이래서야 도대체 말이 되는가?

하므로 언어의 목적을 달성하는 완전한 표기 방식이다. 다만 국한자혼용은 한자를 배워서 알아야 한다는 불편함이 있다. 결국은 우리가 한글전용을 선택하느냐 국한자혼용을 선택하느냐는 이 두 가지 중 어느 것을 선택할 것인가의 문제이다. 곧 한글전용으로 쉽고 편한 대신에 한자어의 의미 전달을 포기할 것이냐 아니면 국한자혼용으로 어렵고 불편한 대신에 한자어의 의미 전달을 이룰 것이냐는 선택의 문제이다. 그 중 오늘날 대한민국 정부는 한글전용을 선택한 것이다. 곧 쉽고 편한 대신에 한자어의 의미 전달을 포기한 것이다.

大韓民國 정부가 이런 표기 방식을 선택한 것은 1948년 광복 직후에 「한글전용법」을 만들 당시에는 일리가 있었다고도 할 수 있다. 당시에는 한자는커녕 한글도 모르는 '한글文盲'이 전 국민의 80% 이상이었기 때문이다. 따라서 일단은 전 국민을 문맹에서 벗어나게 하자면, 불완전한 방식이지만 쉽고 편한 한글전용을 어문정책으로 선택하지 않을 수 없었을 것이다. 그러니까 1948년 그 상황은 한자어의 의미를 어느 정도 이해 못하는 손해를 감수하고라도 일단은 무조건 국민들에게 글을 읽을 수 있게는 해주어야 하는 급박한 상황이었다. 그래서 당시 만들어진 「한글전용법」은 완전한 표기 방식을 추구할 수 없는 절박한 상황에서 窮餘之策으로 불완전한 표기 방식을 선택한 것이다.

그러니까 한글전용은 非正常的 시대적 상황에 따른 비정상적인 표기 방식이다. 또는 비정상적인 독자 수준에 따른 비정상적인 표기 방식이다. 그래서 편법이요 임시방편이라는 한계를 지닌다. 어디까지나 국어학적 이치에 맞는 정상적이고 完全한 표기 방식은 국한자혼용이다. 그렇기 때문에 訓民正音을 만든 世宗大王이 國漢字混用을 한 것이다. 그리고 비정상적인 시대 상황이나 非正常的인 독자 수준을 떠나 국어학적 이치로 따진다면 누가 보더라도 국한자혼용이 옳은 방식인 것이다. 그래서 世宗大王 이래 朝鮮時代, 開化期, 光復 이후 1980년대까지 내내 한국어 문자 표기 전통의 중심은 국한자혼용이 차지하고 있었던 것이다.

요컨대 한글전용 정책은 '한글文盲'이 어느 정도 해소된 다음에는 궁극적으로는 완전한 표기 방식으로 전환해야만 할 운명을 지닌 과도기적 정책으로서만 타당하다. 따라서 국민이 한글을 다 읽을 수 있게 된 지금에 와서는 구태여 한글전용을 고집할 이유가 없다. 이제는 국민의 교육 수준이 높아졌으므로 漢字語의 意味 전달이 불가능한 한글전용을 계속할 필요가 없다. 수준 높은 교육을 할 수 있는 여유 있는 상황이므로 이제는 完全한 표기 방식을 추구해야 할 시점이다. 그러므로 대한민국의 어문정책은 이제는 국민에게 한자를 가르쳐서 국한자혼용을 하는 방향으로 전환해야 한다. 그렇게 함으로써 국민이 한자어의 의미까지 모두 이해할 수 있게 해야 한다. 이제는 과도기적 편법이었던 한글전용에서 벗어나서, 한국어를 표기하는 최선의 방식인 국한자혼용으로 한 단계 어문정책의 차원을 높여야 한다. 그것은 세종대왕이 훈민정음을 사용했던 방식이자 1980년대까지 540년간 한국어 문자 표기전통의 중심을 이루었던 전통적인 표기방식이다. 1990년대부터 2013년까지 30여 년간 잘못된 길에 빠져 헤매었던 혼란의 시기를 이제는 청산해야 한다.

8-7) ① 베트남

청구인들은, 최근 베트남에서도 프랑스 식민지 시절 폐지되었던 한자의 부활을 촉구하는 목소리가 높아지고 있다고 주장합니다. 그러나 이는 사실과 다른 주장입니다. 베트남은 8세기경부터 한자(漢字)를 변형한 '쯔놈문자'를 사용해 오다가, 17세기에 프랑스 선교사가 만든 로마자를 기반으로 한 '꾸옥 으'를 채택하여 사용하고 있습니다. '쯔놈'은 우리나라의 이두와 비슷한 차자(借字) 표기로서 베트남어를 충분히 표현하기 어려워 국어의 차이가 발생했기에, 러일전쟁(1905) 이후 근대 민족주의자들은 민중교육을 위해 '쯔놈'보다 쉬운 '꾸옥 으'가 유리하다고 판단함으로써 '꾸옥 으'를 적극 보급하기에 이르렀습니다. 그 결과 문맹률이 크게 줄어들어 국가 발전의 토대가 되었는데, 1961년에 조사할 때에는 15%였던 문맹률이 2009년에 조사할 때에는 9.2%로 나타났습니다."202)

8-7)에 대한 反論

越南의 문자 개혁은 失敗

越南은 한자를 쓰다가 오늘날 한자를 버리고 쓰지 않게 된 나라인데, 현재 우리나라의 어문 상황과 흡사하다. 간단히 말하자면 월남은 한자와 자국의 소리글자 쯔놈을 함께 쓰다가 20세기 초에 로마자를 채택하고 기존의 문자는 없애버렸다. 그 결과 현재 월남은 과거 월남어와 전통이 단절되어 그 후유증이 심각하다. 한자에 바탕을 둔 한자어가 한자가 사라짐으로써 의미를 알 수 없게 되어버린 것이다. 그래서 월남어가 저급 언어로 전락하여, 월남어로는 고급 학문을 하기 어렵게 되고 말았다.

그러니까 「법무법인 사랑」이 "그 결과 문맹률이 크게 줄어들어 국가 발전의 토대가 되었는데, 1961년에 조사할 때에는 15%였던 문맹률이 2009년에 조사할 때에는 9.2%로 나타났습니다."고 말한 것은 일면의 진실만을 말한 것이다. 곧 단순 문맹률로 보면 분명히 그 통계가 맞다. 하지만 한자문맹화가 되어서 자기들 언어인 월남어의 어휘 60%를 차지하는 한자어의 의미를 잘 알지 못한다는 점에서 실질 문맹률은 매우 높은 것이다. 더 자세한 내용은 뒤에 "제3부 한글전용의 歷史的 誤謬"203)에서 논하고자 한다.

202) 「법무법인 사랑」, (다) 베트남과 터키의 문자 개혁.

203) 2. 漢字 廢止 運動은 西洋 外勢와 그 追從者들의 陰謀. (4) 越南의 漢字 廢止 運

8-8) ② 터키

모음자가 극히 제한된 아랍문자로는 모음이 발달한 터키어를 표기하기 어려웠기에, 1928년 터키는 아랍문자에서 로마자로 문자 체계를 변경하였습니다. 문자 개혁 이후 문맹률이 크게 줄어들어 국가 발전의 토대가 되었는데, 문자 개혁 이전인 1924년에 조사할 때 80%였던 문맹률이 2009년에 조사할 때 7.2%로 나타났습니다."[204]

8-8)에 대한 反論

8-8-1) 터키의 문자 개혁은 같은 소리글자 사이에서 이루어짐

터키어족은 이슬람교를 받아들인 이후부터 약 10세기 이상은 아랍문자로 터키어를 표기해왔다. 하지만 터키어와 아랍어 사이에는 음성학적 차이가 있었고 터키어를 아랍어로 표기하기에는 터키인의 발음상 문제점이 있었다. 이것이 터키어를 단순화시키고 터키어 문자를 개혁해 나가는 원동력으로 작용하였다.

터키에서는 1923년 터키 공화국이 선포되면서부터 문자 개혁에 대한 논의가 본격화되었다. 1928년 11월 3일 의회에서 언어개혁법이 통과됨으로써 현재의 터키어가 탄생되기에 이르렀다. '터키의 아버지'로 칭송되는 케말 아타튀르크(Kemal Atatürk: 케말 파샤의 다른 이름)는 지속적인 문자혁명을 통해 문맹률을 현저히 감소시켰다.[205]

그러므로 「법무법인 사랑」이 말한 것은 맞다. 다만 여기서 알아야 사실은 터키의 문자 개혁은 같은 소리글자 사이에서 이루어졌다는 점이다. 곧 터키에는 원래 '固有文字'는 없고 소리글자인 '아랍문자'를 가져다 써왔다. 그런데 그 '아랍문자'가 터키어 발음을 적는 데 불편한

動 歷史.

204) 「법무법인 사랑」, (다) 베트남과 터키의 문자 개혁.

205) 「[네이버 지식백과] 터키의 주민 (터키 개황, 2012.1, 외교부)」.

점이 있었기 때문에, 같은 소리글자이면서 터키어의 발음을 더 잘 적을 수 있는 '로마자'로 바꾼 것이다. 따라서 이 터키의 文字改革은 같은 소리글자에서 소리글자로 바꾼 것으로서 큰 문제가 없었던 것이다. 이것은 마치 우리에게서 한글을 수입한 찌아찌아족이 그 전에 소리글자인 '로마자'를 쓰다가 같은 소리글자인 '한글'로 문자를 바꾼 것과 비슷한 것이다. 그러니까 같은 소리글자에서 소리글자로의 바꿈은 그리 큰 문제가 아니다.

8-8-2) **韓國의 語文政策은 日本의 語文政策을 參考해야**

문제는 우리 韓國語의 문자 체계는 터키와는 전혀 다르다는 점이다. 터키의 문자 체계는 소리글자 하나로서 원래 단일하다. 그러니까 소리글자에서 다른 소리글자로 전환하는 것은 큰 무리 없이 가능했다. 그렇게 터키의 文字改革이 성공했으니까 한국의 문자개혁[한글전용]도 성공할 수 있으리라 생각하는 것은 큰 착각이다.

우리 韓國語의 문자 체계는 원래 이원화되어 있다. 한국어 어휘의 종류가 크게 한자어 계통과 토박이말 계통으로 이루어진 데 따라 문자도 한자와 한글의 두 종류로 구성된다. 그런데 한자는 뜻글자이고 한글은 소리글자이다. 이렇게 전혀 다른 성격인 뜻글자와 소리글자의 두 종류 문자를 한 언어 안에 갖고 있는 민족은 지구상에서 한민족과 일본족이 거의 唯二하다. 따라서 우리나라가 文字定策을 펴려면, 우리 한국어와 모든 면에서 유사한 일본어의 경우를 참고하는 것이 거의 유일한 대안이다. 곧 일본이 한자 폐지를 고려하였다가 오랜 논쟁 끝에 결국 '常用漢字' 2,000자를 선정하여 그 범위 안에서 국한자혼용하는 것을 참고하는 것이 가장 좋은 방법이다. 일본어가 지구상에서 우리 한국어와 가장 유사한 언어이기 때문이다.

8-9) ② '계승 · 발전'의 방법

A. 한자 교육과 고전 문헌의 이해

청구인들은「논어」에 사용된 한자 수가 1,355자이고,「맹자」에 사용된 한자 수가 1,889자이어서 2,000자 정도의 한자만 배우면 동양의 어떤 고전도 어렵지 않게 읽어 나갈 수 있다고 강조합니다. 그러나 이는 그야말로 눈 가리고 아웅하는 사탕발림입니다. 조선시대에 서당에 다녔던 이들은 천자문을 기본으로 배우고 2,000자 정도의 한자는 필수적으로 익혔을 것이나, 그렇다고 그들이「논어」나「맹자」를 어렵지 않게 읽은 것은 결코 아닙니다. 설사 낱개의 글자를 안다 할지라도, 전체 문장의 뜻은 파악하기 힘든 경우가 적지 않습니다. 그렇기에 중국이나 대만에서도「논어」해석의 대가,「맹자」해석의 대가가 따로이 존재하는 법입니다.

※ 즉 고전의 해독은 매우 전문적(專門的)인 영역으로서, 단기간에 2,000자 정도의 한자를 배운다고 해서「삼국사기」,「조선왕조실록」과 같은 고전 문헌을 바로 이해할 수 있는 것이 결코 아님을 알아야 합니다.

B. 번역 사업의 중요성

이렇듯 일상생활에서의 한자 사용과 전통문화의 계승 · 발전은 직접적인 상관관계가 없습니다. 한자로 된 고전을 통해 익힐 수 있는 전통적 가치란, 한자 학습을 통해서가 아니라 그 고전에 담긴 내용 자체를 이해하고 받아들일 때 비로소 습득되는 것입니다. 따라서 이는 국가 차원에서 많은 고전 문헌들을 대대적으로 번역하는 사업을 펼침으로써 충분히 해결 가능한 일입니다. 전통문화 이해를 목적으로「조선왕조실록」이나 이순신 장군의「난중일기」,혹은 박지원의「열하일기」등을 읽기 위해 옛날처럼 오랫동안 한문 서당을 다니면서 한문 학습을 해야만 하다면, 각 개인의 전공은 언제 공부할 수 있겠습니까? 오히려 과거 2,000년간 우리 역사 속에 전해진 고전 문헌에 대한 이해를 높이고 그 습득을 장려하기 위해서는, 더 많은 한문 전문가들을 육성·지원함으로써 조상들의 옛 문헌을 쉬운 우리 한글로 번역하는 번역 사업을 국가 차원에서 대대적으로 펼쳐야만 하는 것이 우리에게 놓여진 별도의 과제라고 할 것입니다."[206)]

8-9)에 대한 反論

8-9-1) 漢字를 알아야 傳統文化를 繼承·發展시킬 수 있음

「법무법인 사랑」은 "일상생활에서의 한자 사용과 전통문화의 계승·발전은 직접적인 상관관계가 없습니다."고 주장한다. 하지만 그렇지 않다.

> 옛 자취를 짚을 때마다 항상 나타나 골치 아프게 만드는 게 한자와 한문이다. 현판·비문·묘비명 등등 한자 아닌 게 없다. 대학을 나왔다지만 한자 몇 글자나 읽을 뿐이지 문장(한문)에 이르면 말문이 턱 막히는 게 필자만의 처지는 아닐 것이다. ……그래서 되도록 일찍 한자 교육을 해야 한다는 주장에 동의한다. 표준국어대사전 표제어의 69.1%가 한자어(58.5%) 또는 한자어가 섞인 단어(10.6%)다. 탁월한 조어력(造語力)을 지닌 한자를 모르고선 우리말 실력도 늘지 않는다.[207)]

위 글에 나타나듯이, 오늘날 대한민국의 유수한 중앙 일간지의 논설위원조차도 전국을 여행하면서 만나는 懸板·碑文·墓碑銘 등을 읽지

---

206) 「법무법인 사랑」, (가) 전통문화의 계승·발전.

207) 노재현 논설위원, 「[노재현의 시시각각] 휴가지에서 만난 한문」, 『중앙일보』, 2011.08.26.

도 이해하지도 못하여 곤란을 겪고 있는 실정이다. 오늘날 지식인들조차 우리 전통문화를 해독할 수 없다면 심각한 문제가 아닌가? 이런 상황에서 大韓民國 憲法 제9조가 지향하는 "傳統文化의 繼承·發展과 民族文化의 暢達"이 어떻게 가능하겠는가? 따라서 현재 大韓民國 정부가 「국어기본법」을 바탕으로 펴고 있는 한글전용 정책은 憲法 제9조를 정면으로 깔아뭉개고 있는 정책이다.

오늘날 지식인들조차 우리나라 곳곳에 있는 懸板·碑文·墓碑銘 등을 이해할 수 없게 된 이유는 한자교육을 받지 못해서 한자를 모르기 때문이다. 그렇기 때문에 우리의 "傳統文化의 繼承·發展과 民族文化의 暢達에 노력"하려면 국민 개개인이 어느 정도의 한자능력은 반드시 갖추어야 하는 것이다. 그러므로 한자를 우리 글자에서 제외시켜 버린 「국어기본법」 제3조 제2항과 公文書를 한글전용하라는 同法 제14조 제1항은 "傳統文化의 繼承·發展과 民族文化의 暢達에 노력"하라는 大韓民國 憲法 제9조를 정면으로 거역하는 규정이다.

8-9-2) 漢字부터 알아야 漢文으로 나아갈 수 있음

물론 韓國 국민이 누구나 漢文古典을 번역할 수준의 전문가가 될 수도 없고 그럴 필요도 없다. 하지만 적어도 국민 누구나 자기 집 族譜나 유적지의 懸板·碑文·墓碑銘 정도는 읽고 이해할 수 있는 한자능력은 갖추어야 할 것이다. 자기 집안과 자기 나라의 역사를 아는 일은 자신의 정체성을 아는 일이기 때문이다. 그런데 현재는 자기 부모 성함, 심지어는 자기 이름조차 못 쓰는 한자문맹자들이 태반이다. 물론 한글전용 정책 때문이다. 이런 상황에서는 憲法 제9조가 밝힌 "傳統文化의 繼承·發展과 民族文化의 暢達"이 이루어질 수 없음은 명백하다.

漢字·漢文 學習은 보통 3단계로 이루어진다. 제1단계로 기초 한자를 배우고 나서, 제2단계로 한문 해독 훈련을 받고, 제3단계로 한문을 본격적으로 읽게 된다.[208] 중요한 것은 제1단계에서 한자를 배우지 않으면 그 다음 단계로 넘어갈 수 없다는 점이다. 제1단계와 제2단계를 거치고 제3단계에서 우수한 자질을 드러내는 사람이 곧 "많은 고전 문헌들을 대대적으로 번역하는" "한문 전문가"가 된다. 그런데 「국어기본법」 제3조 제2항은 한자를 우리 글자에서 제외시켜 버림으로써, 그 제1단계로서 한자를 배울 기회조차 원천봉쇄해 버렸다. 그러니 제2단계, 제3단계로 어떻게 넘어갈 수가 있겠는가? 그러면 결국 어디서 "많은 고전 문헌들을 대대적으로 번역하는" "한문 전문가"가 나오겠는가?

그렇기 때문에 「법무법인 사랑」이 "이렇듯 일상생활에서의 한자 사용과 전통문화의 계승 · 발전은 직접적인 상관관계가 없습니다."라고 주장하는 것은 말도 되지 않는다. 먼저 "일상생활에서의 한자 사용"을 해야만, 그런 한자능력을 바탕으로 "전통문화의 계승 · 발전"으로 나아갈 수 있는 것이다. 따라서 "일상생활에서의 한자 사용"과 "전통문화의 계승 · 발전"은 순차적으로 연결되는 것이다. 따라서 한자를 우리 글자에서 제외해 버린 「국어기본법」 제3조 제2항은 "傳統文化의 繼承 · 發展과 民族文化의 暢達에 노력"하라는 大韓民國 헌법 제9조를 완전히 깔아뭉개버린 것이다.

8-9-3) 日常生活에서 漢字를 사용해야 漢文 飜譯 專門家를 기름

「법무법인 사랑」은 "한자로 된 고전을 통해 익힐 수 있는 전통적 가치란, 한자 학습을 통해서가 아니라 그 고전에 담긴 내용 자체를 이해

---

208) 朝鮮時代에 學童들은 書堂에 들어가면, 맨 먼저 제1단계로 『千字文』을 배운다. 먼저 기초 漢字를 배우는 것이다. 그 다음 제2단계로 『童蒙先習』이나 『明心寶鑑』 등을 배우는데, 본격적인 經書를 배우기 이전에 기초 漢文 解讀 訓練을 받는 과정이다. 그 다음에 제3단계로 四書三經 같은 經典을 배우면서 본격적으로 漢文을 배우기 시작한다. 이 제3단계를 거쳐야 비로소 그 중에서 "漢文 전문가들"이 나오는 것이다.

하고 받아들일 때 비로소 습득되는 것입니다. 따라서 이는 국가 차원에서 많은 고전 문헌들을 대대적으로 번역하는 사업을 펼침으로써 충분히 해결 가능한 일입니다."라고 주장한다. 논리가 맞지 않는 말이다. "국가 차원에서 많은 고전 문헌들을 대대적으로 번역하는 사업을 펼"치려면 그 일을 할 만한 인재를 먼저 길러내야 한다. 그런데 "일상생활에서의 한자 사용"도 못해본 사람이 어떻게 "그 고전에 담긴 내용 자체를 이해하고 받아들일" 수 있는가? 또 "그 고전에 담긴 내용 자체를 이해하고 받아들일" 수 없는 사람이 어떻게 "많은 고전 문헌들을 대대적으로 번역하는" 일을 할 수 있는가?

그러니까 「법무법인 사랑」이 주장하는 "국가 차원에서 많은 고전 문헌들을 대대적으로 번역하는 사업"을 펼치려면 다음과 같은 순서를 밟아야 한다. 1단계로 국민 전체에게 어느 정도의 漢字敎育은 해야 한다. '常用漢字' 2,000자 정도를 중학교까지 전 국민에게 교육해야 한다. 2단계로는 고등학교 때부터는 한문을 가르쳐야 한다. 그 중에서 한문 공부에 재질을 보이는 사람을 관련 대학 학과에 진학시켜서 한문 전문가로 길러내야 한다. 3단계로는 그렇게 길러진 한문 전문가들에게 "국가 차원에서 많은 고전 문헌들을 대대적으로 번역하는 사업을" 맡기는 것이다.

그런데 오늘날 대한민국이 광복 이후 1948년부터 「한글전용법」과 2005년 「국어기본법」으로 한글전용을 65년간 국가시책으로 추진하다 보니까, 위의 3단계가 전혀 이루어지지 못하고 있다. 그래서 오늘날 수많은 한문고전들이 있지만 해독할 전문가가 없어서 먼지만 쌓여 있는 형편이다.

> 고전번역원이 추산하는 우리나라 특수고전 양은 약 7000종, 1만 6000책. 그중 번역과 정리가 필요한 책이 약 3000종, 7000책에 달한다. 김

진옥 실장은 "학계 도움을 받아 가장 긴요한 것만 정리해 봐도 325종이 되더라"며 "그중 올해는 '북여요선'을 비롯한 북방사 문헌 3종과 '통색촬요' 외에 조선 법제를 기록한 '대명률직해(大明律直解)' 등 6종을 번역할 계획"이라고 밝혔다. 산술적으로 계산할 경우 '가장 긴요한' 325종을 번역하는 데만 54년 이상 세월이 걸리는 셈이다. …… 이런 상황에서 우리 선조가 창조해놓은 문화보고(寶庫)에는 먼지가 쌓여가고 있다. 지난해 영화 '광해, 왕이 된 남자'에 등장해 화제를 모은 '승정원일기'의 경우 총 4000책 분량으로, 매년 50책 정도씩 번역하는 현재 속도로 작업한다면 향후 90년은 지나야 완성본이 나온다.

…… 박헌순 수석연구원은 "내가 입사할 무렵에는 한학을 공부한 선배가 많았다. 이제는 대학에서 한문학, 국문학, 사학, 철학 등을 공부한 뒤 관련 분야 원전을 읽으려고 고전 공부를 시작한 이들을 중심으로 완전한 세대교체가 이뤄졌다. 문제는 이들이 고전을 번역할 수 있는 수준의 전문성을 갖추는 데 많은 시간과 노력이 소요된다는 점"이라고 지적했다. 현재 번역자들은 대부분 대학 졸업 후 고전번역원 부설 고전번역교육원에서 5~7년간 추가 교육을 받고 번역을 시작한다.

…… 그러나 당장 가시적 성과를 내기엔 지원이 부족하다는 지적이 있는데?

"인력 부족 문제가 가장 심각하다. 고전을 풀이하려면 최소한 4서5경에는 통달하고 동양 역사나 제도, 문학작품에도 조예가 깊은 번역자가 필요하다. 대학 한문학과나 한문교육과를 졸업한다 해도 4년간 70학점 정도의 한문 수업을 듣는 데 불과한 현실에서 이런 사람을 찾는 게 쉽지 않다

한류 콘텐츠를 다각화하는 데도 기여할 수 있을 것 같다.

"물론이다. 드라마 '대장금'은 '중종실록'에 몇 번 등장하는 의녀 대장금에 대한 기록에 살을 붙여 완성한 시나리오로 세계인을 사로잡았다.

더 많은 고전이 번역되면 더 많은 이야기가 만들어질 것이다.[209]

위 기사에서 보듯이 "조상들의 옛 문헌을 쉬운 우리 한글로 번역하는 번역 사업을 국가 차원에서 대대적으로 펼쳐야만 하는"데, 현재 漢文古典을 번역할 인재 자체가 없다. 한글전용 교육 65년간 국민에게 漢字敎育을 하지 않고, "일상생활에서의 한자 사용"도 하지 못하게 해서, 「법무법인 사랑」이 주장하는 "한문 전문가들"이 전혀 "육성"되어 있지 않은 것이다. 그래서 "조상들의 옛 문헌을 쉬운 우리 한글로 번역하는 번역 사업을 국가 차원에서 대대적으로 펼쳐야만 하는"데, "한문 전문가들"을 찾을 수 없는 것이다. 그러니까 「법무법인 사랑」이 하는 저 위와 같은 주장은 그저 입에 발린 헛소리에 지나지 않는 것이다. 한글전용론자 자기들이 「한글전용법」과 「국어기본법」으로 국민에게 한자를 배우지도 쓰지도 못하게 막아놓고는 무슨 "더 많은 한문 전문가들을 육성·지원" 운운하는가? 너무나 뻔뻔한 소리가 아닐 수 없다. 「국어기본법」 제3조 제2항을 개정해서 한자를 우리 글자로 인정하고 한자교육을 해야만, 大韓民國 헌법 제9조가 규정하는 "傳統文化의 繼承·發展과 民族文化의 暢達에 노력"할 수 있는 것이다.

8-10)

— 민족문화를 창달하기 위한 가장 효과적인 방법을 강구하려면, 현재 우리나라가 처한 시대적 상황을 냉철히 분석하여야만 합니다.

— 정보화 시대에 얼마나 적응할 수 있는가와 정보화 시대를 선도하는 국가가 향후 전 세계(全世界)를 지배(支配)하는 영향력을 발휘하게 되리라는 점을 감안할 때, 알파벳보다도 우수한 능력을 인정받

209) 송화선 기자, 「고전 중인 '고전번역'-한국고전번역원 인력과 돈 태부족, 문화보고에 먼지만 쌓여—」, 『주간동아』 제874호, 2013.02.04.

고 있는 한글을 기반으로 한 문화정책을 수립·시행하는 것은 국가의 의무를 제대로 이행하는 것이며, 오히려 민족문화를 창달할 수 있는 효과적인 수단을 태하는 것입니다."[210]

8-10)에 대한 反論

「법무법인 사랑」이 "한글을 기반으로 한 문화정책을 수립·시행하는 것은 국가의 의무를 제대로 이행하는 것"이라고 주장하는 것은 틀린 말이다. 民族文化는 과거 우리 한민족이 창조했던 傳統文化에 바탕을 두고 현대에 맞는 새로운 문화를 창조해 나가는 것이다. 그런데 韓國 古典文化의 90% 이상은 한문고전이다. 따라서 이 한문고전을 번역한 다음에 그것을 현대에 맞게 새롭게 해석하여 法古創新해 나가야 한다. 따라서 "민족문화를 창달할 수 있는 효과적인 수단"은 어디까지나 한문고전을 번역해 내는 데서부터 출발해야 한다. 그러므로 왜 量的·質的으로 훨씬 더 우수한 한문고전이 있는데, 그것은 내팽개치고 양적·질적으로 떨어지는 "한글을 기반으로 한 문화정책을 수립·시행"해야만 하는가? 다음의 기사를 보자.

> 이정욱 선임연구원은 "현대 사회에서 번역되지 않은 한문 고전은 존재하지 않는 것과 같다. 우리의 번역을 통해 비로소 그 책 내용이 세상에 알려지고 이후 다양한 논문과 문화 콘텐츠 등으로 활용되는 걸 볼 때 뿌듯하다"고 했다. 실제로 2001년 1월 고전번역원이 온라인 고전종합DB 서비스를 시작한 이후부터 우리나라에 한문 고전을 활용한 연구와 창작 활동 붐이 시작됐다. 관련 논문이 쏟아졌고 MBC TV 드라마 '대장금', 영화 '왕의 남자' 등 세계를 사로잡은 한류 콘텐츠도 탄생했다.[211]

210) 「법무법인 사랑」, (나) 민족문화의 창달.

위의 기사에서 보듯이, 오늘날 한국인들이 즐겨 보았고 또 문화 한류의 중심이 된 「大長今」, 「王의 男子」 같은 작품들은 모두 한문고전의 번역에 힘입어 세상에 나온 것들이다. 그밖에 수많은 史劇 드라마나 사극 영화들도 한문고전의 번역이 없으면 나올 수 없는 것들이다. 그러므로 「법무법인 사랑」이 주장하는 것처럼 "한글을 기반으로 한 문화정책을 수립 · 시행하는 것은 국가의 의무를 제대로 이행하는 것"이 아니라 오히려 그 정반대로 "漢文을 기반으로 한 문화정책을 수립 · 시행하는 것은 국가의 의무를 제대로 이행하는 것"인 것이다.

그런데 현행 「국어기본법」 제3조 제2항이 한자를 우리 글자에서 제외시켜 버림으로써 "漢文을 기반으로 한 문화정책을 수립 · 시행하는 것"이 불가능해져 버린 것이다. 따라서 「국어기본법」 제3조 제2항은 大韓民國 정부로 하여금 "국가의 의무를 제대로 이행"하지 못하게 가로막는 악법인 것이다.

8-11) (가) 고유어의 사용 비율

① 청구인들은 우리말 중 토박이말(고유어)의 비중은 25.5%에 불과한 반면, 한자어의 비중이 69.1%나 되는 사실을 강조합니다.

② 그러나 51만 개나 되는 표제어가 등재된 「표준국어대사전」의 어휘 중에는 사전에만 등재되어 있을 뿐, 현실 생활에서는 일상생활 및 전문분야 어디에서도 전혀 사용되지 않는 단어가 숱하게 많습니다.

따라서 실제로는 토박이말과 한자어의 어휘 사용 비율(使用比率)을 비교하는 것이 훨씬 유용하면서도 의미 있는 작업이 될 것인데,

211) 송화선 기자, 「고전 중인 '고전번역'-한국고전번역원 인력과 돈 태부족, 문화보고에 먼지만 쌓여–」, 앞의 글.

실제(實際) 어휘 사용 비율은 '토박이말 54%, 한자어 35%, 외래어 2%'로 조사되어 있습니다."[212]

8-11)에 대한 反論

8-11-1) 한글전용은 韓國語의 힘을 弱化시키려는 政策

國語辭典이란 韓國語의 모든 標準語를 모두 모아 놓은 곳이다. 그렇기 때문에 "현실 생활에서는 일상생활 및 전문분야 어디에서도 전혀 사용되지 않는 단어가 숱하게 많습니다."라는 「법무법인 사랑」의 말은 맞다. 그런데 그것은 너무나 당연한 일인데, 그런 것을 시비 거는 것은 무슨 까닭인가? 도대체 어느 나라 사람들이 국어사전에 있는 말을 다 쓰면서 사는가? 언어학에서는 보통 사람은 대략 2만 단어 정도의 어휘를 사용하며 언어생활을 한다고 말한다. 그렇다면 2만 단어를 제외한 다른 단어들은 국어사전에서 없애 버려야 하는가?

한 언어의 어휘란 그 민족이 오랜 역사를 통해서 창조해온 모든 文化의 集成이다. 단어 하나에는 민족문화 하나가 들어 있는 것이다. 현재 우리가 쓰지 않는 단어일지라도 그 단어에는 과거 우리 한민족이 살았던 발자취가 담겨 있다. 만약에 지금 그 단어를 쓰지 않는다고 해서 그 단어를 없애버린다면 우리는 그 민족문화 하나를 잃어버리는 것이다. 그렇기 때문에 언어는 어휘가 풍부한 것이 좋은 일이지 결코 나쁜 일이 아니다. 따라서 현재 국립국어원이 편찬한 『표준국어대사전』에 수록된 50여 만 단어 중 60%의 한자어, 25%의 토박이말, 15%의 한자어와 토박이말의 결합어 또는 외래어는 모두 소중한 우리말들이다.

심지어는 국어사전에 올라 있지 않는 方言들조차도 그 지역 문화의 흔적이기 때문에 소중한 낱말들이다. 그 방언을 현재 쓰지 않는다고 없애 버려야 할까? 그렇게 한다면 그 지역 문화의 흔적이 사라져 버리는

212) 「법무법인 사랑」, 4. 고유어의 사용 비율과 한글화 찬성 여론.

것이다. 따라서 방언도 보존해야 한다. 공적인 장소와 상황에서는 표준어를 쓰되, 사적인 장소와 상황에서는 방언을 씀으로써 방언도 보존해나가야 한다. 특별히 저질스러운 욕설 같은 것만 빼고는 모든 언어는 소중하다.

그러므로 한글전용론자들이 저런 식으로 한자어를 비판하는 것은 우리 한국어 어휘를 축소시킴으로써 한국어의 힘을 약화시키려는 것밖에 되지 않는다. 한글전용론자들은 토박이말만 우리 한국어고 한자어는 한국어가 아니라고 생각하기 때문에 저런 말도 안 되는 시비를 거는 것이다. 하지만 한자어뿐만 아니라 토박이말도 오늘날 쓰이지 않으면서 국어사전에 올라 있는 낱말들이 많다. 「법무법인 사랑」의 주장대로라면 그 토박이말들도 국어사전에서 없애버려야 하는가? 이런 식으로 자기 마음에 안 드는 단어들을 국어사전에서 쫓아낼 때, 한국어의 어휘가 줄어들고, 그에 따라 한국어의 힘이 약화될 것은 너무나 明若觀火하다.

왜 대한민국 정부는 한국어의 힘을 약화시키려 애쓰는 한글전용을 국가의 語文政策으로 채택하는가? 대한민국 정부는 한국어의 힘이 약화되기를 바라는가? 그렇지 않다면 국가의 어문정책을 한국어의 힘을 확대시키려는 국한자혼용으로 당장 바꾸어야 할 것이다.

8-11-2) 漢字語와 토박이말은 均衡 있게 발전해야

「법무법인 사랑」이 저 위에서 벌이고 있는, 韓國語 語彙에서 漢字語와 토박이말의 비율이 어떻다는 저런 논쟁은 무의미하다. 백번 양보하여, 「법무법인 사랑」이 주장한 대로 "실제(實際) 어휘 사용 비율은 '토박이말 54%, 한자어 35%, 외래어 2%'"라고 인정한다고 치자. 그렇다고 해서 "토박이말 54%"만 소중하고 "한자어 35%"는 소중하지 않다는 말인가? 그래서 토박이말을 적는 데 적합한 한글을 漢字語를 적는 데까지 무조건 강요해야만 한다는 말인가?

한국어 어휘를 이루는 二大 系列은 한자어와 토박이말이다. 따라서 그 비중이 어떻든 간에 둘 다 소중한 한국어 어휘인 것만은 틀림없는 사실이다. 그렇다면 둘 다 잘 쓸 수 있는 방법을 모색해야 한다. 그렇게 본다면, 한자어는 한자로 적고 토박이말은 한글로 적는 二元化된 문자 표기 방법이 순리인 것이다. 지금처럼 토박이말에만 적합한 한글전용을 일방적으로 국가의 語文政策으로 밀어붙이는 것은 명백히 토박이말만 우대하고 한자어는 박대하는 일이다. 한자어도 우리말인데, 이렇게 박대하는 것이 과연 한국어의 발전에 무슨 도움이 되겠는가?

大韓民國 정부는 오늘날 '世宗學堂'을 만들어서 해외에 한국어를 보급하고 있다. '世宗學堂'은 한글에 국한하여 보급하는 것이 아니라 한국어 전체를 보급한다. 그런데 한편으로 대한민국 정부는 '한글날'을 제정하여 기념하고 있다. 그러면서 해마다 '한글 발전 有功者'를 表彰하는 등 일방적으로 한글만 우대하고 있다. 왜 우리는 해외에는 한국어 전체를 보급하면서 국내에서는 그 중에서 한글만 일방적으로 우대하는가? 국내에서도 한국어를 전반적으로 균형 있게 중시해야 마땅하지 않겠는가?[213] 왜 대한민국 정부는 한글만 특별히 우대하고 한자는 배척하고 말살하려고만 하는가? 朴露子 교수는 이 문제에 대해 "우리에게 한글날이 있지만, 원효부터 20세기의 다석 유영모(1890~1981)까지 세계에 내놓을 만한 한국의 철학 사상이 한문 없이 이해될 수 없음에도 '한문 문화의 날'을 제정하자는 제안을 내놓는 것은 상상하기 어려운 일이다."[214]고 비판하고 있다.

---

213) 조효제(성공회대 사회과학부 교수), 「조효제의 인권 오디세이—모어를 사용할 권리—」, 『한겨레신문』, 2013.10.15. "한글날을 한글 문자의 창제만으로 기념하는 건 좁은 소견일 것이다. 우리 언어를 함께 쓰는 모든 사람들의 사회문화적 정체성과 그 의미를 곱씹어 보는 날이 되어야 마땅하다."

214) 朴露子, 「漢字만 나오면 '自我分裂'」, 앞의 글.

우리는 한자와 한글을 대함에 너무 편파적이다. 한글은 하늘처럼 숭상하고, 한자는 원수처럼 구박하고 내쫓으려 한다. 똑같이 소중한 우리 한국어 문자인데, 도대체 왜 이렇게 차별대우해야 하는가? 이래서야 한국어가 균형 있게 발전할 수 있겠는가? 그러면서 왜 연말연시만 되면 또 고상하게 한자어 四字成語는 해마다 꺼내드는가?[215] 이렇게 국가정책으로 한자를 賤待 · 薄待하면서 또 한편으로는 知性의 상징처럼 한자를 사용하는 한국 사회의 이런 위선과 이중성이 오죽했으면, 朴露子 교수가 한국인은 "漢字만 나오면 '自我分裂'"을 일으킨다고 개탄하였을까?[216]

필자가 보기에 한국 사회는 '한글教'라는 유사 宗教에 국민들이 빠져서 集團 精神病을 앓고 있는 것처럼 보인다. '한글教'의 教主는 周時經이고 베드로는 崔鉉培이다. 그리고 教理는 한글전용과 漢字 排斥이다. 한글전용론자들은 마치 한글전용을 하지 않으면 한글을 사랑하지 않는 사람인 것처럼 매도한다. 그리고 한자를 쓰면 중국에 사대하는 사람이라고 비난한다. 하지만 그렇게 말하는 사람들이 알아야 할 사실은 훈민정음을 만든 세종대왕이 바로 한글전용을 하지 않았고 또 한자를 썼다는 사실이다. 한글전용론자들의 논리에 따르면 세종대왕이 훈민정음[한글]을 사랑하지 않고 또 중국에 사대한 분이 되고 만다. 한글전용론자들은 세종대왕을 매도하는 것이다. 이렇게 세종대왕과 오늘날의 한글전용론자들은 대립관계를 이루고 있다. 그렇다면 과연 어느 쪽이 옳을까? 두 말할 것도 없이 훈민정음을 만든 세종대왕이 옳고, 한글전용론자들이 그른 것이다. 곧 한자를 쓰는 것이 옳고 한글전용을 하는 것이 그른 것이다. 세종대왕은 이 문제의 正統이라면, 周時經을 教主로 하는

---

215) 김미선, 「올해의 한자성어 '거세개탁' … 위정자 · 지식인 자성 요구」, 『인터뷰365』, 2012.12.23.

216) 朴露子, 「漢字만 나오면 '自我分裂'」, 앞의 글.

한글전용론자들은 이단인 것이다. 세종대왕을 거역하는 異端者들이 '한글敎'라는 유사 宗敎를 만들어 오늘날 국민을 속이고 있는 것이다. 우리는 이단을 물리치고 正統을 회복해야 한다. 이 문제에 대해서는 뒤에서 "제Ⅲ부 한글전용의 歷史的 誤謬"에서 다시 자세히 논하고자 한다.[217)]

8-11-3) 한글전용은 國語生活을 不便하게 만드는 語文政策

필자가 지금 「네이버 국어사전」에서 한글 '사기'로 적는 漢字語를 옮겨다 놓고자 한다. 「법무법인 사랑」은 여기서 漢字를 가리고 한글만 보고서 그 의미를 말해보기 바란다. 과연 아래 漢字語들에서 漢字를 除外시켜 버린다면, 한글 '사기'만 보고서 그 意味를 區別해낼 수 있겠는가?

사기(詐欺)[명사] 나쁜 꾀로 남을 속임.

사기(士氣)[사: 기][명사] 1.의욕이나 자신감 따위로 충만하여 굽힐 줄 모르는 기세.2.선비의 꿋꿋한 기개.

사기(沙器/砂器)[명사] 고령토, 장석, 석영 따위의 가루를 빚어서 구워 만든, 희고 매끄러운 그릇. 또는 그 재료로 만든 물건.

사기(仕記)[명사] 〈역사〉 [같은 말] 사진기1(벼슬아치의 출근을 기록하던 종이).

사기(史記)[사: 기][명사] 역사적 사실을 기록한 책.

사기(史記)[사: 기][명사] 〈책명〉 중국 한나라의 사마천이 상고(上古)의 황제로부터 전한(前漢) 무제까지의 역대 왕조의 사적을 엮은 역사책. 중국 이십오사의 하나로, 중국 정사(正史)와 …

사기(四氣)[사: 기][명사] 철에 따라 달라지는 네 가지 기운. 봄의 따뜻함, 여름의 더위, 가을의 서늘함, 겨울의 추위를 이른다.

---

217) Ⅱ. 本論 1. 한글전용은 世宗大王의 뜻을 拒逆하는 異端.

사기(寺基)[명사] [같은 말] 절터(절을 세울 터).

사기(死期)[사: 기][명사] 죽음이 닥쳐온 때. 또는 목숨을 버릴 때.

사기(些技)[명사] 변변치 못한 기예(技藝). 또는 사소한 기능.

사기(私妓)[명사] 관기(官妓)에 상대하여 개인이 사사로이 거느리고 있는 기생을 이르는 말.

사기(私記)[명사] 1.사사로운 기록.2.〈불교〉불경이나 교리의 깊은 뜻을 사사로운 견해로 풀이하여 기록한 것. 일종의 주석서.

사기(事記)[사: 기][명사] 사건의 기록.

사기(事機)[사: 기][명사] 일이 되어 가는 가장 중요한 기틀.

사기(使氣)[사: 기][명사] 자기의 혈기대로 기세를 부림.

사기(社基)[명사] 회사의 기초.

사기(射技)[명사] 활 쏘는 재주.

사기(射器)[명사] 활을 쏘는 데 필요한 기구. 활과 화살을 이른다.

사기(射騎)[명사] 1.궁술과 마술(馬術)을 아울러 이르는 말.2.사수(射手)와 기수(騎手)를 아울러 이르는 말.

사기(斜敧)[명사] [같은 말] 비탈(산이나 언덕 따위가 기울어진 상태나 정도).

사기(詞氣)[명사] 문장에 나타난 기품.

사기(辭氣)[명사] [같은 말] 사색(辭色)(말과 얼굴빛을 아울러 이르는 말).

사기(社旗)[명사] 회사를 상징하는 깃발.

사기(邪氣)[명사] 1.요사스럽고 나쁜 기운.2.〈한의학〉사람의 몸에 병을 일으키는 여러 가지 외적 요인을 통틀어 이르는 말.3.[북한어]남을 해치려는 나쁜 심보.

사기(肆氣)[사: 기][명사] 제 마음대로 성미를 부리고 함부로 행동함.

사기(史期)[사: 기][명사] 역사 구분의 시기.

사기(四機)[사: 기][명사] 〈음악〉 국악에서, 네 가지 형식으로 이루어진 음악. 진작(眞勺) 사기가 이에 속한다.[218]

「네이버 국어사전」에서 한글 '사기'로 적는 漢字語를 찾아보니, 무려 28개 단어나 실려 있다. 그런데 이 28개의 각기 다른 단어들을 한글로 '사기' 하나로 적어놓아도, 그 意味를 구별해서 알아낼 수 있다는 것이 한글전용의 주장이다. 한글로 적힌 똑같은 '사기' 28개를 놓고서 그 의미를 구별해 알 수 있다? 「법무법인 사랑」은 스스로 이런 주장이 荒唐無稽하다는 생각이 안 드는가? 어떻게 똑같은 한글 '사기'를 놓고서 28개의 意味를 각각 구별해 낼 수 있는가?

「법무법인 사랑」이 알아야 할 것은 이 28개 한자어들은 원래는 각기 전혀 다른 단어들이라는 사실이다. 이 단어들을 흔히 '同音異議語'라고 말하는데, 정확히 말하면 그렇지 않다. 母音의 長短音까지 같아야 '同音異議語'이다. [사: 기]라고 長音이 표시된 단어와 그 표시가 없는 단어 [사기]는 발음이 다른 것이다. 그러므로 발음으로 나누면 저 28개의 '사기'는 두 가지로 나눠진다. 따라서 저 28개의 한글 '사기'를 '同音異義語'라고 말하는 것보다는 '한글 異音同綴語'라고 해야 맞다. 곧 "발음은 다른데 한글로는 똑같이 적는 단어"라는 말이다.[219]

이 28개의 한자어들은 원래는 각기 전혀 다른 단어들이라는 사실이 중요하다. 그리고 이 28개의 단어들을 원 글자인 한자로 적으면 모두 형태가 다르므로, 意味를 식별하는 데 아무 문제가 없다는 점이 중요하다. 그런데 大韓民國 정부는 「국어기본법」으로 28개의 각기 다른 단어를 똑같이 한글로 '사기'라고 적으라고 강요한다. 그렇게 해서 국민이

---

218) 「네이버 국어사전」.

219) 兪萬根, 「우리말 異音同綴語 발음 고찰(Ⅰ)」. 『한국어 연구논문』 37집. KBS 한국어 연구회, 1993, pp.89~118.

엄청나게 불편해져 버렸다. 얼른 생각하면 28개의 한자어를 한글로 1개로 적게 하니까 아주 편리하고 좋아 보인다. 하지만 언어는 의미 전달이 목적이다. 의미가 전달되지 않으면 그 언어는 실패한 것이다. 그런데 어떻게 한글 '사기' 1개를 가지고 28개의 각기 다른 의미를 전달할 수 있을까? 그게 가능한가? 절대로 불가능하다.

물론 英語 같은 경우에도 한 단어에 여러 의미가 들어 있다. 하지만 그것은 달리 적을 방법이 없으므로 어쩔 수 없는 일이다. 그렇지만 이 28개의 한자어들은 원래 자기 글자인 한자로 적으면 다르게 적을 수 있다. 그러면 아무런 문제가 없다. 그것을 大韓民國 정부가「국어기본법」으로 반드시 한글로 똑같이 적으라고 강요한다. 그래서 원래는 없던 문제가 쓸데없이 생겨난 것이다. 독자들은 똑같이 적힌 '사기'를 보고서 각기 다른 28개의 의미를 구별해서 알아내야 하는 엄청난 불편에 직면한다. 그러니까 우리 한국인은 지금 참으로 이상한 일을 하고 있는 것이다. 원래 각기 다른 28개의 한자어들은 일부러 한글로 '사기'라고 똑같이 적어서 하나로 만들어버렸다. 그러고 나서는 이제는 다시 그것들을 28개로 구별해 내기 위해서 "사서 고생"을 한다. 이것이 과연 무슨 바보 같은 짓인가? 아니 왜 처음부터 28개를 원 글자로 각기 다르게 적으면 되지, 1개로 합쳐서 적었다가 다시 28개로 나누어 그 의미를 파악하려고 이 고생을 해야 하는가? 과연 이런 한글전용이 편리한가? 이런 한글전용을 편리하고 합리적이라고 생각하는 사람이 있다면 비정상적인 인간일 것이다.

한글전용은 얼른 생각하면 매우 편리해 보인다. 이것이 한글전용이 지니는 함정이다. 생각이 얕은 사람들은 이 함정에 빠져든다. 한글전용은 그저 쉽고 편하게 살려는 사람들에게는 매우 매력적인 이론이다. 28개의 한자어들을 그 복잡한 한자로 각각 구별해서 적으려면 얼마나 힘든가? 그런데 단 1개로, 그것도 쉬운 한글로 적으면 된다고 하니 이 얼마나 희소식인가? 그래서 한글전용은 오늘날 깊이 생각하기 싫고 편하게 살려고만 하는 젊은이들에게 인기가 높은 것이다. 아무리 이론적으로 국한자혼용이 옳다고 설명해 주어도 한 번 이 마약 같은 한글전용의 편리함에 빠져든 사람들은 한글전용을 떠나기를 싫어한다. 이렇게 한글전용은 한국인들에게 편법이 편리하다는 생각을 심어주었다. 한자어를 한자로 적는 일은 원칙을 지키고, 정도를 걷고, 정상적인 절차를 거치고 사는 방식이다. 반면에 28개의 한자어를 1개의 한글로 적는 일은 變則을 쓰고, 邪道를 걷고, 간편한 새치기를 하며 사는 일이다. 세상에 이렇게 편리한 일이 있을 수 있는가? 한글전용은 정말로 좋은 일인 것이다.

하지만 또 한편 진지하게 생각해 보면, 세상에 어떻게 이렇게 마술처럼 편리한 일이 있을 수 있겠는가? 정상적인 이성을 가지고 한글전용을 생각해 보면, 한글전용은 말이 안 되는 일이다. 어떻게 28개의 단어를 1개로 표기해서 아무 문제가 생기지 않을 수 있을까? 28개의 각기 다른 단어를 1개로 적는 편리함이 정당하다고 여기는 생각은 不勞所得을 바라는 不汗黨이나 다름없다. 28개의 각기 다른 단어를 1개로 적는 편리함이 있다면, 그 반대쪽에는 1개의 표기를 28개로 달리 해석해야 하는 불편함이 또한 있는 것이다. 그러므로 28개의 각기 다른 단어를 1개의 단어로 적어도 아무 문제가 없다는 한글전용 주장은 사기에 지나지 않는다. 한글전용은 국민을 속이는 詐術이요 邪術에 지나지 않는다. 正道가 아니다. 그리고 이러한 詐欺에 넘어가는 사람들은 어리석은 사람들이다. 땀을 흘리지 않고 그저 쉽고 편하게만 살려는 안이한 생각을 가진 사람들이 한글전용의 사기에 넘어가는 것이다.

한글전용이 얼른 생각하면 매우 편리해 보이는 까닭은 근본적으로 한글 24자모가 쉽기 때문이다. '한글은 쉽고 한자는 어렵다'는 선입견을 가지고 보면, 한글전용은 옳은 이론이다. 한글 24자모는 배우기 쉬우므로, 한글로만 글을 적으면 모든 글이 다 쉽게 이해될 것 같은 생각이 든다. 하지만 그것은 엄청난 착각이다. 엄청난 논리의 비약이다. 한글 24자모가 쉽다고 해서 한글전용으로 적은 글이 쉽고 便利한 것은 아니다. 또한 한자가 어렵다고 해서 國漢字混用한 글이 어렵고 불편한 것도 아니다. 예를 들어 영어의 로마자 알파벳은 배우기 쉽다. 하지만 그 로마자들을 조합하여 써놓은 영어 문장이 어디 쉬운가? 그렇다면 누가 영어를 어려워하겠는가? 문자 자체의 난이도와 그 문자로 적어놓은 문장의 난이도가 똑같다고 생각하는 데에 한글전용 이론의 치명적인 허점이 들어 있다.

그러니까 한글전용과 국한자혼용의 문제는 한글과 한자의 난이도와는 별개의 문제다. 한글전용과 국한자혼용의 문제는 한국어 어휘를 이루는 二大 系列인 한자어와 토박이말을 어떻게 적는 것이 적합한지의 문제이다. 그러니까 한자어든 토박이말이든 무조건 한글로 적는 것이 편리하다고 주장하는 것이 한글전용론이다. 반면에 토박이말은 한글로 적되 한자어는 한자로 나누어 적는 것이 편리하다고 주장하는 것이 국한자혼용론이다.

우리는 한글전용은 사실은 편리한 일이 아니라 매우 불편한 일이라는 사실을 깨달아야 한다. 한자어들은 원 글자인 한자로 적는 것이 정도일 뿐만 아니라 실제로는 편리한 방식이다. 이것은 원칙적이고 상식적이고 순리적인 일이다. 그런데 조금 편법으로 편하자고 28개의 한자어를 1개의 한글로 적었다가 도리어 불편하게 되어버린 것이 한글전용의 실상이다. 원칙과 상식과 순리대로 살면 조금 힘든 것 같아도 실제로는 편리한 것이 국한자혼용이다. 괜히 변칙과 몰상식과 억지로 편하게 살아보자고 하다가 오히려 더 일이 복잡해져 불편하게 고생하는 것이 한글전용이다. 한글전용은 그저 쉽고 편하게 살려고 하는 便法主義를 한국인에게 퍼뜨리고 있다. 그러므로 한글전용을 하루빨리 없애버리는 것이 한국인의 정신건강에도 좋다. 그저 쉽고 편한 것만을 바라는 "도둑놈 심보"를 가진 사람들이 많아지면 그 사회는 발전하지 못한다.

8-12) ① 청구인들은, 2009년 11월 한국교육과정평가원이 실시한 설문조사를 할 때 83%의 학부모 및 교사가 초등학교의 한자 교육에 찬성한 사실을 강조합니다. 그러나 위 한국교육과정평가원은 2009년 11월 '초등학교 교육과정에 한자교육을 넣어야 한다'는 연구보고서를 교육과학기술부에 제출한 바 있습니다. 설문 조사의 결과는 한국교육과정평가원이 자신의 주장을 정당화하기 위한 하나의 수단으로 실시한 것이기에 그 신뢰성에 크게 의문을 품지 않을 수 없습니다.

② 청구인들은, 법제처가 시행한 「알기 쉬운 법령 만들기 5개년 계획」이 실로 무모하고 위험한 실험이라고 비판하고 있습니다. 그러나 법제처에서 위와 같은 업무를 수행한 까닭은, 2006년 11월에 법제처가 실시한(조사기관 : 한국리서치) 대국민 설문조사 중 "한글전용 법령에 대한 법령 이해 도움 여부"에서 '도움이 된다'고 응답한 국민이 전체의 88.2%를 차지했기 때문입니다.(참고자료 제1호)"[220]

8-12에 대한 反論

8-12-1) 韓國教育課程評價院의 조사에 대한 反論은 根據가 부족

韓國教育課程評價院은 教育部 산하 국가 기관이다. 文化部의 의뢰를 받은 「법무법인 사랑」이 같은 국가 기관이 수행한 연구 결과에 대해서 "그 신뢰성에 크게 의문을 품지 않을 수 없습니다."라고 주장하는 것은 문제가 있다. 그 연구 결과에 대해서 의문이 있다면 다음의 두 가지 방

220) 「법무법인 사랑」, (나) 법률 문장의 한글화 찬성 여론.

법으로 대응해야 마땅하다.

그 하나는 어떤 점에서 의문이 있는지 구체적인 근거를 들어서 지적하는 방법이다. 곧 연구방법이라든지 設問調査 項目에 어떤 문제가 있다든지 아니면 調査 對象의 숫자가 문제가 있다든지 아니면 조사 결과 처리에 무슨 문제가 있다든지 하는 식으로 구체적으로 그 문제점을 지적해야 한다. 그렇지 않고 저런 식으로 "그 신뢰성에 크게 의문을 품지 않을 수 없습니다."라고 아무 根據 없이 말하는 것은 그냥 사적 감정을 드러낸 것에 불과하다.

또 하나는 그 연구 결과에 의문이 든다면,「법무법인 사랑」이 다른 輿論調査 結果를 제시하는 방법이다. 그러니까 韓國敎育課程評價院처럼 공신력 있는 다른 기관이 이 문제에 대해 실시한 상반된 연구 결과를 제시하는 것이다. 지금까지 그런 자료가 없었다면, 만약에「법무법인 사랑」이 정말로 자신의 주장에 확신을 가진다면 이제라도 여론조사 기관에 의뢰하여 그런 구체적인 연구 결과를 제출했어야 한다.

그런데「법무법인 사랑」은 이 두 가지 중 어느 하나도 하지 않았다. 아니 못했는지도 모른다. 따라서「법무법인 사랑」의 이런 무책임한 발언은 이번에 제출한 의견서 전체의 신뢰성을 의심하게 할 만한 위험한 발언이다.

8-12-2) 한글전용을 强要한 상태에서 여론조사는 無意味

「법무법인 사랑」이 ②번에서 한 주장은 根據가 있기 때문에 일단 有效하다. 하지만「법무법인 사랑」에 제출한 조사결과를 설혹 인정한다고 하더라도, 필자는 다음과 같이 反論하고자 한다.

오늘날 우리 국민들이 법률을 한글로 적는 일에 찬성 비율이 높은 까닭은 국민들이 한자를 잘 모르기 때문이다. 그런데 우리 국민들이 한자를 잘 모르는 그 원인은 어디에 있는가? 바로 1948년에 만든「한글전용법」과 2005년에 만든 「국어기본법」에 그 원인이 있다. 그러니까 大韓民國 정부가 국민을 일부러 漢字를 모르게 해놓고 나서, 저런 설문 조사를 하니 당연히 국민은 漢字 없는 법률이 좋다고 할 것이 아니겠는가? 그러니까 저 조사결과는 상황을 조작해 놓고 나서 원하는 결과를 얻은 것에 불과하다.

만약에 저런 調査結果가 정말로 가치를 인정받으려면 한글전용을 강요하지 않은 자유로운 상황에서 한 조사여야 한다. 지금처럼 정부가 일방적으로 한글전용을 추진하면서 한자를 모르는 국민들에게 저런 조사를 하면, 자기 자신이 잘 모르는 漢字를 쓰는 게 좋다고 할 국민이 많지 않을 것은 당연한 일이다. 따라서 저런 조사결과는 별 의미가 없다.

8-12-3) 한글전용으로 인한 法律 解釋의 混亂 實態

이 문제에서 본질적으로 중요한 것은 이것이다. 법률 전문가의 관점에서 볼 때, 법률을 한글전용으로 표기했을 경우와 國漢字混用으로 표기했을 경우 어느 쪽이 더 법률 정보를 정확하게 국민에게 알려주느냐 하는 것이 진짜로 중요한 문제이다. 아래 신문기사에 오늘날 한글전용 법률 때문에 벌어지는 혼란이 잘 나타나 있다.

> 국어사전에 등장하는 '수수'라는 낱말은 '거두어 받음'(收受)이란 뜻과 '물품을 주고받음'(授受)이라는 뜻이 있다. 공무원 · 교사 징계 규정 등을 보면 '금품이나 향응을 수수한 자'를 징계하도록 하고 있는데, 이때 '수수'는 '받음'일까 아니면 '주고받음'일까?
>
> 징계 규정 등은 한글로만 '수수'라고 쓰고 있어 법정 다툼이 벌어지곤 한다. 어떻게 풀이하느냐에 따라 금품 등을 건넨 사람이 징계처분을 받기도 하고 면하기도 하는 것이다.
>
> 지난해 6월 서울행정법원은 교육공무원 징계처분 기준의 '수수'를 '주

고받음'으로 봤다. 승진 청탁과 함께 교육청 인사담당자에게 돈을 줬다는 이유로 해임된 교사가 낸 소송에서 "'금품 · 향응 수수'는 받는 것뿐만 아니라 주는 것까지 포함하는 의미로 해석함이 상당하다"고 밝히며, 교사의 해임이 정당하다고 판결했다.

그러나 지난달 서울행정법원 행정3부(재판장 심준보)는 '거두어 받음'으로 봤다. 공군 간부가 진급 청탁 명목으로 상관에게 뇌물을 줘 해임된 뒤 군인연금이 삭감되자 행정소송을 냈는데, 재판부는 "군인연금법 개정안의 개정 취지가 군 관련 민간업자들의 부정행위를 척결하기 위한 것임을 고려하면, 해당 조항은 군인이 직무와 관련해 외부인으로부터 뇌물 · 향응을 제공받는 것을 규제하기 위한 것"이라고 판단했다. 이 간부는 퇴직금을 온전히 받았다.

재판부는 "불리한 효과를 발생시키는 침익적 행정처분의 경우 근거규정은 엄격하게 해석해야 하고, 의미가 불명확할 때는 당사자에게 불리하게 해석해서는 안 된다"고 말했다.

지난해 11월 서울고법도 해임된 경찰이 낸 퇴직급여 제한지급 처분 취소소송에서 "공무원연금법에 규정된 '수수'는 무상으로 금품을 받는 일로 봐야 한다"고 밝혔다. 서울고법 관계자는 "사전적 의미뿐만 아니라 그 단어가 포함된 조항의 입법 취지 등을 충분히 고려해 엄격하게 해석해야 한다"며 "같은 단어라도 다르게 판단될 수 있다"고 말했다. 형법은 뇌물 공여(주는 것)와 뇌물 수수(받는 것)를 따로 구분해 규정하고 있다.[221)]

이른바 '法律民主化'라는 美名 아래 오늘날 한글로 法律을 적기 때문에 저런 웃지 못 할 低質 코미디가 벌어지고 있다. 판사들이 판결에 앞서 한글로 적힌 '수수'라는 한자어를 놓고 그 '수수'가 漢字로 '授受'와 '收受' 중 어느 것인지 찾아내는 '수수께끼'를 푸느라 골머리를 썩고 있다니, 도대체

221) 박태우 기자, 「'수수' 뜻풀이 따라 처벌 '두 얼굴'」, 『한겨레신문』, 2012.8.5.

이게 무슨 荒唐無稽한 저질 코미디란 말인가? 법률에서 오해하기 쉬운 한자어는 한자로 정직하게 원칙대로 적어주면 결코 저런 일은 벌어지지 않는다. 법정마저도 한글전용 때문에 '바보들의 天國'이 되어가고 있다. 한국은 한글전용 때문에 지성이 실종된 저질 나라로 타락해 가고 있는 것이다. 따라서 "청구인들이, 법제처가 시행한 「알기 쉬운 법령 만들기 5개년 계획」이 실로 무모하고 위험한 실험이라고 비판"한 것은 妥當性이 있는 주장인 것이다.

9. 憲法訴願 '請求期間 지남'에 대한 反論

9) 법령에 대한 헌법소원은 "법령이 시행된 후에 비로소 그 법령에 해당하는 사유가 발생하여 기본권 침해를 받게 되는 경우에는 그 사유가 발생하였음을 안 날부터 90일 이내, 그 사유가 발생한 날부터 1년 내"에 청구해야 하며, 이때 청구기간의 기산점이 되는 '법령에 해당하는 사유가 발생한 날'이란 "법령의 규율을 구체적이고 현실적으로 적용받게 된 최초의 날"을 의미한다고 한다.(헌법재판소 2006.7.27. 선고 2004 헌마 655 결정).[222)]

9)에 대한 反論 - 필자의 이름 '金昌辰'이 毁損되는 現實

9-1) 한글 '김창진'은 필자의 이름이 아님

필자는 2011년 11월 9일에 旅券을 재발급받았다. 그런데 여권에 내 이름이 한글로 '김창진'이라 적혀 있었다. 필자의 이름은 漢字로 '金昌辰'이다. 그런데 여권에는 괄호 안에라도 한자는 적혀 있지 않았다. 따라서 필자는 내 이름이 틀리게 적힌 여권을 국가로부터 받은 것이다.

222) 「지평지성」, P.15.

필자로서는 내 이름이 틀리게 적힌 문서를 받았다는 점에서 매우 불쾌하다. 개인으로서 필자의 인권이 침해당한 것이다.

9-2) '김창진(金昌辰)'은 필자의 이름이 아님

필자는 2012년 4월 20일에 住民登錄證을 再發給받았다. 그런데 내 이름이 한글이 앞이고 漢字는 뒤에 괄호 안에 들어 있는 '김창진(金昌辰)'이라 적혀 있었다. 필자의 이름은 한자로 '金昌辰'이다. 한글 '김창진'이 아니다. 그런데 주민등록증에는 한글이 앞에 적혀 있다. 그리고 내 이름의 원 글자는 뒤에 괄호 안에 적혀 있다. 나는 내 이름의 글자가 뒤에 괄호 안에 들어 있다는 것이 매우 不快하다. '김창진(金昌辰)'의 형태는 앞의 한글 '김창진'을 제1의 문자로서 인정한 것이다. 그리고 괄호 안의 漢字 '金昌辰'은 단지 참고용으로 적어준 것이다. 필자는 참고용 이름을 가진 사람이 아니다. 필자는 제1의 문자로서 漢字 '金昌辰'이라는 이름을 가진 사람이다. 따라서 '김창진(金昌辰)'이라는 형태는 필자를 모욕하는 일이다. 개인으로서 필자의 인권이 침해당한 것이다.

9-3) 한글 '김창진'은 필자의 이름이 아님

필자는 2013년 5월 15일 교육부장관에게서 '스승의 날'에 주는 表彰狀을 받았다. 그런데 필자의 이름이 한글로 '김창진'이라고 표기되어 있었다. 필자의 이름은 漢字로 '金昌辰'이다. 그런데 표창장에는 괄호 안에라도 한자는 적혀 있지 않았다. 따라서 필자는 내 이름이 틀리게 적힌 표창장을 국가로부터 받은 것이다. 필자로서는 내 이름이 틀리게 적힌 문서를 받았다는 점에서 매우 불쾌하다. 개인으로서 필자의 인권이 침해당한 것이다.

9-4) 국민이 이름을 적을 天賦的 人權이 날마다 侵害당함

사람의 이름은 그 사람의 正體性을 드러내는 가장 중요한 지표이다. 한자어 이름은 원래 한자를 조합하여 만들었다. 그러므로 한자로 적어야 제 글자로 이름을 적는 것이다. 그래서 고래로 한자문화권에서는 한자어 고유명사를 한자로 적어왔다. 戶籍에는 조상들의 이름이 다 한자로 올라 있다. 따라서 한자어 이름을 가진 사람이 한자로 자기 이름을 적을 권리는 천부적 인권에 속한다 할 수 있다. 그래서 大法院에서도 '人名用 漢字' 5,761자의 범위 안에서 한자어 이름을 짓고 적을 수 있게 허용하고 있다. 따라서 대한민국 국민이 대법원이 인정하는 5,761자의 범위 안에서 한자어 이름을 짓고 적는 일은 大韓民國 憲法 제10조가 밝히는 "人間으로서의 尊嚴과 價値"와 "個人이 가지는 不可侵의 基本的 人權"과 "幸福을 追求할 權利"에 해당한다.

그런데 앞서 든 것처럼 필자는 大韓民國 행정부로부터 내 이름을 정당하게 적히지 못하는 일을 세 번이나 당했다. 外交部에서는 필자의 이름 '金昌辰'을 한글 '김창진'으로 제멋대로 적어서 旅券을 발급했다. 또 行安部에서는 필자의 이름 '金昌辰'을 '김창진(金昌辰)'으로 제멋대로 적어서 주민등록증을 발급했다. 또한 教育部에서는 필자의 이름 '金昌辰'을 한글 '김창진'으로 제멋대로 적어서 教育部長官 表彰狀을 주었다. 이 세 국가기관이 모두 필자의 이름을 틀리게 적었다. 필자는 이런 일을 당하면서 매우 不快하다. 내 인권이 무시당하고 정체성이 짓밟히는 모욕감을 느끼고 있다. 그래서 필자는 大韓民國 憲法 제10조가 보장하는 "人間으로서의 尊嚴과 價値"가 훼손당하고, "個人이 가지는 不可侵의 基本的 人權"이 침해당하고, "幸福을 追求할 權利"가 박탈당했다고 생각한다.

"법령에 대한 헌법소원은 "법령이 시행된 후에 비로소 그 법령에 해당하는 사유가 발생하여 기본권 침해를 받게 되는 경우에는 그 사유가 발생하였음을 안 날부터 90일 이내, 그 사유가 발생한 날부터 1년 내"에 청구해야" 한다고 한다. 憲法訴願에서 "법령에 해당하는 사유가 발생한 날"이란 "법령의 규율을 구체적이고 현실적으로 적용받게 된 최초의 날"이라고 한다는데, 필자는 그 날이 바로 각각 2011년 11월 9일, 2012년 4월 20일, 2013년 5월 15일에 해당한다. 마지막 날인 2013년 5월 15일은 "그 사유가 발생하였음을 안 날부터 90일 이내, 그 사유가 발생한 날부터 1년 내"에 해당한다. 따라서 필자는 이 문제를 가지고 憲法訴願을 낼 자격이 있는 것이다.

그런데 이 일은 비단 필자만의 일이 아니라는 사실이 중요하다. 한국 국민으로서 한자어 이름을 가진 국민은 지금 필자가 겪은 일을 모두 당하고 있다. 한국 국민들은 자기 이름이 틀리게 적힌 공문서를 날마다 받고 있다. 대한민국 국민 5,000만 명 중에서 한자어 이름 가진 국민을 80%만 쳐도 4,000만 명이다. 이 사람들이 모두 필자와 같은 피해자인 것이다. 1948년「한글전용법」이 만들어진 이래 대한민국 정부로부터 住民登錄證, 旅券, 任命狀이나 表彰狀, 賞狀, 勳章 등을 받은 국민을 다 따진다면 아마도 수억 명이 넘을 것이다. 그러니 이 엄청나게 많은 국민들이 지금까지 大韓民國 정부로부터 大韓民國 憲法 제10조가 보장하는 人權을 侵害당하며 살아온 것이다. 이것은 너무나 엄청나게 심각한 일이다. 대한민국 정부가 국민 수억 명의 인권을 건국 이래 계속해서 침해하고 있다는 사실은 너무나 끔찍하고 심각한 일이다.

따라서 이것 하나만으로도「국어기본법」에 대한 헌법소원의 청구기간이 지났다는 말은 옳지 않다. 왜냐하면 정부로부터 자기 한자어 이름이 한글로 적히는 일을 당하는 것은 1948년부터 시작하여 2013년 오늘 지금 이 시각까지 모든 국민이 계속해서 날마다 시간마다 당하고 있는 상시적인 일이기 때문이다.「국어기본법」이 상시적으로 憲法 제10조가 규정하는 국민의 "基本的 人權"을 침해하고 있기 때문이다. 그렇기 때문에 憲法 제10조가 보장하는 국민의 "基本的 人權"을 침해당한 모든 국민은 「국어기본법」에 대해서 憲法訴願을 낼 권리를 언제든지 가지고 있는 것이다.

大法院이 '人名用 漢字' 5,761자 범위 안에서 한자로 이름을 짓고 적을 수 있도록 허용했음에도 오늘날 행정부가 국민의 한자어 이름을 한글전용식으로 적고 있는 까닭은 「국어기본법」 제3조 제2항이 한글만 우리 글자로 인정하고 한자는 우리 글자에서 제외시켜 버렸기 때문이다. 그리고 동법 제14조 제1항이 공문서는 한글전용으로 적도록 규정하고 있기 때문이다. 「국어기본법」의 이 두 개의 조항에 따라서 정부는 국민의 한자어 이름을 한자로 적지 않고 제멋대로 한글로 적고 있는 것이다. 따라서 「국어기본법」의 이 두 개의 조항을 改正하지 않는 한 대한민국 국민에 대한 大韓民國 정부의 人權侵害는 끊임없이 계속될 것이다.

따라서 憲法裁判所는 이번의 憲法訴願이 청구기간을 지났다는 형식논리에 얽매이지 말고, 대한민국 국민들이 정부로부터 인권침해에서 하루빨리 벗어날 수 있도록 「국어기본법」을 신속히 개정해주기를 정중하게 부탁드린다.

제2부 「國語基本法」의 違憲性

Ⅰ. 序 論

2005년에 制定하고 2011년에 改定한 「국어기본법」은 違憲的 條項들이 많다. 우선 「국어기본법」의 목적과 기본이념 자체는 좋다.[1)] 하지만 제3조(정의)에서부터 잘못되고 있다. 제3조는 "이 법에서 사용하는 용어의 뜻은 다음과 같다."고 하면서 제2항에서 "'한글'이란 국어를 표기하는 우리의 고유문자를 말한다."고 규정하고 있다. 한글만 우리 글자로 규정하고 한자는 우리 글자에서 제외시켜 버린 이 「국어기본법」 제3조 제2항은 違憲性이 짙다.

한편 「국어기본법」 제14조 제1항은 "공공기관 등의 공문서는 어문규범에 맞추어 한글로 작성하여야 한다. 다만, 대통령령으로 정하는 경우에는 괄호 안에 한자 또는 다른 외국 글자를 쓸 수 있다."고 규정하고 있다. 이처럼 公文書를 한글전용으로 작성하라고 규정하고 있는 제14조 제1항 또한 違憲의 소지가 크다.[2)]

이 글은 이러한 違憲의 소지가 큰 「국어기본법」 제3조 제2항과 동법

1) 제1장 제1조(목적) "이 법은 국어 사용을 촉진하고 국어의 발전과 보전의 기반을 마련하여 국민의 창조적 사고력의 증진을 도모함으로써 국민의 문화적 삶의 질을 향상하고 민족문화의 발전에 이바지함을 목적으로 한다." 제2조(기본 이념) "국가와 국민은 국어가 민족 제일의 문화유산이며 문화 창조의 원동력임을 깊이 인식하여 국어 발전에 적극적으로 힘씀으로써 민족문화의 정체성을 확립하고 국어를 잘 보전하여 후손에게 계승할 수 있도록 하여야 한다.".

2) 제14조(공문서의 작성) ① 공공기관등의 공문서는 어문규범에 맞추어 한글로 작성하여야 한다. 다만, 대통령령으로 정하는 경우에는 괄호 안에 한자 또는 다른 외국 글자를 쓸 수 있다. ② 공공기관등이 작성하는 공문서의 한글 사용에 관하여 그 밖에 필요한 사항은 대통령령으로 정한다.

제14조 제1항의 違憲性에 대해 살펴보고자 한다. 「국어기본법」 제3조 제2항을 중심으로 하고 동법 제14조 제1항을 부수적으로 하여 논의하고자 한다.

Ⅱ. 本 論

1. '固有文字'라는 文字 選擇 基準의 誤謬

앞에서 든 「국어기본법」 제3조 제2항과 동법 제14조 제1항은 한글만 우리 글자로 규정하고 한자는 외국 글자와 똑같이 규정하고 있다. 그리하여 한글만 밖에 내어 쓸 수 있게 하고, 한자는 괄호 안에 적도록 규정하고 있다. 현재 대한민국은 여기에 근거하여 語文政策으로 한글전용정책을 펴고 있으며, 公敎育에서는 한자교육을 거의 하지 않고 있다.

하지만「국어기본법」제3조 제2항에서 한글만 우리 문자로 인정하고 한자는 우리 문자에서 제외시켜 버린 것은 잘못이다. 韓國語의 文字를 규정할 때는 문자 전체를 정의해야 하는 것이지 일부만 가지고 정의하는 것은 옳지 않다. "'한글'이란 국어를 표기하는 우리의 고유문자를 말한다."는 그 말 자체는 틀리다고 할 수 없다. 하지만 이것은 진실을 밝히기 위한 필요조건일 뿐이다. 충분조건이 되기 위해서는 "韓國語를 표기하는 문자는 "한글" 하나밖에 없는가?"라는 질문까지에 대해서도 "그렇다."고 인정받아야 한다.[3]

---

3) 이것은 비유를 들자면 다음과 같다. 生物 시험에 "生物을 定義하시오."라는 문제가 나왔다 하자. 어떤 학생이 "動物은 움직이는 生物이다."고 답을 적었다면 이 답은 正答일까? "動物은 움직이는 生物이다."는 그 말 자체는 틀리다고 할 수 없다. 하지만 이것은 正答은 아니다. 왜냐하면 生物 중에서 '植物'은 빼버렸기 때문이다. "'한글'이란 국어를 표기하는 우리의 고유문자를 말한다."라는 定義도 마찬가지다. 韓

이러한 필자의 주장은 물론 "韓國語의 文字에는 한글 말고 漢字도 있다."를 증명해야 입증될 수 있다. 그러니까 만약에 필자가 漢字가 한국어의 글자인 것을 입증한다면, '한글'이란 국어를 표기하는 우리의 고유문자를 말한다."고 규정하는 「국어기본법」 제3조 제2항은 잘못임이 증명되는 것이다. 따라서 필자는 지금부터 한자가 韓國語의 글자임을 증명하고자 한다.

(1) 文字는 '固有性'을 따지지 않는다

「국어기본법」 제3조 제2항이 "국어를 표기하는 우리의" 글자로 규정하는 기준은 '고유문자'라는 개념이다. '고유문자'에서 '固有'라는 개념은 '본디부터 지니고 있거나 그 사물에만 특별히 있음'[4]이나 '본래부터 가지고 있는 특유한 것'[5]이다. 그런데 어느 민족의 문자를 규정하는 데서 '固有性'을 따지는 것은 전 세계적으로 보편타당성이 없는 일이다. 전 세계 문자사용의 현상을 보면, 문자는 '固有性'을 따지는 사물이 아니다. 만약에 어느 민족이 '固有性'을 지닌 문자만 써야 한다면, 전 세계 인류 대부분은 아예 문자를 쓸 수조차 없다. 예를 들어 현재 서양의 모든 나라들과 서양의 지배를 받았던 나라들은 모두 '로마자'를 쓰고 있는데, 그 '로마자'는 그 민족들의 '고유문자'가 아니다. 따라서 문자 선택 기준으로 '固有性'을 삼는다면, 세계의 거의 모든 민족들은 아예 문자를 쓸 수조차 없다. 그러므로 대한민국의 문자를 규정하는 조항에서 '固有性'을 기준으로 내세운 「국어기본법」 제3조 제2항은 문자학의 기본도 모르고 만든 법률로서 명백한 오류이다.

우리나라는 얼마 전 인도네시아의 찌아찌아족에게 한글을 수출한 적

國語의 문자에서 다른 문자인 '漢字'를 빼버렸기 때문에 正答이 될 수 없는 것이다.

4) 동아 새국어사전.

5) 네이버 국어사전.

이 있다. 만약에 문자가 '固有文字'만 쓸 수 있는 것이라면, 우리나라는 그들에게 문자를 수출하지 말았어야 한다. 아니 처음부터 수출할 수조차 없었을 것이다. 문자는 '固有文字'가 아니어도 쓸 수 있는 것이기에, 우리는 그들에게 수출한 것이고, 또한 그들도 수입한 것이다. 그리고 문자는 수입을 하면 그 즉시 수입한 민족의 것이 된다. 그래서 한글을 찌아찌아족이 수입한 순간, 그 즉시 한글은 찌아찌아족의 문자가 되었다. 우리가 찌아찌아족에게 한글을 전해주었다고 해서, 찌아찌아족이 쓰는 한글을 우리 한국의 글자라 할 수 있는가? 그리고 찌아찌아족의 글자가 아니라고 할 수 있는가? 그렇지 않다. 우리 한국인이 쓰는 한글은 우리 한국의 글자지만, 찌아찌아족이 쓰는 한글은 찌아찌아족의 글자인 것이다. 그러므로 한글은 이제 한국의 글자이면서 동시에 찌아찌아족의 문자가 된 것이다. 한글이 한국에서 만든 글자라 해서 찌아찌아족의 글자가 아니라고 할 수는 없는 것이다. 문자는 공동으로 쓸 수 있는 사물이기 때문이다. 이처럼 문자사용에서 '固有性'은 따지지 않는 것이 전 세계 보편적인 현상이다.

이렇게 문자는 사용할 때 '固有性'을 따지지 않기 때문에, 다른 민족에게 문자를 전해줄 수도 있고 또 다른 민족에게서 문자를 받아들일 수도 있는 것이다. 그런 이치로 우리는 이미 2천 년 전에 한자를 우리 민족의 文字로 받아들였다. 그리고 그 즉시 한자는 우리 민족의 文字가 된 것이다. 한자가 중국의 글자라 해서 한국의 글자가 아니라고 할 수 없는 것이다. 중국인이 쓰는 한자는 중국의 글자지만, 한국인이 쓰는 한자는 한국의 글자인 것이다. 그러므로 한자은 현재 중국의 글자이면서 동시에 한국의 문자가 된 것이다. 문자는 공동으로 쓸 수 있는 사물이기 때문이다. 이처럼 문자사용에서는 전 세계적으로 '固有性'이라는 것은 전혀 따지지 않는다.

「국어기본법」 제3조 제2항은 이러한 文字學의 기본도 모르고 만든 법률이다. 문자사용은 '固有性'을 따지지 않기 때문에, 우리 韓民族이 2천년을 써온 한자는 이미 우리 글자가 된 지 오래이다. 「국어기본법」 제3조 제2항은 전 세계의 보편적인 언어현상과는 다른 '固有性'이라는 개념을 동원하여 우리 민족의 글자에서 한자를 제외시켜 버리는 만행을 저질렀다. '固有性'이라는 개념은 한 나라의 문자를 규정하는 기준이 될 수 없는 것이다. 따라서 대한민국의 문자를 규정하는 데 '고유문자'를 기준으로 삼은 「국어기본법」 제3조 제2항은 명백한 오류이다.

(2) 訓民正音도 韓國語 '固有文字'가 아니다

뿐만 아니라 만약에 訓民正音을 처음 만들었을 때 문자의 '固有性'을 따졌다면, 훈민정음도 한국어의 문자로 채택될 수 없었을 것이다. 훈민정음을 처음 만들었던 당시에는 훈민정음도 한국인이 본디부터 가지고 있던 글자가 아니었기 때문이다. 또한 엄밀히 따지면 훈민정음도 다른 문자를 본떠 만든 글자이므로 '固有文字'라고 하기도 어렵다.[6] 따라서 '固有性'을 기준으로 한국어의 문자를 규정하는 「국어기본법」은 그 기본 발상 자체가 잘못된 것이다. '固有性'은 어느 민족의 문자를 규정하는 기준이 결코 될 수 없는 것이다.

(3) 文字 選擇의 基準은 歷史性과 合理性

국가의 문자 선택의 기준으로서는 무엇보다도 歷史性, 곧 傳統性이 가장 중요하다. 言語와 문자는 '社會의 約束'이다. 따라서 어느 민족이 만약 어떤 언어와 문자를 오랫동안 써왔다면 그것들은 이미 그 민족의 것이다. 이것을 시간을 거슬러 연원을 따지는 일은 무의미하고 또 불필

---

6) 『朝鮮王朝實錄』, 「世宗實錄」 世宗 25년 12월 30일조. "是月, 上親制諺文二十八字, 其字倣古篆". "이달에 임금이 친히 諺文 28字를 지었는데, 그 글자가 옛 篆字를 模倣했다." 이렇게 『朝鮮王朝實錄』에 분명히 訓民正音도 '古篆'을 模倣했다고 기록되어 있다. 따라서 訓民正音은 獨創的인 '固有文字'가 아닌 것이다.

요하다.

흔히 100년이 지나면 '傳統'이 된다고 한다. 그런데 한자는 이미 우리 한민족이 사용한 지 2천년이 되었다. 그러므로 이미 한자는 우리 민족의 오래된 '傳統 文字'이다. 비유를 들어 본다. 어떤 외래 수종의 나무가 이 땅에 2천 년 전에 들어와 심어졌다. 그리하여 현재 2천 살이 되는 巨木이 되었다. 이 나무는 이 땅의 '固有'한 나무가 아니니 우리나라의 나무가 아닌가? 그러니 수령이 2천 살이 되는 이 巨木을 단지 韓半島 固有 樹種이 아니라는 이유만으로 우리나라 나무 목록에서 빼버리는 게 이치에 맞는가? 그 나무가 어디에서 온 것만 중요하고, 그 나무가 이 땅에서 2천 년 간 살아온 역사는 무시해도 되는가? 만약에 그 나무를 우리 나무라고 인정하고 한국의 나무 목록에 올려야 한다면, 마찬가지로 한자도 우리 글자라고 인정하고 한국어 문자 목록에 올려야 마땅한 것이다.

만약에 우리가 '固有文化'만 쓰고 살아야 한다면, 우리 민족이 쓸 수 있는 '고유문화'는 도대체 얼마나 될 것인가? 그리고 현재 우리가 실제로 '고유문화'만 쓰고 살고 있는가? 오히려 현재 우리는 거의 대부분 외래문화를 우리 것으로 사용하고 있고 고유문화는 드물다. 그러니 '고유문자'를 문자사용의 기준으로 삼는 것은 명백한 잘못이다. 「국어기본법」 제3조 제2항은 2천 년 전부터 써오던 한자를 우리 글자에서 除外시켜버리기 위하여 '固有性'이라는 엉뚱한 기준을 동원한 것이다. 이것은 너무나 속 좁은 自閉症的이고 鎖國主義的 사고방식에서 나온 잘못된 발상이다.

2천년이라는 긴 시간은 어떤 외래종이라 할지라도 이 땅에서 이미 우리 것이 되고도 남을, 충분히 긴 시간이다. 이 땅에서 2천년을 살아온 한자는 백년도 못 사는 우리들보다 오히려 더 이 땅에서 확실한 시민권을 인정받아야 한다. 우리는 태어나자마자 그 순간 한국 국민으로서 시민권을 얻는데, 왜 한자는 이 땅에서 2천년이라는 길고도 긴 시간을 살았는데 아직까지 한국의 글자로서 시민권을 인정받을 수 없다는 말인가?

로마자는 원래 페니키아 문자에서 출발하여, 로마자를 거쳐, 지금은 서양의 여러 나라들이 쓰고 있다. 서양의 여러 민족들이나 그들의 지배를 받았던 민족들이 이미 로마자를 오래 써왔으므로, 현재 로마자는 그들의 문자라는 것은 부인할 수 없는 사실이다. 우리에게 한자도 똑같은 경우이다. 그렇기 때문에 문자사용에서는 '固有性'을 따질 것이 아니라 '歷史性', 곧 '傳統性'을 따져야 한다. 漢字는 歷史性, 곧 傳統性의 측면에서 한민족의 문자로서 이미 충분한 자격이 있다.

다음으로 문자 선택의 또 다른 기준으로는 '合理性'을 들 수 있다. 그 문자가 그 민족의 언어에 適合한 것인지를 따져서, 그 문자가 자기 민족에게 필요하고 또 유익한지를 따지는 일이 '合理性'이다. 世宗大王이 訓民正音을 처음 만들었을 때, 崔萬理 등은 새로운 글자가 歷史性, 傳統性이 없다고 비판했다. 그들은 이미 써오던 한자라는 좋은 문자가 있는데, 왜 쓸데없이 새로 이상한 문자를 만들었느냐고 비판했다. 이것은 훈민정음이 우리 민족에게 본디부터 있었던 '固有文字'가 아니라는 비판이다. 하지만 세종대왕은 훈민정음이 필요한 이유를 '合理的'인 이유를 들어 반박했다. 그렇게 해서 崔萬理 등의 비판을 잠재웠다. 인도네시아의 찌아찌아족이 한글을 받아들인 이유도 그들 언어를 적기에 한글이 적합한 문자라는 합리적 판단이 들었기 때문일 것이다.

그러므로 「국어기본법」은 韓國語의 文字를 '固有性'이라는 기준으로 규정할 것이 아니라 '傳統性'과 '合理性'이라는 두 가지 관점에서 규정해야 마땅하다.

2. 漢字가 韓國語의 文字인 根據

현행 「국어기본법」 제3조 제2항은 "한글이란 국어를 표기하는 우리의 고유문자를 말한다."고 규정하여 한국어의 문자에서 한자를 제외시킴으로써 현실을 왜곡하고 있다. 한자는 한글과 함께 동등하게 한국어의 글자로 인정받아야 할 문자이다. 한자가 한국어의 문자로서 한글과 함께 동등한 시민권을 지니고 있다는 근거를 앞에서 든 '歷史性'과 '合理性'이라는 두 가지 觀點에서 다시 한 번 자세히 증명하고자 한다.

(1) '歷史性'의 觀點

1) 漢字는 2천년간 韓國語의 文字

우리 韓民族은 지금으로부터 2천 년 전쯤부터 한자를 쓰기 시작했다고 한다. 그리하여 한민족은 삼국시대에 이미 '鄕札'이나 '吏讀', '口訣' 등을 사용하여 한자를 우리 글자로 주체적으로 받아들여 썼다. 그리고 국가의 모든 제도를 한자를 이용하여 정비했고, 국사도 한자로 기록했다. 한민족이 한자로 역사를 기록했다는 것은 곧 한자를 국가의 문자로서 공인했다는 의미이다. 그러니까 한자는 이미 삼국시대 때 한민족의 문자로 공인받은 것이다. 이것을 이제 와서 부정하는 것은 역사왜곡이자 시대착오적인 일이다. 시간을 거꾸로 역주행하는 일이다. 우리가 우리 한민족의 조상들과 완전히 단절하고 전혀 다른 새로운 민족으로 탈바꿈하려 하지 않는 한 한민족의 역사를 부정해서는 안 된다. 있는 그대로 인정해야 한다.

현재 韓國은 國號인 '大韓民國'을 비롯하여 地名들이 대부분 漢字語로 되어 있다. 한자가 중국 글자라면, 한자를 조합하여 이름 붙인 한국 땅은 중국 땅이라는 말인가? 한자가 중국 글자라는 주장은, 한자로 이름붙인 大韓民國과 전 국토가 中國 것이라는 주장과 같다. 또 한자가 중국 글자라면, 한자를 조합하여 한자어 이름을 짓는 한국인은 중국인이거나 중국의 식민지 백성이라는 말이 되고 만다. 또 한자가 중국 글자라면, 族譜에 漢字로 이름이 올려 있는 한민족의 조상들은 모두 중국인이었거나 중국의 식민지 백성이었다는 말이 되고 만다.

만약에 한자가 중국 글자라면, 대한민국 정부는 한국 국민이 남의 글자인 한자로 이름을 짓는 일을 금지해야 할 것이다. 그리고 「국어기본법」에서 유일하게 우리 글자로 인정하고 있는 한글로만 이름을 짓게 해야 할 것이다. 그런데 왜 대한민국 대법원은 한국 국민들에게 人名用漢字 5,761자를 인정하고 한자로 이름을 적게 하는가? 이것은 곧 한자가 우리 글자임을 대한민국 정부가 인정하는 일이 아닌가? 그러면서 왜 「국어기본법」에서는 한자가 우리 글자가 아니라고 제외하는가? 이것은 두 법이 서로 모순되고 상충되는 것이 아닌가?

우리나라에서는 연말연시가 되면 여러 기관들에서 한자로 된 四字成語를 그 해의 한자어로 내건다.[7] 만약에 한자가 우리 글자가 아닌 중국 글자라면, 남의 글자를 가지고 그런 "민족문화의 정체성을" 훼손하는 일을 해서는 안 되는 것이 아닌가? 그러나 한국인은 한자가 실제로 우리 글자라고 생각하고 있기 때문에 그러는 것이 아니겠는가? 그런데 왜 「국어기본법」에서는 한자가 우리 글자가 아니라고 제외하는가?

지금도 신문을 보면 간혹 漢字가 홀로 쓰이기도 하고 國漢字混用 또는 國漢字竝用으로 쓰이기도 한다.[8] 이렇게 날마다 우리 신문들이 쓰

7) 김성식 기자, 「이기용 충북교육감 2013년 올해의 사자성어 '금석뇌약' 추천」, 『뉴스1』, 2012.12.24.

8) 『朝鮮日報』, 홍영림 여론조사팀장, 「[데스크에서] 與野의 '民心 난독증'」. 『朝鮮日報』, 전상인 서울대 교수, 「[朝鮮칼럼] 관료 집단은 대통령의 資産인가, 負擔인가?」. 『東亞日報』, 장강명 정치부 기자, 「[횡설수설] 진격의 거인, 無力의 힘」. 『문화일보』, 양순모/연세대 교수「〈포럼〉 成長 이끌 稅制개혁 지향해야」.『문화일보』, 김형준/명지대 교수, 「〈時評〉 政治 없는 統治」. 『세계일보』, 강호원 논설실장, 「[강호원칼럼]

고 있는 漢字가 우리 글자가 아니라 中國 글자란 말인가? 한자는 2천 년 전부터 지금 이 순간까지 우리 민족이 끊임없이 쓰며 살고 있는 우리 글자이다. 한자는 지금도 한국인의 이름을 비롯하여 國號, 地名 등을 한자로 짓고 사용하고 있는 우리 글자이다. 따라서 漢字는 역사적으로 살펴볼 때 한민족의 글자가 확실하다. 그런데 왜 「국어기본법」 제3조 제2항은 이 엄연한 현실을 억지로 부정하는가?

우리 한민족이 한자를 우리 글자라고 인정해야만 우리 역사도 우리 것이 되고, 우리 문화도 우리 것이 되고, 한자어도 우리말이 되는 것이다. 그렇지 않고 한자를 중국 글자라고 한다면, 한민족이 2천 년 간 한자를 가지고 이룩한 모든 것은 중국의 식민지나 속국으로서 중국에 예속되어 이루어진 것이 되고 만다. 따라서 이는 우리 민족이 2천 년 간 펼쳐온 歷史 · 文化 · 言語 활동 등의 主體性과 自主性과 獨立性을 스스로 부정하는 自己卑下요, 모욕인 것이다. 따라서 한자를 우리 글자가 아니고 중국 글자라고 하는 것은, 중국을 떠받들고 중국을 이롭게 하고자 하는 중국 사대주의자의 주장에 지나지 않는 것이다. 우리나라와 한민족을 중국에 예속시키고자 하는 이런 매국노적인 주장을 대한민국 정부가 만든 「국어기본법」이 하고 있다는 데 문제가 매우 심각하다.

2) 國漢字混用은 韓國語 文字 表記의 正統

世宗大王은 訓民正音으로만 韓國語를 기록하려고 訓民正音을 만든 것이 아니다. 世宗大王이 訓民正音을 만든 후 最初로 지은 『龍飛御天歌』는 "海東 六龍 · 이 ᄂᆞᄅᆞ: 샤 : 일: 마다 天福 · 이시 · 니 古聖 · 이

지친 거위와 稅風」. 『서울신문』, 이춘규 선임기자, 「野, 정보력 · 증거 빈약 '득보다 실'…與, 정권 명운 걸려 '철벽 방어막'」. 『매일경제』, 손현덕 부국장, 「지금 成長 못하면 民生도 없다」. 『헤럴드경제』, 「〈사설〉 의미있는 新日鐵의 '강제징용 배상 '」. 『아시아경제』, 어경선 논설위원, 「[어경선칼럼]'代回家看望父母'」. 날싸는 편의상 생략함.

同符·하시·니"로 시작된다. 이처럼 世宗大王은 漢字語는 漢字로 적고, 토박이말만 訓民正音으로 구별하여 적었다. 곧 國漢字混用 표기를 했다. 결코 한글전용 표기가 아니다.

한편 그 다음에 지은 『釋譜詳節』은 "衆·쥬ᇰ生ᄉᆡᇰ·ᄋᆞᆯ 너·비 濟·졔度·똥·ᄒᆞ·시ᄂᆞ·니 無뭉量·랴ᇰ功공德·득·이 그·지: 업·서" 식으로 적었다. 이 또한 漢字語는 漢字로 적고, 토박이말만 訓民正音으로 구별하여 적었다. "衆·쥬ᇰ生ᄉᆡᇰ"에서 앞에 적은 漢字 '衆'과 '生'은 글자다. 漢字語의 글자는 漢字이기 때문에 앞에 적었다. 그 뒤에 덧붙인 '·쥬ᇰ'과 'ᄉᆡᇰ'은 앞의 漢字 '衆'과 '生'의 讀音을 알려주는 發音記號이다. 그러니까 漢字語의 글자는 漢字고, 漢字 뒤에 붙인 訓民正音은 發音記號이다. 이런 표기를 國漢字竝用 표기라 한다.

이처럼 訓民正音을 만든 世宗大王은 漢字語는 반드시 漢字로 적었다. 그리고 훈민정음은 토박이말을 적는 데만 썼다. 또는 훈민정음은 한자어를 적은 한자의 독음을 알려주는 발음기호로도 썼다. 그러니까 세종대왕이 한자어에 대해 적은 훈민정음은 문자가 아니라 발음기호의 용도로 쓴 것이다. 이처럼 세종대왕은 한자와 한글을 배타적인 관계가 아닌 相補的인 관계로 사용했다. 한자어는 기존에 써오던 대로 漢字로 적고, 다만 적을 글자가 없었던 토박이말만 새로 만든 훈민정음으로 적은 것이다. 세종대왕은 한국어의 글은 한자와 한글을 함께 섞어 써야 옳다고 생각한 것이다. 이로써 알 수 있는 것은 세종대왕이 훈민정음을 만든 본뜻은 한자를 몰아내자는 데 있는 것이 아니라는 점이다. 世宗大王의 뜻은 國漢字混用하여 韓國語를 조화롭게 표기하자는 것이다. 따라서 「국어기본법」 제3조 제2항이 우리 글자에서 한자를 제외시켜 버린 것은 세종대왕이 훈민정음을 만든 본뜻에 어긋나는 것이다.

世宗大王은 "漢字語는 漢字로, 토박이말은 訓民正音으로 적는다."는 國漢字混用의 原則을 세웠다. 그리고 그 국한자혼용의 전통은 朝鮮王

朝 500년 동안 이어져 내려왔다. 조선왕조가 간행한, 훈민정음이 들어간 책들 대부분은 한자와 한글을 함께 섞어 썼다. 『佛經諺解』나 『儒經諺解』 『杜詩諺解』 등 諺解本의 글들은 모두 國漢字混用하거나 國漢字竝用하였다. 그리고 歌辭인 「俛仰亭歌」[9], 「關東別曲」[10], 「漁夫四時歌」[11], 『閑中錄』[12] 같은 글들도 거의 대부분 國漢字混用하거나 國漢字竝用하였다. 물론 이것은 훈민정음을 사용한 글에 한정하여 볼 때, 국한자혼용과 한글전용의 두 가지 중에서 국한자혼용이 주류였다는 말이다. 전체적으로 보면 조선시대에는 물론 한문이 가장 많고 중심이었다.

『分類杜工部詩諺解』와 『妙法蓮華經諺解』 (문화재청 제공)

9) "无等山 ᄒᆞᆫ 활기 뫼히 동다히로 버더 이셔 멀리 쎄쳐 와 霽月峯이 되여거ᄂᆞᆯ 無邊大野의 므ᄉᆞᆷ 짐쟉 ᄒᆞ노라 …… 玉泉山 龍泉山 ᄂᆞ린 믈히 亭子 압 너븐 들히 올올히 펴진 드시"

10) 『松江歌辭』에 있는 「關東別曲」은 國漢字竝用하였는데, 다음과 같이 시작한다. "江湖강호에 炳병이 깁퍼 竹林듁님의 누엇더니 關東관동 八白里팔백니에 方面방면을 맛디시니 어와 聖恩셩은이야 가디록 罔極망극하다." 이러한 國漢字竝用은 國漢字混用의 變異形이다, 곧 앞에 적힌 漢字는 글자이고 뒤에 적힌 한글은 그 漢字를 읽으라는 讀音, 곧 發音記號이다.

11) "東風동풍이 건듣부니 믉결이 고이닌다 돋다라라 돋다라라 東湖셔호를 도라보며 西湖동호로 가쟈스라 지국총 지국총 어사와 압뫼히 디나가고 뒷뫼히 나아온다"

12) 『閑中錄』은 필사본 14종이 있으며, 한글본 · 漢文本 · 國漢字混用本 등이 있다. 그 중 國漢字混用本은 다음과 같이 시작한다. "내 幼時에 闕內에 들어와 書札往復이 朝夕에 있으니 내 집에 내 手蹟이 많이 있을 것이로되……".

이렇게 조선왕조 500년간 훈민정음은 대부분 한자와 함께 섞여서 쓰였다. 이로써 보면 훈민정음은 본디 독자적으로 사용될 수 있는 성질의 문자가 아니다. 훈민정음은 한자와 함께 사용해야만 한국어를 표기할 수 있는 불완전한 문자로 태어난 것이다. 곧 한국어 어휘는 한자어 계통과 토박이말 계통이 있는데, 한자어 계통은 표의문자인 한자로 적어야 하고 토박이말 계통은 표음문자인 훈민정음으로 적어야 한다. 훈민정음은 그 한 쪽인 표음문자에 불과하다. 따라서 표의문자인 한자와 함께 사용해야만 문자로서 기능을 100% 발휘할 수 있는 것이다. 그러한 국어학적 이치에 따라서 세종대왕이 국한자혼용한 것이다.

世宗大王이 訓民正音을 만들기 이전에도 우리 韓民族은 漢字를 쓰고 있었다. 그런데 왜 세종대왕이 새로운 문자를 만들었느냐 하면 한자는 한자어에만 적합한 문자였기 때문이다. 곧 토박이말을 적을 문자가 없었던 것이 세종대왕으로 하여금 새로운 문자를 만들게 한 動因이다. 그러니까 세종대왕은 토박이말만을 적을 특화된 글자로서 훈민정음을 만든 것이다. 한자어는 기존에 써오던 한자가 최적의 문자였기 때문에 그대로 계속해서 적었다. 세종대왕은 오로지 토박이말만을 적을 特化된 문자로서 훈민정음을 만들었고 또 그런 원칙을 철저하게 지켜서 썼다. 그리고 그 國漢字混用의 원칙은 조선왕조 500년간 계속해서 이어져 내려왔디.

開化期 때는 이미 漢文은 사라지고, 國漢字混用 글이 韓國語 표기의 중심이 된다. 그 이유는 다음과 같다.

> 흔히 開化期라고 불리는 19세기와 20세기의 交替期의 형편을 살펴보면 …… 國漢文體가 전반적으로 優勢했던 것은 근본적으로 국어 語彙 속에 엄청난 漢字語가 존재했는데, 이들 漢字語는 漢字로 표기하지 않을 수 없다는 생각이 있었기 때문이었다. 이들 漢字語도 國文으로 적는

> 것이 불가능하지는 않으나, 문자 생활에 많은 제약을 줄 것으로 생각한 것이다.[13)]

우리는 開化期의 대표적인 國漢字混用 글로 兪吉濬 선생의 『西遊見聞』을 든다. 오늘날 이 책을 마치 우리나라의 최초의 국한자혼용 글로 여기는 사람들이 많다. 또 한글전용론자들은 이 책이 일본의 국한자혼용 글을 본뜬 것이라고 깎아내린다. 하지만 그런 말은 사실을 악의적으로 歪曲·造作하는 말이다. 국한자혼용 글은 세종대왕이 지은 『龍飛御天歌』에서 비롯하여, 그 전통은 조선왕조 내내 이어져 내려왔고, 『西遊見聞』은 그 전통을 이어받은 것뿐이다. 다음의 글을 보자.

> "개화기 문체의 주류가 국한혼용체였으며 교과서는 그것을 충실히 반영하였다고 할 수 있다. …… 그리고 그 국한문 혼용체가 원래 한문 수용 과정에서 우리 민족에게 일찍부터 필연적으로 익숙하게 되었던 구결문과 언해체를 바탕으로 함으로써 종래 문체와의 연계성에도 성공할 수 있었다.[14)]

日帝强占期에도 한국어 표기는 國漢字混用 글이 중심이었다. 그 시기에 창간된 『朝鮮日報』·『東亞日報』 등을 비롯하여 『開闢』·『廢墟』·『白潮』·『文章』등 文藝誌, 『三千里』·『朝鮮評論』 등 時事誌 등 절대 다수의 출판물들은 國漢字混用이었다. 文盲者나 어린이들을 대상으로 하는 일부 한글 출판물도 있었으나 소수에 지나지 않았다. 무엇보다도 朝鮮語學會가 만든 「한글맞춤법통일안」 등 모든 문서가 국한자혼용으

---

13) 李基文, 「한국어 表記法의 변천과 原理」, 『韓國 語文의 諸問題』,一志社, 1983, p.p.50~51.

14) 沈在箕, 『국어 문체 변천사』, 집문당, 1999, p.101.

로 기록되었다는 사실이 당시 문자 표기의 중심은 국한자혼용이었음을 단적으로 말해준다.

光復 이후에도 한국어 표기의 중심은 국한자혼용이었다. 李承晩 정부는 1948년에 「한글전용법」을 만들었다. 하지만 1950년대 말에도 신문의 한자 사용 빈도는 약 38%에 이르렀다.[15] 1968년도에도 『韓國新聞年鑑』을 보면, 당시 신문들의 한글과 한자를 대략 4 : 1 정도로 국한자혼용했다. 그러나 朴正熙 대통령은 1970년부터 한글전용을 강압적으로 추진하였다. 戶籍과 민원서류를 한글화하고 한자 간판에 대해서까지 단속을 벌이는 등 민간에 대해서까지 강제적인 압력을 가하였다. 그래도 신문은 1980년대까지는 국한자혼용을 고수하였다. 언론인 같은 지식인들은 한글전용이 이치에 맞지 않고 국한자혼용이 이치에 맞음을 알고 있었기 때문이다. 그러다가 1988년에 『한겨레신문』이 창간되면서 처음으로 한글전용을 단행한다. 그리고 1990년대 이후로 점차 다른 신문들도 한글전용으로 돌아서기 시작한다. 그러니까 한글전용이 오늘날처럼 한국어 문자 표기의 중심이 된 것은 1990년대 이후 불과 20~30년에 지나지 않는 것이다.

『朝鮮日報』를 예로 들어본다. 『朝鮮日報』는 1990년대까지는 한자어 이름을 한자로 적어주었다.[16] 2007년 무렵에는 한글을 앞에 적고 뒤에 한자를 적어주었다.[17] 그러다가 2009년 무렵에 가서야 완전히 한글만

15) 朴露子, 「한자만 나오면 '자아분열'」, 앞의 글, "문제는 역시 이념에 복종되지 않는 현실이었다. 1950년대 내내 이승만 정권의 내각에서 한글 전용에 관한 각종 실천 요강들을 채택해 공포했지만 1950년대 말에도 신문 지상 전체 문자의 약 38%에 달하는 한자 사용 빈도는 실제로는 식민지 말기에 비해 전혀 줄지도 않았다."

16) 「金鍾泌 · 金大中씨 連行—權力型 부정蓄財者 / 소요操縱등 혐의로—」, 『朝鮮日報』, 1980.05.20., 「15部장관 更迭—부총리 李承潤씨…總理유임—」, 1990.03.18. "내무 安應模 / 재무 鄭英儀『 / 법무 李種南……".

17) 이항수 기자, 「김법무 '반코드 발언'이 화 부른 듯」, 『朝鮮日報』, 2007.07.23. "김성호(金成浩), 윤증현(尹增鉉), 정상명(鄭相明), 이종백(李鍾伯), 정진규(鄭鎭圭), 노무현(盧武鉉)"

적게 바뀌었다.[18] 『東亞日報』는 1996년까지는 한자어 이름을 한자를 앞에, 한글을 뒤에 적었다.[19] 그 후 1999년에는 한글을 앞에, 한자를 뒤에 적게 바뀌었다.[20] 그러다가 2008년 7월에는 완전히 한글만 적게 바뀌었다.[21] 『한국일보』는 2001년 3월에는 한자어 이름을 한글을 앞에, 한자를 뒤에 적고 있다.[22] 그런데 2011년 9월에는 완전히 한글만 적게 바뀌었다.[23] 오늘날은 한글전용을 하는 대표적 신문인『경향신문』도 1995년까지만 해도 한자어 이름을 한자로만 적었다. 이처럼 모든 신문들은 원래는 모두 국한자혼용했다. 그러다가 「한글전용법」과 「국어기본법」에 영향을 받아서, 점차 한글전용으로 바뀌어 간 것이다. 그리하여 오늘날에는 거의 모든 신문들이 한글전용을 하게 되어버린 것이다. 하지만 그렇게 완전히 한글전용하게 된 것은 2000년 이후이다.

그러니까 世宗大王이 訓民正音을 創製한 이래 韓國語 표기의 오랜 正統性은 國漢字混用에 있다. 우리 한민족의 2천년간 文字史에서 1980년대까지 한국어 문자 표기사의 98%의 기간에 한문 또는 국한자혼용이 주류를 이루었다. 훈민정음 창제 이전에는 물론 100% 한자인 한문

---

18) 황대진 기자, 「[9 · 3 중폭 개각] 국무총리 후보에 정운찬 전 서울대 총장」, 『朝鮮日報』, 2009.09.03, "새 법무장관에는 이귀남 전 법무차관, 국방장관에는 김태영 합동참모의장, 지식경제부 장관에는 최경환 한나라당 의원, 노동부 장관에는 임태희 한나라당 의원, 여성부 장관에는 백희영 서울대 식품영양학과 교수가 각각 내정됐다."

19) 「金대통령, 8개부처 장관 경질…경찰청장도 교체」, 『東亞日報』, 1996.12.20. "金泳三(김영삼), 丁時采(정시채), 具本英(구본영), 姜賢旭(강현욱)……".

20) 「金 대통령, 대폭 개각 단행…17개부처 각료중 11명 교체」, 『東亞日報』, 1999.05.24. "김대중(金大中), 강봉균(康奉均), 임동원(林東源), 김광웅(金光雄)……".

21) 「李대통령 소폭 개각…3개 부처장관 교체」, 『東亞日報』, 2008.07.07. "교육-안병만. 농림-장태평. 복지-전재희. 김황식 감사원장……".

22) 「김대통령 26일 개각단행」, 『한국일보』, 2001.03.25. "김대중(金大中), 이한동(李漢東), 임동원(林東源), 한승수(韓昇洙)……".

23) 「위장전입 등 '4대 지뢰밭' 잘 넘을까」, 『한국일보』, 2011.09.01. "류우익, 임채민, 최광식, 김금래".

이었다. 훈민정음 창제 이후에도 1980년대까지는 국한자혼용이 주류였다. 이 말은 한자가 많이 쓰이건 적게 쓰이건 그 비율과 관계없이 한자가 한글과 대등하게 쓰였다는 뜻이다. 곧 한자가 괄호 없이 그냥 밖으로 내어서 쓰였다는 뜻이다. 「한글전용법」과 「국어기본법」 제14조 제1항은 한자는 반드시 괄호 안에 넣어서 외국 글자처럼 적어야 한다고 규정하고 있다. 그렇게 괄호 안에 넣어 적은 한자는 한글전용 체제 하의 외국 글자로서의 한자이다.[24] 이러한 한글전용 글은 최대한 길게 잡아주어도 최근 약 30년간(1983~2013), 곧 韓國 文字 表記史에서 2%도 채 안 되는 짧은 기간에만 주류를 차지한다. 따라서 한국어 표기사 전체로 볼 때, 한문 및 국한자혼용은 정통이자 압도적인 주류를 차지하고 있다. 반면에 오로지 한글만 적거나 한자를 괄호 안에 적는 한글전용은 극히 최근에 중심이 된 이단이자 비주류에 불과하다. 그것도 「한글전용법」과 「국어기본법」이라는 강력한 법의 힘을 빌려 수십 년간 억지로 국민을 강요하여 얻은 결과가 그러하다. 그러니 한글전용은 우리나라 문자 표기사에서 전혀 정통성이 없는 소수 이단인 것이다.

사실이 이러함에도 大韓民國 정부는 2005년에 「국어기본법」을 만들면서 정통인 국한자혼용을 채택하지 않고 소수 이단인 한글전용을 채택하는 엄청난 오류를 저질러 버렸다. 한국어 문자 표기사에서 98%의 기간을 세밋대로 삭제시겨 버리고 단지 2%의 기간만 인정한 것이다. 이것을 도대체 정상적인 법이라고 할 수가 있는가? 소수에 불과한 이단이자 비주류인 한글전용을 마치 正統과 主流인 것처럼 歪曲·造作해 놓은 「국어기본법」은 엄청난 역사왜곡을 저지르고 있는 것이다. 이는

---

24) 대개 신문들에서 1980년대까지는 漢字를 괄호 안에 적지 않고 한글과 마찬가지로 밖으로 내어서 썼다. 또는 한자를 앞에, 한글을 뒤에 괄호 안에 넣어서 적었다. 곧 漢字를 우리 글자로서 썼다. 그런데 1990년대 이후부터는 漢字가 괄호 안으로 들어가 버렸다. 곧 漢字를 외국 글자로서 쓰게 되었다. 한글전용이란 한글만 쓰거나 漢字를 섞어 쓰더라도 괄호 안에 넣어서 외국 글자처럼 쓰는 것이다.

마치 손바닥으로 하늘을 가리려 하는 것 같은 駭怪罔測하고 荒唐無稽한 법이다. 대한민국 정부가 순리를 거역하고 이렇게 인위적이고 강제적으로 이상한 방향으로 한국어를 변질시키려 해서는 안 된다.

오늘날의 한글, 곧 본디 訓民正音은 태어났을 때부터 漢字와 함께 사용되었다는 歷史性을 무시하면 안 된다. 세종대왕이 訓民正音을 만들었으면서도 한글전용을 하지 않았던 데는 다 그럴 만한 까닭이 있었다. 한글은 소리글자이기 때문에, 그 성질로 보았을 때 토박이말에만 적합한 글자이기 때문이다. 한글은 한자어의 의미는 나타내지 못하므로, 한자어에는 문자로서 기능하기 어렵다. 다만 한글은 소리글자이기 때문에 한자어의 발음을 적는 발음기호 구실은 할 수 있다. 그렇기 때문에 오늘날과 같이 한글전용을 하면, 한글은 토박이말에 대해서는 문자로서 기능하는 것이지만 한자어에 대해서는 발음기호로서 기능하는 것에 불과하다. 그러니까 오늘날 한글전용 글은 토박이말일 때는 글자, 한자어일 때는 發音記號, 이런 식으로 문자와 發音記號가 번갈아 나오는 형태의 異常한 글인 것이다. 세종대왕이 이렇게 異常한 방식으로 글을 쓸 수는 없었던 것이다. 글 전체를 글자로 적어야 하기 때문에, 세종대왕은 토박이말을 적을 때는 훈민정음으로, 한자어를 적을 때는 한자로 적음으로써 글 전체를 문자로 적은 것이다.

그러니 國語學의 이치에 정통한 세종대왕이 국어학의 이치에 맞지 않는 한글전용을 할 리가 만무한 것이다. 세종대왕만 국한자혼용이 옳다는 이러한 국어학적 이치를 안 것이 아니다. 이것은 정상적인 사고방식을 지닌 사람이라면 누구나 상식적으로 알 만한 내용이다. 그렇기 때문에 조선왕조 500년간 국한자혼용 글이 중심을 이루었고 한글전용은 소수에 그친 것이다.

그런데 「국어기본법」 제3조 제2항은 그러한 국어학적 이치를 부정하고 또 한국어 표기사를 왜곡하여 한글만 한국어 글자로 규정하고 있다.

그러니까 「국어기본법」 제3조 제2항은 국어학적으로나 국어사적으로 객관타당성이 완전히 결여된 악법인 것이다. 한자어를 적을 글자[漢字]가 있음에도 굳이 내쫓고 發音記號[한글]로 적게 하는 한글전용은 잘못인 것이다. 한자어는 세종대왕이 한 것처럼 당연히 한자로 적어야 하는 것이다.[25] 그러므로 「국어기본법」 제3조 제2항은 "'漢字'와 '한글'은 韓國語를 표기하는 두 文字를 말한다."로 바로잡아야 마땅하다.

(2) '合理性'의 觀點

이번에는 '合理性'의 측면에서 漢字가 우리 글자인지 아닌지를 살펴본다.

1) 漢字는 漢字文化圈의 共通 文字

첫째, 漢字를 만든 민족은 흔히 漢族이라고 짐작한다. 하지만 확실한 근거는 없다. 오히려 우리 동이족이 한자를 만들었다는 설도 유력하다.[26] 그러니 한자를 어느 민족이 만들었는지는 단정할 수 없는 일이

25) 한글전용론자들은 漢字가 필요하면 괄호 안에 적으면 된다고 强辯한다. 하지만 漢字를 밖으로 내어 쓰지 않고 괄호 안에 적으면 韓國語를 正常的으로 表現하지 못한다. 그래서 여러 가지 副作用이 많이 발생한다. 이 문제에 대해서는 金昌辰, 「한글專用 體制에서 漢字語 表記의 問題」, 漢字漢文教育 제23집, 韓國漢字漢文教育學會, 2010, pp.187~212. 참고. 또한 漢字를 괄호 안에 적게 되면 한글과 漢字를 二重으로 표기해야 하므로 번거롭고 귀찮아서 결국은 나중에는 아예 그나마 漢字를 적지 않게 되어버리는 경향이 크다. 따라서 漢字는 正常的으로 한글과 對等하게 밖으로 내어 써야 하는 것이다.

26) 박희준 기자, 「[단독] '한자=동이족 창제' 중국학자들도 인정?」, 『세계일보』, 2011. 07.04. "한자를 한(漢)족이 아니라 동이(東夷)족이 만들었다는 진 교수의 학설이 중국 학자들 사이에서도 큰 거부감 없이 받아들여지고 있음을 보여주는 일화다. 진 교수는 갑골문 분석과 중국 사학자 쩌우쥔멍(鄒君孟), 왕위저(王玉哲),장원(張文)과 쑨펑(孫鵬) 창힐문화연구회장, 대만의 문자학자 이경재(李敬齋)의 논문 등을 들어 동이족이 한자를 만들었다고 보고 있다. 그는 "세계적인 중국의 문호 린위탕(林語堂 · 1895~1976년)도 한자를 동이족이 만들었음을 인정했다"고 말한다. 우리나라

다. 아직도 논쟁이 분분한 문제로서 定說이 없다. 그러니 한자를 연원을 따져서 중국 글자라고 단정 짓는 것은 잘못이다. 그리고 무엇보다 중요한 것은 한자를 누가 만들었든 간에 그 민족만의 전유물은 아니라는 사실이다. 그러니까 한자를 누가 만들었건 간에 사실 그것은 전혀 중요한 문제가 아니다.

둘째, 文字는 한 민족의 專有物이 아니다. 문자는 여러 민족이 공동으로 쓸 수 있다. 문자는 누가 만들었는지를 따지지 않는다. 문자는 누가 만들었건 어떤 민족이 받아들여 쓰면 바로 그 민족의 글자가 된다. 얼마 전 우리는 인도네시아의 찌아찌아족에게 한글을 수출했다. 찌아찌아족이 한글을 자기 문자로 받아들인 순간, 한글은 즉각 찌아찌아족의 글자가 되었다. 그러니까 한글은 물론 한국의 글자이지만 동시에 찌아찌아족의 글자도 된 것이다.

얼마 전 중국에서 한글의 컴퓨터 표준자판을 만든다고 해서, 한국 국민들이 분노한 적이 있다.[27] 하지만 한글은 중국의 조선족들도 쓰고 있다. 따라서 중국 정부의 처지에서 보면, 한글은 중국 내 한 소수민족의 문자이다. 그러므로 중국 정부도 한글을 자국 내 문자 중 하나로 주장할 권리가 있다. 곧 한글은 한국만의 글자가 아닌 것이다. 한자도 마찬가지다. 한자는 중국의 글자이기도 하지만 우리 민족이 2천 년 전에 한자를 우리 민족의 글자로 받아들인 순간, 동시에 한민족의 글자도 된

초대 문교부장관인 안호상(1902~99년) 박사가 린위탕을 만나 "중국이 한자를 만들어 놓아서 한국까지 문제가 많다"고 하자 "그게 무슨 말이오? 한자는 당신네 동이족이 만든 문자인데 그것도 아직 모른단 말입니까"라고 얘기했다는 것." 이러한 학설은 다음의 책에 자세히 설명되어 있다. 陳泰夏, 『漢字學全書』, 書藝文人畵, 2009.

27) 김인순 기자, 「첨단 IT 기기 한글 입력 표준, 중국에 빼앗길 위기」, 『전자신문』, 2010.10.11. "중국이 `한글공정`에 나섰다. 고구려와 발해 등 우리 역사를 왜곡한 `동북공정(東北工程)`에 이어 조선족이 사용하는 `조선어`를 자국 언어라고 우기며, 스마트폰117과 태블릿PC 등 첨단 정보기기 한글 입력방식의 국제 표준 제정을 추진 중인 것으로 본지 취재결과 확인됐다."

것이다. 한자는 그런 이치로 日本의 글자도 되었다. 그런 과정을 거쳐서 한자는 이미 한자문화권의 공통 문자가 된 지 오래이다.[28]

셋째, 漢字라는 글자 자체에는 정해진 國籍이 없다. 한자가 써진 서예작품은 무조건 중국인의 서예 작품인가? 한국인의 작품일 수도 있고, 일본인의 작품일 수도 있다. 그러므로 한자 자체에는 국적이 없는 것이다. 따라서 한자를 무조건 중국 글자라고 말하는 것은 잘못이다. 마치 로마자를 놓고서 서양 어느 특정 민족의 글자라고 단정 지을 수 없는 것과 같은 이치이다. 그러니까 漢字는 漢字文化圈인 韓國, 中國, 日本, 臺灣 등의 '東方 共通 文字'라고 말해야 옳다. 하지만 또 세부적으로 살펴보면 한자는 각 민족에 따라 조금씩 다른 독자성을 지니고 있기도 하는 별개의 문자이기도 하다. 우리 한국인이 쓰고 있는 한자는 중국이나 日本이 쓰고 있는 漢字와는 분명히 다른 독자성을 지니고 있다. 그러니 韓國 漢字를 中國 글자라고 하는 것은 엄연한 현실을 왜곡하는 망발인 것이다.

2) 韓國 漢字는 形·音·義에서 獨自的인 文字

漢字는 形·音·義의 세 가지 요소를 지니고 있다. 韓國 漢字는 中國이나 日本 漢字와 그 세 가지 면에서 모두 조금씩은 다른 獨自的인 글자이다.

① 音

漢字는 그 자체만 놓고서는 어느 민족의 글자라고 말할 수 없다. 다만 한字는 읽는 발음에 따라서 국적이 생긴다. 한자를 한국어 발음으로

28) 崔炅鳳, 『한글민주주의』, 앞의 책, p.257. "한글은 우리의 문자이지만 동시에 세계 모든 사람들이 한글의 주인이 될 수 있다. 한글만 그런다. 로마자는 유럽인들과 미국인들의 문자이면서 동시에 우리의 문자이기도 하고, 한자는 중국의 문자이면서 수 천 년 동안 우리의 문자였고 지금도 그렇다."

읽으면 한국 글자, 중국어 발음으로 읽으면 중국 글자, 일본어 발음으로 읽으면 일본 글자가 되는 것이다. 그러니까 민족을 구별하는 데는 문자가 중요한 것이 아니라 발음이 중요한 것이다. 문자는 여러 민족들이 공통으로 쓸 수 있지만 발음은 각 민족마다 다르다. 그래서 민족을 가르는 기준은 문자가 아니라 발음이다. 문자를 가지고는 민족을 가를 수 없다. 하지만 말소리를 가지고는 민족을 가를 수 있다. 따라서 말소리가 다른 것이 민족을 나누는 기준이다.[29] 한국인은 이 사실을 모르고 다만 문자 문제에만 쓸데없이 매달린다. 그리고 한자가 누구 것이냐는 아무 쓸데없는 논쟁만 되풀이하고 있다. 한자가 누구 것일 수도 없지만, 한자가 누구 것이든 그것은 전혀 중요한 문제가 아니다.

따라서 중요한 것은 한자라는 문자가 아니라 그 한자를 읽는 發音이다. 한자를 한국어 발음으로 읽는다면, 그 한자는 한국어 글자로서의 한자이지 중국어 글자로서의 한자가 아닌 것이다. 중국의 한자는 중국어 발음으로 읽는 글자이기 때문이다. 중국의 한자는 결코 한국어 발음으로 읽지 않는다. 따라서 한국어 발음으로 읽는 한자는 결코 중국의 글자가 아니다. 그렇기 때문에 한국인이 한국어 발음으로 읽는 한자는 한국의 글자일 수밖에 없다. 그러므로 한국에서 쓰는 한자를 중국 글자라고 한글전용론자들이 말하는 것은 전혀 이치에 맞지 않는 말이다. 흔히 한글전용론자들이 한자를 중국 글자라고 하여 「국어기본법」 제3항 제2조를 정당화하려 하지만, 한민족이 쓰는 한자는 결코 중국 글자가

29) 민족을 가르는 가장 중요한 기준은 문자가 아니라 말의 발음이다. 어떤 사람이 漢字를 韓國語 發音으로 읽으면 그 사람은 韓民族이다. 中國에 사는 朝鮮族이 있다고 하자. 그 사람의 국적은 中國이다. 그 사람은 國籍으로는 中國人이다. 하지만 이 사람이 漢字를 韓國語 發音으로 읽는다면, 그 사람은 民族上으로는 韓民族인 것이다. 그 사람은 中國語를 할 때나 韓國語를 할 때나 같은 漢字를 쓴다. 그러니 漢字라는 文字로는 그 사람이 어떤 民族인지 알 수 없다. 다만 그 사람이 漢字를 中國語 發音으로 읽는다면 그 사람은 中國 民族이고, 그 사람이 漢字를 韓國語 發音으로 읽는다면 韓民族인 것이다.

아닌 것이다.

여러 나라에서 쓰는 한자의 글자 모양이 같아 보일지라도 그 한자는 어떤 발음으로 읽히느냐에 따라서 각기 한자의 국적이 달라진다.[30] 이렇게 한자는 발음이 달라지면 국적이 달라진다. 이처럼 읽는 발음에 따라 문자의 국적이 달라지는 이치는 서양의 로마자도 마찬가지다. 로마자는 여러 민족들이 쓰는 문자가 그 형태는 비슷하지만, 읽는 발음에 따라서 서로 다른 민족의 문자가 된다.[31] 그럴 경우 각 민족은 그 로마자를 다 각기 자기 문자라고 말한다. 서양의 민족들은 로마자를 공통으로 사용하지만, 로마자가 자기 글자가 아니라고 스스로 부정하는 민족은 하나도 없다. 따라서 한자를 한국의 글자에서 제외시켜버린 「국어기본법」 제3조 제2항은 보편적인 언어 현상에 어긋나는 잘못된 법인 것이다.

② 形

韓國 漢字는 中國 漢字와 形態도 조금 다르다. 근래 중국은 한자를 기존의 글자체[繁體字]를 버리고 簡體字로 글자 모양을 바꾸었다. 따라서 현재 중국의 한자 모양과 한국의 한자 모양은 조금 다르다. 또 일본의 한자도 略字를 많이 쓴다는 점에서 한국 한자와는 조금 다르다. 畓,

30) 예를 들어 본다. 新羅 鄕歌 「處容歌」에는 '東京'이 나온다. 그 '東京'을 韓國人은 [동경]으로 읽는다. 그러니 '東京[동경]'은 韓國 글자로서의 漢字이다. 그런데 日本의 首都도 '東京'이다. 日本人은 '東京'을 [토오쿄오]라고 발음한다. 그러니 '東京[토오쿄오]'는 日本 글자로서의 漢字이다. 또한 中國語 發音으로 읽는 '東京[둥징]'은 中國 글자로서의 漢字이다. 이렇게 '東京'이라는 文字는 세 나라 똑같으므로 文字를 가지고서는 그 漢字의 國籍을 말할 수 없다. 다만 그 漢字를 사람이 發音했을 때, 그 發音에 따라 그 漢字의 國籍이 구별되는 것이다.

31) 崔炅鳳, 『한글민주주의』, 앞의 책. p.146. (가) Socrates (그) 소크라테스 : (영) 소크러티즈, (프) 소크라라트, (독) 소크라테스, (스) 소크라티스. (나) George (영) 조지 : (프) 조르주, (독) 게오르크, (스) 호르헤, (이) 조르지오, (그) 게오르기오스. (다) Wien (독) 빈 : (영) 비에너, (프) 비엔느, (스) 비에너스, (이) 비엔나.

乭, 巪 등 우리 한민족이 만든 우리말의 고유한 한자도 있다. 이렇게 형태면에서 현재 한국어의 글자로서 한자는 중국어의 글자로서 한자와 일본어의 글자로서 한자와 각기 조금씩 다르다.

그렇기 때문에 지금 우리가 쓰고 있는 한자를 중국 글자라고 하면 분명코 틀린 말이다. 중국인들에게 지금 우리가 쓰고 있는 한자를 보여주면 그들은 잘 읽지 못한다. 이것은 우리 한자가 중국 글자가 아니라 한국 글자이기 때문이다. 반대로 지금 중국이 쓰고 있는 한자 곧 簡體字를 우리 한국인에게 보여주면 한국인 또한 잘 읽지 못한다. 簡體字는 중국 한자이기 때문이다. 이렇게 중국의 간체자와 한국의 한자는 서로 다른 글자이다. 곧 지금 우리가 쓰고 있는 한자는 한국의 글자로서, 그 형태에서 중국의 한자와는 다른 獨自性을 지닌 漢字인 것이다.

③ 義

漢字는 韓民族이 2천 년 간 우리 文字로서 쓰면서 그 쓰임이 중국과는 많이 달라졌다. 漢字語의 意味도 물론 같은 의미로 쓰는 경우도 많지만 달라진 것들도 많다. 몇 개만 예를 들어보면 다음과 같다. 韓國의 '工夫'를 中國은 '學習', 日本은 '勉強'이라 한다. 韓國의 '兄夫'를 中國은 '姐夫', 日本은 '義兄'이라 한다. 韓國의 '親庭'을 中國은 '娘家', 日本은 '実家'라 한다. 韓國의 '親舊'를 中國은 '朋友', 日本은 '友達'이라 한다. 韓國의 '地下鐵'을 中國은 '地鐵', 臺灣은 '捷運'이라 한다. 韓國의 '自動車'를 中國은 '汽車'라 한다. 韓國의 '自動車'를 中國은 '汽車'라 한다. 韓國의 '物件'을 中國은 '東西'라 한다. 韓國의 '婦人'을 中國은 '愛人', 韓國의 '男便'을 中國은 '丈夫', 韓國의 '團束'을 中國은 '約束'이라 한다. 이처럼 韓國과 中國, 日本은 각기 漢字를 자국의 문자로 쓰면서 意味에서도 獨自的인 글자로 발전시켜 나갔다. 그러므로 韓國의 漢字는 그 意味에서도 中國의 漢字와는 獨自性을 지닌 別個의 문자이다.

위에서 논의한 내용을 정리하면, 2천 년 전에 우리 한민족은 한자를 받아들여 주체적으로 사용하여 왔다. 그래서 오늘날 한국 글자로서 한자는 중국 글자로서 한자와 形·音·義가 조금씩 달라졌다. 한자를 읽는 발음도 중국과 다르고, 한자의 모양도 중국과 다르고, 한자로 만든 한자어의 어휘와 쓰임도 중국과 다른 게 많다. 이렇게 지난 2천년 동안 우리 한민족은 한자를 우리 글자로서 쓰면서, 중국어의 한자와는 다른 독자적인 한국어의 한자를 만들어 왔다. 요컨대 한국의 한자는 形·音·義 세 가지 면에서 중국의 한자와는 다른 독자성을 지닌 문자인 것이다. 따라서 우리 한민족이 쓰는 한자는 우리 글자인 것이다.

이것은 서양의 로마자도 마찬가지다. 서양의 여러 민족들은 같은 로마자를 받아썼지만 세월이 흘러 민족마다 조금씩 形·音·義가 달라졌다. 그럴 경우 서양의 각 민족은 로마자를 제각기 자기 문자라고 말한다. 마찬가지로 한자도 韓國, 中國, 日本, 臺灣 여러 나라의 각기 자기 문자인 것이다. 그러므로 한자를 한국의 글자에서 제외시켜버린「국어기본법」제3조 제2항은 명백히 오류인 것이다.

3) 韓國 漢字는 韓國의 '傳統 文字'

漢字가 우리 글자라는 사실을 다른 文化遺産과 관련지어 설명하고자 한다. 佛敎와 儒敎는 韓國의 文化인가, 아닌가? 佛敎는 印度에서 중국을 거쳐 들어왔고, 유교는 중국에서 들어왔다. 그러니 외래문화라는 점에서 한자와 비슷한 경우이다. 그런데 지금 불교와 유교를 우리 종교가 아니라고 생각하는 한국인이 있는가? 또 불교와 유교가 외국에서 들어왔으니까 쫓아내야 한다고 말하는 한국인이 있는가? 그런데 왜 유독 한자만 우리 문자가 아니라고 규정하고 쫓아내야 한다고 말하는가? 형평성에 맞지 않잖은가?

韓國 국민은 佛敎와 儒敎를 韓國의 '傳統文化'라고 생각한다. 왜냐하

면 비록 佛教와 儒教가 외국에서 들어왔을지언정 이미 한민족이 그것들과 함께 한 시간이 천년이 넘고, 그러는 사이에 불교와 유교는 이미 한국화되었기 때문이다.[32] 그렇게 하여 이미 우리 것이 된 것이다. 그래서 이제 와서 불教와 유교가 우리 종교임을 부정하는 한국인은 없다. 유교와 불교는 이미 한국의 전통문화가 된 것이다. 심지어는 들어온 지 수백 년밖에 되지 않은 기독교도 오늘날 남의 것이라고 생각하는 한국인은 별로 없다. 그러니 2천 년 간 써온 한자를 남의 것이라고 하는 것이 얼마나 사리에 맞지 않는 생각인가? 漢字는 우리의 '傳統 文字'인 것이다.

또 다른 예를 들어보자. 端午는 원래 중국에서 들어온 풍습이다. 그런데 오늘날 단오를 우리 전통문화로 보지 않는 한국인이 있는가? 단오는 원래 中國 楚나라 굴원의 忠節을 기리기 위해 시작된 풍습이 우리나라에 들어온 것이다. 그런데 이 땅에서 오래 되다 보니 한국화되었다. 특히 江陵 端午祭는 오히려 중국보다 더 성대한 잔치가 되었다. 그래서 2005년 우리나라가 유네스코에 요청하여 世界無形遺産으로 등록했다. 이 소식을 들은 중국인들은 분노하였으나 한국인은 江陵 端午祭는 韓國式 端午라고 긍지를 느끼고 있다.[33]

---

32) 예를 들어 文廟에 儒教 聖人들을 모실 때 中國人 孔子·孟子 등과 함께 朝鮮人인 圃隱·退溪 등도 함께 넣어서 中國과는 조금 다른 韓國式 儒教를 이룩한 것이다. 佛教도 마찬가지다. 韓國 佛教의 행사였던 八觀會는 土俗神에 대한 祭禮와 佛事를 겸한 행사였다. 또한 燃燈會도 古代로부터 전해 온 豊年祈願祭와 佛事를 겸한 행사였다. 이처럼 儒教와 佛教는 韓國에 들어와서 韓民族과 역사를 함께 하면서 韓國의 宗教가 된 것이다.

33) 이순원 소설가, 「[세상사는 이야기] "강릉 단오"가 무엇이건데… 」, 『세계일보』, 2007.06.16. "특히 강릉단오제는 2005년 유네스코에 의해 '세계 인류구전 및 무형유산 걸작' 중의 하나로 선정되었다. 그때 단오 명절의 유래와 기원의 원전이 되는 '중국의 단오'도 함께 신청되었는데, 유네스코 심사단이 중국의 단오보다 강릉단오제를 인류의 문화유산으로 선정한 것이다. 중국의 단오는 멱라수에 몸을 던진 시인 굴원의 전설 속에 겨우 명맥만 유지하고 있지만, 우리의 단오는 오랜 세월 동안 민족의 생활 속에 축제로 남았기 때문이다. …… 어린 날 창포물에 머리를 감고 수

이렇게 韓國人들은 外來文化인 佛敎, 儒敎, 端午, 심지어는 基督敎도 모두 우리 문화, 곧 傳統文化로 인정하고 矜持를 느끼고 있다. 佛敎도, 儒敎도, 端午도, 基督敎도 다 外國에서 들어왔지만 다 오랜 기간 이 땅에서 韓民族과 함께 살아왔다. 따라서 佛敎도, 儒敎도, 端午도, 基督敎도 다 이제는 우리 것이 된 것이다. 물론 그 원산지 나라의 것이면서 동시에 한국 것이기도 한 것이다.

漢字도 똑같은 경우이다. 한자도 佛敎, 儒敎, 端午, 基督敎처럼 이 땅에서 오랜 기간을 한민족과 함께 살아왔으므로 당연히 같은 이치로 이미 우리 것이 된 것이다. 물론 그 원산지인 중국의 것이면서 동시에 한국 것이기도 한 것이다. 원래 文化란 여러 민족들이 공유하는 경우가 많다. 그래서 '文化圈'이라는 말이 생겼다. '佛敎文化圈', '儒敎文化圈', '漢字文化圈' 등이 곧 그것이다. 이렇게 문화는 크게 한 문화권을 형성하면서 동시에 또 조금씩 다른 독자성을 지니고 있기도 하다. 그렇기 때문에 漢字는 儒敎나 端午 등처럼 중국의 것이면서 동시에 우리 것이기도 한 것이다. 그러니까 우리 한국인이 쓰고 있는 漢字는 '韓國式 漢字'로서 우리 글자인 것이다.

3. 「國語基本法」은 惡法이다

(1) 국민의 文字 選擇權을 制限한 惡法

言語와 文字는 특별한 일이 없으면 言衆이 자연스럽게 선택해서 쓰

리취떡과 앵두화채를 먹었듯 지금도 단오가 되면 나는 고향으로 가 창포물에 머리를 감고 단오장을 찾아간다. 우리나라에 이런 원형 축제가 그대로 남아 계승되고 있다는 것이 나는 자랑스럽다."

도록 정부는 관여하지 않는 게 바람직하다. 한민족의 역사에서 문자는 한자와 한글 두 가지가 어떤 형태로든 공존하면서 쓰여 왔다. 지난 2천년간 언중은 자연스럽게 개개인이 문자를 선택하여 자유롭게 써왔다. 그것을 국가가 법으로써 인위적이고 편파적으로 왜곡시키거나 강제하거나 금지시켜서는 안 된다. 따라서 1948년에 만든 「한글전용법」과 2005년에 만든 「국어기본법」은 그 발상 자체가 잘못이다.

정부가 법을 통해 특정한 언어나 문자를 국민에게 강요하는 일은 정상적인 일은 아니다. 아주 독재적인 정부나 아니면 다른 나라를 침략하고 정복하여 식민지로 다스릴 때나 가능한 발상이다. 王權時代인 朝鮮時代에도 문자선택은 국민의 자유로운 권리로 허용했다. 燕山君은 한글 사용을 금지함으로써 "暴君"이라는 비판을 받았다. 반면에 大韓帝國의 高宗은 洪範 14조를 宗廟에 誓告하면서 漢文, 國漢字混用文, 訓民正音으로 된 세 종류의 글을 발표하였다. 한국어 문자의 다양성을 존중한 것이다. 그런데 자유민주주의를 표방하는 대한민국이 만든 「국어기본법」은 2천년이나 된 한자의 시민권을 제멋대로 박탈하고 국민에게 쓰지 못하도록 禁止해 버렸다. 「국어기본법」은 '暴君 燕山君'이 이 시대에 재림한 것이나 마찬가지다.

오늘날 세계 여러 나라들은 언어와 문자 사용에서 다양성을 존중하고 있다. 美國 은 자기 나라 언어와 문자가 무엇이라고 法으로 규정하고 있지도 않다. 다언어정책을 수립하여 이민자의 언어들도 존중하는 교육을 하고 있다.[34] 또 싱가포르는 현재 英語, 中國語, 말레이어, 타밀

---

34) 한국교육개발원, 「국가별 교육동향」, 2013.10.14. "미국의 초 · 중등학생은 학교에서 다양한 언어를 듣고 배우고 자라고 있음. 제2외국어는 더 이상 선택이 아닌 필수가 되어버릴 정도로 외국어를 배우는 것을 학교에서도 적극적으로 권장하고 있음. 많은 학생들이 스페인어, 불어 그리고 독어를 하고 있는 것으로 나타남. 그러나 과연 스페인어가 제2외국어인지 여부를 판단하기는 어려움. …… 상황이 이렇다 보니 스페인어를 제2외국어로 가르치기보다는 이중언어(Dual Language) 프로그램을 이용해 가르치는 방법이 주목을 받고 있음. 이중언어 프로그램은 언어를

어 등 네 가지 언어를 공용어로 사용하고 있다. 또한 인도는 국가 차원에서 14개의 공용어를 사용하고 있다. 게다가 州의 공용어가 따로 있을 정도이다. 그리고 캐나다는 영어를 공용어로 사용하지만 퀘벡주에서는 프랑스어를 공용어로 인정한다.

반면에 외국을 침략하여 식민지로 만드는 나라는 자기 언어와 문자부터 식민지 국민들에게 강요한다. 日帝强占期 때 日帝는 朝鮮人에게 日本語를 '國語'라고 부르게 강요했다. 그리고 韓國語는 '朝鮮語'라고 별도로 취급했다. 하지만 이런 악독한 일제마저도 30년 동안은 '朝鮮語'를 없애지 않고 '國語[日本語]와 공존시켰다. 그러다가 1938년 이후 戰時가 되자 '朝鮮語'를 없애버렸다. 현재 대한민국 정부는 그 전시 체제의 朝鮮總督府와 다를 바 없다. 도저히 자유민주주의 정부라고 할 수 없다. 독재도 이런 독재가 없다. 대한민국 정부는 문화 독재를 저지르고 있다. 아니 大韓民國 정부는 朝鮮總督府보다도 더한 짓거리를 恣行하고 있다. 조선총독부는 조선어가 남의 언어니까 탄압했지만, 대한민국 정부는 자기 민족이 古來로 2천 년 간 사용해온 자기 문자를 도대체 왜 탄압하는 것인가? 자기 스스로 자기 전통을 파괴하고 있는, 도무지 이해할 수 없는 일을 대한민국 정부는 벌이고 있다.

우리나라와 비슷한 언어 환경에 놓여 있는 일본의 경우를 보자. 일본에서는 1945년 패전 직후에 '常用漢字'라 하여 한자를 1,850자 정도로 제한하였다. 이에 대해 1981년 3월에 日本文藝家協會가 발표한 聲明書는 이러한 개혁에 대한 불쾌감을 단적으로 표현하고 있다.

> 개개 한자의 사용빈도는 시대와 함께 변화하며 실질적으로 없어지는 한자도 있다. 그러나 이것은 세월의 흐름에 맡겨야 할 것이며 법적 조

가르치는 것에 집중하는 것이 아니라 두 언어를 모두 사용해 수업함으로써 학생들이 자연스럽게 두 언어를 배우는 것임." (출처 : Education Week, 2013.9.10.)

> 치로 사용을 제한해서 되는 일이 아닐 것이다. 한자제한은 때로는 일본어 단어의 사용 제한을 의미한다. 법적 조치로 단어의 사용을 제한하는 일 따위가 허용되어서 좋을 리가 없다. 그것은 전통을 부정하고 언어 본래의 자연적인 기능을 구속하며 표현의 자유에 대한 도전을 의미한다.(자료 22.)[35]

이처럼 日本 문학인들은 한자를 완전히 없앤 것도 아니고 사용을 常用漢字 1,850자 정도로 제한한 것만 가지고도 저렇게 "세월의 흐름에 맡겨야 할 것이며 법적 조치로 사용을 제한해서 되는 일이 아닐 것"이라고 엄청나게 분노하며 규탄하고 있다. 아울러 "전통을 부정하고 언어 본래의 자연적인 기능을 구속하며 표현의 자유에 대한 도전"이라고 분개하고 있다. 그런데 한국 정부는 일본 정부보다도 훨씬 더 심하게도 한자 사용을 제한하는 정도가 아니고 아예 한자를 한국어 문자에서 완전히 제외시켜 버리는 暴擧를 자행하고 있다. 그러니 이것은 잘못되어도 크게 잘못된 일이다. 正常的인 나라라면 도저히 있을 수 없는 일이 벌어진 것이다.

(2) 客觀妥當性을 喪失한 偏頗的인 惡法

大韓民國 정부는 1948년에 「한글전용법」을 만들지 말았어야 했고, 2005년에 「국어기본법」을 만들지 않았어야 한다. 그냥 言衆에게 자유롭게 문자를 선택할 수 있는 權利를 맡겨두었어야 한다. 하지만 국가가 어떤 필요성에 의해서「국어기본법」을 만들어서 어쩔 수 없이 한국어의 글자를 규정했어야 한다면, 歷史性과 合理性을 정밀하게 살펴서 한국어의 문자를 客觀妥當性있게 규정했어야 했다. 곧 국어사적으로나 국어학적

35) 노무라 마사아키 지음, 송명빈 옮김, 『한자의 미래』, 앞의 책, p.180.

으로 타당한 근거를 가지고 「국어기본법」을 만들었어야 한다. 그랬다면 순리에 따라 당연히 國漢字混用을 택했을 것이다. 하지만 大韓民國 정부는 전혀 그러지 않았다. 소수 비주류인 한글전용론자들의 주장만 일방적으로 따라서 객관타당성이 심각하게 결여된 편파적인 법을 만들고 말았다.

「국어기본법」은 이름 그대로 大韓民國 국어의 基本을 정한 법으로서, 語文政策에 대해서는 憲法과 같은 법이다. 그렇기 때문에 이 법은 대한민국 국민의 모든 국어생활에 결정적인 영향을 끼친다. 이 법이 「공문서 기본법」이라고 법률 명칭이 되어 있지 않기 때문에, 그 법안에서는 비록 부분적으로 公文書에 한정하여 논한 부분이 있다 할지라도[36), 한국인은 누구나 이 법을 모든 국민이 영위하는 국어생활의 기본으로서 포괄적으로 따라야 한다고 인식하게 된다. 또 실제로 한국인의 모든 국어활동은 이 법에 근거를 두고 이루어진다. 그런데 이러한 법에서 한글만 한국어의 글자로 인정하고 한자는 제외시켜 버린 것은, 大韓民國 정부가 한국 국민들에게 한글만 한국어의 글자이고 한자는 한국어의 글자가 아니라고 宣言한 것이다. 그리고 한자를 쓰지 못하게 금지해 버린 것이다.

이렇게 大韓民國 정부가 「국어기본법」을 통해 한글에는 韓國語의 글자로서 배타적이고 독점적인 특권을 주고, 한자에는 2천년간 한국어 문자로서 취득한 시민권을 하루아침에 박탈해버린 것은 완전히 편파적인 일이다. 이 일은 비단 한자가 한국어의 문자로서 쓰일 정당한 권리를 침해한 일일 뿐 아니라, 그 정당한 권리를 지닌 한자를 자유롭게 사용할 권리를 지닌 한국 국민 개개인의 정당한 권리도 함께 침해하는 일

---

36) 「국어기본법」 제14조 제1항. "공공기관 등의 공문서는 어문규범에 맞추어 한글로 작성하여야 한다. 다만, 대통령령으로 정하는 경우에는 괄호 안에 한자 또는 다른 외국 글자를 쓸 수 있다."

이다.

그리하여 이 잘못된 「국어기본법」은 현재 한국 국민의 국어생활 전반에 걸쳐 심각한 악영향을 끼치고 있다. 따라서 잘못된 「국어기본법」은 반드시 바로잡아야 마땅하다. 그래야 한국어가 정상화되고 한국인의 국어생활이 정상화된다.

현재 「국어기본법」 제3조 제2항이 "한글이란 국어를 표기하는 우리의 고유문자를 말한다."고 규정하고 있는 일은 문학적으로 비유하자면 이렇다.

> 어느 집 家長이 자기 자식인지 남의 자식인지 확실치 않은 아들을 자기 자식으로 길렀다. 당시 이 아들은 그 집안의 유일한 아들이었다. 家長은 이 아들을 자기 자식으로 인정하고 일을 많이 시켜서 부려먹었다. 그리하여 이 큰아들은 40살[2천년]이 되도록 성실하게 살면서 집안 재산의 90% 이상을 늘렸다. 집안을 일으키는 데 큰 貢獻을 한 것이다. 그런데 家長은 11년[560년] 전에 자기 자식이 확실한 둘째아들을 낳았다. 이 작은아들은 재산의 10%도 늘리지 못했다. 그런데 家長은 어느 날 선언했다. "작은아들이란 우리 집의 고유한 아들을 말한다.".

이럴 경우, 큰아들의 법적 지위는 어떻게 되는가? 위의 선언은 작은아들의 지위만을 말하고 있다. 그러면 큰아들은 도대체 이 집에서 무엇이라는 말인가? 큰아들에 대해서는 아무 언급도 없는 이 선언이 과연 법적으로 정당성을 인정받을 수 있는가? 큰아들을 제외시킨 이 선언은 실제로 큰아들로서 구실해온 큰아들을 법적으로 무시한 잘못을 저지른 것이 아닌가? 40년간 집안의 큰아들로서 열심히 일해서 재산을 늘리는 데 큰 貢獻을 한 큰아들을 과연 이렇게 하루아침에 말 한 마디 없이 내쫓아도 되는가? 실제 아들로서 40년간 아버지를 모시고 성실히 살아온 큰아들은 아들로서 아무런 法的 權利가 없는가? 큰아들이 받아야 할 정당한 권리를 이렇게 박탈한 선언이 법적 타당성이 있는가? 이 선언으로 인해 큰아들이 입게 될 피해와 또 그에 따른 집안의 갈등과 분란 등등 앞으로 벌어질 후유증에 대해서는 전혀 생각해 보지도 않고, 이렇게 무책임하게 말 한 마디로 큰아들을 쫓아낼 수 있는가? 과연 그래도 되는 것인가? 이것이 法의 正義인가?

저렇게 작은아들[한글]의 권리만 선언하고 큰아들[漢字]에 대해서 전혀 언급을 안 한 그 자체로 큰아들[漢字]의 권리를 침해한 것이다. 곧 큰아들[漢字]이 아들로서 정당하게 누려야 할 기득권을 침해한 것이다. 그리고 나아가 그 큰아들[漢字]과 함께 살고 있는 그 가족[곧 국민]들의 정당한 권리도 함께 침해한 것이다. 따라서 「국어기본법」 제3조 제2항은 大韓民國 국민이 자유롭게 문자를 선택해 쓸 수 있는, 天賦的인 文字選擇權을 침해한 악법이다.

(3) 國益에 커다란 損失을 끼치는 惡法

韓民族은 지난 2천년간 漢字를 우리 글자로 사용하여 文化와 歷史를 창조하고 韓國語를 풍부하게 가꾸어 왔다. 그러므로 「국어기본법」제3조 제2항이 한자를 우리 글자가 아니라고 부정하는 것은 곧 한자를 바탕으로 창조해온 한민족의 2천년 歷史 · 文化 · 韓國語의 '主體性'을 전면 부정하는 일이다. 한자를 우리 글자라고 하지 않으면, 한국인이 써왔고 지금도 쓰고 있는 한자는 중국 글자가 되고 만다. 한국인이 쓰고 있는 한자를 중국 글자라고 하면, 우리 한민족이 2천년간 주체적으로 창조해 온 역사와 문화와 한국어는 모두 중국 역사와 중국 문화와 중국어의 한 부분으로 예속되어 버린다. 한자를 중국 글자라고 하면, 한자를 써 왔던 한민족 역사는 중국의 식민지나 속국으로서 역사가 되고 만다. 또

한자를 중국 글자라고 하면, 한민족 고전문화의 90% 이상을 차지하는 한자 문화는 곧 중국 문화의 일부가 되고 만다. 유네스코에 등재한 한자로 이룩한 한국 기록문화 유산 중 古典 8종들[37]도 모두 중국 것이 되고 만다. 게다가 한국어 어휘의 60% 이상을 차지하는 한자어도 중국어의 어휘가 되고 만다.

이렇게 韓民族의 문화와 역사와 언어를 중국에 예속시키는 것은 獨立的이고 自主的인 한민족의 정체성을 부정하는 일이다. 그러지 않아도 현재 중국은 동북공정으로 고구려와 발해를 자기 민족의 역사로 편입시켜버리려 하고 있다. 이럴 때 우리 스스로 우리가 쓰고 있는 한자를 우리 글자로 인정하지 않고 중국 글자라고 하는 것은, 중국의 東北工程을 우리 스스로 인정하는 것과 같다. 이는 중국을 이롭게 하고 우리 한국을 불리하게 만드는 이적행위인 것이다. 한자를 당당히 한민족의 글자라고 하는 것이 2천 년 간 우리 한민족이 이룩한 모든 문화와 역사와 언어를 우리 것으로 정당화하는 일이고 또「국어기본법」 제2조가 천명한 우리 한민족의 "민족문화의 정체성"을 확실히 하는 일이다. 그것이 사실에도 부합되는 일이고 또한 국익에도 부합되는 일이다. 따라서 한자를 우리 글자가 아니라고 제외해버린 「국어기본법」제3조 제2항은 국익에 커다란 손실을 끼치는 악법인 것이다.

모름지기 自主獨立國은 領土主權과 함께 言語와 文字를 독자적으로 자유롭게 사용할 수 있는 '言語主權'과 '文字主權'을 가지고 있다. 그런데 현재 「국어기본법」 제3조 제2항은 한자를 우리 글자에서 除外시켜버림으로써, 우리 스스로 漢字를 독자적으로 사용할 권리, 곧 '言語主權'과 '文字主權'을 스스로 포기해 버렸다. 이는 국가적으로 엄청나게

37) 모두 10종인데,『訓民正音』,『朝鮮王朝實錄』,『直旨心體要節』,『承政院日記』,『朝鮮王朝儀軌』,『海印寺 大藏經板』,『東醫寶鑑』,『日省錄』,『亂中日記』 등 8종은 古典이고 「5 · 18민주화운동기록물」과 「새마을운동기록물」은 現代 기록이다. 그런데 8종의 古典은 모두 漢字로 기록된 것들이다. 한글로 기록된 것은 단 하나도 없다.

큰 손실이다.

韓國의 漢字는 發音이 중국어와 다르기 때문에 중국 글자와는 다른 독자성을 지닌 글자이다. 그러니 한국인이 쓰는 한자를 한국 글자가 아니라고 부인하고 중국 글자라고 인정하면 큰일이 벌어진다. 왜냐하면 그때는 한자는 외국 글자가 되기 때문이다. 외국 글자가 되면 우리는 그 글자를 우리 마음대로 사용하지 못한다. 그래서 앞으로 한국인은 한자를 한국어 발음으로 읽을 수 없게 된다. 한자를 중국 글자라고 인정한다면, 우리는 앞으로 한자를 중국어 발음으로 읽어야만 한다. 이것은 우리가 외국어인 영어나 프랑스어를 그 나라 사람들이 읽는 발음을 따라 읽어야 하는 것과 마찬가지 이치다. 그러므로 반드시 우리가 쓰는 한자를 우리 한국의 글자라고 인정해야만 한다. 그래야만 한자를 우리 마음대로 사용할 수 있다. 그렇게 우리가 한자라는 문자를 우리 마음대로 사용할 수 있는 권리를 '文字主權'이라 한다. 우리가 '文字主權'을 확보해야만 앞으로 한자를 우리가 마음대로 사용할 수 있다. 곧 한자를 한국어 발음으로 읽을 수 있다. 또 새로운 한자 서체를 개발할 수도 있고, 새로운 한자어를 만들 수도 있다. 그러므로 「국어기본법」 제3조 제2항이 한자를 우리 글자에서 제외시켜서 외국 글자라고 한 것은 韓國人의 '言語主權'과 '文字主權'을 스스로 포기해 버린 엄청난 큰 잘못을 저시른 것이나. 이섯은 大韓民國 성부가 자신이 自主獨立國이 아니라 중국의 속국이라고 宣言한 것이나 마찬가지이다. 참으로 수치스럽고 개탄스러운 일이다. 자기 스스로 자기의 '言語主權'과 '文字主權'을 이렇게 포기하는 어리석고 비굴한 나라는 지구상에 대한민국 말고는 없다.[38)]

---

38) 金昌辰, 「漢字도 韓民族 글자」, 『한글+漢字문화』 제136호(2010년 11월호), p.55. "中國은 '文字 擴張政策'을 펴서 남의 글자인 '한글'도 자기 글자라고 하여 자기 문자로 吸收한다. 이에 正反對로 韓國은 '文字 縮小政策'을 펴서 祖上 代代로 2千年間 써왔던 우리 글자인 '漢字'마저도 엉뚱하게 남의 글자라고 스스로 내쫓고 내다버리

만약에 「국어기본법」 제3조 제2항을 지금 이 상태로 그대로 방치한다면, 국제적으로 국익에 막대한 손실을 입게 된다. 왜냐면 앞으로 우리나라는 중국과 漢字 문제로 국제적인 분쟁이 벌어졌을 때 전혀 발언권을 행사할 수 없기 때문이다. 「국어기본법」 제3조 제2항이 법적으로 우리 스스로 한자에 대한 권리를 완전히 포기해 버렸기 때문이다. 따라서 앞으로 중국이 한자에 대해서 국제적으로 어떤 권리를 독단적으로 행사하든 대한민국은 거기에 개입하여 전혀 아무런 권리를 행사할 수가 없다. 왜냐면 중국이 「국어기본법」의 제3조 제2항을 들이밀면서 한자는 너희 문자가 아니라고 너희들 스스로 선언하지 않았느냐고 따진다면 할 말이 없기 때문이다. 따라서 「국어기본법」 제3조 제2항은 시급히 개정해야 하는 것이다.[39)]

4. 「國語基本法」은 違憲이다

(1) 大韓民國 憲法 제9조 違反

大韓民國 憲法 제9조는 "國家는 傳統文化의 繼承·發展과 民族文化의 暢達에 노력하여야 한다."고 규정하고 있다. 韓民族이 창조한 傳統

고 있다. 자기 힘을 强하게 키우지 않고 도리어 스스로 자기 힘을 弱化시키는 인간이 제정신인가? 오늘날 韓國人은 얼마나 어리석은가? '한글專用'을 옳다고 여기는 韓國人은 精神病者라 아니할 수 없다."

39) 이것이야말로 漢字를 없애자고 하다가 國益에 큰 損失을 입을 危機를 自招한 셈이다. "빈대 한 마리 잡으려고 하다가 초가삼간 태운다."는 말이 바로 「국어기본법」 제3조 제2항에 해당하는 말이다. 이것은 大韓民國 정부가 "우물 안 개구리" 같은 속 좁고 視野 좁은 한글전용론자들의 말만 따라 스스로 國益을 해치는 일을 한 것이다. 제 발등을 스스로 찍은 것이다. 우리 발목을 우리 스스로 잡아 묶은 것이나 다름없는 어처구니없는 惡法이 바로 「국어기본법」 제3조 제2항이다.

文化의 90% 이상은 한자로 기록되어 있다. 그런데 그 한자가 우리 글자가 아닌 중국 글자라고 하면, 한민족이 창조한 전통문화의 90% 이상은 남의 것이 되고 만다. 그러므로 전통문화의 90% 이상은 우리 전통문화에서 제외시켜 버려야 한다. 이렇게 「국어기본법」제3조 제2항은 한자를 우리 글자에서 제외시켜 버림으로써, 한민족이 창조한 전통문화의 90% 이상을 버리라고 강요하고 있다. 따라서 「국어기본법」 제3조 제2항은 "국가는 전통문화의 계승·발전과 민족문화의 창달에 노력하여야 한다."고 규정하는 大韓民國 憲法 제9조를 정면으로 위반한 것이다.

우리 韓民族은 이미 漢字를 2천 년 간 사용하여 高級文化를 창조해 왔다. 그런데 이제 와서 한자가 어렵다고 쉬운 한글만 한국어 글자라고 규정하는 것이 타당한가? 한자를 우리 글자에서 제외시킨 것은 조상들이 한자로 창조한 고급문화를 후손들이 알지도 말라고 막는 일이 아닌가? 곧 "傳統文化의 繼承"을 막는 일이 아닌가?

그 대표적인 본보기의 하나로 大韓民國 國璽를 새기는 문자를 들 수 있다. 과거 조선왕조 시대에는 국새는 반드시 한자로 새겼다. 그런데 현재 대한민국 정부는 국새를 한글로 "대한민국"이라 새기고 있다. 어느 쪽이 옳을까? 우리나라의 국호는 漢字로 '大韓民國'으로 새겨야지 한글로 '대한민국'으로 새기면 안 된다. 漢字로 '大韓民國'로 새겨야 하는 까닭은 그래야 "큰 한겨레의 백성이 주인인 나라"라는 意味를 나타낼 수 있기 때문이다. 곧 한자로 '大韓民國'로 적어야 우리나라의 正體性을 드러낼 수 있는 것이다. 한글로 "대한민국"이라고 새기면 그렇게 되지 않는다. 한글 '대한민국'은 漢字로는 여러 가지로 나타날 수 있기 때문이다. 곧 '大恨民國', '大寒民國', '大限民國', '大汗民國', '大旱民國', '大閑民國', '大翰悶菊', '臺閑悶國', '代瀚愍局', '帶罕泯鞠', '貸邯敏麴', '大漢民國', '大韓民國' 등등 무수히 많은 漢字 표기가 나올 수 있다. 한글 '대한민국'은 그 중 어떤 단어인지 알 수 없다. 그러므로 한글 '대한민국'은 저런 여러 가지 한자어들을 단지 한글로 읽는 발음기호에 불과한 것이다.[40] 따라서 한글 '대한민국'에는 우리나라의 정체성이 드러나지 않는다. 한글은 한자어에 대해서는 문자가 아니기 때문이다. 그렇기 때문에 訓民正音을 만든 世宗大王은 한자어는 반드시 한자로 적었던 것이다. 그리고 朝鮮王朝는 國璽 등 모든 印章은 반드시 漢字로 새겼던 것이다. 그런데 大韓民國 정부는 국새를 글자[漢字]가 아닌 發音記號[한글]로 새겨 쓰고 있으니, 참으로 부끄럽고 한심한 일이 아닐 수 없다. 이것은 "傳統文化의 繼承·發展과 民族文化의 暢達"에 힘써야 할 大韓民國 정부가 거꾸로 전통문화와 민족문화의 전통을 스스로 파괴하고 단절시키는 데 앞장서고 있는 일이다.

大韓民國 정부가 이렇게 어리석은 일을 하는 까닭은 「대통령령 21800」으로 정해진 「국새규정」 때문이다. 그 규정의 제5조(국새의 인문)에 "① 국새의 인문은 '대한민국'의 네 글자를 한글로 하되, 가로로 새긴다. ②글자는 훈민정음 창제 당시의 자체로 한다."고 규정되어 있기 때문이다. 그런데 그 "'대한민국'의 네 글자를 한글로 하되"라는 근거는 바로 「국어기본법」 제3조 제2항과 제14조 제1항에 있는 것이다.

國璽와 마찬가지로 현재 대한민국의 각 기관 이름과 각 地自體 이름들도 모두 한글로 표기된다. 그리고 官印도 모두 한글로 새겨진다. 또한 國立墓地에 묻힌 國家 유공자들의 碑石에도 이름이 모두 한글로 새겨져 있다. 그러한 한자어 고유명사들을 한글로 새기는 게 옳을까, 아니면 한자로 새기는 게 옳을까? 당연히 한자로 새기는 게 옳다. 모든

40) 글자는 意味를 나타내야 한다. 漢字語의 意味를 나타낼 수 있는 글자는 漢字이다. 漢字語를 한글로 적으면 意味를 나타낼 수 없으므로 다만 그 소리를 적은 것에 불과하다. 곧 한자어를 적은 한글은 發音記號에 불과하다. 따라서 현재 大韓民國 정부가 국새를 한글로 새기는 것은 도장에 글자를 새긴 것이 아니라 發音記號를 새긴 것에 불과하다.

집안의 族譜를 보면 안다. 조상들의 이름이 한자로 적혀 있는가, 한글로 적혀 있는가? 또한 墓地의 碑石에 이름이 한자로 적혀 있는가, 한글로 적혀 있는가? 모두 한자로 적혀 있다. 그러니까 한자어 이름은 한자로 새기는 것이 우리 민족의 전통문화와 민족문화의 전통이다. 따라서 "國家는 傳統文化의 繼承 · 發展과 民族文化의 暢達에 노력하여야 한다."는 大韓民國 憲法 제9조에 따라, 大韓民國 정부는 國璽를 비롯하여 대한민국의 각 기관 이름과 각 地自體 이름들, 官印들, 국립묘지에 묻힌 국가 유공자들의 碑石 등 모든 한자어 고유명사를 漢字로 적어야 하는 것이다.

현재 서울 光化門廣場에 세워져 있는 世宗大王 동상 아래에는 한글로 "세종대왕"이라 새겨져 있다. 이것 또한 잘못이다. 세종대왕은 한자어를 한글로 적은 적이 단 한 번도 없다. 한자어는 일반명사건 고유명사건 반드시 한자로 적었다. 예를 들어 『世宗御製 訓民正音』을 보면 "世 · 셰宗종"이라고 적혀 있다. 앞에 한자가, 뒤에 訓民正音이 적혀 있는 것이다. 이 경우 앞의 漢字 "世宗"은 글자이고 뒤의 訓民正音 '· 셰종'은 그 漢字의 發音記號이다. 그런데 현재 光化門廣場의 世宗大王 동상은 정작 중요한 글자[漢字]인 "世宗"은 쏙 빼버리고, 發音記號[한글]만 "세종대왕"이라고 새겨 놓고 있다. "世 · 셰宗종"에서 앞에 한자가 있어야 뒤의 발음기호는 존재 가치가 있다. 그런데 앞의 글자 '世宗'은 빼버리고 뒤의 발음기호 "세종"만 적어놓은 그런 표기가 세상에 어디 있단 말인가? 참으로 어처구니없는 일이다. 세종대왕이 이 사실을 아신다면 지하에서도 통곡을 하실 것이다.[41]

41) '世宗大王'의 이름은 두 가지로 적을 수 있다. 첫째는 漢字語는 漢字로 적는다는 世宗大王의 原則을 따른다면 '世宗大王'이라고 적는 것이다. 둘째로 國漢字竝用으로 "世 · 셰宗종大: 대王왕"으로 적을 수도 있다. 앞의 漢字는 글자이고 뒤의 訓民正音은 發音記號이다. 이 두 가지는 世宗大王이 한 표기로서 世宗大王의 뜻에 맞다. 하지만 漢字語 고유명사에 대해 發音記號인 訓民正音만 적는 표기는 世宗大王

이렇게 大韓民國 정부를 비롯하여 모든 기관들과 지자체들이 이름과 도장을 한글로 적고 새기며, 국립묘지가 비석을 한글로 새기는 것, 世宗大王 동상에 발음기호[한글]로만 이름을 적은 것 등은 모두 「국어기본법」제3조 제2항과 동법 제14조 제1항에 근거를 두고 있다. 그런데 이것은 "國家는 傳統文化의 繼承·發展과 民族文化의 暢達에 努力하여야 한다."고 규정하고 있는 大韓民國 憲法 제9조를 위반한 것이다. 한자어를 한자로 적는 표기 전통은 세종대왕 이전부터 세종대왕을 거쳐서 1980년대까지 이어져 내려온 우리 한민족의 전통문화이자 민족문화이기 때문이다.

「국어기본법」 제3조 제2항과 동법 제14조 제1항이 한자를 우리 글자에서 제외시켜 버리고 한글로만 글을 적게 강제하는 것은 앞으로 한자로 창조할 수 있는 고급문화의 가능성을 아예 막아버리는 일이다. 이것은 곧 "傳統文化의 繼承·發展과 民族文化의 暢達"을 가로막는 일이다. 그러므로 대한민국 정부가 "傳統文化의 繼承·發展과 民族文化의 暢達에 노력"하라는 大韓民國 憲法 제9조를 위반한 것이다.

한편 「국어기본법」 제3조 제2항이 한자를 우리 글자에서 제외시켜 버림으로써, 한국어의 발음이 표준발음을 하지 못하게 되어버린 것도 큰 문제이다. 앞에서 자세히 설명했듯이 현행 한글은 한국어 표준발음을 적지 못하고 있다. 그런데 「국어기본법」 제3조 제2항은 한자를 우리 글자에서 제외시켜 버리고, 「국어기본법」 제14조 제1항은 공문서를 한글로만 적도록 강제하고 있다. 따라서 오늘날 한국 국민은 표준발음

이 한 적이 없다. 만약에 發音記號만 적는다 하더라도 最小限 傍點은 찍어야 世宗大王이 만든 訓民正音식 표기가 된다. 곧 "·셰종: 대왕"으로 적어야 訓民正音식 표기이다. 그런데 현재 표기인 "세종대왕"은 世宗大王이 만든 訓民正音과는 전혀 다르다. 따라서 현재 世宗大王像에 새겨져 있는 한글 표기는 후손들이 아무 근거 없이 제멋대로 만든 한글식 표기로서 世宗大王의 뜻을 거역하는 일이다. 따라서 이는 곧 世宗大王을 모욕하는 표기임을 알아야 한다.

을 적지 못하는 한글만 적고 읽어야 한다. 따라서 필연적으로 한국인은 한국어 표준발음을 하지 못하게 되어버렸다. 그래서 오늘날 방송을 하는 방송인들, 심지어는 아나운서들, 성우들도 거의 다 표준발음이 아닌 엉터리 발음을 하고 있다.[42] 요컨대 漢字를 우리 글자에서 除外시켜버린 「국어기본법」 제3조 제2항과 한글로만 글을 적으라는 「국어기본법」 제14조 제1항이 우리말 발음을 완전히 타락시켜버린 것이다. 따라서 이 두 조항은 "傳統文化의 繼承·發展과 民族文化의 暢達에 노력하여야 한다."고 규정하고 있는 大韓民國 憲法 제9조를 위반한 것이다. 한국어의 표준발음은 오랜 시간에 걸쳐서 형성되고 계승되어 내려온 한국의 중요한 전통문화이자 민족문화이기 때문이다.

大韓民國 정부가 "國家는 傳統文化의 繼承·發展과 民族文化의 暢達에 努力하여야 한다."고 규정하고 있는 大韓民國 憲法 제9조를 지키고 실천하려면, 한자를 우리 글자로 인정하여 한민족이 창조한 전통문화의 90% 이상을 우리 것으로 인정해야 한다. 그렇게 해서 우리 국민들로 하여금 우리 조상들이 남겨준 문화유산을 읽고 잘 알고 계승하게 해야 한다. 우리 한민족은 이미 漢字를 2천 년 간 사용하여 고급문화를 창조해 왔다. 그런데 이제 와서 한자가 어렵다고 쉬운 한글만 한국어 글자라고 규정하는 것이 타당한가? 한자를 우리 글자에서 제외시킨 것은 조상들이 한자로 창조한 고급문화를 후손들이 알지도 말라고 막는 일이 아닌가? 또 앞으로 한자로 창조할 수 있는 고급문화의 가능성을 아예

42) 金昌辰, 「잘못된 방송언어와 그 대책(2)-뉴스의 장단음 혼란을 중심으로-」, 『草堂大論文集』 제8집, 草堂大, 2003, pp.123~146., 金昌辰, 「2002년 3월 한국방송 뉴스9의 장단음 혼란 실태」, 『언어와 문화』 창간호, 草堂大 語學硏究所, 2003, pp.1~27., 金昌辰, 「2004년 10월 4일 한국방송 밤 9시 뉴스의 발음 혼란 실태」, 『草堂大論文集』 제10집, 草堂大, 2005, pp.85~116., 金昌辰, 「2005년 1월 9일(일) 문화방송 뉴스데스크의 발음 혼란 실태」, 『草堂大 産業大學院 論文集』 제4호, 草堂大 産業大學院, 2005, pp.29~58., 金昌辰, 「한류열풍 드라마의 심각한 발음 혼란」, 『말과글』 2005년 겨울호(제105호), 한국어문교열기자협회, 2005, pp.62~68. 참고.

막아버리는 일이 아닌가? 2천 년 간 써오던 한자도 어렵다고 우리 글자에서 제외시켜 버린 대한민국이 어떻게 "國家는 傳統文化의 繼承 · 發展과 民族文化의 暢達에 노력하여야 한다."는 憲法 제9조를 具現할 수 있는가?

한편 漢字를 우리 글자에서 除外시켜 버린 「국어기본법」 제3조 제2항은 "국어사용을 촉진하고 국어의 발전과 보전의 기반을 마련하여 …… 국민의 문화적 삶의 질을 향상하고 민족문화의 발전에 이바지"하겠다는 「국어기본법」 제1조와도 배치된다. 국민이 한자를 모르면 한자 능력이 저하되고 나아가 국어능력이 저하됨으로써, "국어사용을 촉진하고 국어의 발전과 보전의 기반을 마련"할 수가 없다. 또한 국민이 한자를 모르면 "민족문화의 발전에 이바지"할 수가 없다. 古典文化의 90% 이상이 한자문화이기 때문이다. 또 한자로 창조하는 고급문화를 배제하고서는 "국민의 문화적 삶의 질을 향상"시킬 수도 없다. 한자를 우리 글자에서 제외시켜 버린 「국어기본법」 제3조 제2항은 또 "국가와 국민은 국어가 민족 제일의 문화유산이며 문화 창조의 원동력임을 깊이 인식하여 국어 발전에 적극적으로 힘씀으로써 민족문화의 정체성을 확립하고 국어를 잘 보전하여 후손에게 계승할 수 있도록 하여야 한다."는 「국어기본법」 제2조와도 배치된다. 국민이 한자를 모르면 "민족문화의 정체성을 확립"할 수 없기 때문이다. 古典文化의 90% 이상이 한자문화이기 때문이다. 이렇게 「국어기본법」 제3조 제2항은 「국어기본법」의 제1조 및 제2조도 위반하는 매우 잘못된 조항이다.

(2) 大韓民國 憲法 제10조 違反

大韓民國 憲法 제10조는 "모든 國民은 人間으로서의 尊嚴과 價値를 가지며, 幸福을 追求할 權利를 가진다. 國家는 個人이 가지는 不可侵의

基本的 人權을 確認하고 이를 保障할 義務를 진다."고 규정하고 있다.

그런데 「국어기본법」 제3조 제2항은 한자를 우리 글자에서 제외시켜 버렸다. 그리고 동법 제14조 제1항은 공문서는 한글전용하라고 규정하고 있다. 이 두 조항에 바탕을 두고 현재 대한민국 정부는 교과서를 한글전용으로 만들고 한글전용 교육을 하고 있다. 그런데 이럴 경우, 학생들은 의미를 모르는 한자어 용어들을 배우면서 엄청나게 힘든 공부를 하게 된다. 이것은 학생들이 "幸福을 追求할 權利를" 국가가 침해하는 것이다.[43)]

사람의 이름은 매우 소중하다.[44)] 사람의 이름에는 그의 祖父나 父母가 그 자식이나 孫子가 잘 되기를 바라는 意味가 담겨 있다.[45)] 또 行列字에는 집안의 繼承 傳統과 가문의 正體性이 들어 있다. 이렇듯 이름은

43) 필자는 1953년생으로서 「한글전용법」에 따라 한글전용 교육을 받은 세대이다. 초등학교 때 잠깐 괄호 안에 漢字가 들어 있던 적도 있었지만, 대개는 한글전용으로 고등학교까지 교육을 받았다. 그래서 필자는 어릴 적에 漢字를 몰랐다. 초등학교 때는 그럭저럭 지냈는데, 중학교에 들어가 보니 교과서에 한글로 적힌 漢字語 용어들이 많이 나오는데, 전혀 그 意味를 이해하지 못하여 엄청나게 큰 苦痛을 받았다. 지금 기억나는 것들로는 '대기권', '성층권', '해안단구', '하안단구', '절리', '화강암', '편마암', '장석', '운모', '소수', '인수분해', '염색체', '음소', '음절', '음운', '어간', '어근', '어미', '관계대명사', '동명사' 등등이다. 이렇게 교과서에 한글로 적힌 한자어 용어는 필자에게는 그저 暗號로밖에 보이지 않았다. 그래서 필자의 중고등학교 시절 공부란 오로지 漢字語 용어를 영어 단어처럼 무조건 외우는 일이었다. 그렇게 暗記해서 시험을 보고 나면, 그 의미는 많이 잊어버렸다. 이해하지 못하고 억지로 외웠기 때문이다. 지금도 그 시절을 생각하면 아무 의미도 모르고 무조건 외워야만 했던 공부가 괴로움과 아픔으로 다가온다.

44) 이름은 그 사람 尊嚴性의 象徵이다. 그래서 과거에 이름은 부모나 스승, 왕이 아니면 부를 수 없었다. 그래서 字나 號를 따로 만들어 불렀다. 특히 부모나 스승, 왕의 성함은 '諱'라 하여 감히 아랫사람이 입에 담을 수조차 없었다.

45) 김형준 기자, 「'묘하네…' 서울대 법대생 이름 속 수두룩한 한자는?」, 『JTBC』, 2013.05.10. 서울대학교 法學科를 졸업한 민성원 씨는 이날 放送에서 "우리 과에 '법憲'자가 들어간 이름을 가진 친구들이 많았다"며 "또 그 친구들 중 行政考試나 司法考試를 패스한 친구들이 많았다"고 밝혔다. 그는 이어 "부모님이 아이가 法曹人이 되길 바라는 뜻을 담았고, 누군가가 계속 불러준 게 영향이 큰 것 같다"고 말했다.

자신을 총칭해서 드러내 보이는 고유성인 동시에 인격의 결정체로서 자신의 정체성을 나타낸다. 그러므로 이름은 그렇게 애써 의미를 담아 지은 그 이름의 의미를 드러낼 수 있게 적어야 한다. 토박이말 이름은 한글로 적어도 그 意味를 나타낼 수 있다. 하지만 한자어 이름은 한자로 적어야 그 의미를 드러낼 수 있다. 원래 한자어 이름은 한자를 조합하여 지었기 때문이다. 따라서 한자어 이름은 한자로 적어야 그 소중한 의미가 드러난다.[46]

한국인의 80% 이상은 한자어 이름을 가지고 있다. 그 사람들은 한자로 자기 이름을 적어야 그 이름의 의미가 드러나서 자신의 정체성을 나타낼 수 있다. 한자어 이름을 한글로 적으면 그 이름의 의미가 드러나지 않으므로 자신의 정체성을 드러낼 수 없다. 그래서 한국에서 사람의 이름은 전통적으로 한자로 적어 왔다. 역사책이나 모든 집안의 族譜에 이름은 한자로 올라 있다. 古來로 한국인은 한자어 이름은 한자로 적는 것을 지당한 일로 알았다. 1960년대까지만 해도 대중예술인 영화 포스터에도 監督이나 영화배우들의 이름이 한자로 적혔다.

그런데 朴正熙 대통령이 한글전용을 강력히 추진하면서 1970년대 이후 그 영향을 점차 받아 조금씩 바뀌기 시작하였다. 그리하여 지금은 한자어 이름이 거의 99% 한글로 적힌다. 하지만 한자어 이름을 한자로 적어야 그 의미가 드러난다는 이치는 예나 지금이나 다를 바가 없다.

46) 趙甲濟, 「朝鮮日報, 東亞日報라고 쓰면서…」, 『조갑제닷컴』, 2013.03.04. "朝鮮日報, 東亞日報는 題號(제호)를 한자로 표기한다. 漢字語는 漢字로 쓰는 게 원칙이다. 두 신문은 이명박, 박근혜, 남재준이라고 쓴다. 자신들 이름은 本名(본명)대로 쓰고 다른 사람 이름은 한글 발음부호만 쓴다. 그리하여 이름에 담겨 있는 뜻을 없애버렸다. 뜻이 없는 名詞(명사)는 소리나 암호일 뿐이다. 그런데 이상한 게 있다. 아베 신조(安倍晉三), 후진타오(胡錦濤), 오바마(Obama)라고 쓴다. 이명박(李明博)이라고 표기하지 않는다. 남을 자신보다 푸대접하고 큰 나라 사람을 자기 국민보다 홀대하는 표기법이다. 弱者(약자)에겐 군림하고, 强者(강자)에겐 굽히는 정신자세의 무의식적인 표현이 아닌가? 모든 名詞는 뜻이 있어야 한다. 한자명사의 한글표기는 명사의 非言語化이다. 지식인이 할 수 있는 가장 큰 文明 · 교양 파괴이다."

그렇기 때문에 大法院에서도 '人名用 漢字' 5,761자 범위 안에서는 한자로 이름을 짓고 적게 허용하고 있다. 이것은 漢字語 이름을 가진 한국인이 자기 이름을 원래 문자인 한자로 적을 권리는 天賦的 人權에 속한다는 사실을 대한민국 정부가 인정하는 일이다.

그러므로 한국 국민이 人名用 漢字 5,761자 범위 안에서 한자로 이름을 짓고 적는 일은 大韓民國 憲法 제10조가 밝히는 "人間으로서의 尊嚴과 價値" 및 "個人이 가지는 不可侵의 基本的 人權"과 "幸福을 追求할 權利"에 속한다. 그런데 「국어기본법」 제3조 제2항은 한자를 우리 글자에서 제외시켜 버리고 있다. 그리고 동법 제14조 제1항은 공문서를 한글로 적도록 강제함으로써 국민의 한자어 이름도 한글로 적게 만들어 버렸다. 그리하여 현재 대한민국 국민은 대법원이 인정하는 人名用 漢字 5,761자 범위 안에서도 자기 이름을 한자로 적지 못하고 있다. 정부가 작성하는 공문서는 한자로 적어야 할 국민의 漢字語 이름을 '김창진'으로 적거나 또는 '김창진(金昌辰)' 식으로 틀리게 적고 있다.[47] 하지만 필자의 한자어 이름은 '金昌辰'으로 적어야 올바른 표기이다. 또 현재 新聞, 放送 등 한국 사회 곳곳에서도 한국 국민의 한자어 이름을 한자로 적지 않고 무조건 한글로 적어버린다. 이것은 한국 국민이 자기 이름을 한자로 적을 수 있는 권리를 명백하게 침해하는 일이다.[48] 오

47) 필자의 이름 표기는 漢字로 '金昌辰'이다. 그런데 내 旅券에는 한글로 '김창진'이라 적혀 있다. 또 필자의 住民登錄證에는 '김창진(金昌辰)'이라 적혀 있다. 또 필자는 얼마 전 教育部長官에게서 表彰狀을 받았는데, 이름이 한글로 '김창진'이라고 적혀 있었다. 이렇게 필자는 내 이름이 漢字로 '金昌辰'으로 올바르게 적히지 못하는 被害를 계속해서 입고 있다.

48) 필자는 신문사에 가끔 글을 투고한다. 필자는 내 이름을 漢字로 "金昌辰"으로 써서 보내는데, 100% 한글로 "김창진"으로 바뀌어 실린다. 신문사에 항의하면「국어기본법」을 따라야 하기 때문이라고 대답한다. 또 학회지에 논문을 발표하거나 학술대회에서 논문을 발표할 때도 마찬가지다. 漢字로 내 이름을 써서 보내면 이름이 100% 한글로 바뀌어 발표된다. 학회 관계자들도 「국어기본법」 때문에 한국인 이름은 한글로 적어야 한다고 洗腦되어 있기 때문이다. 필자의 직장의 인터넷 홈

늘날 「국어기본법」 제3조 제2항과 동법 제14조 제1항 때문에 자기 이름을 정당하게 漢字로 적지 못하고 또 한자로 쓰이지 못하는 한국 국민은 大韓民國 憲法 제10조가 보장하는 "個人이 가지는 不可侵의 基本的 人權을" 侵害당하여 "幸福을 追求할 權利를" 누리지 못하고 있는 것이다.

신용평가사인 NICE신용평가정보가 자사가 보유한 성명·주민등록번호 정보를 분석한 결과, 한국인 중 同名異人이 없는 이름은 전체 인구의 1.3%밖에 되지 않았다. 그리고 한국인 90% 이상이 21명 이상의 동명이인를 가지고 있었다.[49] 이렇게 한국인의 이름은 한글로 적으면 '同名異人'이 없는 사람은 거의 없다. 그런데 사실은 알고 보면 원래부터 이름이 한자 표기까지 같은 동명이인은 그보다 훨씬 적다. 다만 오늘날 한국 사회가 한글전용으로 이름을 적다 보니까 원래는 이름이 다른 사람들까지도 모두 한글로 동명이인이 되어버린 것이다.

예를 하나 들어본다. 『朝鮮日報』의 인명DB에서 '김영호'라는 이름을 찾으면 한자까지 밝혀진 사람이 무려 124명이 나온다. 그러니까 124명이 한글 '김영호'로서 동명이인이 되어 있다. 그렇다면 이 사람들의 한글 이름 '김영호'는 이름으로서 변별력을 잃어버렸다. 그렇지만 이 사람들을 원래 이름대로 한자로 적게 하면 33개의 각기 다른 이름으로 나누어진다. 그래서 원 글자인 한자로 적으면 한글로 적을 때보다 동명이

페이지에 교수 소개란이 있다. 필자는 내 이름을 漢字로 적어달라고 학교에 부탁했는데, 프로그램이 아예 漢字로는 적을 수 없게 되어 있다고 거절당했다. 또 인터넷 같은 데서 어떤 단체의 회원으로 가입하고자 해도 이름을 한글로만 적게 되어 있다. 예를 들어 『朝鮮日報』 등 신문사들이 대부분 그렇다. 漢字로는 내 이름을 아예 적지 못하게 프로그램이 되어 있다.

49) 박은하 기자, 「동명이인 20명 중 1명은 생년월일도 똑같다」, 『경향신문』, 2012.09.17. "내국인의 성명은 총 139만 4131개가 있었는데 이 중 동명이인이 없는 이름은 전체 인구의 1.28%인 54만 7352명에 불과했다. 같은 이름이 2~4명인 인구 수는 96만 4019명(2.26%), 5~10명은 126만 9129명(2.97%), 11~20명은 148만 6389명(3.48%), 21명 이상은 3839만 5천578명(90.0%)이었다."

인이 훨씬 줄어든다. 그럼으로써 이 사람들의 이름은 변별력을 회복한다. 한글 '김영호'로 표기된 124명을 한자 이름으로 다시 나누되, 동명이인이 많은 順序로 적어보면 다음과 같다.

> 金榮鎬(20), 金榮浩(16), 金永浩(16), 金永鎬(15), 金英浩(9), 金英鎬(5), 金暎鎬(5), 金英豪(4), 金榮皓(2), 金榮虎(2), 金泳鎬(2), 金暎豪(2), 金英昊(2), 金永皓(2), 金榮湖(2), 金永昊(2), 金暎浩(2), 金泳浩(1), 金泳鎬(1), 金榮豪(1), 金永皓(1), 金英虎(1), 金暎浩(1), 金永好(1), 金永淏(1), 金獰鎬(1), 金令鎬(1), 金瑛鎬(1), 金泳虎(1), 金榮昊(1), 金永虎(1), 金映祜(1), 金映昊(1).

이렇게 원래 이름대로 漢字로 적으면, 가장 많은 同名異人을 가진 사람들도 20명밖에 안 된다. 그리고 同名異人이 없거나 한 명밖에 없는 사람들도 많다. 그래서 한자로 적으면 저 사람들은 이름으로 남과 다른 자신의 정체성을 드러낼 수 있게 된다. 원래 고유명사로서 이름은 그런 구실을 하려고 만든 것이다. 그런데 원래는 한자로 33개로 각기 다른 이름들을 한글로 단 1개로 뭉뚱그려 적어버림으로써 무려 124명이 같은 '김영호'가 되어버린 것이다. 그리하여 이름의 변별력을 잃어버리고 만 것이다. 따라서 저 사람들은 한글전용 때문에 고유명사로서 자기 이름의 辨別的 正體性을 드러낼 수 없게 된 被害를 입은 것이다.

오늘날 改名이 많이 이루어지고 있다. 이름은 자기의 정체성을 나타내는데, 현재의 자기 이름이 자신이 생각하는 정체성과 맞지 않는다고 생각하는 사람들이 개명 을 하는 것이다. 2006년 이후 改名 신청자 중엔 "한글 이름을 한자로 함께 쓸 수 있도록 바꾸겠다."고 밝힌 경우도 많았다.[50] 이렇게 개명을 한다는 것은 한자어 이름의 경우 한자를 바

50) 『大法院 司法年鑑』을 보면, 改名 신청 건수가 2005년의 7만 6,976건에서 2008년

꾼다는 것이다. 그렇게 바꾼 한자어 이름은 한자로 적어주어야 개명한 효과가 나타난다. 한글로 적으면 개명한 효과가 줄어들 수밖에 없다.

오늘날 한글전용 때문에 신문에 오르내리는 凶惡犯들과 한글로 이름이 같은 사람들은 큰 고통을 받고 있다. 그래서 2009년에 연쇄살인범 '강호순'과 이름이 같은 19명이 改名을 허가받았다. 이 중 7명은 '강호순'이 1심에서 사형선고를 받은 2009년 4월 개명했다. 또 같은 해 여아 성폭행범 '조두순'과 같은 이름을 가진 2명도 이름을 바꿨다. 또 2010년에는 부산 여중생 납치살해 사건으로 세상을 떠들썩하게 했던 '김길태'의 同名異人 14명이 법원의 허가를 받아 개명했다.[51)]

이렇게 한글전용이 죄 없는 사람들을 凶惡犯과 同名異人으로 만들어 불필요한 고통을 받게 만들고 있다. 만약에 이름을 한자로 적게 한다면 同名異人이 최소화되어 피해자가 크게 줄어든다. 예를 들어, '강호순'과 같은 경우, 한글로는 같은 '강'이지만 한자로 적으면 '姜'씨, '康'씨, '羌'씨 등으로 달라진다. 그래서 姓만 다르게 적어도 한글 동명이인이 많이 줄어든다. 게다가 이름까지 한자로 적게 되면, 앞에서 '김영호'의 경우에서 보듯이 동명이인은 훨씬 줄어든다. '조두순'도 마찬가지다. 한글로 '조'는 漢字로는 '趙'와 '曺' 두 가지가 있다. 또 '두순'도 漢字로 적으면 여러 가지 표기가 나올 수 있다. 따라서 한자어 이름을 한자로 정확히 적으면 동명이인이 훨씬 줄어들어, 한글로 적어서 쓸데없이 凶惡犯과 同名異人이 되어 고통받는 피해자를 줄일 수 있다. 그래서 신문에 人名을 제발 한자로 적어달라고 하소연하는 국민까지 나오고 있다.[52)] 그러

에는 14만 6,773건으로 두 배 가까이 늘었고, 2010년에는 16만 5,924건이나 됐다.

51) 정재영 기자, 「10년간 국민 50명 중 1명꼴 개명신청」, 『世界日報』, 2010.03.21.

52) 이신영 기자, 「"내 이름은 조두순입니다"」, 『朝鮮日報』, 2009.10.07. 이 기사는 무역업을 하는 조두순 씨가 여아 성폭행범 '조두순'과 단지 한글로 이름이 같다는 이유 때문에 직장이나 집에서 정신적 스트레스를 받는 모습을 잘 취재해서 보여주고 있다. 한글로 이름이 同名異人이라는 것 때문에 이런 피해를 입는 조두순 씨는 다음과 같이 하소연한다. "20년 동안 쌓아온 삶이 무너진 느낌이다. 언제 내 사진이

므로 국민의 人權保護 차원에서라도 大韓民國 憲法 제10조가 밝히는 "人間으로서의 尊嚴과 價値" 및 "個人이 가지는 不可侵의 基本的 人權"과 "幸福을 追求할 權利"를 실현시키기 위해서 한자어 이름은 반드시 한자로 적어주어야 하는 것이다.

한자어 이름을 한자로 적지 않으면 안 되는 또 다른 이유는 한글전용으로 한자어 이름을 적으면 각기 다른 성씨들이 같은 성씨가 되어버리는 일이 벌어지기 때문이다. 곧 각기 다른 성씨가 한글로 적으면 같은 성씨가 되어버림으로써 자기 성씨로서의 정체성을 잃어버리는 것이다. 그렇게 성씨로서 변별력을 상실하고 또 다른 성씨로 오해받는 등 인권이 침해받게 되기 때문이다. 예를 들어 한국 국민 중 다음 성씨를 가진 사람들은 현재의 한글전용 정책 때문에 억울한 피해자가 되고 있다. 鄭[정:], 丁[정], 程[정]. / 愼[신:], 申[신], 辛[신]. / 錢[전:], 全[전], 田[전]. / 趙[조:], 曺[조]. / 卞[변:], 邊[변]. / 孔[공:], 公[공]. / 柳[류], 劉[류], 兪[유], 庾[유]. / 姜[강], 康[강], 江[강]. / 盧(로), 魯(로). / 陳(진), 秦(진). / 林(림), 任(임). / 朱(주), 周(주). / 薛(설), 卨(설). 이 姓氏들은 한글로 적히게 되면 문자로 표기해도 자기 姓氏가 틀리게 誤認될 우려가 매우 크며, 한글을 소리 내어 읽어서 말로 발음되어도 틀리게 발음될 우려가 아주 크다. 우리 俗言에 "姓을 갈 놈"이라는 말이 있는데, 가장 치욕스럽다는 뜻이다. 그런데 오늘날 한글전용 때문에 이런 姓을 가진 국민들은 가장 치욕스러운 피해를 입고 있는 것이다. 신문이나 방송에서 한글로 이름을 적고 마음대로 발음하기 때문이다. 한글전용 때문에 저런 성을 가진 사람들은 모두 자기 姓氏의 정체성이 상실되는 억울한 피해자가 되고 있는 것이다.

인터넷에 올라갈지 모를 판이다. 피해자가 된 기분이다. 나의 이름은 '조두순 사건'의 조두순이 아닌 일반시민 조두순"이라고 말한다. 그러면서 "한글 실명이 아닌 범인의 이름을 한문으로라도 적어 줬으면 소원이 없겠어요."라고 부탁한다.

현재「국어기본법」제3조 제2항과 동법 제14조 제1항 때문에 우리나라 公文書를 비롯하여 新聞, 放送 등에서 漢字語 이름을 무조건 한글로 적고 있다. 그렇게 자기 이름을 원래 글자인 한字로 한국 사회가 적어 주지 않음으로써 한국 국민들이 자신의 정체성이 훼손되거나 또는 다른 사람과 쓸데없이 동명이인이 되어 自尊心에 傷處를 입고 있다.[53] 이렇게 죄 없는 韓國 국민들이 잘못된 어문정책의 억울한 被害者가 되고 있다.[54] 국가의 語文政策이 正常的이라면 받지 않을 피해를 비정상적인 어문정책 때문에 받게 되었으므로, 저 사람들은 大韓民國 憲法 제10조가 밝히는 "人間으로서의 尊嚴과 價値"가 훼손당하고, "個人이 가지는 不可侵의 基本的 人權"이 침해당하고, "幸福을 追求할 權利"가 박탈당하는 괴로움을 맛보고 있는 것이다. 따라서 저 사람들이 국가에 피해보상을 신청한다면 국가는 마땅히 정신적 피해에 대한 보상을 해야 할 것이다.

이렇게 오늘날 한글전용 때문에 한국사회가 한자어 이름을 한글로 적음으로 인해 한국 국민들이 무수히 많은 인권 침해를 당하고 있다.

---

53) 김갑식 기자,「MB 봉축메시지에 스님 법명이…"불교에 무례"」,『東亞日報』, 2012.06.01. "지난달 28일 열린 부처님오신날 봉축법요식에서 최광식 문화체육관광부 장관이 대독한 이명박 대통령의 봉축메시지(사진) 중 대한불교조계종 총무원장 자승 스님의 법명(法名)이 틀린 것으로 확인돼 구설수에 올랐다. 이 대통령은 메시지 첫 문장에 "존경하는 진제(眞際) 종정 예하, 자승(慈勝) 총무원장을 비롯한 고승대덕, 전국 불자 대중 여러분"이라고 썼다. 그러나 자승 스님의 법명은 '慈勝'이 아니라 '慈乘'이다. …… 조계종 일각에서는 "청와대와 문화부가 종단 수장인 총무원장 스님의 법명조차 틀린 것은 불교계에 대한 무례"라는 불만이 나오고 있다."

54) 박은하 기자,「동명이인 20명 중 1명은 생년월일도 똑같다」,『경향신문』, 2012.09.17. "언론인 출신 저술가 고종석씨와 서울시의원을 지낸 양경숙 서울시립대 교수가 최근 트위터에서 동병상련의 심정을 나눴다. 두 사람은 모두 동명이인 때문에 곤욕을 치르고 있다. 양 교수는 공천알선 뇌물수수 혐의로 구속기소된 양경숙 전 라디오21 대표와 고씨는 나주 성폭행 사건의 범인과 이름이 같다. 이처럼 사회적으로 물의를 일으킨 동명이인 때문에 애꿎은 사람들이 피해를 보는 경우가 종종 있다."

그렇기 때문에 한자어 이름은 한자로 적어주어야 하는 것이며, 그것은 인간의 천부적 인권에 속한다. 또한 "모든 國民은 人間으로서의 尊嚴과 價値를 가지며, 幸福을 追求할 權利를 가진다. 國家는 個人이 가지는 不可侵의 基本的 人權을 確認하고 이를 保障할 義務를 진다."고 하는 大韓民國 憲法 제10조가 그 권리를 보장하고 있다. 그럼에도 불구하고 오늘날 개인이 한자어 이름을 한자로 올바르게 적는 일에 대해서 남이 간섭하고 탄압하는 말도 안 되는 사례가 많이 벌어지고 있다.

'한글문화연대' 같은 한글전용 운동 단체들은 「국어기본법」제3조 제2항과 제14조에 근거를 두고 국회의원 · 도의원 · 시의원 · 군의원 들에게 漢字 명패를 한글로 바꾸라고 수시로 압력을 가하고 있다. 그리하여 과거에는 국회의원의 명패가 전원 漢字 표기였던 것이, 2003년 朴寬用 국회의장 때 한글전용론자들의 압력에 밀려 자유 선택하게 바뀌었다.[55) 2006년에 서울시 의회는 의원들 명패를 한자에서 한글로 모두 바꾸었다. 그 당시 서울시 의회 의장이었던 박주웅 의원이 주도했다. 그는 "우리 서울시의회에는 해마다 수만 명의 초등학생이 견학을 오는데 우리 국어, 즉 한글이 아닌 한자로 된 명패를 보이는 것이 안 좋은 모습이라고 생각했다. 또 평소 잘 알고 지내던 이백수, 이대로 선생이 적극 권유한 것도 계기가 됐다. 그래서 새로 임기를 시작하면서 일을 벌였다."고 밝혔다.[56) 그러니까 大韓民國 국어생활을 초등학생 수준에 맞춰

55) 이철호 · 김황엽기자, 「[국회 관행도 고치자]③ · 끝 권위주의 없애야」, 『世界日報』, 2004.05.09. "또 하나 국회 내 권위주의의 상징은 한자 명패다. 원래 국회 본회의장에 사용되는 명패는 국회 내규상 호적에 의거해 제작토록 되어 있었다. 이에 따라 예전 김한길, 서한샘 의원과 같은 한글 이름인 경우에만 한자 명패가 아닌 한글 명패를 사용할 수 있었다. 그러나 지난해 열린우리당 김성호 의원의 주도하에 한글 명패 전환운동이 벌어졌고, 지난해 10월 박관용 국회의장이 명패 자율제를 허용하자 절반에 가까운 의원들이 한글 명패로 바꿨다. 9일 국회 사무처에 따르면 현재 열린우리당과 민주노동당 당선자 162명 전원은 모두 한글 명패 사용을 신청한 것으로 나타났다. 한나라당 당선자 65명도 한글 명패 사용을 원해 17대 국회에서의 한글 명패 사용의원 비율은 80%를 훌쩍 뛰어넘을 것으로 보인다."

야 한다는 게 바로 한글전용론자들의 사고방식이다. 이게 바로 온 국민의 下向平準化, 愚民化가 아니고 무엇인가? 무엇보다도 자기 이름을 제 글자로 적을 수 있는 개인의 자유로운 권리를 침해한 暴擧가 아닐 수 없다.

이렇게 한글전용 운동가들은 계속해서 국회의원 등에게 한자 명패를 한글로 바꾸라고 압박을 가하고 있다. 그리하여 2008년 4월에 自由先進黨 柳根粲 국회의원은 한글전용론자들에게 너무나 시달린 나머지 같은 성명서를 발표하기에 이르렀다.

> "어떻게 보면 저는 한글전용, 한자병행 사용으로 이어진 우리나라 어문정책의 피해자라는 점을 말씀드립니다. 제 이름을 한글 표기 시 '류근찬'으로 표기하기 시작한 것은 대학에 입학할 당시인 1960년대 말로 기억합니다. 그 당시에는 공문서까지 한글로만 쓰는 한글전용 정책에 따라 성씨 표기도 물론 한글만 사용했습니다. 그런데 당시 柳씨 종회(문화, 전주, 진주, 하회, 서령, 고흥 柳씨 등)가 '柳'를 '유'로 표기할 경우 '兪씨'나 '劉씨' 등과 구별이 안 되니 '柳'를 '유'가 아닌 '류'로 표기할 수 있도록 해달라는 청원을 문교부에 냈고, 문교부가 이를 허가함으로써 대부분 '柳씨' 들이 '柳'를 '류'로 표기하기 시작했습니다.
>
> 그로부터 제 기록은 대학 학적부, 재직했던 KBS의 모든 기록 등에 '류'로 표기됐고, 이 기록들이 전산화 과정을 거치면서 이제는 관공서 공문을 제외한 모든 기록을 '류근찬'으로 검색해야만 자료가 나옵니다.
>
> 그러다가 1994년 성씨 표기에 두음법칙을 적용하도록 하는 호적예규가 제정되고 2004년 '柳씨'는 '유'로 써야 한다는 대법원의 유권해석으로, 주민등록 등 모든 공문서상의 제 이름이 '류근찬'에서 '유근찬'으로 바뀌었습니다. 30년 이상 사용해 온 저의 이름이 바뀐 셈입니다.

56) 김영조 기자, 「서울시의회, 의원명패 모두 한글로 바꿔」, 『오마이뉴스』, 2006.07.12.

지난 2004년 17대 국회가 개원하고 동료의원들이 한글로 명패를 바꾸는 가운데, 한자명패를 고집했던 것도 바로 이러한 이유 때문이었습니다. 한글로 '류근찬'이라고 표기하면 그만이지만 법을 만드는 국회의원이 법이나 규정을 지키지 않는 모습을 보여서는 안 된다는 판단에 따라, 부득이 논란의 여지가 없는 한자표기를 하고 있다는 점을 이해해 주시기 바랍니다.

지난 2004년 국회의원 선거 때, 안 그래도 이름을 표기하는 문제와 관련해 선거관리위원회에 공식 질의한 적이 있었습니다. 선거관리위원회에서는 다행히 '류'씨를 써도 된다는 유권해석을 내려줘, 오랜 시간 동안 사용해 유권자들에게도 익숙했던 '류근찬'으로 당시 선거를 치렀습니다.

한 가지 일화를 말씀드리겠습니다. 앞서 말씀드린 것처럼, 지난 1994년 성표기법이 바뀌면서 KBS 앵커였던 당시 뉴스오프닝 자막에 '앵커 류근찬' 대신 '앵커 유근찬'으로 내보낸 적이 있었습니다. 당시 방송이 나가자 문화, 진주, 전주, 하회 등 류씨 문중으로부터 강력한 항의가 들어왔고, 할 수 없이 한동안 아예 이름을 넣지 않은 채 방송을 한 경우도 있었습니다. 물론 한글을 사랑하고 소중하게 생각하는 마음은 동료의원에 비해 조금도 덜하지 않다는 점은 분명히 밝힙니다.

다만, 본인이 2005년 4월부터 특히 진주 류씨 진양군 종회 회장을 맡고 있고, 종회 일에 깊이 관여하고 계신 어른들이 많은 집안 분위기상 앞으로 명패를 한글로 바꿀 경우 '유근찬'으로 해야 하는데, 그렇게 표기하기에는 어려움이 있지 않나 생각합니다. 이점 양해 해주시기 바랍니다."[57]

한자어 이름을 한글로 적으면 다른 비슷한 姓氏와 구별도 어렵고 頭

57) 柳根粲 국회의원, 「국회의원 한자명패 사용 지적에 대한 답글」.

音法則 적용 문제도 어려우니 그냥 漢子로 적는 것이 가장 좋은 방법이다. 그래서 柳根粲 국회의원이 漢字로 이름을 적는 것은 아주 잘한 일이다. 그런데 자기 이름을 자기가 자유롭게 적을 수 있는 自由마저 빼앗으려 드는 저 한글전용론자들의 橫暴는 칼만 안 들었지 날강도들과 도대체 무엇이 다른가?

국회의원들이 이렇게 각종 압박과 수모를 당하면서 견디다 못해, 결국 오늘날에는 국회의원 300명 중 漢字 이름 명패를 쓰는 의원은 겨우 18명밖에 남지 않게 되었다. 그런데 그 극소수의 올바른 국회의원들마저도 한글전용 단체들은 지금도 신문 등을 통해서 잘못된 일이라고 비판하고 있다.[58] 한글전용론자들은 심지어는 국회의원들이 자기 도장을 한자로 새겨 쓰는 일에까지 시비를 걸고 탄압하고 있다.[59] 또 그러한 사회적 분위기에 편승하여 스스로 한자 명패를 한글로 바꾸는 사람들도 늘고 있다.[60]

---

58) 염지은 기자, 「[국감] 한글 홀대 국회…215명 등록인장 '한문'-새누리당 가장 많아…명패 18명이 한문 사용-」, 『뉴스1』, 2013.10.08. "국회의원실 앞 명패도 한자 이름 명패를 고집하고 있는 의원이 18명이나 됐다. 한자 명패 사용 의원은 한나라당 16명, 민주당 2명 등이다.(단, 김영주 새누리당 의원의 경우 동명 이인을 구분하기 위해 사용)"

59) 박창욱 기자, 「한글날 공휴일 정한 국회, 쓰는 인장 봤더니」, 『머니투데이』, 2013.10.08. "국회 교육문화체육관광위원회 소속 정진후 의원(정의당)이 제567돌 한글날을 맞아 국회의원 인장 및 명패 등을 조사한 결과, "국회사무처에 등록된 국회의원 인장 300개 중 215개가 한자를 사용하고 있었다."고 8일 밝혔다. …… 정 의원은 "한글은 45년 동안 일제의 탄압 속에서 지켜온 우리나라의 자랑스러운 글자인데도 국회가 아직도 한자를 고집하고 건 입법부가 한글을 홀대하는 것이라고 할 수 있다"고 지적했다. 그는 또 "대한민국 국회는 마땅히 한글로 상징되어야 한다"며 "여야가 합의해 한글날을 공휴일로 지정하면서도 정작 국회의 상징은 여전히 한자로 남겨두는 것은 이해할 수 없다"고 비판했다."

60) 이영주 기자, 「경기교육청 "한자명패 모두 한글로 바꾼다"」, 『연합뉴스』, 2013.10.8. "경기도교육청이 8일 한글날을 맞아 한자어로 표기된 일부 부서장의 이름패를 모두 한글로 바꾸는 등 우리말 정체성 확립에 나섰다. 김상곤 경기도교육감은 …… 첫 번째로는 김 교육감을 비롯한 도교육청 및 북부청사 사무실 내 일부 부서장의 한자 명패를 모두 한글로 바꾸기".

한자어 이름을 한자로 적는 일은 두 가지 점에서 옳다. 하나는 한자어 이름은 한자로 적는 것이 언어학적으로 정상이라는 점이다. 또 다른 하나는 자기 이름을 맞건 틀리건 자기 마음대로 적을 권리를 인간은 천부인권으로 지니고 있다는 점이다. 이 권리는 大韓民國 憲法 제10조가 보장하는 "모든 國民은 人間으로서의 尊嚴과 價値를 가지며, 幸福을 追求할 權利를 가진다. 國家는 個人이 가지는 不可侵의 基本的 人權을 確認하고 이를 保障할 義務를 진다."는 개인의 '幸福追求權'에 해당한다. 그럼에도 한글전용론자들은 집요하게 국회의원 등에게 한자 명패나 도장 등을 한글로 바꾸라고 수시로 압력을 가한다. 이것은 명백한 인권침해이자 인권탄압이다. 그런데 한글전용론자들이 그렇게 횡포를 부릴 수 있는 근거는 1948년에 만든 「한글전용법」과 2005년에 만든 「국어기본법」 제3조 제2항과 동법 제14조 제1항이다. 그렇기 때문에 이러한 人權侵害와 人權彈壓의 소지를 없애려면 그 근거가 되는「국어기본법」 제3조 제2항과 동법 제14조 제1항을 改正해야만 하는 것이다.

人名뿐만이 아니다. 地名에서도 한자를 적지 않음으로써 大韓民國 국민이 인권을 침해당하는 사례가 많다. 日帝强占期 때 日帝는 朝鮮의 전통 地名을 자기 멋대로 바꿔버렸다. 대표적인 사례가 '王'자를 日本王을 의미하는 '皇' 또는 '旺(日+王)'으로 바꾼 경우이다. 이로 인해 서울 '仁王山'이 '仁旺山'으로, 俗離山 '天王峰'은 '天皇峰'으로 바뀌었다. 日帝는 마을 이름도 쉬운 漢字로 바꿔버린 경우도 있다. 江原道 楊口郡 '龜岩里'는 거북 모양의 바위가 있어서 그런 이름이 붙었는데, 日帝는 '九岩里'로 바꿔버렸다. 또 慶南 咸陽郡 '龜枰'마을도 '九枰'마을로 바꿔버렸다. 全北 長水郡 '龍鷄'마을도 '龍溪'마을로 바꿔버렸나.[61]

이들 주민들은 이름을 바로잡기 위해 애쓰고 있다. '仁旺山'은 광복 50주년인 1995년에야 주민들이 노력하여 본래 이름인 '仁王山'을 되찾았다.

61) 오명철 논설위원 , 「[횡설수설]創地改名」, 『東亞日報』, 2005.03.01.

그런데 아무리 주민들이 노력하여 地名의 한자를 바로잡아도 현재 아무 소용이 없다. 대한민국의 공문서나 언론들이 한글로 지명을 적어버리고 있기 때문이다. 한글로 이들 地名을 적으면 한자를 바꾸기 전이나 뒤나 똑같은 표기이다. 따라서 만약에 한자어 고유명사를 한글로 적는 것이 옳다면 주민들이 구태여 地名의 한자를 바꾸려고 애쓸 필요가 없다. 하지만 주민들이 地名의 한자를 고치려고 애쓰는 것은 한자어 고유명사는 한자가 본 글자이기 때문에 한자로 적는 것이 제 이름이라고 생각하기 때문이다. 그리고 그 올바른 이름에 그 地名의 正體性이 들어 있다고 믿기 때문이다. 그런데 대한민국의 공문서나 언론들이 하고 있는 한글전용이 그런 주민들의 노력을 물거품으로 만들어버리고 있는 것이다.

地名을 한자로 적지 않음으로써 주민들이 피해를 보는 사례는 그 외에도 많다. 예를 들어서, 2006년 3월 30일, 光州廣域市가 시민들에게 電子郵便으로 여자 알몸 사진을 보내서 문제가 된 적이 있다. 그런데 그 일로 애매한 京畿道 廣州市가 곤욕을 치렀다. 두 도시는 분명히 다른 이름인데 한글로 적어서 같아져 버렸기 때문이다.[62] 新聞들이 한글로 '광주시'라고 이름을 적었고, 방송들도 '光州[광주]'와 '廣州[광: 주]'의 발음을 잘 구별하여 발음하지 않았기 때문이다. 그러므로 地名을 漢字로 적지 않음으로써 京畿道 廣州市 시민들이 받지 않아도 될 정신적 피해를 입은 것이다.

全北 淳昌郡에 '大佳里'라는 마을이 있다. 이 漢字語 이름은 "크게 아

---

62) 엄민용, 「경기 광주시 '누드메일' 오해에 곤욕, "정말 억울합니다"」, 『경향신문』, 2006.04.01. "광주(光州)광역시의 e메일 누드사진 전송 파문으로 애먼 경기도 광주(廣州)시가 고역을 치른 것으로 알려졌다. …… 이에 대해 광주시의 한 관계자는 "'언론사에 요청해 광주광역시로 정확히 표기하도록 해주면 안 되겠느냐'는 시민들의 하소연이 많았다"며 "한글 이름이 같아 생긴 해프닝이었지만 여기저기에서 전화가 걸려와 진땀을 뺐다"고 전했다.

름다운 마을"이라는 좋은 뜻을 담고 있으며, 發音도 [대: 가리]로서 전혀 이상하지 않다. 문제는 이 마을이름을 한글로 적으면 '대가리'가 되고, 그것을 읽으면 [대가리]가 되어 엉뚱한 뜻을 나타낸다는 데 있다. 이 이름은 1914년 지어졌다. 그때는 물론 한자어는 한자로 적던 시절이라 아무 문제가 없었다. 그런데 근래 한글전용하게 되면서부터 이 마을은 졸지에 '대가리'가 되고 웃음거리가 되고 말았다.[63] 이 문제도 근본 원인은 이 마을이름 자체가 아니라 잘못된 한글전용에 있다.

'야동'이라는 마을 이름 때문에 빚어진 사건도 있다.[64] 仁川 延壽區에서 '야동1가'라는 주소 때문에 주민들이 어감이 좋지 않다고 이름을 바꿔달라고 했다. 하지만 그 마을은 원래 대장간이 있어서, '쇠불릴 冶(야:)'자를 넣어서 한자로 '冶洞[야: 동]'이라고 불리던 동네다. 이 이름을 한자로 적으면 전혀 이상하지 않다. 그런데 한글로 적으니 오늘날 이상한 의미로 쓰이는 '야동(野動 · 야한 動映像)'과 같아져 버린 것이다.

이렇게 한글전용 때문에 地名이 제 정체성을 드러내지 못하게 되는 경우가 많다. 그리하여 애매하게 오해를 받고 고통을 당하는 일도 많이 벌어지고 있다. 그리하여 그 지역에 사는 해당 주민들은 大韓民國 憲法 제10조가 밝히는 "人間으로서의 尊嚴과 價値"가 훼손당하고, "個人이 가지는 不可侵의 基本的 人權"이 침해당하고, "幸福을 追求할 權利"가 박탈당하는 괴로움을 맛보고 있다.

---

63) 오상학, 「대가리(大佳里)」, 『朝鮮日報』, 2006.04.21. "일전에 TV를 보다 나오는 웃음을 주체하지 못한 적이 있었다. ……漢字로는 큰 대(大), 아름다울 가(佳)로 표기하는데, 뜻으로는 제법 기품이 있어 보인다. 그런데 문제는 행정구역의 단위인 " 리(里) "자를 붙여 읽게 되면 점잖던 이름이 천박하게 되는 것이다. "말씀 좀 여쭐게요. 여기 대가리가 어디쯤 있습니까? ""어디 있긴 목 위에 있지 "이 지경에 이르면 땅 이름으로 행세하는 것은 글렀다." 그런데 漢字로 이 마을이름을 보고도 [대가리]라고 엉터리로 읽는 저 오상학이라는 사람이 大學敎授니, 오늘날 우리 국민이 한글專用 때문에 얼마나 국어 수준이 형편없이 떨어져버렸는지 알 수 있다.

64) 金昌辰, 「야동 지명 바꾸면 안 된다」, 『朝鮮日報』, 2007.04.16.

오늘날 한글전용 때문에 한국인과 지명은 자신의 이름을 제 글자로 적히지 못하게 됨으로써 정체성이 심각한 침해를 당하고 있다. 뿐만 아니라 동명이인이 불필요하게 많이 생겨남으로써 그로 인해 정신적 고통을 받게 되는 일도 많다. 그리하여 "모든 국민은 인간으로서의 존엄과 가치를 가지며, 행복을 추구할 권리를 가진다. 국가는 개인이 가지는 불가침의 기본적 인권을 확인하고 이를 보장할 의무를 진다."고 규정하고 있는 大韓民國 憲法 제10조가 보장하고 있는 국민의 인권이 침해당하고 있다. 「국어기본법」 제3조 제2항은 한자를 우리 글자에서 제외시켜 버렸고, 동법 제14조 제1항은 公文書는 한글전용하도록 강제해 버렸기 때문이다. 이 두 조항에 바탕을 두고 대한민국 정부는 국민의 한자어 이름을 한글로 적는 人權蹂躪을 자행하고 있다. 또 한글전용 운동가들은 개인이 자기 이름을 자유롭게 적을 권리마저도 침해하여 고통을 안겨주고 있다. 이것은 엄청난 違憲 행위이다. 따라서 대한민국 정부는 「국어기본법」제3조 제2항과 제14조 제1항을 시급히 개정해서 大韓民國 憲法 제10조가 보장하고 있는 국민의 인권을 지켜주어야만 한다.

(3) 大韓民國 憲法 제11조 제1항 違反

大韓民國 憲法 제11조 제1항은 "모든 國民은 法 앞에 平等하다. 누구든지 性別 · 宗教 또는 社會的 身分에 의하여 政治的 · 經濟的 · 社會的 · 文化的 生活의 모든 領域에 있어서 差別을 받지 아니한다."고 규정하고 있다. 그런데 「국어기본법」은 "文化的 生活의 領域"에서 국민을 차별하고 있다.

世宗大王은 『訓民正音 解例本』의 世宗大王 御製 序文에서 "國之語音異乎中國 與文字 不相流通 故愚民有所欲言而 終不得伸其情者多矣 予爲

此憫然新制二十八字 欲使人人易習 便於日用耳"[65]라고 했다. 여기서 世宗大王은 분명히 '愚民' 곧 '어리석은 백성'을 위하여 訓民正音을 만들었음을 밝혔다. 여기서 '愚民' 곧 '어리석은 백성'이란 누구인가? 그들은 漢字·漢文을 배워서 쓰지 못할 수준의 백성을 말한다. 곧 당시의 피지배층을 일컫는다. 세종대왕은 그 피지배층인 "愚民(어리석은 백성)"에 한정하여 훈민정음을 배워 쓰라고 한 것이다.[66] 그러니까 세종대왕은 당시 漢字·漢文을 배워 쓸 수 없었던 피지배층인 "愚民(어리석은 백성)"을 위하여 새로 '訓民正音'을 만들었던 것이다.[67] 그리고 '訓民正音'을 피지배층인 "愚民(어리석은 백성)" 위주로 쓰라고 말한 것이다. 반면에 이미 漢字· 漢文을 알아서 써온 지식층인 양반 지배계층은 그대로 한자·한문을 써도 된다고 허용한 것이다. 여기서 우리는 세종대왕은 비록 훈민정음을 만들었지만 조선의 모든 국민들에게 오로지 훈민정음만 쓰라고 강요하지는 않았다는 사실을 알 수 있다.

世宗大王은 국민의 階層과 知識水準에 따라서 각기 자기에게 맞는

65) "나랏 말싸미 듕귁에 달아 서로 사맛디 아니할새 이런 전차로 어린 백셩이 니르고저 홇 베이셔도 마참내 제 뜨들 시러펴디 못할 노미 하니라 내 이랄 위하야 어엿비 녀겨 새로 스물여듧짜랄 맹가노니 사람마다 해여 수비 니겨 날로 쑤메 편안케 할 따라미니라".

66) 김종혁, 『형성자 중심 한자교육 시험백과』, 전통문화연구회, 2002, p.189. "民은 빈힝 능력을 감소시키고 주인에세 순종(順從)하노독 하기 위해 제재(制裁)낭하는 사람을 나타냈는데, 후에 일부 특권층(特權層)에게 순종하는 '백성'을 뜻하는 글자가 되었다.". 여기서 알 수 있듯이 '民'은 被支配層을 뜻하는 漢字이다. '訓民正音'의 '民'과 '愚民'의 '民'은 모두 被支配層을 의미한다. 곧 '訓民正音'은 애초부터 兩班 知識層을 제외한 無識한 被支配層을 위한 글자로서 만든 것이다. 이것을 오늘날 大韓民國 정부는 국민 전체에게 「국어기본법」으로 一律的으로 强制하고 있다는 데 문제가 있다. 世宗大王의 뜻은 그것이 아니었다. 漢字를 모르는 "어리석은 被支配層" 위주로 쓰라고 '訓民正音'을 만들고 또 序文에 '愚民'이 쓰라고 특별히 指定해 놓은 것이다.

67) 「훈민정음」, 『네이버 지식백과』, 「국어국문학자료사전」. "세종어제 서문에서는, 표기수단을 가지지 못한 비지식층 백성들에게 표기수단을 가지게 하기 위하여 세종이 친히 훈민정음을 창제하였다고 창제목적이 밝혀져 있다."

문자를 선택해서 쓰라고 국민에게 문자 선택의 자유를 허용했다. 뿐만 아니라 세종대왕은 자신이 그 훈민정音을 사용하여 글을 쓰더라도 훈민정음은 오로지 토박이말만을 적는 데 썼다. 한자어는 반드시 한자로 적었다. 그러니까 세종대왕은 한자와 훈민정음을 각각 역할분담을 시킨 것이다. 첫째는 지배계층인 지식층은 한자를, 피지배계층인 "愚民(어리석은 백성)"은 訓民正音을 쓰게 했다. 둘째, 漢字語는 漢字를, 토박이말은 훈민정음을 쓰게 했다.

이렇게 世宗大王은 訓民正音을 그 사용범위를 엄격히 제한하여 사용하도록 하였다. 세종대왕은 훈민정음만으로 모든 조선인이 모든 조선의 글을 적으라고 강요하지 않았다. 그리하여 국민들의 문자 선택권을 전혀 침해하지 않았다. 다만 그 전에 적을 문자가 없던 토박이말을 적을 수 있게 새로운 문자 하나만 만들어준 것뿐이다. 곧 문자 선택권을 확대해준 것이다. 이것을 오늘날 「국어기본법」은 문자 선택권을 축소하고 제한하는 데 사용하고 있으니, 세종대왕의 뜻을 정반대로 악용하고 있는 것이다.[68]

朝鮮時代에는 純漢文, 國漢字混用, 國漢字竝用, 순한글의 네 가지 표기 형태가 쓰였다. 그러한 다양한 표기 형태는 국가가 개입하여 만들어

68) 世宗大王은 訓民正音을 만든 뒤에도 公文書는 漢文으로 계속해서 기록했고, 訓民正音을 사용할 때는 반드시 漢字와 함께 썼다. 그런데도 오늘날 '한글날'을 맞으면 모든 언론들이 한글전용해야 한다고 떠들어대고 있다. 世宗大王이 訓民正音을 만든 일하고 한글전용해야 하는 일하고는 전혀 다르다. 그런데도 그 두 가지를 완전히 똑같은 일로 直結시키는 오늘날 大韓民國의 언론들이 얼마나 單純無識한지 한심하기 짝이 없다. 世宗大王이 訓民正音을 어떤 방법으로 사용했는지를 살펴보아야 할 것이 아닌가? 거기에 世宗大王이 訓民正音을 만든 본뜻이 나타나지 않겠는가? 왜 그런 간단한 일조차 살펴보지 않고, 世宗大王이 訓民正音을 만들었으니까 무조건 한글전용해야 한다는 엄청난 논리의 비약을 저지르는가? 한국인은 이 문제에 대해 理性을 상실하고 있다. 世宗大王이 訓民正音을 만든 뜻을 오늘날 바르게 아는 韓國人이 거의 없다. 한글전용론자들이 장악하고 있는 大韓民國 教育界와 言論界가 국민을 誤導하기 때문이다. 世宗大王과 訓民正音을 팔아먹으려면 적어도 사실에 충실하게는 해야 하지 않는가?

낸 것이 아니다. 국민 개개인이 스스로 자유롭게 선택한 것이다. 이렇게 세종대왕을 비롯한 조선왕조에서는 민주적인 문자사용 정책을 폈다. 왕권시대였지만 국민의 문자사용을 法으로 규제하지 않았다. 국가가 국민의 문자선택권을 인위적으로 제한하지 않았다.

그런데 세종대왕 때보다 오히려 560년 뒤에 만들어진 대한민국의 「국어기본법」은 오로지 한글만 우리 글자라고 宣言하고, 2천 년 간 써왔던 한자는 외국 글자라는 억지 누명을 씌워 사용을 금지해 버렸다. 이것은 완전히 독재적인 문자정책이다. 왕권시대였던 조선시대 때는 민주적인 문자정책을 폈는데, 민주주의인 대한민국 정부는 오히려 독재적인 어문정책을 펴고 있다. 무언가 잘못되어도 크게 잘못된 일이다.

우리는 세종대왕이 한자와 훈민정음을 역할분담을 시킨 것을 모범으로 삼고 본받아야 한다. 첫째는 한자를 배워 쓸 수 있는 지식층은 한자를, 한자를 배워 쓸 수 없는 "愚民(어리석은 백성)"은 한글을 자유롭게 선택해서 쓰게 해야 한다. 둘째는 한자어는 한자를, 토박이말은 한글로 나누어 쓰게 해야 한다. 이것이 모범답안이다. 이미 세종대왕은 우리에게 정답을 시범으로 보여주었다. 그런데도 후손들은 세종대왕이 한 일을 공부하여 본받으려 하지 않고 제멋대로 엉뚱한 짓거리만 해대고 있다.

문화는 다양하게 발전해야 한다. 한글로만 적는 문화도 필요하고 또 한편으로는 漢字를 한글과 섞어 쓰는 문화도 있어야 한다. 朝鮮時代 글들을 보아도 漢詩는 漢字로 적고, 『龍飛御天歌』, 『月印千江之曲』, 『釋譜詳節』, 佛經諺解, 儒經諺解, 『杜詩諺解』, 『杜詩諺解』·「關東別曲」·「漁夫四時歌」 등은 國漢字混用이나 국한사병용을 하였지만, 古小說은 한글로 적은 것이 많았다. 하지만 고소설 중에서도 宮中 여인들이나 양반 남자들을 위한 고소설은 한문으로 된 소설도 많았다. 이처럼 갈래[장르]에 따라 또는 독자에 따라 글의 표기 형태는 다양하

게 나타났다.[69]

憲法裁判所도 "문화국가원리의 실현과 문화정책"에 대해서 언급하면서 "따라서 엘리트문화뿐만 아니라 서민문화, 대중문화도 그 가치를 인정하고 정책적인 배려의 대상으로 해야 한다."[70]고 하지 않았던가? 그러니까 나라에는 庶民文化, 大衆文化도 있어야 하고 또 엘리트문화도 있어야 하는 것이다. 오로지 庶民文化, 大衆文化만 있어야 하고 엘리트 문화는 발도 못 붙이게 하려고 해서는 안 되는 것이다. 多樣한 수준의 문화가 공존해야 하는 것이다. 그러려면 그 문화의 바탕이 되는 文字도 쉬운 한글과 어려운 한자가 공존하게 해야 하는 것이다.

王權時代에도 세종대왕은 백성들이 지식수준에 따라서 한자와 훈민정음을 자유롭게 선택해서 사용하도록 허용했다. 그런데 왜 자유민주주의를 표방하는 대한민국 정부는 전 국민에게 한글만 강요하는가? 왜 문자 선택권을 국민에게 자유롭게 허용하지 않는가? 대한민국 정부가 한자어를 한자로 적지 못하게 함으로써 한자어의 의미가 드러나지 않아서, 국민들이 그 의미를 이해하지 못하는 불편을 겪고 있다. 필자는 한국인으로서, 더군다나 한국어문학을 전공하는 대학교수로서 한국어 어휘들의 의미를 다 이해하면서 떳떳하게 살고 싶다. 그런데 국가가 한자어 고유명사를 한글로 적게 함으로써 필자는 한자어 고유명사의 의미를 전혀 이해하지 못하는 큰 불편을 겪으면서 살고 있다. 그래서 매

69) 金完鎭, 「한국어 文體의 발달」, 『韓國 語文의 諸問題』, 一志社, 1983, pp.242. "요컨대 한자 혼용을 기준으로 분간되는 이와 같은 스타일의 차이는 서적 간행에 임하는 편찬자가 어떤 부류의 독자를 기대하는가에 의해서 결정되는 것이라고 필자는 보는 것이다. 이런 관점에서 보면 訓民正音 창제 이후 오늘에 이르기까지의 문학사에서 詩歌 작품들이 한자를 섞어 쓰는 전통을 보이는 데 대하여 소설문학이 한글로만 쓰는 것을 원칙으로 해 오는 것도 결코 우연한 일은 아닐 것이다. 소설문학이 아녀자를 포함한 독자층을 상대로 한 庶民性을 根幹으로 하였던 것과는 對蹠的으로 詩歌作品은 상당한 지식을 지닌 특수층에 의해 지탱되어 온 문학이라는 특징을 지닌다 할 것이다."

70) 「법무법인 지평지성」, p.104.

우 부끄럽고 우울하며 고통스럽다.[71]

大韓民國 憲法 제11조 제1항은 "모든 國民은 法 앞에 平等하다.…… 文化的 生活의 모든 領域에 있어서 差別을 받지 아니한다."고 밝히고 있다. 그런데 「국어기본법」은 한자를 모르는 무식한 사람을 "文化的 生活의 領域에서" 오히려 우대하고, 한자를 아는 유식한 사람을 오히려 "文化的 生活의 領域에서" 탄압한다. 世宗大王이 訓民正音을 "愚民(어리석은 백성)"을 위하여 만든 것은 좋은 일이다. 하지만 世宗大王은 그 愚民만을 우대하지는 않았다. 반면에 大韓民國 「국어기본법」은 그 愚民만을 한국인으로 인정하여 우대하고, 한자를 아는 非愚民, 곧 지식층은 한국인이 아니라고 부정하고 탄압한다. 그리하여 「국어기본법」 제3조 제2항은 모든 한국 국민을 한글만 알고 한자는 모르는 "愚民(어리석은 백성)"으로 만들고자 劃策하고 있다. 이러한 「국어기본법」은 말 그대로 명백한 "愚民化 政策"이다. 이것은 韓國 국민의 국어능력을 획일적으로 하향 평준화시키려는 정책이다. 이것이 과연 선진국으로 진입해야 하는 시대적 사명을 지닌 대한민국 정부가 취해야 할 올바른 語文政策인가?

필자는 世宗大王이 한 國漢字混用이 올바른 표기임을 알기에, 필자도 국한자혼용으로 된 글을 읽고 또 쓰고 싶다. 그런데 「국어기본법」 제3조 제2항이 한글만 우리 글자로 인정하기 때문에 오늘날 국한자혼용한 글을 보기가 힘들다. 또 필자도 국한자혼용 글을 쓰기 힘들다. 필

71) 필자는 光州에 사는데, 서울로 고속버스 타고 갈 때 "탄천"이나 "이인"이나 "정안" 휴게소에서 쉰다. 그런데 수백 번 그 地名들을 보았지만 한글로 적혀 있어서 전혀 그 意味를 알 수 없어 답답하기 그지없다. 또 필자는 光州의 내 집주소를 새 주소라 하여 "화운로"라고 한글로 적힌 道路名을 받았는데, 아직까지도 무슨 意味인지 알지 못하여 우울하다. 전공이 국어국문학이 전공인 대학교수가 자기 집 住所의 意味조차 모르는 바보가 되어 살고 있다. 大韓民國의 한글전용 語文政策으로 인해 필자는 어쩔 수 없이 無識한 인간이 되어버리고 있다. 愚民化政策의 被害者로서 필자는 큰 정신적 苦痛을 받고 살고 있다.

자가 국한자혼용으로 쓴 글을 신문 등에 보내면 자기들 마음대로 한글전용으로 바꿔서 실어버린다. 그리하여 필자는 憲法 제11조 제1항이 밝힌 "文化的 生活의 領域에서 差別을 받지 아니"할 권리를 박탈당하며 살고 있다. 한민족 2천 년 간의 전통을 따라 정상적으로 한자를 한글과 함께 섞어 쓰며 살고 싶어 하는 필자가 왜 한글만 쓰고 싶어 하는 비정상적인 국민에 비해 "문화적 생활의 영역에서 차별을 받"아야만 하는가? 그러므로「국어기본법」제3항 제2조는 憲法 제11조 제1항에 위배되는 것이다.

각종 輿論調査를 보아도 한국 국민의 절대다수는 한자교육을 지지하고 있다.[72] 이는 곧 한국 국민의 절대다수가 한자를 배워서 한자를 쓰면서 살고 싶다는 의미이다. 그런데 한자를 쓰면서 살고 싶어 하는 절대다수의 국민이 왜 한자를 쓰고 싶어 하지 않는 소수의 국민에 비해 법적으로 차별을 받아야만 하는가? 이는 매우 정의에 어긋나는 일이다. 그러므로「국어기본법」제3항 제2조는 "모든 國民은 法 앞에 平等하다.……文化的 生活의 모든 領域에 있어서 差別을 받지 아니한다."는 大韓民國 憲法 제11조 제1항에 정면으로 위배되는 것이다.

(4) 大韓民國 憲法 제22조 違反

大韓民國 憲法 제22조 제1항은 "모든 國民은 學問과 藝術의 自由를 가진다."고 규정하고, 제2항은 "著作者·發明家·科學技術者와 藝術家의 權利는 法律로써 保護한다."고 규정하고 있다.

이 중에서 먼저 "學問의 自由"에 대해 살펴본다. 오늘날 학자가 자기

72) 2010년에 教育課程評價院은 初等學校 教育課程에 漢字教育을 넣어야 한다는 보고서를 教育部에 냈다. 평가원은 설문조사에서 學父母 89.1%, 教師 77.3%가 初等學校 漢字教育에 찬성했다며, 국가 教育課程과 教科書 정책에 漢字教育을 포함해 明文化해야 한다고 건의했다.

논문을 국한자혼용으로 적고자 하는데, 「국어기본법」제3조 제2항과 동법 제14조 제1항에 의거하여 논문을 한글전용으로 적게 강요하는 학회들이 대다수다. 필자의 경우도 내 논문을 국한자혼용으로 적고자 하는데, 대다수의 학회에서 한글전용을 강요하여 大韓民國 憲法 제22조 제1항이 보장하는 "學問의 自由"를 침해당하고 있다.

예를 들어, 국어국문학 관련 학회지 8개만 들어 본다.

① 국어국문학회가 발행하는 『국어국문학』은 "투고 논문은 〈ᄒᆞᆫ글〉로 작성하는 것을 원칙으로 하고, 인명이나 지명 등 혼동하기 쉬운 것은 괄호 안에 한자를 병기한다.".

② 국제어문학회가 발행하는 『국제어문』은 "본문은 한글을 위주로 쓰며, 꼭 필요한 한자나 로마자는 ( ) 속에 넣는다.".

③ 한국교육문화융복합학회가 발행하는 『교육문화융복함연구』는 "원고 전체는 한글로 표기되어야 함을 원칙으로 하되, 외국인의 이름이나, 의미 혼동의 우려가 있는 단어 · 구(句) 등은 괄호를 사용하여 필요한 한자나 외국어로 병기할 수 있다.".

④ 한국교양교육학회가 발행하는 『교양 교육연구』는 "본문은 한글을 위주로 쓰며, 꼭 필요한 한자나 로마자는 ( ) 속에 넣는다. 다만, 인용문은 한자나 로마나(영문, 불문, 독문 따위), 또는 가나(일문)로 된 원문을 그대로 쓸 수 있다.".

⑤ 우리어문학회가 발행하는 『우리어문학』은 "모든 투고논문은 한글로 작성하는 것을 원칙으로 한다.".

⑥ 한민족문화학회가 발행하는 『한민족 문화연구』는 "원고는 한글로 쓰는 것을 원칙으로 한다.".

⑦ 泮橋語文學會가 발행하는 『泮橋語文學』은 "원고는 〈한글(HWP)〉로 작성된 전자파일 형태로 제출하고", "본문의 한자 표기 방식은 국

한문 병기를 원칙으로 한다. 예) 강호가도(江湖歌道)".

⑧ 한국초등국어교육학회가 발행하는 『한국초등국어교육』은 "한글을 위주로 쓰며, 꼭 필요한 한자나 로마자는 ( ) 속에 넣음.".

그런데 學會誌들이 이렇게 한글전용을 원칙으로 하고 또 한자를 적을 때는 반드시 뒤에 괄호 안에 적으라고 하는 것은 무엇 때문일까? 그것은 바로 「국어기본법」제3조 제2항과 동법 제14조 제1항에 영향을 받은 것이다. 대한민국의 대다수 학회들은 學會誌 논문 표기 원칙으로 그 두 조항을 그대로 가져다 쓰고 있는 것이다. 그래서 8개 學會誌 전체가 「국어기본법」 제3조 제2항을 준용하고 있다. "한글로 쓰는 것을 원칙으로", "〈ᄒᆞᆫ글〉로 작성하는 것을 원칙으로", "본문은 한글을 위주로 쓰며", "본문은 한글을 위주로 쓰며", "한글을 위주로 쓰며", "원고 전체는 한글로 표기되어야 함을 원칙으로", "원고는 〈한글(HWP)〉로 작성", "한글로 작성하는 것을 원칙으로 한다."고 못 박고 있다.

學會誌들은 또 「국어기본법」 제14조 제1항이 규정한 대로 漢字를 적을 때는 반드시 뒤에 괄호 안에 적게 하고 있다. "인명이나 지명 등 혼동하기 쉬운 것은 괄호 안에 한자를 병기한다.", "꼭 필요한 한자나 로마자는 ( ) 속에 넣는다.", "꼭 필요한 한자나 로마자는 ( ) 속에 넣음.", "외국인의 이름이나, 의미 혼동의 우려가 있는 단어 · 구(句) 등은 괄호를 사용하여 필요한 한자나 외국어로 병기할 수 있다.", "의미 혼동의 우려가 있는 단어 · 구(句) 등은 괄호를 사용하여 필요한 한자나 외국어로 병기할 수 있다.", "본문의 한자 표기 방식은 국한문 병기를 원칙으로 한다. 예) 강호가도(江湖歌道)"고 규정하고 있다.

「국어기본법」 제14조 제1항은 표면적으로는 公文書에 한정하여 한글전용하도록 규정하고 있다. 하지만 실제로는 이렇게 學會誌 규정에서 보듯이 결국은 韓國 사회 전반에 영향을 미치고 있다. 「국어기본법」은 말 그대로 국어의 기본을 대한민국 정부가 규정한 법이므로 국어에 대한 헌법과 같은 법이다. 따라서 대한민국 국민의 국어생활 전반은 직·간접적으로 이 「국어기본법」에 영향을 받지 않을 수 없는 것이다.

그런데 필자는 논문을 쓰는 학자의 처지에서 한자를 자유롭게 밖으로 내놓고 쓰지 못하고 반드시 뒤에 괄호 안에 적어서 써야 하는 것이 매우 불편하다. 한자를 괄호 안에 넣어 써야 한다는 것은 자유로운 학문 활동을 가로막는 엄연한 제약이기 때문이다. 따라서 필자는 憲法 제22조 제1항이 보장하는 "學問의 自由"와 제2항의 "著作者의 權利"를 侵害받고 있는 것이다.

다음으로는 "藝術의 自由"를 살펴본다. 오늘날 문학계에서도 국가의 한글전용 정책 때문에 표현의 자유가 제약되고 위축되고 있다. 곧 한자를 쓰면서 문학작품 활동을 하고 싶은 문학인들이 자유롭게 활동하지 못하고 있어 큰 문제이다. 문학은 갈래에 따라서 한글전용으로 적는 것이 좋은 것도 있고 반대로 국한자혼용으로 적는 것이 더 나은 것도 있다. 그래서 문학인 중에는 한글전용으로 글을 적고자 하는 사람도 있지만 반대로 국한자혼용으로 글을 적고자 하는 사람도 있다.

예를 들어, 『요한시집』·『喪笠新話』 같은 작품으로 유명한 소설가 張龍鶴 씨는 소설을 쓰는 데 한글전용이 옳지 않음을 다음과 같이 力說하고 있다. 조금 길지만 중요한 내용이므로 인용한다.

> 小說의 글에서 한글專用을 한다는 것은 小說의 本質과 摩擦을 일으킨다. 小說은 무엇보다 우선 藝術이어야 하기 때문이다. 예술의 目的은 知識을 전달하는 데에 있지 않고 感動을 불러일으키는 데에 있는 것이고, 그 感動은 情緒活動이고 情緒는 感覺的인 이미지에서 생긴다. ……
>
> 한글專用의 小說의 경우는 이러한 흐름의 中斷이 종종 있게 된다. 한글로만 쓴 漢字語는 한 번만 읽어서는 그 뜻을 알 수 없는 경우가 있

기 때문이다. 그 경우 鑑賞이라는 情緖活動의 흐름은 中斷되고, 鑑賞의 水位는 낮아진다. 그런 것은 些少한 問題라고 할 사람이 있을지 모르나, 藝術의 鑑賞은 그런 些少한 뜻의 蓄積이고 그 蓄積 以外 달리 큰 것은 없는 것이다. 이러한 中斷을 막기 위해 한글專用의 小說에서는 括弧를 하고 漢字를 써넣는다. 小說에서 括弧를 하고 漢字를 써넣는 것은 뜻을 强調하기 위해서거나 이미지를 고려해서가 아니고, 뜻을 알게 해서 鑑賞의 一回性을 維持하기 위해서이다. ……

여기서 다음으로 問題가 되는 것이 括弧의 使用이다. 괄호를 사용하는 것이 宿命처럼 되어 있는 그런 文章을 온전한 文章이라고 하기 어렵다. 기워놓은 것 같은 것이 方便的이고 臨時的이라는 印象을 면할 수 없다. 그것이 臨時的인 것이 아니고 原則처럼 되어 있는 것이 아니라면 그런 文章을 남에게 내세우기에는 주저를 느끼지 않을 수 없다. 그럴 때 國漢倂用의 文章과 括弧使用의 文章, 이 둘 중 어느 것이 더 부끄러운 文章일 것인가. 우리와 事情이 같은 日本의 경우, 그들은 括弧를 하지 않고 그 옆에 그 音을 단다. 括弧를 하는 것보다는 덜 어색하지만 떳떳하지 못하기는 마찬가지다. 그러나 日本도 우리와 마찬가지라고 해서 우리의 括弧 사용이 떳떳해지는 것은 아니다.

이 括弧 사용의 부끄러움을 면하기 위해 괄호를 일체 쓰지 않고 글자 그대로 한글專用을 한다면 그것은 本末의 顚倒요 矯角殺牛의 愚를 범하는 것이라고 할 것이다. 그것은 一回性의 희생을 自請하는 것이고, 一回性을 살리려면 一語說과 衝動을 일으키고 나아가서는 우리 小說의 作品世界를 좁히고 水準을 떨어뜨리게 될 것이다.

어떤 경우 거기에 適合한 形容詞나 副詞나 動詞나 名詞는 하나밖에 없는 것이다. 거기에 適合한 낱말이 括弧를 하고 漢字를 써넣을 必要가 있는 漢字語일 때 括弧를 피하기 위해서 다른 낱말로 바꾸어 쓴다면 그것은 창작이 아니라 作者 자신의 손으로 한 것이라 해도 模作이고

飜譯이 된다. 幾何에서의 相似形처럼 뜻이 똑같은 낱말은 두 개가 없으며, 이미지가 같은 낱말은 더더구나 없다. 文學에서는 '인간'과 '사람'은 쓰는 경우가 다르며 '밀물'과 '만조(滿潮)'는 이미지가 判異하다. '홍소(哄笑)를 터뜨렸다'가 適語일 경우 그것을 '너털웃음을 터뜨렸다'나 '입을 크게 벌리고 떠들썩하게 웃었다' 쯤으로 그쳤다면 그는 스스로 藝術家이기를 포기함을 意味한다. 그런 일을 壯한 일로 생각한다면 그는 藝術을 위해서 文學을 하는 것이 아니고, 한글을 위해서 小說을 쓰는 것이 된다. 文學에 있어서의 愛國은 한글專用을 하는 데에 있지 않고 훌륭한 作品을 쓰는 데에 있다.

그리고 括弧를 안 쓰는 한글專用에 專念하다 보면 낱말만 쉬운 것을 찾게 될 뿐 아니라, 題材도 內容이 쉬운 것을 찾게 된다. 물론 文學의 價値는 內容의 上下에 있지 않고 表現의 그것에 있지만, 한글專用으로 表現할 수 있는 것만 찾게 되면 作品世界가 좁아지고 水準도 낮아지기 쉬운 것이다. ……

우리의 얼이 깃들여 있는 것은 言語이고 文字가 아니다. 한글이 생기기 전에도 우리 民族은 우리 民族이었다. 民族文化를 위해서 한글이 있는 것이지 한글을 위해 民族文化가 있는 것이 아니다. 文學家가 아끼고 다듬어야할 것은 言語이지 한글이 아니다. 우리가 한글을 아끼는 것은 그것이 우리 言語를 적는 手段이기 때문이다.

國漢倂用이 文學藝術의 必然性이 가리키는 方向이라면, 한글專用이라는 傳統은 飛翔하려는 우리 小說의 날개를 묶어 두려는 桎梏의 役割을 하고 있는 것이라고 할 것이다.73)

또 金薰 소설가도 "나는 어문일치에 반대하는 사람이에요. 말과 글은 전

73) 張龍鶴 小說家, 「한글전용 小說은 예술이 아니다」, 『語文硏究』제15 · 16호, 語文硏究會, 1977.

혀 다른 것이야. 한글지상주의자들이 한자를 배격하는 것은 야만적 폭거야. 나는 나의 글과 말에 한자를 적극적으로 끌어다 써."[74]라고 말한다. 그리고 그는 또 다음과 같이 말한다.

> 저는 각종 언어 영어, 독일어, 한문, 국어사전과 우리나라의 여러 법전을 가지고 있지요. 한문 사전을 주로 많이 찾아보는 편인데, 여가가 있을 때는 한자의 글자를 찾아보면서 시간을 보내는 그런 일도 있었어요. 책을 많이 읽고, 책과 밀착됨으로써 만들어낼 수 있는 문장이 있겠지만, 나는 한국어로 문장을 쓰려면 외국어, 특히 한문을 잘해야 한다고 생각해요. 한국어가 세계에서 가장 우수하고 합리적, 과학적이라고는 하지만 독어나 영어, 한문이 갖는 개념적 명석성은 갖추지 못했어요.[75]

또 『천년女皇』의 작가 朴京範 씨는 國漢字混用으로 소설을 쓰고자 하는 소설가이다. 하지만 그가 국한자혼용으로 쓴 소설은 한글전용으로 바꿔주기를 강요받거나 또는 출판사들에서는 출판을 해주지 않아서 출판이 어려운 형편이다. 그래서 한국의 출판 풍토에 절망을 느낀 그는 근래는 중국을 드나들며 한자로 작품 활동을 하고 있다.

詩나 隨筆 등도 마찬가지다. 시나 수필 등은 과거 開化期 때부터 日帝强占期를 거쳐 1970년대까지만 해도 國漢字混用으로 된 문학작품들이 절대다수였다. 그때는 오히려 한글전용한 문학작품 찾기가 어려웠다. 하지만 지금은 풍토가 정반대로 바뀌었다. 시인이나 수필가들이 국한자혼용으로 글을 적는 경우는 매우 드물다. 거의가 한글전용으로 작

---

74) 김광일 기자, 「김광일 기자가 만난 사람… 베스트셀러 '남한산성' 소설가 김훈」, 『朝鮮日報』, 2007.07.20.

75) 「지식인의 서재」, 「김훈의 서재는 막장이다」, 『네이버』.

품을 쓴다. 한자를 쓰더라도 괄호 안에 넣어서 쓰는데, 얼마나 보기 흉한지 모른다.

그러면 왜 이렇게 불과 40년도 안 되는 기간에 한 나라의 文學界에서 문자 표기가 완전히 정반대로 바뀌었는가? 이것을 문학인들 스스로 자연스럽게 바뀠다고 보아야 할까? 아니다. 1948년의 「한글전용법」과 2005년의 「국어기본법」이 대한민국 사회 전반을 한글전용 풍토로 몰아가니까 문학인들도 어쩔 수 없이 그 사회 분위기에 동화되어 간 것이다. 그런데 저 위의 張龍鶴 小說家와 金薰 소설가가 말하듯이 한국어로 문학작품을 창작할 때 한자어와 한자도 나름대로 필요한 것이다. 그것을 「국어기본법」 제14조 제1항은 한자는 아예 단 한 자도 밖으로 내어 쓸 수 없게 막아버린 것이다. 이것은 참으로 예술에 대한 탄압이라 아니할 수 없다. 그래서 오늘날에도 문학작품에서 한자가 간혹 쓰이기는 하지만 「국어기본법」 제14조 제1항 때문에 반드시 괄호 안에 넣어지게 된다. 이것은 張龍鶴 小說家가 말하듯이 "괄호를 사용하는 것이 숙명처럼 되어 있는 그런 문장을 온전한 문장이라고 하기 어렵다. 기워놓은 것 같은 것이 방편적이고 임시적이라는 인상을 면할 수 없다."는 비판을 받을 수밖에 없는 것이다. 그리고 "이 괄호 사용의 부끄러움을 면하기 위해 괄호를 일체 쓰지 않고 글자 그대로 한글전용을 한다면 …… 그는 예술을 위해서 문학을 하는 것이 아니고, 한글을 위해서 소설을 쓰는 것이 된다. 문학에 있어서의 애국은 한글전용을 하는 데에 있지 않고 훌륭한 작품을 쓰는 데에 있다."는 비판을 뼈저리게 받아들여야 하는 것이다.

위에서 살펴보았듯이 한글전용을 규정한 「국어기본법」 제3조 제2항과 제14조 제1항은 憲法 제22조가 보장하는 "學問의 自由"와 "藝術의 自由"를 침해하고 있다. 그리하여 한글전용은 오늘날 韓國人의 자유로운 學問 발전과 藝術 발전을 가로막는 큰 장애물로 작용하고 있는 것이다.

Ⅲ. 結 論

이 글은 「국어기본법」의 違憲性을 밝히고자 썼다. 「국어기본법」 제3조 제2항은 "'한글'이란 국어를 표기하는 우리의 고유문자를 말한다."고 규정하고 있다. 이렇게 한자를 우리 글자에서 제외시켜 버리고 있는 것은 잘못이다.

우리 글자를 규정하는 기준으로 '固有性'을 삼은 것은 誤謬이다. 첫째로, 전 세계적으로 어느 민족이 문자를 선택할 때는 '固有性'을 따지지 않는다. 둘째로, '固有性'을 따졌다면 訓民正音도 한국어 문자가 될 수 없었다. 훈민정음도 만든 당시에는 우리 '고유문자'가 아니었기 때문이다. 셋째로, 또한 엄밀히 따지면 훈민정음도 '古篆'을 본떠 만든 글자이므로 '固有文字'라고 하기도 어렵다. 그러므로 우리가 '固有性'의 개념을 가지고 한국어의 문자를 규정한다는 기본 발상 자체가 잘못된 것이다. 따라서 올바른 문자 선택의 기준은 '歷史性'과 '合理性'이어야 한다.

漢字가 韓國語의 文字인 根據를 '歷史性'의 觀點에서 살펴보면, 우선 漢字는 2천 년 간 한국어의 문자로 사용되어 왔다. 그리고 世宗大王에서 비롯한 國漢字混用은 한국어 문자 표기의 正統이자 主流의 위치를 한국어 문자 表記史 98%의 기간 동안 지켜 왔다. 다음으로 한자가 한국어의 문자인 근거를 '合理性'의 관점에서 살펴보면, 한자는 한자문화권의 공통 문자이다. 그래서 한자가 중국 글자이기도 하지만 한국 글자이기도 한 것이다. 또한 한국 한자는 形·音·義에서 중국 한자와는 다른 독자적인 文字이기도 하다. 그리고 한국 한자는 다른 전통문화들과 같이 외래문화이면서도 한국화한 한국의 '傳統 文字'이다.

「국어기본법」 제3조 제2항은 여러 면에서 악법의 성격을 지니고 있다. 국민의 자유로운 문자 선택권을 제한하고 있다. 또한 객관타당성을 상실하여 편파적이다. 게다가 '文字主權'과 '言語主權'을 스스로 포기함으로써 국익에 커다란 손실을 끼치고 있다.

「국어기본법」은 大韓民國 憲法의 여러 조항을 違反하고 있다.

첫째로, 「국어기본법」 제3조 제2항은 憲法 제9조를 위반하고 있다. 「국어기본법」 제3조 제2항은 한자를 우리 글자에서 제외시켜 버림으로써, 한민족이 창조한 傳統文化의 90% 이상을 버리라고 강요하고 있다. 따라서 「국어기본법」 제3조 제2항은 "국가는 전통문화의 계승 · 발전과 민족문화의 창달에 노력하여야 한다."고 규정하는 憲法 제9조를 違反하고 있다.

둘째로, 「국어기본법」 제3조 제2항과 동법 제14조 제1항은 憲法 제10조를 위반하고 있다. 오늘날 「국어기본법」 제3조 제2항 때문에 자기 이름을 정당하게 한자로 적지 못하고 또 한자로 쓰이지 못하는 한국 국민은 헌법 제10조가 보장하는 "個人이 가지는 不可侵의 基本的 人權을" 침해당하여 "幸福을 追求할 權利를" 누리지 못하고 있다.

셋째로, 「국어기본법」 제3조 제2항은 憲法 제11조 제1항을 違反하고 있다. 憲法 제11조 제1항은 "모든 國民은 法 앞에 平等하다.……文化的 生活의 모든 領域에 있어서 差別을 받지 아니한다."고 밝히고 있다. 그런데 「국어기본법」은 한자를 모르는 無識한 사람을 "文化的 生活의 領域에서" 우대하고, 한자를 아는 유식한 사람을 오히려 "文化的 生活의 領域에서" 탄압하고 있다.

넷째로, 「국어기본법」 제3조 제2항과 동법 제14조 제1항은 憲法 제22조가 보장하는 "學問의 自由"와 "藝術의 自由"를 침해하고 있다. 그리하여 한글전용은 韓國人의 자유로운 學問 발전과 藝術 발전을 가로막는 큰 장애물로 작용하고 있다.

이상으로 살펴본 바와 같이 "'한글'이란 국어를 표기하는 우리의 고유 문자를 말한다."고 규정하고 있는 「국어기본법」 제3조 제2항은 여러 면에서 명백한 違憲이다. 따라서 大韓民國 정부는 時急히 「국어기본법」 제3조 제2항과 동법 제14조 제1항을 개정하여 한자를 한글과 함께 한국어의 문자로서 복권시켜야 마땅하다. 곧 "'漢字'와 '한글'은 한국어를 표기하는 두 문자를 말한다."고 규정하여야 마땅하다. 그리고 공문서를 한글전용이 아니라 국한자혼용으로 자유롭게 적을 수 있는 권리를 허용해야 한다.

제3부 한글전용의 歷史的 誤謬[1]

Ⅰ. 序 論

世宗大王은 訓民正音을 만들었지만 訓民正音만으로 글을 쓴 적이 없다. 世宗大王이 訓民正音을 써서 지은『龍飛御天歌』,『月印千江之曲』,『釋譜詳節』,『月印釋譜』등은 모두 漢字語는 漢字로, 토박이말은 訓民正音으로 구별하여 적혀 있다. 그러니 世宗大王이 訓民正音만으로 우리말을 적고, 한자는 쓰지 말아야겠다는 생각을 하였다고는 보기 어렵다. 만일 그랬다면, 訓民正音 창제 후의 초기 한글 문헌 가운데 어느 한 권의 책도 漢字 없이 발행된 책이 없었다는 사실은 쉽게 이해가 되지 않는다[2].

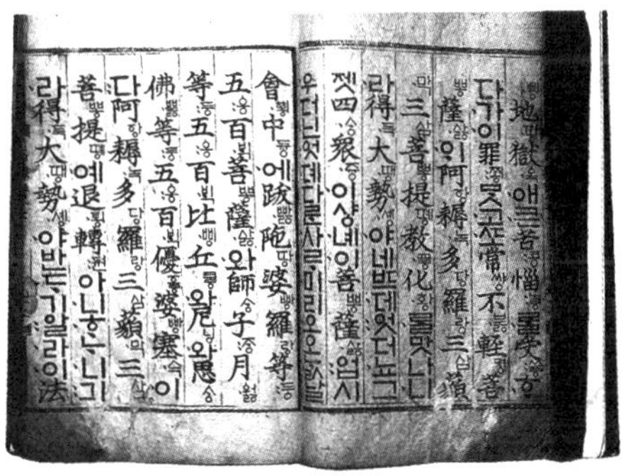

『月印釋譜』(문화재청 제공)

따라서 世宗大王이 訓民正音을 만든 본뜻은 國漢字混用에 있었음이 틀림없다. 그런데 오늘날 대한민국 정부는 국가의 語文政策으로 한글전용을 택하고 있다. 곧 세종대왕의 뜻과 정반대되는 정책을 택하고 있다. 그러면서도 대한민국 정부는 마치 한글전용 정책이 세종대왕의 뜻인 것처럼 국민을 속이고 있다. 세종대왕이 훈민정음을 만든 본뜻과 어긋나

---

1) 이 글은 필자가 2009년 10월 10일 國際語文學會에서 발표한「政治的 目的으로 뒤틀린 韓國語文 정책」을 修正 · 補完한 논문이다.

2) 정달영,「세종시대의 어문정책과 훈민정음 창제 목적」,『한민족 문화연구』제22집, 한민족문화학회, 2007, p.22.(pp.7~30).

는 한글전용 정책은 즉각 철폐해야 마땅하다. 이 글은 한글전용이 세종대왕의 뜻과는 다른 이단임을 밝히고자 한다. 그리하여 대한민국 정부가 이 잘못된 정책을 하루빨리 스스로 철폐하기를 촉구하고자 한다.

II. 本 論

1. 한글전용은 世宗大王의 뜻을 拒逆하는 異端

(1) 한글전용은 漢字 모르는 百姓을 위한 便法으로 始作

世宗大王 이래 조선왕조가 간행한 훈민정음이 들어간 글들은 대부분 국한자혼용을 했다. 한글로만 적은 글은 백성들만을 대상으로 한 글, 일부 사적인 편지, 여자들의 內房歌辭, 여자들이 주 독자인 고소설 등으로 아주 적었다. 그러니까 조선시대에 한글전용은 주로 한자를 모르는 백성이나 부녀자들을 위한 글에 한정하여 쓰였다.

그러다가 朝鮮은 중국에 대한 독립을 선포하고 '獨立門'을 세운다. 그리고 國號를 '大韓帝國'으로 바꾼다. 그 大韓帝國은 1894년(高宗 31년) 11월 21일에 '高宗勅令 제1호 公文式 14조'로 오늘날 '한글전용'의 효시가 되는 법률을 공포한다.[3] 그러나 실제로는 한글전용은 이치에 맞지 않기 때문에 시행되지 않았다. 이치에 맞는 국한자혼용이 문자 표기의 중심이 되었다. 그렇다면 고종은 왜 한글 위주로 문자생활을 한다고 그런 법률을 선포했는가? 고종은 다만 대한제국이 중국을 종주국으로 하는 한자문화권에서 벗어난다는 정치적 선언을 하고 싶었던 것이다. 곧

---

3) 1895.5.8.(高宗 32년)-高宗勅令 제86호 公文式 제9조. "법률명령은 모두 국문으로 적고 한역(한문으로 번역하는 일)은 딸림으로 적되 다만, 국한문을 혼용함.", "法律命令은 다 國文으로 本을 삼고 漢譯을 附하며 或 國漢文을 混用홈."

開化期에 조선은 중국의 영향권에서 벗어나고자 했고, 그 상징적인 행동이 한자를 멀리하고 한글을 위주로 쓴다는 선언으로 나타났던 것이다. 당시 청일전쟁에서 패배한 중국은 더 이상 강자가 아니었다. 따라서 조선은 중국으로부터 벗어나서 다른 나라와 협력하여 자주독립을 도모해야 하는 상황에 처해 있었던 것이다.[4] '高宗勅令 제1호 公文式 14조'는 바로 그런 정치적 목적이 반영된 사건이었다. 물론 守舊派가 아닌 개혁파들이 이런 운동을 주도했다.

改革派 중에서도 親美派들이 한글전용을 주도했다. 왜냐하면 서양인들이 쓰는 로마자와 한국어의 한글은 같은 소리글자로서 동질성이 있기 때문이다. 따라서 서양인들과 그들을 따르는 조선인들은 로마자와 비슷한 한글에 친근감을 느끼고, 로마자와 전혀 다른 성질을 지닌 뜻글자인 한자에 대해서는 배척하는 태도를 나타내었다.[5] 서양인 선교사들은 이미 그 이전부터 종교적 목적으로 한글전용을 가장 먼저 실천해 나갔다. 당시 기독교의 주된 포교 대상은 한자를 모르는 백성들이었다. 따라서 그들에게 선교하기 위해서는 한자를 버리고 "한글 성경"을 만들어 보급해야 했다. 그러는 과정을 거치면서 서양인 선교사들은 외국인의 시각에서 한자는 양반 지배층이라는 특권계급의 문자이자 낙후된 문자라고 낙인찍게 되었다. 곧 서양인들은 "朝鮮이 발전하지 못한 것은 한字 탓이므로 조선이 발전하려면 한글만 써야 한다."고 생각하였다. 이것이 '한글전용론'이 나오게 된 정신적 배경이었고, 지금까지도 한글

4) 崔炅鳳, 『한글민주주의』, 앞의 책, p.111. "우리의 근대의식 형성 과정에서 중요한 특징 중 하나는 '탈중화(脫中華)'를 모토로 했다는 점이다. 이는 다른 동아시아 국가도 마찬가지였는데, 동아시아 중세 질서가 중화주의를 근간으로 했기 때문이다. 근대주의자들이 정치적으로는 중국으로부터의 독립, 문화적으로는 한자 문화로부터의 독립을 내세우게 된 것은 이러한 맥락에서 볼 필요가 있다."

5) 崔炅鳳, 『한글민주주의』,위의 책, p.111. "근대 국어 운동도 마찬가지였는데, 이러한 흐름에서는 서구 외래어보다 한자에 적대적인 태도를 취하는 경향이 강화될 수밖에 없었다."

전용론의 핵심이다. 그러니까 한글전용은 조선인의 시각에서 시작된 일이 아니라 서양인의 시각에서 시작된 일이다.

西洋人 선교사들의 사고방식은 改革派인 徐載弼에게 영향을 미쳤다. 徐載弼은 改革派 소장 정치인으로서 甲申政變에 실패하자, 일본을 거쳐 미국으로 망명하였다. 그는 미국에서 醫師가 되고 미국에 귀화하여 미국인 필립 제이슨이 되었다. 그는 미국인들이 소리글자인 로마자만 쓰고도 선진국으로 잘 사는 것을 보고, 우리도 소리글자인 한글만 써야 한다고 생각하게 되었다. 그리하여 다시 조선에 돌아와서 『독립신문』을 만들면서 조선인으로서는 최초로 본격적인 한글전용을 試圖했다. 한글 띄어쓰기도 그가 美國에서 본 로마자의 띄어쓰기를 본받아 처음으로 導入한 것이다.[6] 美國人 필립 제이슨, 곧 朝鮮人 徐載弼이 『독립신문』을 만들면서 한글전용을 한 데에는 로마자의 영향과 함께 그가 革命家라는 사실도 작용한다. 그는 한글로 글을 씀으로써 한자를 모르는 국민들도 독자로 끌어들이고자 했다. 즉 그가 한글전용을 한 것은 좀 더 많은 국민이 자기 주장을 알아주기를 바랐기 때문이다. 그래서 한자를 버리고 한글로만 글을 적었던 것이다. 『독립신문』의 한글전용은 언어학적 이치에서가 아니라 정치적 목적 때문에 선택된 것이다.

한글전용을 언어학적 이치로 보면 말이 되지 않는다. "한글 성경"에서 한자어를 한글로 적었다 해서 그 한자어가 쉽게 이해되는 것은 아니기 때문이다.[7] 『독립신문』또한 한글로 적은 한자어가 잘 이해되지

6) 美國人 필립 제이슨이 소리글자만 쓰는 한글전용을 하고자 할 때 문제가 된 것은 漢字語의 意味를 드러낼 수 없다는 점이었다. 그래서 漢字語 同音異議語로 인한 混亂을 띄어쓰기를 통해 어느 정도 緩和시키고자 한 것이다. 그 까닭으로 한글전용과 함께 띄어쓰기를 導入한 것이다. 그 以前의 韓國語 글에는 띄어쓰기가 없었다. 假名(가나)전용을 하지 않는 日本은 지금도 띄어쓰기를 하지 않는다.

7) '궁창','육축','생령','호마노','독처','화염검','열납','긍휼','수금','창상','관영','패괴','강포', '기식','멸절','창일',,'권념','감람','출애급기','민수기','신명기','열왕기','판관기','사사기', '아가서' 등등 "한글 성경"에 적힌 漢字語들은 漢字를 모르는 사람들이 理解하기는

않기는 마찬가지다.[8] 한자어는 한자로 적는 것이 한글로 적는 것보다 훨씬 더 잘 이해된다. 그러니 글자가 쉽다고 그 글의 내용까지 쉬어지는 것은 결코 아니다. 예를 들어 로마자 26자모가 쉽다고 영어로 적힌 글이 쉽게 이해되는가? 그러면 누가 영어를 어려워하겠는가? 그러니까 글자가 쉬운 것하고 글의 내용이 쉽게 이해되는 것하고는 전혀 관계가 없는 일이다. 한국어에서 문자 선택은 어휘의 종류와 관계되는 것이다. 어휘의 종류에 맞는 문자를 선택해야 이해가 잘 되는 것이다.[9] 그러니까 "한글 성경"과『독립신문』의 한글전용은 언어학적 이치에서가 아니라 각각 宗敎的·政治的 目的 때문에 선택된 일이다. 곧 한자를 모르는 무식한 사람들을 독자로 끌어들이기 위한 窮餘之策으로서 한글전용을 택한 것뿐이다. 다시 말해서 독자들이 그 글의 意味를 제대로 이해하는 것은 둘째 문제치고 우선은 한자를 모르는 사람들을 독자로 끌어들여야 한다는 목적의식이 앞서서 선택한 문자 표기 방식이 한글전용인 것

어렵다. 차라리 漢字로 적어주는 것이 理解하기 쉽다.

8) 朴露子, 「漢字만 나오면 '自我分裂'」, 앞의 글. "우리가 통상 〈독립신문〉을 '최초의 순 우리말 신문'이라고 보지 않는가? 말과 글이 서로 같은 미국의 신문에서 시사점을 얻은 서재필이 언문일치의 당위대로 〈독립신문〉에서 한자를 배제한 것은 사실이지만 이 신문이 한문투에서 벗어난 것은 아니었다. 예컨대 다음과 같은 예문을 감상해보시기를. "강한 군사 되는 근본은 첫째는 죽는 것을 두려워 아니하고 쇄골분신되더라도 도적들에게 쫓겨 ( ) 도망질 아니하는 것이라 (…) 만일 한 동관이 경계 없는 일을 행하거든 이 동관을 조용히 불러 이치를 따져 말을 하여 효유해주고, 그래도 듣지 않으면 상관에게 말하여 군중 법률로 다스리게 하는 것이 옳다." ('논설', 1896년 7월9일). '쇄골분신'(碎骨粉身·자진해 자신을 희생시킴), '효유'(曉諭·깨닫도록 일러줌)와 같은 구식 한문 표현들이나, 일본 계통의 '동관'(同官), '법률'과 같은 단어들을 순 한글로 적는다고 해서 그 구성 한자의 의미를 몰랐던 다수의 조선 평민들이 더 잘 이해하는 것은 아니었다."

9) 韓國語 語彙에는 크게 漢字語 계열과 토박이말 계열이 있다. 漢字語 계열은 漢字로 적는 것이, 토박이말 계열은 訓民正音[한글]로 적는 것이 그 意味를 잘 전달한다. 그래서 世宗大王이 漢字語는 漢字로, 토박이말은 訓民正音으로 반드시 구별하여 적은 것이다. 곧 世宗大王은 政治的 目的이 아닌 言語的 理致에 따라 철저히 國漢字混用한 것이다.

이다.[10] 그래서 나중에는 지식인을 위한 "國漢字 聖經"도 따로 나왔던 것이다.[11]

그런데 오늘날 한글전용론자들은 한글전용이 마치 언어학적 이치에 의해서 시작된 일인 것처럼 착각하고 있다. 그리하여 한글전용론자들은 "한글이라는 글자가 쉬우니 한글로 적으면 글의 내용이 쉽게 이해된다."고 떠들어대고 있다. 이것은 語不成說이다. 한글전용이 言語學的 이치에 맞는다는 것은 엄청난 착각이다. 그것은 周時經도 國漢字混用을 했다는 데서 증명된다. 周時經은 1907년에 거의 비슷한 내용을 한글전용 글과 함께 국한자혼용 글로 따로따로 써서 각각 『西友』와 『皇城新聞』에 발표했다. 그가 이렇게 한 것은 글의 사용 영역, 글의 독자층을 고려했기 때문이다.[12] 즉 이것은 무슨 뜻이냐 하면, 주시경은 한자도 이해할 수 있는 독자를 위해서는 국한자혼용 글을 썼다는 뜻이다. 반면에 한자를 전혀 이해 못할 독자를 위해서는 한글전용 글을 쓴 것이다. 여기서 주시경이 한자도 이해할 만한 독자에게는 한글전용 글을 고집하지 않았다는 사실은 곧 한글전용만이 절대적으로 올바른 글쓰기 방식이 아니라는 점을 주시경 자신도 알고 있었다는 점을 말해주는 것이다. 바로 여기에서 한글전용이 언어학적 이치에 의해서가 아니라 단순히 漢字를 이해 못할 무식한 백성을 상대하기 위한 方便으로서의 글쓰기 방식이었다는 사실이 드러나는 것이다. 물론 나중에 주시경은 1910년에 조선이

---

10) 崔炅鳳, 『한글민주주의』, 앞의 책, pp.128~129. "대한제국 시기 국문 운동을 전개했을 때의 주시경은 국한 혼용과 한글 전용의 글쓰기를 유연하게 선택하며 독자를 고려한 글쓰기를 했다. 그러나 한일병합 이후 주시경은 고유한 우리말 쓰기에 집착을 보였다. …… 주시경이 이를 고수한 것은, 그가 우리말 정체성을 지키는 것에 방점을 찍었으며 언어의 소통 여부를 이차적인 문제로 여겼다는 것을 보여준다."

11) 崔炅鳳, 『한글민주주의』,위의 책, p.34. "중국어 성경을 저본으로 번역한 한글 성경이 나오고 난 뒤 국한문 혼용으로 된 성경이 출판되었다. 일반 백성의 성경과 지식인층의 성경이 달랐던 것이다."

12) 崔炅鳳, 『한글민주주의』,위의 책, pp.32~34.

나라를 일본에 빼앗겨버리자, 그 반동으로 한글전용을 理念化, 敎條化시켜 나가버리게 되지만, 적어도 초기에는 그도 한글전용이 便法임을 알고 있었던 것이다.

(2) 周時經 한글전용론의 本質은 '로마자 事大主義'

周時經은 美國人 필립 제이슨[韓國名 徐載弼]의 제자이다. 周時經은 培材高普 학생으로서 『독립신문』을 만드는 데 補助員으로 일했다. 그는 스승에게 英語의 로마자가 이상적인 글자이며 한글전용해야 한다는 것을 배웠다. 주시경은 로마자를 이상적인 글자로 생각했기 때문에 한글을 로마자처럼 가로로 풀어서 써야 한다고 주장했다. 이 '한글풀어쓰기'란 한글을 初·中聲만 쓰고 終聲[받침]은 따로 떼어서 뒤에 써야 한다는 주장이다. 이는 곧 로마자의 모습이다. 이렇게 주시경은 영어의 로마자를 이상적인 글자로 흠모하였다.[13] 그리고 세종대왕이 만든 훈민정음은 잘못 만들어진 문자라고 생각했다.[14] 그래서 로마자에 대해서 열등감을 느꼈다. 周時經이 한글전용을 시작한 것은 결코 세종대왕이 창제한 훈민정음을 사랑해서가 아니다. 한글을 로마자처럼 만들려는 데 근본 목적이 있었다.

言語學的 理論으로서 한글전용이 로마자를 이상으로 삼고 시작되었다는 것은 곧 한글전용의 내적 속성이 '로마자 事大主義', 곧 西洋 事大主義라는 것을 의미한다. 이는 草創期 한글전용론자들인 필립 제이슨

13) 崔炅鳳, 『한글민주주의』, 위의 책, p.80. "사실 조선어학회는 풀어쓰기로의 전환을 염두에 두고 엄밀한 형태주의 표기법을 추구하였다. 풀어쓰기는 영문 알파벳의 표기 방식으로 국문연구소 시절부터 주시경이 이상적 표기법으로 주장했던 것이다."

14) 崔炅鳳, 『한글민주주의』, 위의 책, p.81. "음소문자로 창제된 한글을 음절 단위로 모아쓰는 것은 한글 운용 원리와 어긋난다고 생각했다. 창제 원리에 비추어볼 때 한글은 영어처럼 풀어써야 할 문자였던 것이다."

[韓國名 徐載弼], 周時經, 李承晩 등이 모두 基督教 신자라는 공통점에서도 드러난다. 이들은 교회를 다니며 西洋 宣教師들과 친하게 지냈으며, 선교사들의 영향을 받아 한글전용을 주장하게 된 것이다. 곧 그들은 한국어를 영어와 가까운 모습으로 바꾸자는 목적으로서 한글전용을 주장하고 시작한 것이다. 따라서 오늘날 한글전용론이 겉으로는 '한글民族主義'의 모습을 지녀 마치 한민족 문화의 정수를 드러내는 것처럼 보이지만, 실제로는 서양 사대주의의 속성을 지님으로써 우리 한국어를 해치고 있는 잘못된 민족주의인 것이다.[15)]

周時經은 한글전용을 최초로 언어학적 이론으로 주창했다. 하지만 周時經은 조선인의 주체적인 시각으로 조선어의 문자 문제를 보지 않았다는 데 문제가 있다. 주시경은 서양인이 쓰는 영어의 로마자가 가장 우수한 문자라고 보았다. 그러니까 주시경은 문자는 그 나라 언어와 관련하여 適合性이 결정된다는 사실을 모르고, 무조건 선진국이 쓰는 문자는 우수하고 후진국인 조선이 쓰는 문字는 열등하다는 오판을 하고 만 것이다. 곧 주시경의 생각은 이런 것이었다. "美國은 소리글자인 로마자를 써서 문자생활을 편리하게 하고 선진국이 될 수 있었다. 반면에 조선은 한자라는 고루한 뜻글자를 써서 낙후된 것이다. 그러니 조선도 소리글자인 한글만 써야 발전할 수 있다." 그러니까 주시경이 주창한 한글전용은 정신적 바탕이 서양人들의 '로마자 優越主義'를 추종하는 '로마자 事大主義'에 있다는 것이 결정적인 한계이다. "漢字 排斥, 로마자 崇尙, 한글의 로마자 亞流化"가 주시경이 세운 한글전용론의 본질이다.

15) 한글전용론과 '로마자 事大主義'의 밀접한 관계는 지금도 그대로다. 오늘날 한글전용이 옳다고 생각하는 대다수 韓國 국민들은 漢字를 배워서 쓰느니 차라리 英語를 배워서 쓰는 것이 便利하다고 생각한다. 따라서 한글과 토박이말만 써야 한다는 '한글민족주의'는 필연적으로 韓國語의 傳統[漢字, 漢字語]을 破壞하고 外勢[英語, 로마자]를 들여오게 된다. 따라서 '한글민족주의'는 방향이 잘못된 自害性 민족주의로서, 韓民族을 해치는 自爆 테러와 같다. 한글전용은 韓民族을 멸망시키고야 말 時限爆彈인 것이다.

주시경은 영어의 로마자를 이상적인 글자로 보았다. 그렇기 때문에 주시경과 그의 제자들은 한글을 로마자의 亞流로 만들려고 끈질기게 몸부림친다. 그것이 바로 '한글풀어쓰기' 운동이다. 곧 周時經은 1908년에 국문연구소의 「국문연구안」에서 '한글 풀어쓰기'를 처음으로 주장하였으나, 다른 연구위원들은 풀어쓰기가 조선어 전통과 단절을 심화시킨다는 이유로 받아들이지 않았다.[16] 그러나 주시경은 1914년 『말의 소리』에서 '한글풀어쓰기'를 다시 주장하였다. 그의 제자 金枓奉은 스승의 뜻을 따라서 1918년 『깁더 조선말본』에서 한글 풀어쓰기를 주장했다. 그 뒤로 周時經의 제자 崔鉉培도 끊임없이 '한글풀어쓰기'를 추진하였다. 뿐만 아니라 아직까지도 한글전용론자들 중 일부는 '한글풀어쓰기'를 주장하고 있다. 그러니까 이른바 "한글파괴"는 바로 주시경을 비롯한 한글전용론자들이 시작한 일이다.

주시경은 자기만이 옳다는 의식에 사로잡혀서 조선어 전통과 단절을 두려워하지 않았다. 그는 조선어 문자를 자기 식으로 곧 로마자의 아류로 개혁하고 싶었던 것이다. 그러므로 그는 세종대왕을 존경하지 않았다. 그래서 세종대왕이 이름 붙인 '訓民正音'을 자기 마음대로 '한글'이라 바꾸었다. 그리고 훈민정음을 해체하여 가로로 풀어써야 한다고 제멋대로 주장했다. 가장 결정적인 誤謬는 世宗大王이 漢字와 훈민정음을 섞어 쓴 국한자혼용을 무시하고 제멋대로 한글전용해야 한다고 주장한 것이다. 이처럼 주시경은 철저히 세종대왕과 훈민정음을 무시했다. 주시경은 자신이 세종대왕보다 더 위대한 한글학자라고 생각했다.[17] 그러니 한글전용론자 주시경은 세종대왕이 훈민정음을 만든 뜻을 거역한 이단자이다.

---

16) 崔炅鳳, 『한글민주주의』, 앞의 책, P.80.

17) 世宗大王이 初·中·終聲을 함께 모아쓰도록 만든 訓民正音을 周時經은 잘못 만들었다고 보고, 풀어쓰는 것이 옳다고 생각하고 자기 식으로 풀어쓰려고 애썼다. 이것은 周時經이 世宗大王보다 자신이 더 偉大한 한글학자라고 느꼈음을 보여준다.

오늘날 한글전용론자들은 바로 이 이단자인 주시경을 따르고 존경하는 사람들이다. 그러니 결국은 오늘날 한글전용론자란 사람들은 세종대왕에게 반기를 든 이단자를 따르는 무리들이다. 반면에 국한자혼용론자들은 진정으로 世宗大王을 존경하고 또 훈민정음을 사랑하고 그 전통을 올바르게 계승해 나가자는 사람들이다. 국한자혼용론자들은 세종대왕의 뜻을 그대로 계승하자는 사람들이므로 정통이다. 광복 이후 지금까지 국한자혼용론자들과 한글전용론자들의 논쟁이란 곧 정통파들과 이단자들 간의 對決·鬪爭 과정인 것이다.

(3) 日帝强占期 때 한글이 彈壓받았다는 것은 歷史歪曲

한글전용은 앞서 지적했듯이 언어학적 이치로 보면 엄청난 착각이고 망상이다. 이런 비정상적인 사고방식이 개화기에 국민의 호응을 받을 리 없다. 그래서 한글전용론은 소수 이단에 머물렀다. 그러나 日帝强占期를 거치면서 한글전용은 차츰 세력을 얻기 시작한다. 일제가 朝鮮語를 탄압하니까 朝鮮語를 지켜야 하는 과정에서 '한글'이 朝鮮語의 상징으로 부각되기 시작했기 때문이다. 왜냐하면 조선어의 다른 문자인 한자는 일본語에서도 쓰기 때문이다. 그러니까 일본어에는 없고 조선어에만 있는 문자인 '한글'이 조선어의 상징처럼 떠오르게 된 것이다. 그래서 抗日의 상징으로서 한글이 부각된 것이다. 이런 특수한 일제강점기라는 시대적 상황 속에서 원래는 西洋 事大主義的 속성을 지닌 한글전용이 마치 한민족 문화의 상징인 것처럼 와전되기 시작했다.

1945년 光復 후 周時經의 제자 崔鉉培가 文敎部 編修局長이 되어, 大韓民國 語文政策의 主導權을 잡게 되었다. 그리하여 崔鉉培가 주도하여 1948년에 「한글전용법」을 만들게 된다. 이리하여 한순간에 한글전용은 소수 비주류에서 주류의 위치로 올라서게 된다. 하지만 당시까지

대다수 한국인은 이치에 맞지 않는 한글전용을 받아들이지 않았다.[18] 세종대왕에서 비롯한 국한자혼용은 언어학적 이치에 들어맞기 때문에 조선시대는 물론 개화기를 거쳐 광복 이후까지도 국민에게 꾸준히 호응을 받았다. 그리하여 계속해서 한국어 문자 표기의 주류를 차지하고 있었다. 그러므로 한글전용파들은 억지로 「한글전용법」을 만들기는 하였으나, 실제로는 국민에게 거의 호응을 받지 못하였다. 그래서 한글전용론자들은 한글전용을 합리화하기 위해 한글전용이 마치 옳은 일인 것처럼 홍보에 힘쓰게 된다. 그 중의 대표적인 것이 일제강점기 때 마치 한글이 탄압을 받았던 것처럼 왜곡 선전한 일이다.

한글전용론자들은 일제강점기 때, 일제가 "우리 고유문자인 한글 사용을 금지하면서 우리는 한글을 잃어버릴 위기에 처하기도 했습니다. 일제강점기 말기에는 한국어와 한글을 연구하여 우리말큰사전 편찬 작업을 하던 '조선어학회'를 독립운동단체로 몰아 관련자들 33명을 검거하여 고문하고, 그 중 16명을 "조선민족정신을 유지한 내란죄"로 기소하기도 했습니다."[19]고 주장한다. 하지만 일제가 "우리 고유문자인 한글 사용을 금지"했다는 주장은 역사를 왜곡한 것이다. 일제가 한 일은 "1938년 4월 파멸적 교육령에 의한 조선어과 폐지에 이은 조선어금지와 일본어상용의 강요"[20]였다. 그러니까 일제는 '朝鮮語' 전체를 금지한 것이지 조선어는 쓰게 하면서 그 중에서 "우리 고유문자인 한글 사용을

18) 朴露子, 「한자만 나오면 '자아분열'」, 앞의 글. "문제는 역시 이념에 복종되지 않는 현실이었다. 1950년대 내내 이승만 정권의 내각에서 한글 전용에 관한 각종 실천요강들을 채택해 공포했지만 1950년대 말에도 신문 지상 전체 문자의 약 38%에 달하는 한자 사용 빈도는 실제로는 식민지 말기에 비해 전혀 줄지도 않았다."

19) 「語文政策正常化推進會」가 2012년 11월에 「국어기본법」이 違憲이라는 憲法訴願을 냈다. 이에 文化部의 代理人인 「법무법인 지평지성」이 反論으로 낸 意見書의 p.7.

20) [네이버 지식백과] 한글(국어국문학자료사전, 1998, 한국사전연구사). 굵은 글씨 및 밑줄은 필자.

금지"한 것이 결코 아니다. 다시 말해서 일제에게 탄압받은 것은 '朝鮮語' 전체였지 유독 '한글'만 그런 것이 아니다. 한국어의 문자로서 漢字도 당연히 한글과 함께 탄압받았다. 이를 좀 더 자세히 설명하면 다음과 같다.

> 1938년 7월, 총독부는 용지 절약을 이유로 도서 통제를 강화하면서 회보, 선전지, 기관지 등 각종 조선어 출판물을 통합, 폐간 혹은 감면시켰다. 1939년 8월에는 이 같은 도서 통제의 전면적 확대 실시 방침이 발표되었다. 이리하여 1940년 8월 『동아일보』, 『조선일보』가 폐간당하고, 1941년 4월과 5월에는 제1회 잡지 통제로 『문장』, 『사해공론(四海公論)』 등 21종의 잡지가 폐간되었다. 한편으로 조선 논단(論壇)과 문단의 전면적 일어화 작업이 진행되었다. 이러한 방침에 의해서 1939년 1월 박희도(朴熙道)가 사장인 일본문 종합 잡지 『동양지광(東洋之光)』이 창간되었다. 1941년 11월에는 최재서 발행으로 『국민문학(國民文學)』이 창간되는바, 이들이 조선 문학 일어화에 앞장섰던 잡지들이다.[21]

그러니까 1938년부터 1941년 사이에 日帝는 "각종 조선어 출판물" 전체를 탄압하였다. 곧 조선어로 된 모든 신문, 잡지 등이었다. 그리고 그 당시 "조선어 출판물"이란 거의 대부분 국한자혼용이었다. 1940년에 폐간된 『朝鮮日報』와 『東亞日報』도 물론 국한자혼용이었다. 「朝鮮語學會」가 만든 "한글맞춤법" 등을 비롯한 모든 서류나 사전들도 모두 국한자혼용이었다. 물론 "조선어 출판물"이 일절 금지되면서 한글전용으로 된 책들이나 한글 보급 운동 같은 것도 금지당했지만 소수에 지나지 않았다.

1938년부터 1941년 사이에 일제는 '朝鮮語'를 적는 글은 모두 일괄적

21) [네이버 지식백과] 조선어 금지(토지사전, 1997.10.20, 솔출판사).

으로 금지한 것이다. 그러니 한글전용론자들이 마치 그 당시에 '한글 출판물'만 탄압받은 것처럼 선전하는 것은 거짓말인 것이다. 한글전용파들이 일제강점기에 '한글'이 탄압받았다고 말하는 것은 '漢字'는 빼어버리고 마치 '한글'만 犧牲羊이었던 것처럼 부각시키는 교묘한 역사왜곡이다. 일제가 당시 벌였던 일련의 탄압들을 역사 용어로 "日帝의 朝鮮語抹殺政策"이라고 부른다. "日帝의 한글抹殺政策"이라고는 부르지는 않는 것이다. 그러니까 文化部의 代理人인 「법무법인 지평지성」이 "우리 고유문자인 한글 사용을 금지하면서 우리는 한글을 잃어버릴 위기에 처하기도 했습니다."고 주장한 것은 교묘한 역사왜곡인 것이다.

1942년에 발생한 '朝鮮語學會事件'도 마찬가지다. 日帝는 '朝鮮語學會事件'을 조작하여 "민족혼이 깃든 민족 언어 말살로 한국인을 말살하려고 하였다."[22] 그리하여 "체포된 '朝鮮語學會' 회원들에게 咸興지방 재판소의 예심 종결 결정문은 "고유 언어는 민족의식을 양성하는 것이므로 조선어학회의 사전 편찬은 조선민족정신을 유지하는 민족운동의 형태다."라는 판결에 따라 「치안유지법」의 내란죄가 적용되었다."[23] 그러니까 '朝鮮語學會事件' 또한 '한글'이 탄압받은 사건이 아니라 "고유 언어"로서 "朝鮮語"가 탄압받은 사건이다. 또한 당시 「朝鮮語學會」는 결코 한글전용론자들의 모임이 아니었다. 조선어를 연구하는 여러 계열의 학자들이 두루 모인 모임이었다. 그 안에는 崔鉉培·李克魯 같은 한글전용론자들도 있었지만 李熙昇·李秉岐 같은 국한자혼용론자들도 있었다. 그러니 오늘날 한글학회가 「朝鮮語學會」를 마치 한글전용론자들의 집합소였던 것처럼 말하는 것은 사실을 歪曲하는 일이다.[24] 日帝는

22) [네이버 지식백과] 민족말살정책[民族抹殺政策] (두산백과).

23) [네이버 지식백과] 조선어학회사건[朝鮮語學會事件] (한국민족문화대백과, 한국학중앙연구원).

24) 대표적인 것이 당시 '朝鮮語學會' 소속 학자들을 오늘날 '한글학자'라고 부르는 것이다. '한글학자'란 '朝鮮語學會'가 광복 후 '한글학회'로 바뀌고 난 뒤의 한글전용론

판결문에서 "고유 언어는 민족의식을 양성하는 것"이라고 말했지 "고유 문자인 한글이 민족의식을 양성하는 것"이라고 말하지 않았다. 그러니 '朝鮮語學會事件'을 마치 '한글'이 탄압받은 사건인 것처럼 말하는 것은 歷史歪曲이다.

이처럼 日帝强占期에 탄압받은 것은 조선어 전체였지 결코 한글에 국한된 것이 아니었다. 그런데 한글전용론자들은 日帝强占期 때 조선어가 탄압받은 일을 교묘하게 마치 한글만이 탄압받은 것처럼 역사왜곡하고 조작하고 있다. 그리하여 오늘날에도 마치 한민족의 '고유문자'인 한글만 써야 愛國·愛族하는 것처럼 국민을 오도하고 있다. 이러한 거짓 선동에 넘어가서, 오늘날 애국심을 지닌 한국인 대다수는 진실은 알지도 못한 채 한글전용이 옳다고 믿기에 이르렀다. 여기에는 한글전용이 옳은 것처럼 가르치는 국어 교과서 및 잘못된 여론을 형성하는 언론들도 큰 영향을 미쳤다. 그리하여 오늘날 한국 국민들 사이에서는 무조건 한글만 써야 한국어를 사랑하는 것이라는 잘못된 '한글民族主義'가 형성되어 있다.

(4) 幼稚한 自閉兒的인 '한글民族主義'

한글전용은 본디 서양 事大主義에 바탕을 둔 이단으로서 결코 국어사적으로나 국어학적으로 올바른 일이 아니다. 외세와 외세 추종자들이 한자를 모르는 무식한 조선 백성을 독자로 끌어들이기 위한 방편으로 시작한 일이었을 뿐이다. 그 뒤 주시경이 서양이 사용하는 로마자와 같은 소리글자인 한글만 써야 우리나라도 발전할 것이라는 착각과 망상에 빠져서, 한글전용을 '한글민족주의'로 理念化·敎條化하게 된다.

자들에게는 들어맞는 호칭일지 모르나, 당시 '朝鮮語學會' 소속 학자들은 '朝鮮語學者'라 불러야 마땅한 것이다.

게다가 일제강점기에 처하여 일제가 조선어을 탄압하다 보니까 일본語에는 없는 한글이 한국어의 '고유문자'로서 한민족 문화의 상징처럼 점차 부각되기 시작했다. 나아가 광복 후 1948년에 제정한 「한글전용법」과 2005년에 제정한 「국어기본법」이라는 두 법률의 강력한 지원을 받으면서 한글전용은 이제는 대세처럼 인식되기에 이르렀다.

그리하여 오늘날 한글전용해야만 마치 한글을 사랑하는 것이고 또 우리나라를 사랑하는 것처럼 여기는 사람들이 많다. 하지만 한글이 한국어의 '고유문자'라는 것하고 한글전용해야 한다는 것하고는 전혀 다른 문제이다. 한국어의 문자 선택은 언어학적 이치에 따라 결정해야 하는 문제이기 때문이다. 그리고 한글을 꼭 100% 써야만 한글을 사랑하는 것도 아니다. 한글을 가장 적절하게 사용하는 것이 한글을 가장 잘 사랑하는 길이다. 그리고 지금은 일제에 저항하는 식민지 시절도 아니다. 그러니 이제 더 이상 일본어에 없는 글자인 한글만 쓰는 것으로써 日本에 대한 劣等感을 극복하려는 유치한 생각을 해서는 안 된다. 또한 한글이 쉬우니까 한글전용이 글을 이해하기 좋은 표기 방식이라고 착각해서는 안 된다. 영어의 로마자가 쉽다고 英文이 이해하기 쉬운가? 글자가 쉬운 것하고 그 글로 써진 글이 쉬운 것하고는 아무 관계가 없다. 글자는 어휘의 종류에 맞게 써야 이해가 잘 되는 것이다. 한자어는 한자로 적어야 한글로 적은 것보다 이해가 더 잘 된다.

한글전용론자들은 한국어 표기에 한자를 써야 한다고 하면 중국에 사대한다고 비난한다. 그리고 국한자혼용은 일본인의 글쓰기 방식을 모방한 것이라고 비난한다. 또 한자는 과거에 특권을 지닌 지배층의 문자였다고 비난하기도 한다. 이런 말을 그대로 곧이곧대로 믿는 한국인이 많다. 하지만 그런 말들은 전혀 사실이 아니다. 만약에 한자를 쓰는 것이 중국에 사대하는 일이라면 세종대왕도 중국에 사대한 분이었다는 말인가? 또 국한자혼용이 일본인의 글쓰기 방식을 모방한 것이라면 세종대왕이 『龍飛御天歌』를 지으면서 일본인의 글쓰기 방식을 모방했다는 말인가? 그리고 과거에 지배층만 문자를 알고 썼던 현상은 전 세계적으로 普遍的 현상이지 우리만 그런 것이 아니다. 지금은 누구나 한자를 알고 쓸 수 있게 되었으니 모두 다 배워서 쓰면 좋지 아니한가? 한글전용론자들은 전혀 이성적이지 않은 말로 '한글민족주의'를 선동하여, 이 문제의 진실을 잘 알지 못하는 국민들을 우롱하고 오도하고 있다.

얼마 전까지 '光化門' 懸板의 글자를 무엇으로 할 것인지를 두고 온 나라가 시끄러웠다. 世宗大王은 訓民正音을 만들었지만 한자어는 반드시 한자로 적었지 훈민정음으로 적지 않았다. 한자어를 훈민정음으로 적으면 의미를 나타내지 못하기 때문이다. 그렇기 때문에 국한자혼용이 국어학적 이치에 맞는 정상적인 한국어 표기 방식인 것이다. 그래서 朝鮮時代 500년간 '光化門' 懸板은 漢字 '光化門'으로 내려 왔다. 그런데 朴正熙 대통령은 光化門을 시멘트로 다시 세우고 한글로 '광화문'이라고 현판을 써서 달았다. 그리고 최근에도 한글전용론자들은 복원하는 광화문의 현판을 한글로 '광화문'이라 달아야 한다고 우겨댔다. 이렇게 '光化門' 현판을 한글로 써서 달아야 한다는 사람들의 심리는 무엇일까?

漢字는 中國에서 왔으니까 우리는 한자를 쓰면 중국 사대주의자가 되니, 중국이나 일본에는 없는 우리 '固有文字'인 한글만 써야 외국인에게 부끄럽지 않다는 생각일 것이다. 하지만 한자는 일본도 쓴다. 일본인들이 중국 사대주의자들인가? 아니지 않는가? 따라서 우리가 한자를 쓴다고 해서 중국 사대주의자가 되는 게 아님은 물론이다. 우리가 한자 쓰는 것을 부끄럽게 느끼는 것은 민족적 열등감의 발로이다. 우리는 한자 쓰는 일에 대해 열등감을 느끼지 말아야 한다.[25)]

---

25) 아니 한글로 '광화문' 현판 하나만 바꿔 단다고 하여, 우리 韓民族이 漢字를 2천년간 써온 歷史가 사라지거나 감춰지는가? 당장 '光化門'을 지나 景福宮 안에만 들어가면 모든 懸板의 글자가 다 漢字인데, 그것들도 모조리 다 한글로 바꿔 달겠다는 것인가? 大韓民國 전국에 걸려 있는 遺蹟地의 懸板이나 碑石은 거의 다 漢字인

한국인 중에는 우리가 한자를 남에게 빌려 써왔다고 생각하는 사람들이 아주 많다. 그러면서 우리 민족이 한자를 써온 일을 부끄럽게 여기는 사람들이 많다. 하지만 그것은 모두 잘못된 생각이다. 우리는 한자를 빌려 쓴 것이 아니다. 우리가 주인으로서 한자를 우리 글자로서 주체적으로 써온 것이다. 한자가 어디에서 왔건 우리가 그 문자를 쓰기 시작한 그 순간부터 한자는 곧 우리 문자가 된 것이다. 그렇게 해서 무려 2천 년 간 우리는 주인으로서 한자를 써왔다. 결코 빌려 쓴 것이 아니다. 빌려 썼다고 하면 돌려줄 것을 전제로 해야 하나 문자는 그런 사물이 아니다. 또 2천 년 간 써온 것을 빌려 썼다고 한다면, 곧 2천 년 간 쓴 것도 내 것이 아니라면 백년도 못 사는 인간에게 내 것은 하나도 있을 수 없다. 내가 어떤 물건을 사면 즉시 그 물건은 내 것이다. 한자를 우리 민족이 쓰기 시작한 그 순간부터 한자는 즉시 우리 민족 것이 된 것이다. 2천 년 간 우리 민족과 함께 해 온 문화가 우리 문화가 아니라고 한다면, 도대체 우리 문화는 무엇이 있는가?

西洋人들은 漢字는 中國만의 글자라고 생각하지 않는다. 서양인들은 한자는 한자문화권의 공통 문자라고 생각한다.[26] 서양인 중에서도 자기 스스로 한자가 좋아서 쓰는 사람들도 있다. 한자로 문신도 한다. 그러면서 남의 문자를 쓰니까 부끄럽다는 생각은 안 한다. 오직 우리만

데, 그것들을 다 한글로 바꿔달 수야 없지 않는가? 우리 韓民族이 이룩한 古典文化의 90% 이상이 漢文 古典들인데, 그 漢文들은 다 어떻게 하겠다는 것인가? 다 불살라 없애버리겠다는 것인가? 아니면 그냥 倉庫에 집어넣고 보지 않겠다는 것인가?

26) 李東昱, 「인터뷰/「한글창제 연구」 독일인 라이너 도멜스 박사—저승의 세종대왕은 한글전용을 개탄할 것—」, 앞의 글. "동양문화권이니까 영어가 아닌 중국 글자인 한자를 유용하게 사용한다는 것은 현명한 태도라고 봅니다. 일본이 한자를 그토록 많이 쓰지만 서양에서 비웃지 않습니다. —서양 사람들은 한자에 대해 어떤 생각을 하고 있습니까. '서양의 보통사람들이 볼 때 한자는 심오하게 느껴질 깁니다. 그들은 한자를 중국의 소유라고 생각지는 않습니다. 중국 문화권에서 사용되는 문자라고 보는 겁니다.'"

한자 쓰는 일에 대해서 쓸데없는 열등감을 느끼고 있다. 그래서 남에게는 없는 '固有文字'인 한글을 쓰는 것으로써 그 열등감을 보상받으려고 한다. 그러니까 한글전용은 한민족이 지닌 집단적 열등감의 표현인 것이다. 다른 곳에서 느끼는 열등감을 우리의 '고유문자'인 한글만을 쓰는 일로서 민족적 우월감을 느끼고자 하는, 과도한 國粹主義的이고 民族主義的 행위가 곧 오늘날의 한글전용인 것이다.[27)]

한민족이 정신적으로 성숙되어 있다면 '한글전용' 따위의 유치한 일을 하지 않는다. 성숙한 나라에서는 다문화를 떳떳하게 받아들일 줄 안다. 한민족이 정신이 성숙되어 있다면 진실도 아닌 '單一民族'을 자랑스럽게 떠들어대지 않을 것이다. 그리고 문자도 기왕에 두 개의 문자를 가지고 있던 것을 '單一文字'로 축소하려고 애쓰는 어리석은 행동은 하지 않을 것이다. 한글전용은 자폐증에 걸린 어린 아이 같은 사고방식에서 나온 것이다. 중국어에서 한자를 쓴다고 해서, 한자를 우리 글자가 아닌 남의 글자라고 애써 부인하려고 할 필요가 없다. 한자는 일본도 쓰지 않는가? 그러니까 다른 민족은 쓰지 않고 오로지 우리 민족만 쓰는 '固有文字'인 한글만 써야 한다는 사고방식은 幼稚한 것이다. 문자는 다른 민족과 서로 疏通되는 것이 오히려 有利한 것이다. 그래야 다른 민족들과 교류하며 협력하기 편리하기 때문이다. 곧 우리가 한자문화

---

27) 허윤희 기자, 「韓國 널리 알리려면 '우리' '제일' 이 말부터 빼세요」, 앞의 글. "외국인들에게 15분만 '우리, 우리' 하면 도망가요. 한국 역사를 소개할 때는 '우리'를 너무 강조하면 안 돼요. 한식, 한옥, 한글 모두 훌륭하지만 '세계에서 유일하다'고 선전하면, 국가주의에 경도된 듯 보입니다. '한국 제일'보다 한국 문화도 동아시아, 나아가 전 세계 다른 문화들처럼 어떤 특색을 가진 똑같은 문화라는 걸 인정해야 합니다." 그는 "한국인들의 과도한 국수주의가 문제"라고 애정이 어린 비판을 쏟아냈다. ……한양대 석좌교수 재직 중에는 학생들이 한국 문화에 너무 무지해서 놀랐다고 했다. "마흔 이하 젊은이들은 한자를 몰라서 의사소통에 오해가 많아요. 한자는 1500년 이상 한국 문화 속에 있었으니까 외국어가 아니라 한국어의 큰 범주에서 봐야 해요. 자기 문화를 알게 하려면 한자와 한문 교육을 해야 합니다." 굵은 글씨 및 밑줄은 필자.

권에서 이탈하여 한글전용하고 있는 일은 전혀 우리나라에 도움이 되지 않는다.[28] 한글만 100% 써야 한민족으로서 자부심이 산다는 사고방식은 국수주의적이고 폐쇄적이며 鎖國主義的이고 排他的이며 自閉兒的인 사고방식이다. 그런 것은 精神 미성숙의 유아적 태도이다. 21세기 地球村時代, 多文化時代, 融複合時代에 선진국을 지향하는 국민이 지녀야 할 성숙된 생각이 아니다. 대한민국의 장래에도 전혀 도움이 되지 않는다.

오늘날 한국인이 한글전용하는 심리는 자신의 맨 모습 전체를 드러내는 것을 숨기고 부끄러운 부분은 감추고 남에게 자랑하고 싶은 것만 보여주려는 태도이다. 왜 우리 한민족이 지난 2천 년간 한자를 써왔다는 엄연한 역사적 사실을 숨기려 하는가? 왜 있었던 사실을 떳떳하게 밝히지 못하는가? 아니 도대체 왜 우리 한민족이 한자를 2천 년간 써왔다는 사실을 부끄러워하는가? 한자가 있었기에 우리 한민족이 "半萬年文化民族"으로 고급문화를 창조하며 살아왔는데, 그것이 도대체 무엇이 부끄럽다는 말인가? 오히려 우리가 한자를 2천 년 간 써온 일은 자랑스러운 일이다. 한민족이 한자에 힘입어 고급문화가 발전해 왔고 한국어가 풍부해졌다. 그리고 지금도 한국인은 한자를 알아야 지식인 행세를 할 수 있다. 그래서 한글전용론자들도 한자를 배우고 자식들에게도 한자를 가르친다. 그러면서도 겉으로는 한자를 마치 원수 대하듯이 매도한다. 이렇게 두 얼굴로 한자를 대하는 한국인들의 이중적인 모습은 매

28) 이명학 성균관대 교수, 「동아시아권 소통을 위한 한자 교육」, 『중앙일보』, 2013.07.30. "한자 교육은 단순히 과거를 공부하기 위한 것이 아니라 각 민족 간 정치·경제·문화적인 연대를 강화할 수 있는 연결고리다. 한자문화권의 사람들은 오랜 세월을 같이 살아왔고 앞으로도 함께 살아갈 수밖에 없다. 그 매개체가 바로 한자다. 한자 교육을 통해 미래 동아시아 사회의 주역이 될 각 나라 젊은이들이 이웃나라의 역사와 문화·가치관을 이해한다면 비이성적인 역사 왜곡이나 배타적인 민족주의를 극복하는 작은 밑거름이 될 수 있을 것이다. 최소한의 한·중·일 공통 한자를 정하고 널리 교육해야 할 이유다."

우 위선적이고 가식적인 태도인 것이다.[29]

우리는 한글을 '固有文字'라는 개념으로 민족의 긍지를 삼는 단계를 벗어나야 한다. 문화민족은 어느 민족이나 글자를 가지고 있다. 그 문자들의 성능은 그리 큰 차이가 없다. 글자는 그 민족의 언어를 적기에 큰 불편이 없으면 좋은 文字인 것이다. 한국인은 '한글'을 세계에서 가장 우수한 글자라고 유난스럽게 자랑스러워한다. 하지만 현행 한글은 사실은 알고 보면 한국어 표준발음도 적지 못하고 있는 열등한 소리글자이다. 게다가 국가가 한글전용정책으로 이 엉터리 한글로만 글을 적게 강요하니, 한국인의 발음이 엉망이 되어버렸다.[30] 일본의 假名[가나]는 일본어를 적는 데 불편함이 없다는 점에서 결코 한글보다 劣等한 글자가 아니다.[31] 아니 일본의 假名[가나]는 일본어 표준발음을 적고 있다는 점에서 오히려 한국의 한글보다 우수한 글자라고도 할 수 있다. 그러니 우리가 '한글'을 세계에서 가장 우수한 글자라고 떠들어대는 것

29) 朴露子, 「漢字만 나오면 '自我分裂'」 앞의 글. "그 자신도 일본어를 필요로 하는 업무상 한자를 잘 알았고, 또 지금은 순 한글 이름을 가진 아들에게 사적으로 한자를 가르치게 하고 있기도 하다. 말하자면, 현실상 한자를 무시할 수 없는 입장이지만, 당위적으로 '중국글'에 대해서 적당한 배타심 역시 떨쳐버릴 수 없는 것이다. 그것이야말로 한자를 보는 우리의 이율배반적 시각의 전형이라 할 것이다. …… 자아분열이라 할까? 한국 지배계층은 자신들의 자녀만큼은 당연히 돈을 들여 한문 솜씨라는 문화 자본이 대물림되게끔 하지만, 공식 담론상으로는 오로지 '국문'만이 국민 공동체의 공식 언어인 것처럼 이야기하고, 피지배자들의 공교육을 통한 충분한 한문 익히기를 사실상 불가능하게 만든다."

30) 현행 한글은 韓國語 標準發音을 적지 못하고 있다. 그래서 「한글전용법」과 「국어기본법」으로 强要하는 한글전용 수십 년에 韓國人들의 發音이 엉망이 되어버렸다. 이 문제에 대해서는 "제 I 부 (8-4-1) 한글은 韓國語 標準發音도 적지 못하는 劣等한 소리글자"에서 자세히 설명한 바 있다.

31) 한글은 엄청난 音韻을 표현할 수 있는 데 반해 日本의 假名[가나]은 그보다 훨씬 적은 音韻밖에 표현하지 못한다는 점에서 한글이 假名[가나]보다 優秀한 글자라고 韓國人들은 흔히 생각한다. 하지만 日本語는 假名[가나]으로 표현할 수 있을 정도의 音韻밖에 없으므로, 假名[가나]는 日本語 文字로서 훌륭한 문자인 것이다. 日本人들에게 한글을 준다한들 그들이 한글을 더 便利하다고 여길 理由가 없는 것이다.

은 사실에도 맞지 않고, 또 설혹 사실이라 할지라도 유치한 태도인 것이다.

세계의 학자들이 인정하는 우수한 문자는 세종대왕이 만든 훈민정음이지 현재의 한글이 아니다. 현행 한글은 훈민정음보다 퇴보한 열등한 글자이다. 그러니 이런 한글을 자랑하는 것은 부끄러운 일이다. 또 백보 양보하여 정말로 한글이 그렇게 우수한 소리글자라고 할지라도 그것이 곧 한글전용해야 한다는 논리로 직결될 수 있는 것은 아니다.[32] 한글이 우수한 소리글자인 것하고 한글전용해야 한다는 것하고는 별개의 문제이다. 왜냐면 한글은 소리글자의 한계를 지니고 있기 때문이다. 따라서 한자어의 의미를 나타내지 못한다는 태생적인 한계는 한글이 제아무리 완벽한 소리글자라 할지라도 극복할 수 없는 문제이다. 그렇기 때문에 訓民正音을 만들고 訓民正音의 性能을 누구보다 잘 아는 세종대왕조차도 한자어는 감히 훈민정음으로 적을 생각을 하지 못했던 것이다. 세종대왕이 감히 하지 못한 한글전용을 우리들은 할 수 있다고 생각하는 것은 곧 세종대왕을 바보로 여기는 것이다. 바로 여기에 주시경의 커다란 역사적 오류가 있다. 우리가 세종대왕보다 훈민정음을 더 잘 안다고 생각하는 것은 엄청난 착각이다. 우리가 세종대왕보다 더 훈민정음(한글)을 사랑한다고 여기는 것은 웃기는 망상이다.

우리가 정작 자랑해야 할 것은 한글이라는 문자 자체가 아니다. 그 문자를 가지고 우리 민족이 얼마나 훌륭한 문화를 창조했는지를 자랑해야 한다. 그것이 精神的·文化的으로 수준 높은 민족이 취해야 할 태

32) 崔炅鳳, 『한글민주주의』, 앞의 책, pp.219~220. "'한글'이 여러 언어를 표기할 수 있는 문자'라는 사실이 '한글이 그 언어의 표기에 가장 적합하거나 유일한 문자'라는 사실로 뒤바뀌는 과정은 분명 비이성적이다. 한글의 우수성과 한글 사용의 당위성을 연결하려는 시도는 다른 문자에 대한 차별적 인식을 부추기며 오해와 편견을 낳기 때문이다. 한 언어를 표기하는 문자는 그 언어공동체가 처한 역사적, 사회적 맥락에 따라 선택하는 것일 뿐인데도 말이다."

도이다. 영국인이나 미국인이 영어가 국제어라고 자랑하는 것 보았는가? 사실 문자 자체를 자랑하려면 국제어의 국제 문자로 전 세계에서 널리 사용되고 있는 영어의 로마자를 한글보다 훨씬 더 자랑해야 마땅하다. 하지만 영국인이나 미국인이 로마자를 자랑하는 걸 보았는가? 그들은 우리 한국인 같은 유치한 행동을 하지 않는다. 영국인은 영어로 훌륭한 문학작품을 창조한 셰익스피어를 자랑하고, 미국인은 위대한 작가 헤밍웨이를 자랑한다. 우리도 그런 위대한 작가나 시인을 자랑해야지 문자 자체를 자랑하는 것은 幼稚한 일인 줄 알아야 한다.

우리 韓民族이 지난 2천 년간 漢字를 쓰면서 살아온 歷史는 결코 부끄러운 것이 아니라 자랑스러운 일이다. 한자가 있었기에 우리가 자랑하는 "半萬年 文化民族"이 될 수 있었던 것이다. 우리가 "半萬年 文化民族"임을 자랑스러워한다면, 그렇게 만들어준 한자도 마땅히 자랑스럽게 여겨야 한다. 그러니 솔직히 漢字를 써온 歷史를 인정하고, 우리 한민족이 한자를 쓰는 일을 떳떳하게 여겨야 한다. 그것이 성숙한 지성인의 자세이다. 우리 한민족이 2천 년 간 써온 한자를 지금부터는 단 한 자도 쓰지 말아야 한다는 한글전용은 유구한 한국어의 전통을 파괴하고자 하는 이단이다. 한글전용은 한마디로 비정상적인 일인 것이다. 오늘날 한글전용으로 적는 글들은 기형적인 모습을 보이고 있다. 한글로 적어 놓은 한자어 고유명사는 의미를 전혀 전달하지 못한다. 도대체 그런 것을 글이라고 적어서 어떻게 의사소통을 하겠다는 것인가? 이성을 지닌 인간이라면 오늘날 벌어지고 있는 맹목적인 한글전용에 대해 개탄하지 않을 수 없는 것이다. 한글전용에는 '한글민족주의'라는 이념만 잔뜩 드러나 있을 뿐 언어의 본래 목적인 意味 傳達과 意思疏通은 어디론가 사라지고 없다. 이렇게 語文政策을 어떤 불순한 이념의 수단으로 격하시켜서는 안 된다.

訓民正音을 만든 세종대왕은 훈민정음만 쓰려고 결코 그 문자를 만든 것이 아니다. 세종대왕은 정치적 목적을 떠나서 순수하게 國語學的 이치를 따져서 國漢字混用을 하였다. 이러한 국한자혼용은 국어학적 이치에 맞기 때문에 계속해서 국민의 呼應을 받아 왔다. 조선왕조 500년을 거쳐서, 開化期, 日帝强占期, 그리고 光復 이후 1980년대까지 국한자혼용은 계속해서 문자 표기의 중심을 차지해 왔다. 이에 반해 불순한 이념의 수단으로 이용되어온 한글전용은 계속해서 비주류를 면치 못하였다. 명백한 이단이기 때문에 한민족이 呼應하지 않은 것이다. 그런데 대한민국 건국 직후부터 한글전용론자들이 어문정책을 주도하게 되어 1948년 「한글전용법」을 만들고 또 2005년 「국어기본법」을 만듦으로써, 한글전용은 강제적이고 인위적으로 1990년대 이후 한국어 문자 표기의 중심을 차지하게 되었다. 그러나 국어학적 이치로 보면 어디까지나 세종대왕이 한 국한자혼용이 정통임은 물론이다. 그리고 한글전용은 이단인 것이다. 그러므로 국한자혼용이 세종대왕이 훈민정음을 만든 본뜻을 우리가 정통으로 계승하는 올바른 길이다. 그러니 우리는 한자 쓰는 걸 부끄럽게 여기지 말고, 필요한 곳에는 한자를 써야 한다. 자기의 한자어 이름은 반드시 한자로 적고, 모든 한자어 고유명사 · 學術用語 · 專門用語 등 어려운 한자어는 당연히 한자로 적어야 한다. 언어의 목적은 '理念 煽動'이 아니라 '意味 傳達'과 '意思疏通'임을 우리는 잊지 말아야 한다.

2. 漢字廢止運動은 西洋人들과 그 追從者들의 陰謀

韓國人은 밖에서 들어와서 우리가 천 년 이상 함께 해온 佛敎, 儒敎, 端午 등을 모두 우리 문화라고 생각한다. 그리고 拒否感을 전혀 갖지 않는다. 오히려 자랑스러워한다. 그래서 '江陵端午祭'는 우리 스스로 세계 문화유산으로 등재하기까지 하였다. 그런데 왜 무려 2천년이나 우리와 함께 한 한자만은 유독 우리 문화가 아니라고 생각하는 사람들이 많을까? 심지어는 한국인 일부는 한자에 대해 嫌惡感이나 憎惡心을 보이고 내쫓아야 한다고 주장하기까지 하는가? 이해하기 어려운 이상한 현상이 아닐 수 없다.

여기에는 그럴 만한 까닭이 있다. 서양인들과 서양 사대주의자들 내지는 急進 좌파들인 한자폐지론자들이 한자를 한자문화권의 정신을 지탱하는 전통문화의 핵심으로 보고 몰아내기 위해 힘쓰기 때문이다. 그러한 음모로서 한자가 우리 글자가 아니라고 선동하는 것이다. 이것은 비단 우리 한국에만 있는 현상이 아니다. 대략 19세기 말부터 20세기 말까지 1세기에 걸쳐서 西洋人들과 그 西洋 事大主義者들과 急進 左派들에 의해서 韓國, 中國, 日本, 越南 등 漢字文化圈 전역에 걸쳐서 '漢字廢止運動'이 일어났다. 한국의 한글전용운동도 그 현상의 일부이다. 오늘날 한국인들은 그 음모가 깔린 서양인들과 서양 사대주의자들 내지는 급진 좌파들인 漢字廢止論者들의 선동에 넘어가서 한자가 우리 글자가 아니라고 잘못 여기게 되었다.

(1) 中國의 漢字廢止運動 歷史

지난 1세기 동안 西洋人들과 그 추종자들 내지는 急進 左派들이 漢字文化圈 여러 나라에서 한자를 없애기 위해 벌인 일에 대해서는 사회비평가인 金正剛 씨가 연구를 많이 한 바 있다. 그러므로 이분의 연구를 중심으로 논의를 진행하고자 한다. 우선 중국이 문자를 개혁하고자 한 배경부터 살펴본다.

1928년 스탈린은 모스크바에 중국문제연구소를 설치하고, 토라그라

프(언어학자 · 러시아人)에게 漢字의 라틴화를 연구케 했다. 한편 중국 공산당원으로서 국제공산주의자였으며 소련 유학생이었던 瞿秋白(귀추바이), 吳玉章(우위강) 등에게 지령하여 「中國文字拉丁化方案(중국문자 라틴화 방안)」을 연구케 하였다. 이것은 스탈린이 그의 저서 「마르크스主義와 언어학의 諸문제」에서, 『언어는 인간의 사회적 교류의 도구이며, 사회적 투쟁과 사회 발전의 도구이다』라고 규정한, 언어와 문자에 관한 마르크스 · 레닌주의적 해석 노선에 의한 것이었다.

스탈린의 이 노선에 따라 1931년 9월에는 漢字의 라틴화 방안이 마련됐다. 방안의 내용은 로마 字母(자모) 26字(자) 중 「Q」, 「V」 2字를 없애고, 합성 字母 「ch」, 「sh」, 「zh」, 「rh」, 「vg」 5字를 첨가하여 29字를 만들어, 「北方話拉丁化新文字(북방화 라틴화 신문자)」라고 이름 짓고, 우선 소련 영토에 거주하고 있던 약 10만 명의 화교에게 실시했다. 나아가 마침내 1934년에는 중국의 上海(상해 · 상하이)에서 「大衆語運動(대중어 운동)」을 일으켜 漢字의 라틴화를 대중적 이데올로기 투쟁 차원에서 전개하기 시작했던 것이었다.

이와 같이 중국 左派의 급진적인 漢字폐기 노선도, 그 淵源(연원)에 있어서는 스탈린에 의해 지도되고 있었던 세계 공산주의 문화투쟁의 一環(일환)으로 추진된 것이었다. 스탈린은 거대한 중국 대륙을 공산주의 사상으로 혁명하는 데 있어서, 가장 큰 장애물은 중국의 유구한 역사에 바탕한 深奧(심오)한 문화와 그에 기초한 중국인의 傳統사상이라고 생각했으며, 나아가 공산주의 혁명 후에도 이 傳統사상이 중국을 소련에 종속시키는 데 커다란 장애물로 될 것이라고 예견하고 있었다.

그런데 중국 문화와 傳統의 핵심은 漢字라고 하는 「그릇」에 담겨져 있다고 생각했기 때문에, 漢字를 없애 버리려고 한 것이다. 1951년 毛澤東도 『文字必須改革, 要走世界文字共同的 音方向(문자는 반드시 개혁해야 하며, 세계문자 공동의 표음 방향으로 나가야 한다)』라고 했다.

> 그러나 중국 左派의 漢字 폐기와 라틴화 운동은 중국 민중의 저항과, 중국 국가 지도부의 이성적 반성에 의하여 制動(제동)된 결과 簡字化(간자화)로 낙착되었다. 만일 라틴화 노선이 관철되어 중국이 漢字를 완전히 폐기하고 베트남처럼 알파벳 사용 국가로 되어 버렸다면 東아시아 문화에는 헤아릴 수 없는 재앙이 초래될 뻔했다. 그것은 다름 아닌 東아시아 문화의 뿌리인 중국 고전문화의 초토화이다.[33]

중국도 한자를 폐지하고 로마자를 쓰고자 목표를 세운 적이 있다. 蘇聯의 共産主義者 스탈린은 중국을 공산화하기 위해서는 중국 전통문화의 정수인 한자를 제거하지 않으면 愚民化政策을 이룰 수 없다고 보았다. 그래서 중국의 毛澤東에게 漢字 除去를 지령했다. 그러한 스탈린의 지령을 받은 모택동의 앞잡이가 되어 중국에서 '漢字 廢止'를 외친 세 명의 좌파 지식인이 있었다. 그 대목을 앞의 글에 이어서 인용해 본다.

> 張庚(장강 · 장껑)은 1934년, 『漢字는 죽은 글자, 文言文(문언문)의 글자, 봉건의 글자』라고 했고, 魯迅도 『漢字不亡 中國必亡(한자불망 중국필망)』이라면서, 『漢字와 대중은 세불양립이다. …대중어의 보급은 라틴(알파벳)化뿐이다』라고 했다. 1964년 郭沫若(곽말약 · 궈모)는 인민일보와의 회견에서 『앞으로 漢字는 어떻게 되느냐』는 물음에 『영원히 박물관에 보존된다』고 말했다. 셋 다 세계적으로 저명한 당시 중국의 대표적인 左派사상가들이었다. 이들은 漢字를 익히기 어렵다는 것도 문제로 보았지만, 그보다 더 근본적인 문제는 漢字를 중국 봉건(=傳統) 사상을 축적 · 전달하는 도구로 보았던 것이고, 중국의 뿌리 깊은 傳統사상을 섬멸하기 위해서는 漢字를 폐기하고 중국 문자를 라틴(=알파

33) 金正剛, 「한글전용 이데올로기 비판-外勢와 左派에 협공당한 東아시아의 漢字」, 『月刊朝鮮』 2003년 9월호.

벳)화해야 한다고 주장한 것이었다.[34)]

위의 인용문에서 보듯이 중국의 유명한 문학가 魯迅은 "漢字不亡 中國必亡"이라고 말했다. 이것을 오늘날 한국의 한글전용론자들은 마치 노신이 애국적 사고방식으로 그렇게 말한 것처럼 傳家의 寶刀처럼 써먹는다. 하지만 노신은 과격한 좌파로서 中國 傳統 斷絶 사상을 가졌던 사람이다.[35)] 따라서 노신은 좌파적 관점에서, 한자를 봉건 압제적 문자로 보고 그 타도를 위해서 그렇게 말한 것이다. 오늘날 한국의 한글전용론자들도 노신의 "漢字不亡 中國必亡"이라는 말을 인용하면서 한자를 봉건 압제적 문자로 보는 시각이 있다. 한국의 한글전용론자들은 중국의 급진 과격한 좌파 사상가들과 정신적으로 일맥상통하는 것이다.

毛澤東은 처음에는 共産主義를 광활한 중국 전역으로 전파하기 위하여 한자를 없애고 로마자화하려고 추진하였다. 그러나 실제로 해보니까 부작용이 많고 국민의 반발이 심해서 현실적으로 로마자화가 불가능했다. 그래서 중간 과정의 간체자에서 그치고 말았다. 그 과정은 다음과 같다.

> 1951년 마오쩌둥은 '文字必須改革, 要走世界文字共同的 音方向(문자는 반드시 개혁해야 하며, 세계문자 공동의 표음 방향으로 나아가야 한다)'방침을 발표했다. 이 방침에 따라 중국은 1952년 중국문자개혁위원회를 발족하고 문자개혁에 돌입했다. 이때 중국은 한자 개혁의 방향을

34) 金正剛, 「한글전용 이데올로기 비판-外勢와 左派에 협공당한 東아시아의 漢字」, 위의 글.

35) [네이버 지식백과] 루쉰[魯迅(노신)] (두산백과). "소비에트 문학작품을 번역하여 프롤레타리아 문학을 흡수, 소개하기도 하였다. 1930년 좌익작가연맹이 성립되자 지도적 입장에 서서 활약하고, 1931년 만주사변 뒤에 대두된 민족주의 문학, 예술지상주의 및 소품문파(小品文派)에 대하여 날카로운 비판을 가하였다."

궁극적으로 한자 폐기로 정하고, 순차적으로는 한자의 간화(簡化), 한어의 병음화(?音化), 보통화(普通話) 보급이라는 3항 운동으로 정했다. 간화는 한자를 형체와 획수를 줄여서 간단하게 하는 것이고, 보통화 운동은 한어를 어문일치의 표준어로 발전시키는 운동이다. ……

중국은 1952년 마오쩌둥의 노선에 따라 중국문자개혁위원회를 발족했다. 1955년 이체자(異體字) 정리 과정에서 1053자를 폐지하고, 1956년 '한자 간화 방안'을 발표했다. 그뒤 4단계에 걸쳐 간자화(簡字化)를 추진해오다가, 그 성과를 결집해 1964년 '간화자 총표(簡化字總表)'를 확정해 간체자 체계를 확립했다. …… 중국은 1956년부터 간체자를 사용하는 동시에 맹렬한 문맹퇴치 운동을 시작해 1982년에는 문맹률을 23%로 낮추는 데 성공했다. 1950년대 문맹퇴치운동을 시작할 때 문맹률 80%와 비교하면 대단한 성과였다. …… 1952년 마오쩌둥의 발의로 중국문자개혁위원회가 발족되고 30여 년의 혼란과 개혁을 거친 뒤 1986년, 이를 총결산하는 '전국어음문자공작회의(全國語音文字工作會議)'가 열렸다. 이 회의 폐막식에서 한자의 표음문자화안(案)은 무효라는 선언을 한다. 이로써 마오쩌둥이 중국 문자개혁의 목표라고 선언했던 성화(聲化)는 한자병음자모(한자의 로마자음 표기체계)의 확립으로 끝맺게 된다. 중국 근대화 운동과 더불어 휘몰아친 한자 폐기 운동과 중국 문자의 라틴화 운동은, 중국 민중의 저항과 국가 지도부의 이성적 수정에 의해 제동(操)됐고, 간자화로 종결됐다. 만일 라틴화 노선이 채택되어 중국이 한자를 완전히 폐기하고 베트남처럼 알파벳을 사용했다면 동아시아 문화에 큰 타격을 주었을 것이다. 동아시아 문화의 뿌리인 중국 고전문화 전통이 초토화됐을 거라는 말이다.[36)]

---

36) 金正剛,, [한중일 한자 삼국지 · 上 | 中國편] 대전(大篆)개혁, 백화(白話)운동, 간자화(簡字化)로 맥 이은 종주국 문자혁명」, 『新東亞』통권 559호, 2006년 4월호, pp540~553.

中國의 簡體字化는 文盲 退治라는 긍정적 면도 남겼다. 하지만 과거 조상들의 문헌을 번역해야만 읽을 수 있게 됨으로써 傳統 단절이라는 큰 후유증을 남기고 말았다.[37] 그래서 근래 중국 학자들 중에는 과거의 정체자를 복원해야 한다고 주장하는 사람들까지 나오고 있는 실정이다. 여기에서 우리는 漢字文化圈에서는 한자를 없애고 소리글자만으로 문자 생활하는 것은 자국어의 전통과 단절되기 때문에 옳지 않다는 사실을 깨닫게 된다.

(2) 日本의 漢字廢止運動 歷史

日本도 外勢와 內部 세력이 漢字 폐지를 추진한 역사가 있다.

> 제2차 세계대전에서 일본이 미국에 패전한 후에도 漢字 폐기, 가나 전용, 영어 상용 등의 논의가 맹렬한 기세로 다시 제기되었다. 이때 일본에서도 漢字폐기운동의 선봉에 섰던 세력은 左派였다. 예컨대 讀賣新聞(요미우리 신문)은 지금은 일본의 右派를 대변하는 신문으로 되어 있지만, 당시에는 신문의 제호도 讀賣報知(요미우리 호우치)였으며, 左派 노선에 입각하여 한자 폐기의 필봉을 강력히 휘두르고 있었다. 1945년 11월12일자 사설은 「漢字를 폐지하라」는 제목이었는데, 『漢字를 폐지할 때, 우리들의 腦髓(뇌수) 안에 있는 봉건의식이 소탕되며, 미국식 능률도 비로소 따라잡을 수 있다. 문화국가의 건설도 민주정치의 확립도 한자의 폐지와 간단한 표음문자(알파벳)의 채용에 기초한 국민의 지적 수준 昻揚(앙양)에 의하여 촉진되지 않으면 안 된다』라고 주장했다.

37) 中國의 나이가 많은 지식인들은 簡體字뿐만 아니라 正體字도 배워서 두 가지를 다 안다. 그래야 조상들이 남긴 문헌을 읽을 수 있기 때문이다. 하지만 小學校만 나온 젊은 低學歷者들은 簡體字만 앎으로써 번역판이 없으면 조상들이 남긴 古典을 읽지 못하여 傳統文化와 斷絶되어 가는 형편이다.

패전 후의 일본에 있어서 절대권력이었던 미국도「漢字 폐기 · 가나 專用」을 문자정책으로 시행하려 했다. 1946년 3월 미국으로부터 일본에 교육사절단이 파견되었는데, 이들은 일본이 한자와 가나를 폐기하고 알파벳을 상용할 것을 일본 정부에 권고했다. 이 권고는 일종의 압력이기도 했다. 당시 미국과 보조를 맞추어 일본의 한자폐기운동의 선두에 나섰던 대표적인 인물이 당시「カナモジカイ(가나 모지카이 · 가나 문자회)」의 松坂忠則(마츠사카 다다노리) 이사장이었는데, 그는 궁극적으로 한자를 완전히 폐기할 것을 주장했다. 그는 당시 42세로 한자폐기운동의 행동대장격이었다. 그는 高等小學校(고등소학교) 중퇴생으로 젊었을 때에 한자를 몰라 크게 수모를 당한 일이 있었다고 하는데, 이것이 한이 되어 한자폐기운동에 저돌적으로 나서게 되었다고 한다. 高等小學校란 당시 중학교를 가지 못한 학생들을 모아 공부를 2년간 더 시키는 과정을 말하는 것이었다.

그러나 한자를 폐기함으로써 민족의 전통이데올로기를 잃어버리는 것을 두려워한 일본의 최고 지도층은, 당시 절대권력이었던 미군 점령군 사령부 GHQ 당국과 맞서 한자를 지키기 위하여「가나 불완전론」을 전술적으로 전개하기까지 하여 漢字를 지켰다.[38)]

이렇게 일본에서도 한자를 폐지하자는 움직임이 오래 전부터 있었다. 그것은 내부와 외부 두 가지 방향에서였다. 우선 일본 내부의 세력들의 움직임을 일본인이 쓴 책에서 인용해 보고자 한다.

국가 문자 개량을 부르짖은 사람들 대부분이 서구화론자였던 것은 부정할 수 없다. 그들의 입장에서 보면 한자 문제 자체가 근대화, 즉

38) 金正剛,「한글전용 이데올로기 비판-外勢와 左派에 협공당한 東아시아의 漢字」, 앞의 글.

서구화를 방해하는 원인이었다. 그들에게는 근대화를 추진하기 위해 한자를 폐지하는 것이 서구화에 가장 빠른 지름길로 보였다.[39]

> 마에지마의 한자폐지론은 가나전용론을 대안으로 하는 것이었고, …… 한자폐지에 관한 최초의 제안인 「한자폐지를 제안함」은 그 이후에 전개될 국어개량론의 기초가 된 것으로, 한자 문제의 본질을 간파한 내용이 담겨 있다. 여기에 그 첫머리를 인용한다. …… 국어의 대본은 국민교육에 있으며 그 교육은 시민을 구별하지 않고 국민에게 이를 보급하기 위해서 간편하고 쓰기 쉬운 문자와 문장을 써야만 한다. …… 그렇다면 우리나라에 있어서도 서양제국의 음부(音符)문자(가나)를 써서 교육을 해야 하며 한자는 쓰지 말아야 한다. 결론적으로 모든 공적·사적 문서에 한자를 쓰는 것을 폐지하는 것을 주장하는 바이다.[40]

이렇게 우리나라의 한글전용론자 같은 사람들이 일본에도 이미 있었다. 그들은 서양 사대주의자나 전통 파괴를 외치는 좌파들이었다. 그들은 서양인들이 쓰는 로마자를 이상적인 글자로 보았다. 그래서 그들은 한자를 폐지하고 로마자와 같은 소리글자인 假名[가나]만 써야 한다고 주장하였다. 주시경의 생각과 똑같은 것이다.

일본은 고래로 한자를 '眞名', 곧 '진짜 글자'라 하고 자기들의 글자인 가나를 '假名', 곧 '가짜 글자'라 불러왔다. 이처럼 일본인들은 본디 한자를 존귀한 문자로 보아 왔다. 그런데 서양인에 의해 개화가 되면서, 서양에 대한 열등감 때문에 자신들 문화의 정수인 한자를 스스로 부정하게 된 것이다. 주시경의 제자인 최현배는 물론 스승 주시경에게 한글전용론을 배웠다. 또 그가 일본 유학을 갔을 때 그러한 일본人 '假名[가

39) 노무라 마사야끼 지음, 송영빈 옮김, 『한자의 미래』,커뮤니케이션북스, 2007, p.61.
40) 노무라 마사야끼, 『한자의 미래』, 위의 책, pp.62~63.

나l전용론자'들에게서도 물론 영향을 받았을 것이다.[41]

한편 외부에서 한자를 폐지하도록 압력을 가한 세력은 일본 패전 후 일본에 進駐한 미군들이었다. 이에 대해 일본인이 쓴 책에서 인용을 계속해 본다.

> 가. GHQ(연합군 총사령부)의 CIE(민간정보교육부)와 1946년에 일본에 온 제1차 미국교육 사절단은 일본이 세계를 상대로 무모한 전쟁을 일으킨 것은 국민 대부분이 무지했기 때문에 상층부의 폭주를 막아내지 못했다는 선입관을 가지고 있었다.
>
> 나. 국민이 무지했던 원인 가운데 하나로는 한자와 같은 난해한 문자표기 시스템을 사용하고 있었기 때문이며, 일본의 민주화를 촉진하기 위해서는 한자를 폐지하고 표음문자를 채택하는 것이 필요하다고 생각하였고, 이를 강요하였다. …… 이 가운데 (가)와 (나)는 거의 사실로 생각된다, 특히 미국 측의 강제적인 표음문자화 실태에 대해서는 여러 가지 전설적인 에피소드가 전해지고 있는데, 어느 것이 사실인지 지금에 와서는 확인할 길이 없다.[42]

이처럼 일본도 한자를 없애려는 내부 세력과 외부 세력이 있었다. 그들의 공통점은 한자는 미개한 문자로서 한자를 없애야 서구화가 된다는 생각이었다. 이는 곧 외부 세력은 한자를 없앰으로써 일본인에게서

---

41) 崔鉉培는 1915년에 日本 廣島高等師範學校 문과에 입학하여 1919년 졸업하고, 1922년 4월에 日本 京都帝國大學 문학부 철학과에 입학하여 교육학을 전공하고 1925년 졸업하였다. 그리고 계속하여 1년간 그 대학원에서 공부하였다. 그러니까 崔鉉培는 日本에서 10여년간 공부하였다. 그러므로 그가 한글전용운동을 벌이게 된 데는 日本의 영향이 크게 작용했을 것이다. 또 나중에 「日本語 外來語表記法」을 만들면서 한글로 韓國式語 漢字音을 적지 않게 하고 日本語 發音을 적도록 한 데에도 이 10년간의 日本 유학 경험이 크게 작용했을 것이다.

42) 노무라 마사야끼, 『한자의 미래』, 앞의 책, p.194.

동양인으로서 정체성을 없애겠다는 것이고, 일본인 내부 세력은 스스로 한자를 버림으로써 동양인으로서 정체성을 부정하고 서양인을 따라가겠다는 것이다. 곧 한자를 없앰으로써 미국은 일본인을 서양인의 아류를 만들고자 했던 것이며, 일본인은 스스로 서양인의 아류가 되고 싶어 했던 것이다. 곧 일본인으로서 자기 문화의 전통을 否定・破壞하고자 하는 것이 곧 일본 로마자화 운동의 본질이었다. 일본은 근대화 과정에서 아시아를 벗어나서 서구화되자는 목표를 세웠는데, 이것을 '脫亞入歐'라 한다. 일본에서 한자 폐지 운동은 그러한 '脫亞入歐' 운동의 일환이었던 것이다.

그러나 한자를 폐기함으로써 민족의 전통문화를 잃어버릴 것을 우려한 일본의 지식인들도 있었다. 그들은 당시 절대 권력이었던 미군 점령군 사령부 당국과 맞서 한자를 지키기 위하여 「假名(가나) 不完全論」을 전술적으로 전개하였다. 「假名(가나) 不完全論」이란 일본 假名[가나]은 불완전한 문자이기 때문에, 한자와 함께 써야 의미가 통하는 문장을 구성할 수 있으며, 만일 한자를 폐지하고 假名[가나]을 전용한다면 일본어의 표기 자체가 불가능하다는 주장이었다[43]. 하지만 그것은 미국인을 속이기 위한 전술에 불과하고, 실제로는 일본인 지식인들이 한자 폐지를 반대한 진짜 이유는 다음과 같은 것들이었다.

> 이노우에의 주장은 한자폐지에는 철저하게 반대하지만, 언문일치와 한자절감에는 적극적으로 찬성하고 있는 점이 특색이다. 그는 한자 폐지론자들의 주장을 아홉 항목으로 정리하여 각각에 대해 반론을 가한 후, 한자의 장점을 다음과 같이 들고 있다.

---

43) 金正剛, 「[한중일 한자 삼국지・中｜日本편] 중국・신라에 뿌리 둔 일본 한자, 창의력으로 폐지론 극복하고 가나와 공존」, 『新東亞』통권 560호(2006년 5월호), pp. 496~508,

(1) 문자 성립 과정이 단어문자라는 점에서 사물의 개념을 파악하는 데 편리하다.

(2) 한자와 가나를 혼용하여 문장 파악을 쉽게 한다.

(3) 일본 문화는 한자 · 한학으로 형성되었으므로 이를 계승하기에 유익하다.

(4) 양학의 수용은 한학이 기초가 되어야 비로소 가능하다."[44]

결국은 일본 지식인들의 「假名(가나) 不完全論」이라는 欺瞞戰術이 성공하여, 美軍 점령군 사령부가 한자의 계속 사용을 허용하였다. 그리하여 일본은 한자를 지켜냈다. 그 후속 조치로, 1946년(昭和 21년) 11월 6일에 한자 제한을 실행하여, 「內閣 告示 제32호」, 內閣 總理大臣 吉田茂 명의로 '當用漢字表' 1,850자를 발표하였다[45]. 당용한자는 상용하는 한자의 수를 제한했을 뿐만 아니라, 많은 한자의 字劃을 줄였다. 이를 '當用漢字 新字體'라고 불렀다. 그러나 이 新字體는 이미 일본인들이 편지나 장부 등에 필기체로 사용하여 관습적으로 약자로 쓰던 것들이었다.

일본은 이렇게 타협책을 찾아내어, 현재 常用漢字 2,136자의 제한된 범위 안에서 국한자혼용의 문자생활을 슬기롭게 해나가고 있다. 부작용도 거의 없다.[46] 일본에서도 알 수 있는 것은 한자를 완전히 없애고

44) 노무라 마사야끼, 『한자의 미래』, 앞의 책, p.71.

45) '當用'이란 완전한 漢字 폐지를 궁극 목적으로 하고, 그에 이를 때까지 '當分間 使用한다'는 뜻으로, 漢字 즉각 완전 폐지 세력의 입을 막기 위한 名分이었다.

46) 노무라 마사야끼, 『한자의 미래』, 앞의 책, p.96. "당용한자는 신문을 비롯하여 국민의 문자 생활 속에 점차 뿌리를 내려갔다. 일본어의 합리화로 언어생활의 능률이 향상되었을 뿐 아니라, 국민 다수의 읽기 · 쓰기 능력이 향상되었다.". 한자의 미래』,p.101. "일본인의 교육수준은 상당히 높아졌으며, 기계를 사용한 한자처리 · 언어처리는 상당히 진보하였다, 일본어를, 그리고 한자를 배우는 외국인의 수는 앞으로 점점 늘어날 것이다."

소리글자인 로마자나 가나만으로 문자생활하는 것은 자국어의 전통과 단절되기 때문에 결코 해서는 안 되는 일이라는 사실이다.

(3) 韓國의 漢字廢止運動 歷史

韓民族은 1945년 광복이 되고 나서 남북한 모두 한글전용을 추진하기 시작했다. 먼저 북한의 경우를 살펴본다. 북한은 정권 수립 직후인 1949년에 초등학교 의무교육 제도를 실시하면서 한자 사용과 교육을 전면 폐지하고 한글전용을 단행했다. 소련 스탈린의 漢字 폐지 지령을 받은 金日成은 "전통 분쇄", "식민지 해방투쟁에서의 민족어문 주체성", "無産대중 문화의 신정립"이라는, 좌파 이념에 따라서 한자를 폐기했다. 『로동신문』 또한 같은 해에 숫자를 제외한 한글전용을 실시한다.

광복 후 북한에서 한자 폐기를 이론적으로 이끈 학자들은 주시경의 직계 제자들이었다. 金枓奉은 광복 전 중국 연안에서 朝鮮獨立同盟 주석을 지내고, 광복 후 귀국해 新民黨 위원장을 지낸 共産主義者로서 급진적인 한글전용론자였다. 그리고 李克魯는 한글전용론자로서 남한에서 북한으로 자진 월북한 사람이었다. 이 두 사람이 金日成의 앞잡이가 되어, 한자를 폐기하고 한글전용을 단행하는 데 이론적 배경을 제시했다. 이처럼 북한이 한글전용을 건국 직후부터 실시하게 된 데에는 공산주의 종주국이었던 소련의 스탈린이라는 외세와 내부의 주시경의 제자들인 좌파 학자들의 생각이 맞아떨어졌기 때문이다.

南韓도 광복 직후부터 한글전용을 추진했다. 한국에도 중국이나 일본에서와 똑같이 한자를 폐지하려는 외부 세력과 내부 세력이 있었다. 외부 세력은 1945년 주둔한 미군정이었다. 미군정청은 한국의 전통문화를 파괴하여 식민 지배를 쉽게 하려는 정치적 목적에서 한글전용을 추진하게 되었다. 美軍政廳은 1945년 12월 8일에 "미 군정청 한자 폐지

여부에 관한 일"[47], "가로 글씨(횡서)에 관한 일[48]"이라는 규칙을 제정한다. 그리고 1945년 12월 30일 발행된 '초등 교본 編纂 方針'에서는 한글전용 원칙을 밝히고 있다[49]. 1946년 3월 7일에는 美軍政廳 산하 '교육심의회'가 '점진적인 漢字 폐지안'을 學務局에 이송했다. 이러한 모든 일에는 美軍政廳 編修局長인 崔鉉培가 앞장서서 관여했다.

이렇듯 남한에서 한글전용을 추진한 내부 세력으로는 학자로는 주시경의 제자 최현배가 대표적이다. 그는 건국 전 美軍政과 건국 후 대한민국 정부의 양쪽에서 모두 한글전용을 입법화하고 추진하는 데 선봉장이 되었다.[50] 崔鉉培도 그의 스승 주시경처럼 로마자를 이상적인 글

---

47) ① 초등, 중등 교육에서는 원칙적으로 한글을 쓰고 한자는 안 쓰기로 한다. ② 일반의 교과서에는 과도기적 조치로 필요하다고 생각하는 경우에는 한자를 함께 써서 대조시킴도 무방하다. ③ 중학교에서는 현대 중국어 과목 또는 고전식 한문 과목을 두어서 중국과의 문화적, 경제적, 정치적 교섭을 이롭게 하며, 또는 동양 고전에 접근할 길을 열어주기로 한다. 다만, 한자에 한하여 원문에 섞어 써도 좋다. ④ 이 `한자 안 쓰기의 실행`을 미끄럽게 빨리 되어가기를 꾀하는 의미에서 관공서의 문서와 지명 · 인명은 반드시 한글로 쓸 것(특히 필요하다고 생각하는 경우에만 한자를 함께 써도 좋음)을 당국과 긴밀한 연락을 취하기로 한다. ⑤ 위의 제4조와 같은 의미에서 사회 일반, 특히 보도기관 문필가 학자들의 협력을 구해야 한다.

48) ① 한글을 풀어서 왼쪽에서 오른쪽으로 나아가는 순전한 가로 글씨로 함이 자연적인 동시에 이상적임을 인정한다. ② 그러나, 이 이상적 가로쓰기를 당장에 완전히 시행하기는 어려우니까, 이 이상에 이르는 계단으로 오늘의 맞춤법대로의 글을 여전히 쓰더라도 그 글줄(書行)만은 가로(橫)로 한다. ③ 첫째 항목(項目)에서 규정한 이상적 순전한 가로 쓰기로 적당한 방법으로 조금씩 차차 가기로 한다.

49) "三. 初等 國語 敎本 上 · 中에는 漢字를 한글에 섞어 쓰는 것을 一切로 廢止하여 무슨 말이든지 모두 純全한 한글로만 쓰기로 하고, 다만 漢字語로 된 것 가운데 極히 平易한 것만을 뽑아서 欄外에 列記하여 따로 指導하도록 함."

50) 朴露子, 「漢字만 나오면 '自我分裂'」, 앞의 글. "일제가 패망하자 '봉건적이며 비과학적인' 한자의 씨를 한 · 일 양국에서 말리겠다는 미국인들이 남한을 통치하게 됐다. 미 군정청의 학무국은 최현배(1894~1970) 선생과 같은 기독교 계통의 한글 전용론자를 상당수 기용해 그들에게 언어정책을 맡겼다. 미군정 시기에 한글 전용에 관한 법률이 먼저 발표된 뒤 이승만 정권이 1948년 10월9일 한글날에 '한글 전용법'을 공포해 미군정의 조치를 재확인했다. 비슷한 시기에 미군의 점령하에 있던 일본에서도 추진됐다가 지식인의 저항에 부딪쳐 좌절된 '한자 폐지안'이 남한에서는 성공한 셈이다."

자로 보고 '한글풀어쓰기'를 끊임없이 추진했다. 곧 최현배는 1945년 『가로쓰기독본』과 1947년 『글자의 혁명』 등을 통해 계속해서 '한글풀어쓰기'를 주장했다. 앞서 든 美軍政廳이 1945년 12월 8일에 "미 군정청 한자 폐지 여부에 관한 일"과 "가로 글씨(횡서)에 관한 일"을 동시에 제정한 것은 최현배가 앞장서서 한 일이다. 한자 폐지와 한글 풀어쓰기를 동시에 추구했다는 것은 곧 최현배가 그의 스승 주시경의 "漢字排斥, 로마자 崇尙, 한글의 로마자 亞流化" 노선을 충실히 계승하고자 했음을 보여준다. 그는 마침내 1954년에 '문교부령 제31호'로 설치된 國語審議委員會에서 한글을 풀어쓰기하자는 결론을 이끌어내는 데까지 성공했다. 하지만 비정상적인 생각이기 때문에 결국 실현되지는 않았다.

崔鉉培는 한때 국한자혼용을 하기도 했다.[51] 이처럼 그는 한자를 배워서 일본 유학도 갈 수 있었고, 지식인으로서 행세도 할 수 있었고, 또 교수도 될 수 있었다. 그랬으면서도 후손들에게는 한자를 배우고 쓰지 못하게 함으로써 무식자를 만들어 놓았으니, 최현배는 위선자라 아니할 수 없다.[52] 또 최현배는 1948년에 「한글전용법」을 만들면서 「日

---

51) 崔鉉培, 「民族文化의 創造」, 梁柱東全集『民族文化讀本(下)』, 東國大出版部, 1948, pp.1~4. "(先略) 文化創造란 人類 共通의 目的인 同時에 또한 各民族 個個의 目的이 된다. 우리 朝鮮民族의 當面한 課題도 여기에 있다. 興亡많은 過去의 歷史를 비취어 보더래도 同一民族은 同一民族 안에서, 異民族은 異民族 個個히 各其 그 固有한 문화를 가지고 있었다. 이러한 固有文化가 곧 端的으로 各民族의 特性을 나타내었고 또한 그러한 個個의 文化가 接觸·融合함에서 다시 高度의 文化가 抽出되야 漸次 世界文化 創造의 過程을 밟게 된 것이다. 過去 三十六年間 日本 帝國主義의 苛酷한 壓迫은 우리 民族의 膏血을 빨아먹는 同時에 우리의 固有文化를 野蠻的으로 抹殺하려 하였다. 그러한 鐵鎖밑에서 우리의 固有文化는 自然 歪曲되었고 畸形的 生長을 하는 수밖에 없었으나 오늘날 日本 帝國主義의 覆滅로 말미암아 우리는 다시금 우리의 言語 우리의 文化를 찾게 되었다.(後略)"

52) 崔鉉培의 스승 周時經도 國漢字混用도 하였으면서 나중에는 한글전용을 理念化·敎條化한다. 崔鉉培도 똑같이 二重的인 길을 걸었다. 또한 그 뒤를 이어 한글학회장을 지낸 許雄도 똑같이 二重的인 길을 걸었다. 이처럼 한글전용론자의 우두머리

本語 外來語表記法」도 이어서 만들었다. 그 법에서 日本 고유명사를 한글로 일본어 발음을 적게 만들어버렸다. 곧 한글전용을 쟁취하려고 전통적으로 읽던 한국어 발음을 버리고 외국어 발음을 들여오는 매국노적인 일까지 저질렀다.[53] 그러니 최현배는 한국어를 여러 면에서 망친 사람이라고 할 수 있다. 한편 남한에서 한글전용을 추진한 정치인들로는 1948년 「한글전용법」을 만든 李承晩, 1970년대 한글전용을 강력히 추진한 朴正熙, 2005년 「국어기본법」을 만든 盧武鉉이 있다. 이들은 모두 급진 과격한 進步主義者들로서 독재 성향이 강하다는 공통점이 있다. 그러니까 그들의 독재적 성향과 '한글전용'이라는 급진 과격한 語文政策은 서로 잘 맞았던 것이다.

李承晩은 1897년 6월 培材學堂을 졸업하고 한글 전용 신문인 『매일신문』과 『제국신문』을 발간한 바 있는 인물이다. 그는 이미 그때부터 親美主義者로서 英語의 로마자와 같은 소리글자인 한글만 쓰자는 생각을 갖고 있었던 것이다. 李承晩은 敎會를 다니면서 西洋人 宣敎師들의 영향을 많이 받았으며, 徐載弼이 세운 독립협회에 가입하여 활동하기도 하였다. 그런 데서 한글전용주의를 받아들이게 된 것이다.

李承晩은 1948년에 大韓民國의 初代 대통령이 된 뒤에 그의 숙원인 한글전용을 「한글전용법」으로 입법하여 추진하게 된다.

들은 모두 漢字를 잘 알고 썼으면서도 남들에게는 漢字를 배우지도 쓰지 못하게 한 僞善者들이었다. 만약에 한글전용론자가 진정으로 漢字를 배우지도 않고 쓰지도 못하는 사람이라면 그는 無識者이기 때문에 한글전용론자들의 우두머리도 될 수 없는 것이다. 한글전용론의 虛構性을 여기서도 잘 알 수 있다.

53) 원래 漢字文化圈에서는 모든 漢字語는 國籍을 不問하고 自國語 發音으로 읽는 것이 共通된 傳統이다. 그런데 崔鉉培는 韓國人에게 漢字를 쓰지 못하게 하기 위하여 일부러 日本語 고유명사를 한글로 적게 하면서 韓國語 發音을 내쫓고 日本語 發音을 불러들였다. 이 문제에 대해서는 金昌辰, 「日本語·中國語 外來語表記法의 廢棄 必要性」, 『語文硏究』 제152호, 韓國語文敎育硏究會, 2011. pp.57~80. 참고.

이때쯤, 이승만정권이 들고 나온 것이 이름하여 민족주의, 민족문화지상주의였던 것이다. 우리는 비록 약소국이었지만 5천년 역사를 이어져 내려온 '문화민족'이라는 전 세계에 내세울만한 상징이 있었던 것이다. 신생 약소국이었던 당시의 우리에게는 그 '문화민족'이라는 자긍심마저 없었더라면 가히 살맛이 없었을 것이다. 그 한국인의 민족적인 자긍심으로서 상징은 곧 훈민정음, 한글이었다. 그래서 민족문화지상주의는 한글 숭배로 발전했고 결국은 한글전용으로까지 치닫게 된 것이다. 이처럼 지나친 문화적 폐쇄성으로까지 발달하기에 이른 것이다.[54)]

李承晩이 신생 약소국의 대통령으로서 한국 국민들에게 힘을 불어넣어주고자 채택한 정책이 바로 '韓民族 민족주의'였다. 그래서 '開天節'을 국경일로 지정하고, '檀紀'를 '西紀'와 더불어 병용케 함으로써 '韓民族 민족주의'를 고양시키고자 했다. 한글전용도 그러한 '韓民族 민족주의'의 일환으로 국가의 어문정책으로 채택한 것이다. 이렇게 정치적 목적에서 「한글전용법」은 탄생했다. 그렇게 하여 '한글민족주의'는 마침내 국가에 의해 법률의 뒷받침을 받고 큰 힘을 얻게 되었다. 李承晩은 한글전용이라는 극단적 어문정책을 펴서라도 하루빨리 문맹을 없애고 미국처럼 부강한 나라를 만들고 싶었을 것이다. 李承晩 그 자신은 한자와 한문도 잘 알았다.[55)] 그러나 너무 시대상황에 매몰되어, 어문정책을 멀리 내다보고 정상적으로 추진할 여유를 갖지 못한 것이 그의 한계였다.

朴正熙는 '5.16 쿠데타'를 일으킨 군인 혁명가로서, 대통령이 된 뒤에

54) 이용휘, 「근현대사와 한국의 정치/민족주의(民族主義)는 반성하고 수정되어져야 한다」, 『브레이크뉴스』, 2004.08.24.

55) 李承晩은 獄中 詩集인 『替役集』 등에 160여 편의 漢詩를 남겼다. 그는 朝鮮王朝에서 科擧를 볼 정도로 뛰어난 漢字 능력을 갖추고 있었기 때문에, 한글전용을 해도 그 자신은 전혀 不便하지 않았다. 그렇기 때문에 漢字 능력이 없는 사람들이 한글전용을 함으로써 빚어질 문제점에 대해서는 깊은 省察이 없었다 할 수 있다.

'10월維新'으로 독재자의 길을 걸었다. 1968년 5월 朴正熙는 내각에 1973년을 목표로 한 '한글 전용 5개년 계획'을 수립하라고 지시했다. 같은 해 10월 7일에는 목표년도를 1970년으로 3년 앞당기게 하는 등 강력한 내용을 담은 '한글 전용 촉진 7개항'을 발표한다[56]. 이 7개항 중 제6항이 각급 학교 교과서에서 한자를 없애라는 것이었다.

그 뒤, 1970년대에 朴正熙는 한글전용을 강력히 추진했다. 이러한 朴正熙의 강력한 한글전용 추진에 대해 閔寬植 전 문교부 장관은 다각도적이고 종합적으로 그 추진 배경을 설명해주고 있다. 우선 1) 時代社會的 背景에서는 다음과 같이 설명하고 있다.

> 光復後 20년이 지나 70年代를 바라보는 社會가 아직도 事大主義的 史觀과 虛禮虛飾에 치우친 儒教的 生活 價值觀을 버리지 못하고 있었다. 또 당시 文盲率을 意識할 必要도 있었다. 國民을 깨우치기 위한, 특히 科學的 營農技術의 傳播로 보릿고개를 벗어나야 한다는 國家의 努力이 無知했던 農民에게 傳達되기 위해서는 한글의 普及을 통해 絶對 文盲率을 낮추는 政策이 切實했던 것이다. …… 普遍化된 教育水準을 만들어 보려는 自救策에서 나온 한글 優先主義 教育政策이 한글 專用政策으로 탈바꿈 해버린 것은 爲政者의 속뜻을 지나치게 針小棒大한

---

56) 세종대왕이 한글을 반포한 지 520년이 넘도록 한글을 전용하지 않고 주저하는 것은 비주체적 전근대적 사고방식이며, 한문을 모르는 많은 국민을 문화로부터 멀리하려는 행위다. (1) 70년 1월 1일부터 행정·입법·사법의 모든 문서뿐만 아니라, 민원서류도 한글을 전용하며, 국내에서 한자가 든 서류를 접수하지 말 것. (2) 문교부 안에서 '한글 전용 연구 위원회'를 두어, 69년 전반기 내에 알기 쉬운 표기방법과 보급 방법을 연구 발전시킬 것. (3) 한글 타자기의 개량을 서두르고, 말단 기관까지 보급할 수 있도록 할 것. (4) 언론·출판계의 한글전용을 적극 권장할 것. (5) 1948년에 제정된 한글 전용에 관한 법률을 개정하여, 70년 1월 1일부터는 전용토록 할 것.("대한민국 공문서는 한글로 쓴다. 다만, 얼마 동안 필요한 한자를 병용한다"는 법조문의 단서를 뺀다.) (6) 각급 학교 교과서에서 한자를 없앨 것. (7) 고전의 한글 번역을 서두를 것.

그 무렵의 教育實務者와 한글 專用主義者들의 主張이 巧妙하게 맞아 떨어진 것이다[57].

다음으로 2)政治教育的 背景에 대해서는 다음과 같이 설명하고 있다.

당시 朴大統領의 統治哲學과 政治理念에 反對하는 政治的 離叛勢力은 이른바 保守勢力이자 知識勢力으로 規定되었다. 革命을 통해 執權한 朴大統領으로서는 脆弱한 執權基盤을 다지기 위해 大衆에게 다가가는 政治行路를 採擇할 수밖에 없었다. 그같은 政治行路는 곧 서울이나 대도시 같은 都心보다 農村 山間 및 漁村地域이 主對象이 되었고 인텔리나 富裕階層보다는 아는 것이 없는 無所有의 階層이 타깃이 되었다. 그런 階層에 접근하는 方法과 努力중의 하나가 한글로 알기 쉽게 政府의 政策을 弘報하는 것이었다.

이러한 朴大統領의 政治路線은 일단 成功的이었다. 그러나 이 過程에 朴大統領의 政治路線에 힘입은 勢力이 다름아닌 한글 專用主義者들이었다. 한글 專用主義者들은 民族主義的이며 새로운 改革勢力으로 標榜되는 社會 雰圍氣였고 漢字併用主義者들은 守舊集團이자 保守回歸勢力으로 指目되기 일쑤였다[58].

다음으로 3) 經濟 · 文化 · 外交的 背景에 대해서는 다음과 같이 설명한다.

朴大統領은 民族正氣의 保全을 위해 한글을 創製한 世宗大王과 自主

---

57) 閔寬植, 「한글 專用政策과 朴大統領-歷史的으로 誤導된 부분을 바로 잡으며-」, 『한글+漢字문화』 제2호, 1999년 9월호,

58) 閔寬植, 위의 글.

> 國防의 象徵인 李舜臣將軍 등 우리 조상의 얼을 국민에게 심기 위해 많은 精誠을 들였다. 또 外交的으로 韓國이 美國의 從屬國家나 아니면 歷史的으로 오랫동안 中國의 支配를 받아온 나라가 아니라는 점을 對內外에 周知시키는 努力을 竝行해 온 것이다. 이러한 努力을 誤導하려한 일부 國粹主義者나 한글 專用主義者 등의 努力에 의해 惡用되어진 것이 朴大統領 時代의 한글 專用政策이었다고 본다. 文化의 傳統性과 自主性이 그 나라와 民族이 사용하는 글에 의해 左右되어진다는 單純論理로 漢字의 廢止를 主張한 것이 當時의 雰圍氣였다고 判斷된다[59].

閔寬植 전 문교부 장관의 설명에 따르자면, 결국 朴正熙의 한글전용 정책도 李承晩의 한글전용 정책과 흡사한 맥락에서 나온 것이다. 곧 李承晩 대통령이나 朴正熙 大統領 자신들은 개인적으로는 한자를 잘 알고 즐겨 썼다. 하지만 대통령으로서 당시 상황에서 국민에게 희망을 불어넣고 또 좀 더 많은 국민들에게 호응을 받기 위한 정치적 목적 때문에 한글전용정책을 택하게 되었던 것이다. 결국 이들은 '한글민족주의'로 국민에게 민족적 긍지를 불러일으키고 아울러 무식한 사람들에게서 폭넓은 지지를 이끌어내기 위한 정치적 목적에서 한글전용을 택한 것이다. 그러니까 李承晩과 朴正熙는 후진국의 대통령으로서 그 상황에서 정치적 판단으로서 후진국에 걸맞은 語文政策을 택한 것이라 볼 수 있다.

다음으로 盧武鉉은 좌파적 성향을 지닌 급진 과격한 대통령이었다. 그도 '한글전용'이라는 급진 과격한 어문정책을 선호했다. 그리하여 2005년에 「국어기본법」을 만들어 한글전용을 완전히 굳혀버렸다. 사실 盧武鉉 대통령 때는 대한민국이 이미 후진국을 벗어나서 중진국이 되었으므로, 후진국형 어문정책을 벗어날 때가 되었다. 그러므로 그때 정상적인 어

---

59) 閔寬植, 위의 글.

문정책인 국한자혼용정책으로 전환했어야 했다. 그러나 盧武鉉 대통령은 스스로 무식한 성향을 드러내는 좌파적 인물이었기 때문에, 무식한 사람들을 우대하는 한글전용 정책을 더욱 굳혀버린 것이다.

이상으로 살펴본 것처럼 그동안 한글전용정책은 국어학적 이치가 아니라 정치적 목적으로 채택된 특징을 보이고 있다. 한글전용정책을 채택한 대통령들은 크게 보면 두 가지 목적이 있었다.

그 하나는 '한글민족주의'로 국민에게 민족적 긍지를 불러일으키고자 한 것이다. 우리 민족이 만든 '한글'만 쓰자고 하여 우리 국민들에게 민족적 자긍심을 불러일으킴으로써 그 활력을 국가 발전에 이용한다는 정치적 목적이 있었던 것이다.[60] 하지만 이것은 올바른 정책이 아니다. 왜냐하면 우리 민족이 만든 한글만 써야 민족적 자긍심이 사는 것은 아니기 때문이다. 우리 민족이 고급문화를 창조해온 한자를 써도 얼마든지 민족적 자긍심이 살 수 있기 때문이다. 그러므로 대통령들이 '固有文字'인 '한글'만 쓰자고 하여 국민들에게 민족적 자긍심을 불러일으키고자 한 것은 편협한 민족주의를 이용하여 국민을 선동해 끌고 가고자 한 정치적 술수라고밖에 할 수 없다. 그러니까 대한민국 대통령들이 채택한 '한글민족주의'는 저질스러운 민족주의를 가지고 국민을 이용해 먹으려는 정치적 선동인 것이다. 그리고 무엇보다도 이 '한글민족주의'가 잘못된 것은 얼른 보면 한민족의 영광을 드러내는 것처럼 보이지만 실제로는 우리 한국어의 전통을 파괴하고 외국어를 불러들여서 한국어를 약화시키는 자해성 민족주의이기 때문이다.[61] 따라서 이러한 불순

60) 로버트 파우저, 「한자를 초등생부터 가르치자」, 앞의 글. "20세기의 한국은 일제시대와 한국전쟁 등 힘든 시기를 겪었다. 따라서 아픈 역사와 단절이 필요했고 강한 민족적 자부심을 심어줄 필요가 생겼다. 이런 시대적 요구를 한글 전용 정책이 채운 것이다."

61) '한글민족주의'는 漢字와 漢字語를 몰아내는데, 그 빈자리에 英語·日本語·中國

한 목적으로 악용된 한글전용은 비판받아야 마땅한 것이다. 그렇기 때문에 朴露子 교수는 崔鉉培와 같은 한글전용론자들을 獨逸의 히틀러와 다를 바 없다고 강하게 批判하는 것이다.[62]

한글전용정책을 채택한 대통령들의 또 다른 목적 중 하나는 한글전용이라는 '愚民化政策'을 통해 자신들의 정치적 입지를 굳히고자 한 것이다. 독재를 하기 위해서는 국민을 愚民化시킬 필요가 있는데, 한글전용이 바로 그 愚民化政策으로서 適格이었던 것이다. 물론 李承晩의 경우, 光復 직후 한국 국민 중에 한글도 모르는 文盲이 80%가 넘었기 때문에 한글전용정책이 불가피했다고 볼 수도 있다. 하지만 만약에 李承晩이 語文政策의 重要性과 한글전용이 正常的인 語文政策이 아님을 알았다고 한다면 「한글전용법」을 그렇게 만들었으면 안 된다. 곧 大韓民國 법률 제6호 「한글전용에 관한 법률」을 "대한민국의 공용문서는 한글로 쓴다. 다만 얼마동안 필요한 때에는 한자를 倂用(병용)할 수 있다."로 만들어서는 안 되었다. 거꾸로 "大韓民國의 公用文書는 얼마동

語를 불러들인다. 漢字語가 쫓겨난 자리에는 英語 단어가 대신한다. 「日本語 外來語表記法」은 日本 고유명사를 한글로 적되 韓國語 發音을 내쫓고 日本語 發音을 적게 한다. 「中國語 外來語表記法」도 中國 고유명사를 한글로 적되 韓國語 發音을 내쫓고 中國語 發音을 적게 한다. 이렇게 '한글민족주의'는 한글은 살리지만 韓國語는 해친다. 그 까닭은 '한글민족주의'는 偏狹한 민족주의로서 오로지 한글만 사랑하고 그 이상은 보지 못하기 때문이다. 그래서 과도한 한글 사랑이 오히려 韓國語를 해치는 결과가 되는 것이다. 따라서 '한글민족주의'는 방향이 잘못된 민족주의로서 韓國語와 韓民族에게 해로운 自害性 民族主義인 것이다.

62) 朴露子, 「한자를 포기할 수 있을까」, 앞의 글. "메이지 시대 초기의 마에지마 히소카(前島密)처럼 한자를 아예 폐기처분해 '언문일치'의 완전을 기하자는 일본의 근대주의적 민족주의자들이나, 그들 후배의 영향을 강하게 받은 것으로 판단되는 한국의 외솔 최현배 선생 등 언어 국수주의자들이 한자를 '남의 글'로 규정한 것은 문제의 소지가 있는 사고방식이다. 한국의 경우 아마도 이미 고조선 시기에 이용됐을 법한 한자를 '남의 글'로 본다는 것은, 불교를 '외래 종교'라 규정해 1868~72년 불교 사찰을 파괴하고 승려를 강제 환속시켰던 메이지 시대 초기의 신도(神道) 국수주의자들의 사유 방법이나, 기독교를 "독일 민족에 이질적인 유대인들의 종교"로 생각했던 히틀러의 사고방식과 큰 차이가 없는 것 같다." 굵은 글씨 밑 밑줄은 필자.

안 한글로 쓴다. 다만 적절한 시기가 되면 한자를 혼용한다."고 만들었어야 한다. 하지만 李承晩은 '한글波動'을 일으켰을 정도로 한국어에 대해 깊은 이해가 부족한 사람이었다. 朴正熙도 마찬가지이다. 그가 진정으로 한국어에 대해 깊이 생각했다면 그런 식으로 한글전용을 밀어붙이지는 않았을 것이다. 뿐만 아니라 盧武鉉은 이미 중진국에 들어선 마당에 전 국민에게 한글만 알고 한자는 알거나 써서는 안 된다고 금지하였으니, 한국어에 대해서 무지몽매했다고밖에 볼 수 없다. 결국은 이 세 대통령은 한글전용이라는 '愚民化政策'을 통해 자신들의 정치적 입지를 굳히고자 한 것이라고 할 수밖에 없다. 그리하여 자신들의 정치적 목적은 달성했는지는 모르나 그 대신에 한국어를 타락시키고 한국 국민의 국어능력을 下向平準化시켜버린 엄청난 過誤를 저질렀다.

그러니까 한글전용의 역사적 오류를 정리하자면 다음과 같다. 1단계로서 한글전용은 서양인들과 그 추종자들이 단지 한자를 모르는 무식한 조선 백성을 성경과 『독립신문』의 독자로 끌어들이기 위해 종교적·정치적 목적으로 선택한 편법이었다. 2단계로서 周時經이 소리글자 優越主義에 바탕을 두고 한글전용을 이론화하였다. 미국은 소리글자인 로마자를 씀으로써 선진국이 되었다. 그러니 조선도 소리글자인 한글만 써야 발전할 수 있다는 게 주시경이 한글전용을 주장한 논리였다. 이것은 내적으로는 한글의 로마자화를 목표로 삼고 있으며, 외적으로는 '한글민족주의'의 색채를 띠고 있다. 한글은 日帝强占期를 거치면서 한국어와 한국 문화의 상징처럼 부각되기 시작했다. 3단계로서 광복 후 李承晩 대통령이 「한글전용법」을 만들면서부터는 아예 한글전용은 외적으로 '한글민족주의'로 理念化·敎條化되었다. 그리고 내적으로는 독재자들이 통치를 쉽게 하기 위한 '愚民化政策'의 성격을 지니게 되었다. 그리하여 朴正熙 대통령과 盧武鉉 대통령에 의해 권력의 강력한 지원을 받게 되었다.

요컨대 한글전용은 처음에는 한자를 모르는 사람들을 위한 窮餘之策으로 시작하여, 나중에는 겉으로는 '한글민족주의'의 색채를 띠고 속으로는 '愚民化政策'의 수단으로 악용되었다. 그럼에도 오늘날 많은 대한민국 국민은 '愚民化政策'에 속고 '한글민족주의'에 홀려서, 한글전용을 마치 무슨 대단한 이치를 지닌 어문이론이거나 애국적 행위인 것처럼 착각하고 있다. 대한민국 국민이 냉철한 이성을 가지고 본다면 한글전용은 다만 편법이고 비정상적인 일로서 망상일 뿐이다. 한글전용을 옳다고 생각하는 사고방식은 감성만 있고 이성은 없는 어리석은 자의 判斷不足일 뿐이다.[63]

한글전용 이론은 삼중 구조로 되어 있다. 핵심부에는 '로마자 事大主義', 곧 '소리글자 優越主義'가 들어 있다. 미국은 소리글자인 로마자만 써서 선진국이 되었다. 그러니 조선도 소리글자인 한글만 써야 한다. 한자는 낙후된 글자이니 쓰지 말아야 한다는 주장이다. 중간부에는 '한글 便利主義'가 들어 있다. 한자는 어렵고 불편하고 한글은 쉽고 편리하다는 것이다. 한글만으로도 문자생활이 가능하다는 논리이다. 이것은 「한글전용법」과 「국어기본법」으로 입법화되어 '愚民化政策'으로 惡用된다. 그리고 표면층에는 '한글민족주의'로 포장되어 있다. 한글은 우리의 '고유문자'이면서 세계에서 가장 우수한 글자라는 자긍심이다. 그리고 토박이말만 사용해야 한민족의 정신이 살아난다는 논리이다. 이것은 순수한 애국심을 지닌 국민들을 선동하는 데 유용하다. 한글전용을 하는 것이 愛國·愛族이라고 편협한 저급 民族主義를 자극한다. 그러면 정말로 한글전용이 나라를 위하고 민족을 위하는 일인 줄 알고 아무 생각 없이 빠져드는 한국인들이 너무나 많다.

63) 趙甲濟, 「좋은 글쓰기는 漢字混用에서부터」, 『한글+漢字문화』 제138호(2011년 1월호), p.74. "한글專用은 인간을 一次元的인, 가볍고 천박한 존재로 만들 것이다. 그런 사람들은 거짓선동에 잘 넘어간다. 한국 사회의 두 가지 흐름인 左傾化와 低質化의 바탕에는 漢字말살에 의한 理性의 실종 사태가 있다."

하지만 三重 구조로 되어 있는 한글전용의 위와 같은 논리는 모두 망想에 지나지 않는다. 첫째, 소리글자만 우수하고 뜻글자는 열등한 것이 아니다. 미국이 소리글자인 로마자를 쓰는 것은 영어의 속성이 로마자와 들어맞기 때문이다. 하지만 韓國語는 漢字語와 토박이말의 두 계통이 있기 때문에 한자와 한글의 두 문자를 써야만 한다. 둘째, 한글이 쉬운 것은 한글 24자모일 뿐 그것이 글의 내용이 쉽게 이해된다는 것하고는 아무 상관이 없다. 한자어를 한글로 적으면 의미가 이해되지 않아서 오히려 불편하다. 한글전용은 편법일 뿐 정상적인 표기가 아니다. 셋째, 한글은 우수한 소리글자가 아니다. 한글전용은 副作用이 너무나 많이 생긴다. 한글전용은 편협한 민족주의에 빠져서 한자와 한자어를 내쫓음으로써, 오히려 영어와 日本語·중국어를 불러들이는 앞잡이 노릇을 한다. 결국 한글전용은 한국어를 약화시키고 消滅시키게 될 것이다. '한글민족주의'는 방향이 잘못된 자해성 민족주의이기 때문에 한국어와 한민족을 멸망시킬 時限爆彈이다.[64)]

원래 한국인은 전통적으로 한자를 긍정적으로 보아왔다. 조선시대에 한자는 '眞書'라고 했으며 한글은 '諺文'이라 했다. 일본이 한자를 '眞名', 가나를 '假名'이라 한 것과 똑같다. 이것은 곧 당시 조선인들은 한자를 한글보다도 오히려 더 '우리 글자'로 인식했음을 뜻한다. 뿐만 아니라 우리는 世宗大王이 訓民正音을 만든 이래 계속해서 1980년대까지도 國

---

64) 비유하자면 한글민족주의는 아우(한글)가 형(漢字)을 치는 것과 같다. 그렇게 해서 형은 죽고 아우만 살면 아우는 잘 살까? 밖에서 더 힘센 적(英語와 로마자)이 쳐들어오면 혼자 남은 아우는 잡아먹히고 만다. 형이 있었더라면 兄弟가 힘을 합쳐 對抗할 수 있었을 것이다. 아우는 脣亡齒寒을 몰랐기 때문에 형을 죽이고 집안(韓國語)을 敗家亡身시킨 것이다. 형과 아우는 서로 도와야지 서로 싸울 관계가 아니다. '한글민족주의'는 집안을 망칠 骨肉相殘의 悲劇을 낳는다. 한 차원 높은 '韓國語民族主義'로 가야 올바른 방향인 것이다. 사실은 힘센 적이 형을 치라고 아우를 꼬드긴 걸 아우는 알까? 아우가 죽게 될 때 진실을 깨닫고 後悔해도 이미 돌이킬 수 없는 일이 될 것이다.

漢字混用을 중심으로 문자생활을 해왔다. 그러면서 한자를 '知識人의 文字'로서 긍지를 느끼며 써왔다. 그러니까 지금처럼 한자를 싫어하고 미워하며 심지어는 원수 대하듯 보게 된 것은 본디 한국인이 한자에 대해 지녔던 태도가 아닌 것이다.

오늘날 한국인의 일부가 한字를 남의 글자라고 생각하고 심지어는 쫓아내야 한다고까지 생각하게 된 것은 주시경을 시조로 하는 한글전용론자들의 집요한 洗腦工作에 넘어간 것이다. 또한 정치적 목적을 지닌 세 대통령들이 한글전용 教科書 등을 통해 한글은 좋고 한자는 나쁘다고 끊임없이 교육한 영향도 크다. 한글전용론자들은 이렇게 우리 국민들에게 광복 이후 65년간 끈질기게 한자를 부정적인 색채로 매도하고, 한자에 대한 嫌惡感과 憎惡心을 심어주었다. 그 결과, 오늘날 일부 한국인들은 한자가 우리 글자가 아니라고 여기게 되었으며 한자를 내쫓아야 한다고 생각하게 되었다. 하지만 이것은 올바른 태도가 아니다. 佛教, 儒教, 端午 등과 마찬가지로 한자 또한 외래문화이지만 이미 오래 전에 우리 것이 되었다. 그러므로 漢字는 우리가 긍지를 느껴야 할 한민족의 '傳統 文字'인 것이다.

그렇기 때문에 한국어를 잘 아는 외국인 전문가들도 모두 한글전용이 잘못되었음을 지적하고 있다. 그들은 國漢字混用이 올바른 길임을 주장하고 있다.

> 제가 알기로 세종대왕은 한글 전용을 위해 한글을 창제한 것이 아닙니다. 세종대왕은 한자를 잘 읽을 수 있도록 도와준 분이지 한자를 반대한 적이 없기 때문입니다. …… 지금 세종대왕이 살아 계시다면 한글 전용에 반대하셨을 것이 분명합니다. 언어학의 大家(대가)이기도 했던 세종대왕 스스로가 한글 전용으로 된 책들을 높게 평가할 수 없었을 겁니다. …… ―그럼에도 지금처럼 한글전용을 계속한다면 어떤 현상

이 벌어질 것 같습니까. "틀림없이 한국어는 약해질 것입니다. …… ― 하지만 3천 자나 되는 글자를 배우는 데는 시간이 많이 걸리잖습니까. "물론 많이 걸리겠지만 나중을 생각하면 그 길이 빠른 길입니다. 처음 배울 때는 시간이 걸리지만 배우고 나면 한자가 표기된 책을 읽고 이해함으로써 얻어지는 이익이 얼마나 큽니까. 조급성 때문에 단기적으로 빨리 익힐 수 있는 한글만 배우면 학습하는 과정에서야 시간과 노력이 그만큼 작게 들지요. 하지만 그 후부터 책을 읽을 때마다 두고두고 값비싼 대가를 치르게 됩니다."[65)]

과연 '토종 한국인'들도 한자를 '국어 속의 이질적인 요소' '남의 글'로 배척하기만 해야 하는가? 대중적인 글에서 한자를 남용할 일은 없지만, <u>국내 인구보다 30배나 많은 이웃 나라들의 인구에게 통하는 '코드'가 이미 우리 언어 속에 내재돼 있다는 것을 굳이 나쁘게만 볼 일인가?</u> …… 한국의 외솔 최현배 선생 등 언어 국수주의자들이 한자를 '남의 글'로 규정한 것은 문제의 소지가 있는 사고방식이다. …… 그러면 이두도 아닌 순수 한문만 쓴데다 그 저술에서 '신라'라는 자신의 국가 명칭을 겨우 몇 번만 썼을 뿐 주로 '국적이 없는' 형이상학적 이야기를 했던 원효를 '우리' 지성사에서 빼버려야 한단 말인가?[66)]

어떤 특정 이념이 국가와 시민사회가 함께 추진하는 일관적인 정책에 뒷받침되면 현실의 일부분을 바꿀 수 있는 것은 물론이다. 1970년대 이후 국가의 한글 전용 정책과 한글 전용을 지향했던 민주화 운동의 노력의 결과는, 신문 등 매체의 언어는 일반적 학력의 소유자가 한

---

65) 李東昱, 「인터뷰/「한글창제 연구」 독일인 라이너 도멜스 박사―저승의 세종대왕은 한글전용을 개탄할 것―」, 앞의 글.

66) 朴露子, 「한자를 포기할 수 있을까」, 앞의 글.

자 없이도 쉽게 인지할 수 있을 만큼 한글 전용 형태로 정형화됐다. 그런데도 위에서 본 바와 같이 한자 교육에 대한 넓은 의미의 사회적 필요성은 오히려 증대했다. 미래지향적인 관점에서 본다면, 민족주의적 이념의 허상에 매달리는 것보다는 이 필요성을 솔직히 인정해 중·고등학교의 한문 교육을 필수화하고 대폭 강화하는 공교육 내실화 정책을 통해 빈부격차가 한자 실력의 차이로 연결되는 지금과 같은 상황을 조금이나마 개선하는 편이 낫지 않겠는가?[67]

한글은 민족적 자부심의 상징이지만 한국 문화에 영향을 많이 미친 중국 문명과 19세기 이전의 역사와는 단절돼 있다. 반면 한자는 중국 문명과 역사를 존중하는 상징이지만 한국의 고유한 것은 아니다.

역사의 흐름에 따라 시대적인 요구는 달라진다. 20세기의 한국은 일제시대와 한국전쟁 등 힘든 시기를 겪었다. 따라서 아픈 역사와 단절이 필요했고 강한 민족적 자부심을 심어줄 필요가 생겼다. 이런 시대적 요구를 한글 전용 정책이 채운 것이다. 그러나 20세기 말에 와서는 경제가 발전하고 민주화가 이뤄졌으며 시대적 요구도 달라졌다. 지금은 열린 자세로 문화적 교류를 하면서 동시에 자국에 대해 깊이 이해하는 것이 요구되는 시대가 됐다. 그렇다면 더더욱 한국어 문자에서 한자의 존재를 빼낼 이유가 없다. 한자는 한국 문화에 영향을 많이 미친 중국 문명과의 가교로써 깊은 교양을 담은 문자다. 동시에 경제적, 인적 교류가 많은 일본과도 가교가 될 수 있다. 한글을 우선하면서 한자의 가치를 인정하고 어문정책에 반영하는 것이 바람직하다. 그 첫걸음은 초등학교부터 국어 시간에 한자 교육을 포함시키는 것이다.[68]

---

67) 朴露子, 「한자만 나오면 '자아분렬'」, 앞의 글.

68) 로버트 파우저, 「한자를 초등생부터 가르치자」, 앞의 글.

외국인일지라도 한국어를 잘 아는 전문가는 한글전용이 잘못임을 지적하고 있다. 더 이상 무슨 말이 필요하겠는가? 그동안 정치적 목적으로 악용되어 온 한글전용정책은 이제는 철폐해야 할 때가 되었다. 대한민국은 이제 중진국의 선두로서 先進國 진입을 바라보고 있다. 그렇다면 선진국에 걸맞은 정상적인 어문정책을 선택해야 하는 것이다. 따라서 한글전용정책을 국한자혼용정책으로 전환해야 할 시점이 된 것이다.

(4) 越南의 漢字廢止運動 歷史[69]

越南은 한자를 쓰다가 오늘날 한자를 버리고 쓰지 않게 된 나라인데, 현재 우리나라의 어문 상황과 흡사하다. 그래서 한글전용 문제와 관련된 他山之石으로 살펴볼 필요가 있다.

월남은 중국과 붙어 있기 때문에 紀元 전 2세기 말에 전한에게 정복당한 이래 중국과 밀접한 관련을 맺어왔다. 11세기 이후에는 한자음이 본격적으로 도입되기 시작하여 오늘날 한자어가 베트남어 어휘의 60%가 되었다. 13세기 이후에는 한자를 변형시킨 '字喃(chữ'nôm:쯔놈)' 문자가 실용화되어 佛敎 승려나 漢學者들이 詩歌를 지어 읊는 데 이용하였다. 이 쯔놈과 漢字의 混用이 그 후 상당 기간 지속되었다. 이는 우리나라가 국한자혼용이 오랫동안 계속된 것과 비슷하다.

17세기 초에 프랑스 선교사들이 들어와 월남의 말소리를 로마자로 표기하고자 노력하여, 알렉산드르 드 로드에 의해서 로마자 표기 체계가 완성되었다. 그 뒤 1883년 월남이 프랑스의 식민지가 되었다. 프랑스 식민 통치 당국은 1907년부터 월남에서 한자를 완전히 제거하고 로

---

69) 金止剛, 「[한중일 한자 삼국시 · 下 | 韓國편] 한자 폐기는 大과오… 국한 혼용으로 '東 아시아성' 살려내자」, 『新東亞』 통권 561호, 2006년 6월호,, pp.526~539. 이 글을 가장 많이 참고하고 다른 글들도 참고하였으며, 필자의 생각을 덧붙였다.

마자만을 쓰게 하는 정책을 강력히 추진했다. 한자를 폐지하고 월남어의 로마자化를 시도하여, 교과서와 국가시험에서 한자를 폐지하고 로마자化한 언어를 강제했던 것이다. 그 결과, 불과 20여 년 만에 로마자는 전국에 보급되었다. 로마자에 특수 부호를 첨가한 이 字母 체계는 '國語(꾸옥응으)'라고 하며 오늘날 월南의 유일한 문자가 되었다. 이렇게 越南語의 로마자化가 손쉽게 이루어진 까닭은 프랑스 식민정부와 독립운동 세력의 이해관계가 일치했기 때문이다. 프랑스 식민정부는 통치의 효율성을, 독립운동 세력은 '文盲退治'라는 목적에서 한자 폐지와 고유어의 로마자화라는 카드를 받아들였던 것이다. 이는 마치 우리나라가 '한글전용 정책'을 편 상황과 비슷하다. 우리나라에서 朴正熙 대통령은 1970년에 '10월維新'을 선포하고 終身 대통령으로서 獨裁를 해 나가기 위해서는 한글전용 같은 단순무식하고 강력한 어문정책이 필요했다. 한편 한글전용론자들과 한자를 모르는 무식층은 '文盲退治'라는 명분으로 거기에 협조했다.

한자를 없앤 이후, 오늘날에는 월남 거리의 간판이나 상점 이름은 모두 로마 알파벳으로 쓰여 있고 한자는 찾아 볼 길이 없다. 일부 유식한 노년층을 제외한 대다수 국민들은 월남어의 어휘가 반 이상이나 한자어에서 왔다는 사실조차 모른다. 현재 월남어의 로마자화의 후유증은 심각하다. 무엇보다 월남어가 저급 언어로 전락한 것이다. 로마자라는 발음기호만 적어놓고 무조건 단어의 의미를 외우라고 하니, 월남어의 의미 전달력이 급격히 떨어져 버렸다. 그러니 학생들의 학습의욕도 떨어지고, 국민의 국어능력도 저하되어 버렸다. 그 결과 지식인이 사라지기 시작했다. 이는 우리나라도 비슷하다. 오늘날 한글전용으로 한국어는 저급 언어가 되어가고 있다. 그리고 한글전용 교육 때문에 학생들이 고통을 겪고 학력이 저하되고 있다. 그리고 한글전용 때문에 지성이 사라지고 있다.

언어가 저급화되다 보니, 결국 월남에서는 고등교육이 불가능해지기에 이르렀다. 그래서 권력층과 부유층들은 자녀들을 프랑스 대학으로 유학 보내게 되었다. 그렇지 못한 서민층들은 지식의 빈곤에 빠지게 되었다. 이런 현상 또한 한국도 흡사하다. 한국에서는 권력층과 부유층들은 자녀들을 미국 대학으로 유학 보내고 있다. 한국 국내에서도 영어를 잘하는 사람이 출세하고 있다.

월남은 로마자화의 후유증으로 사회 계층 간 갈등이 심해졌고, 거기에 共産主義 사상이 침투하자 순식간에 월남전으로 비화하고 말았다. 1975년에 越盟이 공산 통일에 성공한 후에도, 고등 학문 부재 현실은 쉽게 해결되지 않았다. 국립 '하노이대학교'는 1985년까지도 교수가 없어 대학 설치를 못할 정도였다. 현재 월남 전역에서 단과대 이상의 대학교수는 수천 명에 불과하다. 또 현재 월남에서는 법률가의 대부분은 노인 아니면 젊은이로서 중간 계층이 드물다. 고령 지식인은 프랑스어, 젊은 지식인은 러시아어에 익숙한 형편이다. 자기 나라말인 월남어는 고급 지식을 나타낼 수 없어서 법률가를 길러내지 못하는 형편이다. 한자를 잃어버린 결과가 이렇게 참혹한 '知識의 貧困' 현상을 불러온 것이다.

월남은 문자를 로마자화하면서 단순 문맹률은 떨어졌다. 하지만 읽기만 할 뿐 낱어의 의미를 잘 이해하지 못하게 되었기 때문에 실질 문맹률은 오히려 높아졌다. 대한민국도 월남과 흡사하다. 한글전용으로 단순 문맹률은 거의 전 세계 최저 수준으로 떨어졌다. 하지만 읽기만 할 뿐 한자어의 의미를 잘 이해하지 못하게 되었기 때문에 실질 문맹률은 오히려 높아졌다.

월남의 고전문화에서 한자문화의 비중이 매우 크다. 이것 또한 월남과 한국은 흡사하다. 그런데 현대 월남인들은 한문고전을 읽지도 이해하지도 못한다. 한자를 버림으로써 전통문화의 맥이 완전히 끊겨버린 것이다. 그렇기 때문에 조상들이 물려준 고전을 현대 월남인들에게 읽히기 위해서는 대학의 중국문학과 출신들이 번역 을 해주는 수밖에 없다. 이것 또한 한국도 똑같다. 일반인들은 한자를 몰라 고전을 읽지 못하고, 한문 전문가들이 고전 번역작업을 해주어야 하는 형편이다.

현재도 越南에는 寺刹이나 文廟, 祠堂 등이 남아 있고, 거기에는 門이나 懸板, 碑石 등에 漢字가 적혀 있다. 그런데 문제는 현대 越南人들은 그러한 漢字를 읽을 줄도, 意味도 모른다는 것이다. 이런 현상 또한 韓國도 흡사하다. 오늘날 韓國人 중에 遺蹟地의 懸板이나 碑石 등에 적힌 한자를 읽고 그 의미를 파악할 수 있는 사람은 극소수에 불과하다.

현대 월남인들은 심지어는 자신들의 이름조차 그 의味를 모른다. 다만 로마자로 된 월남 문자로 적힌 자기 이름을 소리만 읽을 줄 안다. 이런 현상 또한 한국도 흡사하다. 한국인은 자신의 이름과 부모의 성함을 원 글자인 한자로는 적지 못하고 단지 소리글자인 한글로 발음기호밖에 적지 못하는 사람이 상당수에 이르고 있다.[70] 심지어는 부모가 자녀의 이름을 지어놓고도 한자로 쓰지 못하는 경우도 상당수에 이르고 있다.[71]

---

70) 정혜진 기자, 「"내 이름 漢字로…?" 대학 신입생20% 자기 성명 한자로 못써」, 『東亞日報』, 2007.03.13. 成均館大 李明學 한문교육학과 교수가 이 대학 신입생 384명을 대상으로 한자능력을 시험한 결과, 자기 이름을 漢字로 쓰지 못한 학생이 78명으로 전체의 20%에 이르렀다. 또 아버지 성함을 漢字로 쓰지 못한 학생은 295명으로 77%, 어머니 성함을 쓰지 못한 학생은 317명으로 83%였다고 한다.

71) 김효정 기자, 「서울 성인 절반 자녀이름 한자로 못써」, 『연합뉴스』, 2011.10.24. "성균관대 한문교육과 이명학 교수는 자녀를 둔 30~80대 서울시민 427명을 만나 최근 설문조사를 한 결과 47.8%가 자녀의 한자 이름을 틀리게 쓰거나 어떻게 쓰는지 모르는 것으로 나타났다고 24일 밝혔다. 설문 조사 결과 응답자의 30.2%가 자녀의 한자 이름을 한 글자도 쓰지 못했으며 이 같은 경향은 연령대가 낮아질수록 심해졌다. 한자 이름을 정확히 기재한 응답자 비율은 60대 이상에서 64.6%, 50대 56.0%, 40대 54.6%, 30대 37.2% 등으로 점차 낮아졌다. 또 서씨나 최 · 정 · 류 · 국 · 오 씨 등의 경우 성씨조차 틀리게 쓴 사람들이 많았다고 이 교수는 전했다. 이 교수는 "한글 전용정책 이후 40여년 동안 한자 교육을 충분히 실시하지 않아 나타

또 오늘날의 월남인들은 漢字語 地名의 의미도 모른다. 예를 들어 관광지로 유명한 '하롱베이'는 한자어 '下龍+bay'의 뜻인데, 월남인들은 그런 의미를 모른다. 이 현상도 한국도 마찬가지다. 오늘날 한국인들도 한국 지명의 의미를 모르게 되어버렸다. 全國의 漢字語 地名을 한글로 적어놓고 있기 때문이다.

越南의 문자가 로마자로 單一化된 1930년대에, 베트남에서도 우리나라의 國漢字混用論者들과 한글전용론자들 간의 論爭 같은 것이 벌어진 적이 있다. 이른바 '筆戰'이라 하여 보수파와 진보파 간에 치열한 논쟁이 있었다. 보수파들은 漢字를 버림은 오랜 세월 漢字文化圈에서 꽃피워 온 전통문화와의 단절을 의미하니, 민족 문화의 계승이라는 차원에서 한자를 폐지해서는 안 된다고 극력 반대하였다. 반면에 진보파들은 누구나 배우기 쉽고 쓰기 쉬운 로마자를 씀으로써 문맹률이 크게 줄어들고, 문맹이 없어지면 민족정신과 민족의 주체성을 높이는 데도 유리하다고 응수하였다. 이 논쟁의 내용도 아직도 우리나라에서 끝나지 않고 있는 한글전용 논쟁의 내용과 흡사하다.

그런데 오늘에 와서 결과적으로 보면, 보수파들의 주장이 옳고 진보파들의 주장이 틀렸음을 알 수 있다. 로마자처럼 무조건 배우기 쉽고 쓰기 쉽다고 하여 그 문자가 좋은 문자는 아닌 것이다. 자국어의 전통을 계승할 수 있는 문자여야 좋은 문자이다. 전통문화와 단절되는 문자는 결국은 자국어를 병들게 하는 결과를 불러오는 것이다. 그래서 현재 문제의 심각성을 인식한 월남 사회 지도층 일부에서는 다시 한자를 되살리자는 제안을 하고 있기도 하다. 하지만 한 번 한자를 버리기는 쉬웠지만 다시 되살리기는 쉽지 않은 일이므로 현재 월남의 고민은 크다.

현재 월남과 대한민국은 한자를 폐지하고 소리글자를 전용하고 있다

난 결과"라며 "자녀의 이름을 한자로 지었으면 최소한 이름 정도는 제대로 쓸 줄 알아야 한다. 기초한자 교육이 시급하다"고 지적했다."

는 점에서 흡사하다. 겉으로 보면 월남은 외국인이 만든 로마자를 쓰고 한국은 자국의 고유문자인 한글을 쓴다는 점에서 달라 보인다. 하지만 '로마자'나 '한글'이나 그 본질은 같은 소리글자인 것이다. 그리고 월남과 한국은 한자문화권이었던 나라로서 뜻글자인 한자를 버리고 오늘날 '소리글자 전용'하고 있다는 점에서 그 본질은 똑같은 것이다. 곧 월남처럼 로마자로만 글을 적으나 한국처럼 한글로만 글을 적으나, 그 글을 소리 내어 읽을 수만 있을 뿐 그 글의 내용을 이해할 수 없다는 점에서는 똑같다. 이렇게 월남과 한국에서 벌어진 현상은 모든 면에서 매우 흡사하다. 현재 한국도 월남과 거의 같은 정도로 한자 문맹화가 이미 심각하게 진행되어 버린 상태이다. 다만 극히 조금 다른 점이 있다. 월남은 이미 100% 로마자화되어 버려서 1%의 희망도 남아 있지 않다. 반면에 한국은 한글전용이 98% 정도 이루어지고 아직 2% 정도의 국한자혼용이 남아 있다는 점에서 딱 2% 정도의 희망을 가지고 있다.

우리는 월남을 他山之石으로 삼아야 한다. 대한민국에서 만약에 앞으로 몇 십 년만 더 이대로 한글전용 정책으로 나간다면 대한민국도 월남과 완전히 똑같아질 것이다. 곧 완전 한자문맹화의 운명에 빠지게 될 것이다. 월남이 한자를 버린 뒤에 처하게 된 지금의 현실은 곧 우리의 머지않은 미래인 것이다. 아마도 그 때는 한국인 중에서 자기 이름을 한자로 적거나 자기 이름의 의미를 아는 사람은 없게 될 것이다. 자기 집안의 族譜를 읽는 것은 아예 바랄 수도 없을 것이다. 조상들이 남겨준 古文獻은 외국 문헌이나 다를 바 없을 것이다. 그리하여 대한민국은 '로마자문화권'의 변방 국가로 편입될 것이다. 아마도 필리핀처럼 될 것이다. 그렇게 되면 英語가 상층 한국인의 공용어가 되고 한국어는 하층 한국인의 언어로 전락할 것이다. 그러다가 언젠가는 한국어가 사라지고 말 것이다. 이것이 漢字 廢止, 한글전용이 필연적으로 이르게 되는 귀결인 것이다. 과연 대한민국은 월남의 뒤를 계속 따라가야 할 것인가, 아니면 이쯤에서 한글전용의 길을 멈추고 다시 오랜 전통인 국한자혼용의 길로 되돌아가야 할 것인가?

위에서 中國, 日本, 韓國, 越南에서 漢字廢止運動이 전개되어온 역사를 살펴보았다. 모든 나라들의 공통점은 서양인과 서양 사대주의자 내지는 急進 과격한 左派들이 합작으로 漢字廢止運動을 벌여왔다는 것이다. 그 중에서 월남이 가장 먼저 로마자에 자리를 내주고 자국 문자가 사라지고 말았다. 그 결과 월남은 과거 언어와 전통이 완전히 단절되고 말았다. 그리하여 월남어가 저급 언어로 전락하고 말았다. 그 다음으로 우리 한국이 거의 한자를 폐지하고 한글전용이 98%에 이르렀다. 과거 언어와 전통이 거의 단절이 되어버린 위태로운 상황이다. 다음으로 중국은 한자를 로마자화하여 가는 과정에서 한자의 형태를 변형시켜 쓰게 되었다. 그래서 과거 漢字와 형태면에서 전통이 단절되고 말았다. 日本은 漢字廢止運動을 가장 슬기롭게 극복한 나라이다. 常用漢字를 2,000자 정도로 제한하여 그 범위 안에서 국한자혼용을 하고 있다. 우리나라는 이 네 나라 중에서 한자폐지운동을 가장 현명하게 처리한 日本을 본받아야 한다. 곧 우리나라도 상용한자 2,000자 정도를 제정하여 그 범위 안에서 국한자혼용하는 방법이 가장 바람직하다고 생각된다. 그것이 우리나라 문자 표기의 전통인 국한자혼용을 이으면서도 한자의 폐해는 최소화할 수 있는 최선의 방법일 것이다.

Ⅲ. 結 論

大韓民國은 光復 직후부터 지금까지 65년 간 한글전용을 실시해 왔다. 그러나 한글전용은 이단이자 비정상적인 어눈정책이다. 이 글은 그러한 사실을 밝힘으로써 대한민국 정부에 한글전용을 철폐할 것을 촉구하고자 썼다. 그리고 한국 국민들에게 한글전용론의 진실을 알게 하고자 하는 목적에서 썼다.

원래 한글전용론은 조선인의 시각에서 순수한 언어학적 이치로 시작된 일이 아니다. 한자를 모르는 조선인들을 대상으로, 서양인 선교사들은 한글 성경을 읽히고자, 미국인 필립 제이슨[韓國名 徐載弼]은 『독립신문』을 읽히고자 한글전용했다. 이렇게 서양인들과 서양인이 된 조선인은 각각 宗敎的 目的과 政治的 目的으로 漢字를 모르는 조선인들을 대상으로 글을 읽히고자 한 편법으로 한글전용을 시작했다. 필립 제이슨의 제자 주시경은 선진국인 미국이 소리글자를 쓰기 때문에 우리도 소리글자를 써야 발전한다고 생각했다. 그래서 그는 로마자를 이상적인 글자로 보고, 한글도 로마자처럼 풀어써야 한다고 주장하였다. 이처럼 周時經은 로마자 事大主義者였다. 주시경은 세종대왕을 존경하지 않았다. 그래서 세종대왕이 이름 붙인 '訓民正音'을 자기 마음대로 '한글'이라 바꾸었다. 그리고 세종대왕이 한자와 훈민정음을 섞어 쓴 국한자혼용을 무시하고 제멋대로 한글전용해야 한다고 주장했다. 그러므로 주시경은 세종대왕에 반기를 든 이단자이다. 그리고 오늘날 한글전용론자들은 바로 그 이단자인 주시경을 따르는 사람들이다.

한글전용론은 言語學的 이치로 보면 착각이며 망상이다. 왜냐하면 글자가 쉽다는 것하고 그 글자로 적은 글의 내용이 이해하기 쉽다는 것은 전혀 별개의 문제이기 때문이다. 영어 알파벳이 쉽지만 영어 글이 쉬운가? 한자어는 쉬운 한글로 적으면 이해가 잘 안 되지만 어려운 漢字로 적으면 이해가 잘 된다. 따라서 한글이 쉬우니 한글로만 글을 적으면 내용이 쉽게 이해된다는 것은 착각이며 망상이다. 이렇게 한글전용론은 비정상적인 사고방식이기 때문에 이성을 지닌 국민들에게 호응을 거의 받지 못하였다. 그래서 개화기나 일제강점기는 물론 1980년대까지만 해도 이단적인 한글전용은 소수 비주류를 벗어나지 못하였다.

1948년 大韓民國이 建國하자, 한글전용파 崔鉉培가 주도하여 「한글전용법」을 만들어 한글전용이 단숨에 主流의 위치로 올라섰다. 하지만 국민들은 이치에 맞지 않는 한글전용에 여전히 호응하지 않았다. 그러자 한글전용론자들은 한글전용을 합리화하기 위하여 일제강점기 때 한글이 탄압받았다는 역사왜곡을 했다. 하지만 일제강점기에 탄압받은 것은 조선어 전체였지 결코 한글에 국한된 것이 아니었다.

下級文化를 창조한 한글만 100% 써야 한국인의 긍지가 산다는 한글전용론은 근거가 없다. 고급문화를 창조한 한자를 써도 한국인의 긍지가 산다. 한글전용론자들은 한자를 쓰면 중국 사대주의자가 된다고 매도한다. 하지만 한자는 세종대왕도 썼다. 또 일본도 쓴다. 세종대왕과 일본인들이 중국 사대주의자들인가? 따라서 그런 비난은 비이성적인 것이다. 우리가 2천 년 간 써온 '傳統 文字'인 한자를 쓰는 것을 부끄럽게 느끼고 오로지 '固有文字'인 한글만 써야 한다는 것은 매우 편협하고 저급한 민족주의이다. '한글民族主義'는 民族的 열등감의 발로이며 유치하고 자폐아적인 사고방식인 것이다.

지난 1세기 동안 漢字文化圈에서는 漢字廢止運動이 벌어졌다. 그것은 서양인들과 서양 사대주의자 내지는 急進 과격한 좌파들의 음모였다. 중국은 좌파가 한자 廢止에 앞장섰다. 蘇聯의 스탈린은 중국을 공산화하기 위해서는 중국 전통문화의 정수인 한자를 제거하지 않으면 우민화를 이룰 수 없다고 보았다. 그래서 中國의 毛澤東에게 한자 제거를 지령했다. 그러나 毛澤東이 실제로 해보니까 현실적으로 로마자화가 불가능했다. 그래서 중간 과정의 간체자에서 그치고 말았다. 중국의 간체자化는 과거 조상들의 문헌을 번역해야만 읽을 수 있게 만들어버림으로써 전統 단절이라는 큰 후유증을 남겼다.

日本에서도 일찍부터 한자를 없애려는 내부 세력과 외부 세력이 있었다. 외세는 1945년 이후 진주한 미군이었다. 내부 세력은 서양인이 되고자 하는 친미주의자들이나 전통을 파괴하고자 하는 좌파들이었다. 그들은 한자는 미개한 문자로서 漢字를 없애야 서구화가 된다고 생각했다. 하지만 일본은 한자를 없애면 전통문화와 단절될 것을 우려하는 지식인들이 있어서 타협책을 찾아냈다. 그래서 현재 常用漢字 2,000자 정도의 제한된 범위 안에서 국한자혼용하면서 문자생활을 슬기롭게 해 나가고 있다.

北韓은 건국 직후부터 한글전용을 실시했다. 蘇聯의 스탈린이 金日成에게 漢字 廢止 지령을 내렸기 때문이다. 또 내부에서는 주시경의 제자들인 좌파 학자들이 한글전용에 앞장섰기 때문이다.

南韓에서는 외세로는 일본처럼 1945년에 進駐한 美軍政이 한글전용을 추진했다. 내부에서는 주시경의 제자 최현배가 그 앞잡이로서 미군정과 대한민국에서 「한글전용법」을 만드는 데 앞장섰다. 崔鉉培도 그의 스승처럼 로마자를 이상적인 글자로 보고 '한글풀어쓰기'를 끊임없이 추진한 '한글破壞者'였다.

南韓에서 한글전용을 추진한 정치인으로는 1948년 「한글전용법」을 만든 李承晩, 1970년대에 한글전용을 강력히 추진한 朴正熙, 2005년 「국어기본법」을 만든 盧武鉉이 있다. 이들은 모두 急進 過激 進步主義者들로서 그들의 독재적 성향과 '한글전용'이라는 급진 과격한 語文政策이 서로 잘 맞아떨어졌다. 이들 대통령들은 한글전용정책을 국어학적 이치가 아니라 정치적 목적으로 채택했다. 그들은 두 가지 목적이 있었다. 그 하나는 '固有文字'인 한글만 쓰자고 하여 국민들에게 민족적 자긍심을 불러일으키고자 한 것이다. 하지만 이것은 편협한 민족주의를 이용하여 국민을 이용해 먹고자 한 정치적 술수였다. '한글민족주의'는 정치에 惡用된 不純한 것이다. 또 하나는 한글전용이라는 '愚民化政策'을 통해 무식한 국민들의 호응을 받아서 독재자들의 정치적 立地를 굳히고자 한 것이다. 이들 정치인들은 자신들의 정치적 목적은 달성했는지는 모르나 그 대신에 한국어를 타락시키고 한국 국민의 국어능력을 하향평준화시켜버린 엄청난 과오를 저질렀다.

정치적 목적을 떠나 순수한 국어학적 이치로 대한민국의 어문정책을 본다면, 국한자혼용이 옳다. 그것은 훈민정음을 만든 세종대왕이 국한자혼용을 한 것을 보면 잘 알 수 있다. 뿐만 아니라 한국어를 잘 아는 외국인 전문가들도 모두 한글전용이 잘못되었음을 지적하고 국한자혼용이 올바른 길임을 주장하는 데서 증명된다.

한자문화권 나라들의 漢字廢止運動 歷史를 살펴보면, 漢字를 廢止해버린 越南이 가장 비극적이다. 월남은 과거 언어와 전통이 완전히 단절되고 말았다. 월남인은 로마자로 적힌 한자어의 의미를 이해하지 못한다. 그래서 월남어가 저급 언어로 전락했으며, 고등교육이 붕괴해버렸다. 이러한 월남과 한국은 현재 흡사하다. 월남은 로마자를 쓰고 한국은 한글을 쓰지만 '소리글자'라는 점에서 똑같다. 그래서 월남인이 로마자로 적힌 한자어 인명과 지명의 의미를 모르는 것처럼 한국인도 한글로 적힌 한자어 인명과 지명의 의미를 모르며 살고 있다. 따라서 한국은 한글전용정책을 조금만 더 계속하면 월남과 같은 처지에 빠질 것이 우려되는 위태로운 상황이다.

그 다음으로 중국은 로마자화로 가는 중간 과정에서 한자의 형태를 變形시켜 쓰게 됨으로써, 과거 한자와 형태면에서 전통이 단절되고 만 아픔을 겪고 있다. 일본은 가장 슬기롭게 한자폐지운동을 극복한 나라이다. 常用漢字를 2,000자 정도로 제한하여 그 범위 안에서 國漢字混用을 하고 있다. 우리나라는 이 네 나라 중에서 한자 폐지 운동을 가장 현명하게 처리한 일본을 본받아야 한다. 곧 우리나라도 常用漢字 2,000자 정도를 제정하여 그 범위 안에서 국한자혼용하는 방법이 가장 현명하다. 그것이 한국語 문자 표기의 전통인 국한자혼용을 이으면서도 한자의 폐해는 최소화할 수 있는 최적의 방법이다.

한글전용 이론은 역사적으로 변모하면서 三重 구조를 갖추게 되었다. 핵심부에는 '로마자 事大主義', 곧 '소리글자 優越主義'가 들어 있다. 美國은 소리글자인 로마자만 써서 선진국이 되었다. 그러니 조선도 소리글자인 한글만 써야 한다. 한자는 落後된 글자이니 쓰지 말아야 한다는 주장이다. 중간부에는 '한글 便利主義'가 들어 있다. 한자는 어렵고 불편하고 한글은 쉽고 편리하다는 것이다. 한글만으로도 문자생활이 가능하다는 논리이다. 이것은 「한글전용법」과 「국어기본법」으로 입법화되어 '愚民化政策'으로 악용된다. 그리고 표면층에는 '한글민족주의'로 포장되어 있다. 한글은 우리의 '고유문자'이면서 세계에서 가장 우수한 글자라는 자긍심이다. 그리고 토박이말만 사용해야 한민족의 정신이 살아난다는 논리이다. 이것은 순수한 애국심을 지닌 국민들을 선동하는 데 유용하다. 한글전용을 하는 것이 愛國·愛族이라고 편협한 저급 민족주의를 자극한다. 그러면 정말로 한글전용이 나라를 위하고 민족을 위하는 일인 줄 알고 아무 생각 없이 빠져드는 한국인들이 너무나 많다.

하지만 三重 구조로 되어 있는 한글전용의 논리는 모두 妄想에 지나지 않는다. 첫째, 소리글자만 우수하고 뜻글자는 열등한 것이 아니다. 미국이 소리글자인 로마자를 쓰는 것은 英語의 속성이 로마자와 들어맞기 때문이다. 하지만 한국어는 한자어와 토박이말의 두 계통이 있기 때문에 한자와 한글의 두 문자를 써야만 한다. 둘째, 한글이 쉬운 것은 한글 24자모일 뿐 그것이 글의 내용이 쉽게 이해된다는 것하고는 아무 상관이 없다. 한자어를 한글로 적으면 의미가 이해되지 않아서 오히려 不便하다. 한글전용은 便法일 뿐 정상적인 표기가 아니다. 셋째, 한글은 우수한 소리글자가 아니다. 한글전용은 부작용이 너무나 많이 생긴다. 한글전용은 편협한 민족주의에 빠져서 한자와 한자어를 내쫓음으로써, 오히려 英語와 日本語·中國語를 불러들이는 앞잡이 노릇을 한다. 결국 한글전용은 한국어를 약화시키고 소멸시키게 될 것이다. '한글민족주의'는 방향이 잘못된 자해성 민족주의이기 때문에 한국어와 한민족을 멸망시킬 시한폭탄이다.

이 글이 대한민국 정부가 한글전용의 본질을 파악하고 올바른 어문정책을 세우는 데 참고가 되기를 바란다. 또 한국 국민들이 이 문제를 올바르게 파악하는 데 도움이 되기를 바란다. 한글전용은 서양 사대주의가 그 본질로서, 이단이자 비정상적인 어문정책이다. 한글전용은 언어학적 이치에 의해서가 아니라 정치적 목적을 달성하기 위한 불순한 수단으로 악용되어 왔다. 국한자혼용은 세종대왕이 순수한 언어학적 이치로 수립한 올바른 표기방식이다. 그래서 국한자혼용은 한국어 표기의 정통이자 정상적인 어문정책이다. 대한민국이 선진국으로 진입하기 위해서는 이제 정통이자 정상적인 세종대왕의 국한자혼용으로 되돌아가야 할 때가 되었다.

〈參考文獻〉

〈基本書〉

이공현 외, 「국이기본법 제3조 등 위헌확인 의견서」, 법무법인 지평지성, 2013.07.
홍영호, 「2012헌마854호 의견서」, 법무법인 사랑, 2013.07.

〈古文獻〉

『龍飛御天歌』, 『月印千江之曲』, 『釋譜詳節』, 『月印釋譜』, 『小學諺解』, 『論語諺解』, 『大學諺解』, 『孟子諺解』, 『詩經諺解』, 『周易諺解』, 『中庸諺解』, 『書經諺解』, 『楞嚴經諺解』, 『妙法蓮華經諺解』, 『佛說阿彌陀經諺解』, 『圓覺經諺解』, 『蒙山和尙法語諺解』, 『六祖大師法寶壇經諺解』, 『禪宗永嘉集諺解』, 『金剛經諺解』, 『南明集諺解』, 『佛頂心經諺解』, 『陶山十二曲』, 『呂氏鄕約諺解』, 『警民編諺解』, 『聖觀自在求修六字禪定諺解』, 『百聯抄解』, 『眞言集』, 『馬經諺解』, 『禪家龜鑑諺解』, 『三經四書釋義』, 『家禮諺解』, 『三綱行實圖』, 『二倫行實圖』, 『童蒙先習諺解』, 『造像經』, 「俛仰亭歌」, 『松江歌辭』, 『孤山遺稿』, 『閑中錄』, 『父母恩重經諺解』, 『救荒撮要』, 『兵學指南』, 『二倫行實圖』, 『五倫行實圖』, 『太上感應篇圖說諺解』 등.

〈新聞記事〉

고영직 문학평론가, 「[염상섭 문학기행](3) 소설 '효풍'과 해방공간」, 『경향신문』, 2013.10.11.
곽수근 · 김연주 기자, 「[글과 담 쌓은 세대] 글자는 겨우 읽지만 문장은 이해 못한다」, 『朝鮮日報』, 2010.11.01.
권란 기자, 「단원 · 혜원 작품 한 자리에..'간송 신드롬' 기대」, 『SBS』, 2013.10.12.
김갑식 기자, 「MB 봉축메시지에 스님 법명이…"불교에 무례"」, 『東亞日報』, 2012.06.01.
김광일 기자, 「김광일 기자가 만난 사람… 베스트셀러 '남한산성' 소설가 김훈」, 『朝鮮日報』, 2007.07.20.
김미선, 「올해의 한자성어 '거세개탁'…위정자 · 지식인 자성 요구」, 『인터뷰365』, 2012.12.23.
김상웅 전 독립기념관장, 「[시론] 태항산의 윤세주와 '백선엽상'」, 『한겨레신문』, 2013.08.05.
김성식 기자, 「이기용 충북교육감 2013년 올해의 사자성어 '금석뇌약' 추천」, 『뉴스1』, 2012.12.24.
김승련 기자, 「통일부 '김정일 천출 발언' 사무관 징계」, 『東亞日報』, 2004.04.16.

김어진, 「[클릭! chosun.com] 외국어에 중독된 한국 〈1〉 성채와 궁전에 사는 한국인」, 『朝鮮日報』, 2009.09.13. ~「[외국어에 중독된 한국-10] 신문은 '여론' 대신 '오피니언'」, 『朝鮮日報』, 2009.09.30.

김영조 기자, 「서울시의회, 의원명패 모두 한글로 바꿔」, 『오마이뉴스』, 2006.07.12.

김은설 기자, 「KBS 이지연 아나운서 "한자 장애인" 발언 논란」, 『스타투데이』, 2012.04.18.

김인순 기자, 「첨단 IT 기기 한글 입력 표준, 중국에 빼앗길 위기」, 『전자신문』, 2010.10.11.

金昌辰, 「야동 지명 바꾸면 안 된다」, 『朝鮮日報』, 2007.04.16.

金泰翼 논설위원, 「[만물상] 어휘력과 한자 교육」, 『朝鮮日報』, 2013.06.26.

김현미 여성동아 팀장, 「[광화문에서] '이렇게 중요한 과목'에 대하여」, 『東亞日報』, 2013.07.18.

김형준 기자, 「'묘하네…' 서울대 법대생 이름 속 수두룩한 한자는?」, 『JTBC』, 2013.05.10.

김효정 기자, 「서울 성인 절반 자녀이름 한자로 못써」, 『연합뉴스』, 2011.10.24.

노재현 논설위원, 「[노재현의 시시각각] 휴가지에서 만난 한문」, 『중앙일보』, 2011.08.26.

로버트 파우저, 「한자를 초등생부터 가르치자」, 『중앙선데이』제311호, 2013.02.24.

박록삼 · 강병철 기자, 「은밀히 새긴 '황제어새' 고종황제의 혼 오롯이」, 『서울신문』, 2009.03.18.

박은하 기자, 「동명이인 20명 중 1명은 생년월일도 똑같다」, 『경향신문』, 2012.09.17.

박창욱 기자, 「한글날 공휴일 정한 국회, 쓰는 인장 봤더니」, 『머니투데이』, 2013.10.08.

박태우 기자, 「'수수' 뜻풀이 따라 처벌 '두 얼굴'」, 『한겨레신문』, 2012.8.5.

박희준 기자, 「[단독] '한자 = 동이족 창제' 중국학자들도 인정?」, 『세계일보』, 2011.07.04.

범현주 기자, 「벽사학술상에 김태영 명예교수」, 『내일신문』, 2013.08.07.

서동철 논설위원, 「[씨줄날줄] 운주산 고산사」, 『서울신문』, 2013.10.11.

심재훈 고유선 기자, 「외래어 투성이 금융용어…순화작업은 '게걸음'」, 『연합뉴스』, 2013.10.08.

엄민용, 「경기 광주시 '누드메일' 오해에 곤욕, "정말 억울합니다"」, 『경향신문』, 2006.04.01.

염지은 기자, 「[국감] 한글 홀대 국회…215명 등록인장 '한문'-새누리당 가장 많아…명패 18명이 한문 사용-」, 『뉴스1』, 2013.10.08.

오명철 논설위원 , 「[횡설수설]創地改名」, 『東亞日報』, 2005.03.01.

오상학, 「대가리(大佳里)」, 『朝鮮日報』, 2006.04.21.

유석재 기자, 「前 국립국어원장의 고백 "띄어쓰기, 나도 자신 없다"」, 『朝鮮日報』,

2013.05.22,
유석재 기자, 「[기자 칼럼] 漢字 교육이 '실패'한 이유」, 『朝鮮日報』, 2013.05.25.
유석재 기자, 「송강이 노래한 '환벽당', 명승 된다」, 『朝鮮日報』, 2013.09.05.
유형재 기자, 「사리 이운의식..오대산 문화 축전」, 『연합뉴스』, 2013.10.12.
이규연 논설위원, 「[이규연의 시시각각] 동피랑에는 하얀 날개가 있다」, 『중앙일보』, 2013.08.09.
이동국, 「[서예로 찾은 우리 미학](3) 명도전 · 오수전과 훈민정음」, 『경향신문』, 2013.10.11.
이동훈 기자, 「박근혜 대통령, 논설실장 오찬 발언」, 『한국일보』, 2013.07.10.
이명학 성균관대교수, 「동아시아권 소통을 위한 한자 교육」, 『중앙일보』, 2013.07.30.
이순원 소설가, 「 [세상사는 이야기] "강릉 단오"가 무엇이건데…」, 『세계일보』, 2007.06.16.
이신영 기자, 「"내 이름은 조두순입니다"」, 『朝鮮日報』, 2009.10.07.
이어령, 「이어령의 한국인 이야기 〈21〉」, 『중앙일보』, 2009.05.04.
이영주 기자, 「경기교육청 "한자명패 모두 한글로 바꾼다"」, 『연합뉴스』, 2013.10.08.
이용휘, 「근현대사와 한국의 정치/민족주의(民族主義)는 반성하고 수정되어져야 한다」, 『브레이크뉴스』, 2004.08.24.
이윤승 기자, 「장수, '전해산 의병장' 추모제」, 『연합뉴스』, 2013.10.13.
이철호 · 김황엽 기자, 「[국회 관행도 고치자]③ · 끝 권위주의 없애야」, 『세계일보』, 2004.05.09.
임형두 기자, 「〈볼록거울〉 명필 안중근」, 『연합뉴스』, 2009.03.24.
정재영 기자, 「10년간 국민 50명 중 1명꼴 개명신청」, 『세계일보』, 2010.03.21.
정혜진 기자, 「"내 이름 漢字로…?" 대학 신입생20% 자기 성명 한자로 못써」, 『東亞日報』, 2007.03.13.
조용헌, 「[조용헌살롱] 〈153〉 亞字房」, 『朝鮮日報』, 2005. 08. 30.
조효제, 「조효제의 인권 오디세이-모어를 사용할 권리-」, 『한겨레신문』, 2013.10.15.
지해범 기자, 「[전문기자 칼럼] '白靑剛'은 '백청강'이다」, 『朝鮮日報』, 2011.06.27.
진성철 기자, 「환구대제 어가행렬」, 『연합뉴스』, 2013.10.12.
최동준 기자, 「창신제 공연」, 『뉴시스』, 2013.10.11.
편완식 미술전문기자, 『「[세계광장] 표암 강세황전 유감」, 『세계일보』, 2013.08.08.
허윤희 기자, 「韓國 널리 알리려면 '우리' '제일' 이 말부터 빼세요」, 『朝鮮日報』, 2013.10.09.

〈雜誌記事〉

金正剛, 「한글전용 이데올로기 비판-外勢와 左派에 협공당한 東아시아의 漢字」, 『月刊朝鮮』 2003년 9월호.
金正剛, 「[한중일 한자 삼국지 · 上 | 中國편] 대전(大篆)개혁, 백화(白話)운동, 간자화

(簡字化)로 맥 이은 종주국 문자혁명」, 『新東亞』통권 559호, 2006년 4월호, pp540~553.
金正剛, 「[한중일 한자 삼국지 · 中 | 日本편] 중국 · 신라에 뿌리 둔 일본 한자, 창의력으로 폐지론 극복하고 가나와 공존」, 『新東亞』통권 560호, 2006년 5월호, pp. 496~508,
金正剛, 「 [한중일 한자 삼국지 · 下 | 韓國편] 한자 폐기는 大과오… 국한 혼용으로 '東아시아성' 살려내자」, 『新東亞』 통권 561호, 2006년 6월호, pp.526~539.
金昌辰, 「漢字도 韓民族 글자」, 『한글+漢字문화』 제136호(2010년 11월호), pp.54~55.
閔寬植, 「한글 專用政策과 朴大統領-歷史的으로 誤導된 부분을 바로 잡으며-」, 『한글+漢字문화』제2호(1999년 9월호).
朴露子, 「한자를 포기할 수 있을까」, 『한겨레21』, 제630호(2006.10.13.).
朴露子, 「한자만 나오면 '자아분열'」, 『한겨레21』, 제631호(2006.10.20.).
송화선 기자, 「고전 중인 '고전번역'-한국고전번역원 인력과 돈 태부족, 문화보고에 먼지만 쌓여—」, 『주간동아』, 제874호(2013.02.04.)
兪萬根, 「音韻學과 情報理論 觀點에서 본 한글專用과 漢字混用」, 『한글+漢字문화』제6호(2000년 1월호).
兪萬根, 「'訓民誤音'이 된 오늘날 '한글' 問題」, 『한글+漢字문화』 제111호(2008년 10월호), 전국漢字教育추진총연합회. pp.12~13.
李東昱, 「인터뷰/「한글창제 연구」 독일인 라이너 도멜스 박사—저승의 세종대왕은 한글전용을 개탄할 것—」, 『月刊朝鮮』1999년 12월호.
趙甲濟, 「좋은 글쓰기는 漢字混用에서부터」, 『한글+漢字문화』 제138호(2011년 1월호), pp.74~75.
趙長熙, 「'漢字공부 하지 말자'는 한국사회의 知的 수준」, 『月刊朝鮮』 2013년 10월호.

〈인터넷 記事〉

金昌辰, 「金昌辰의 漢한 혼용論」, 『조갑제닷컴』. 2008.09.01~2012.11.03.
趙甲濟, 「朝鮮日報, 東亞日報라고 쓰면서…」, 『조갑제닷컴』, 2013.03.04.
「지식인의 서재」, 「김훈의 서재는 막장이다」, 『네이버』,
崔屹 聲優, 다음 블로그, 「우말사」.
「太祖실록」, 「世宗實錄」, 『國譯 朝鮮王朝實錄』, 國史編纂委員會.
한국교육개발원, 「국가별 교육동향」, 2013.10.14.

〈論文〉

姜昶錫, 「국어 표기법과 漢字」, 『開新語文研究』 제19집, 개신어문학회. 2002.
金敏洙, 「한자 표기 原音土義의 문제」, 『새국어생활』 제14호 제2호, 국립국어연구원, 2004.
金完鎭, 「한국어 文體의 발달」, 『韓國 語文의 諸問題』,一志社, 1983, pp.229~254.

金昌辰, 「2002년 3월 한국방송 뉴스 9의 장단음 혼란 실태」, 『언어와 문화』 창간호, 草堂大 語學硏究所, 2003, pp.1~27.

金昌辰, 「잘못된 방송언어와 그 대책(2)-뉴스의 장단음 혼란을 중심으로-」, 『草堂大論文集』 제8집, 草堂大, 2003, pp.123~146.

金昌辰, 「2004년 10월 4일 한국방송 밤 9시 뉴스의 발음 혼란 실태」, 『草堂大論文集』 제10집, 草堂大, 2005, pp.85~116.

金昌辰, 「2005년 1월 9일(일) 문화방송 뉴스데스크의 발음 혼란 실태」, 『草堂大 産業大學院 論文集』 제4호, 草堂大 産業大學院, 2005, pp.29~58.

金昌辰, 「한류열풍 드라마의 심각한 발음 혼란」, 『말과글』 2005년 겨울호(제105호), 한국어문교열기자협회, 2005, pp.62~68. 참고.

金昌辰, 「한자음 표기의 문제점과 개선 방안」, 『한민족문화연구』 제18집, 한민족문화학회, 2006, pp.173~200.

金昌辰, 「'漢字 읽기'에서 長短音 發音 敎育의 必要性과 그 方法」, 『漢字漢文敎育』 제21집, 韓國漢字漢文敎育學會, 2008, pp.181~211.

金昌辰, 「漢字 · 한글의 發音 및 表記 資質 比較-한글專用의 言語學的 · 國語史的 檢討-」, 『草堂大論文集』 제13집, 草堂大, 2008, pp.85~110.

金昌辰, 「長短音 區別하는 韓國語 標準發音을 確立해야 한다」, 『國漢混用의 國語生活』,韓國語文會, 2009. pp.19~28.

金昌辰, 「政治的 目的으로 뒤틀린 韓國語文 정책」,國際語文學會 發表會, 2009.10.10.

金昌辰, 「한글專用 體制에서 漢字語 表記의 問題」, 『漢字漢文敎育』 제23집, 韓國漢字漢文敎育學會, 2010, pp.187~212.

金昌辰, 「日本 關聯 外來語表記法 改正의 必要性」, 『 漢字漢文敎育』 제21집, 韓國漢字漢文敎育學會, 2010, pp.181~211.

金昌辰, 「日本語 · 中國語 外來語表記法의 廢棄 必要性」, 『語文硏究』 제152호, 韓國語文敎育硏究會, 2011. pp.57~80.

閔賢植, 「한자논쟁의 사회 · 정치 · 문화적 의미와 어문정책」, 『亞細亞硏究』 통권 110호, 高麗大 亞細亞問題硏究所, 2002, pp.9-59.

閔賢植, 「국어 능력 실태와 문법 교육의 문제점」, 『국어교육연구』 제44집, 국어교육학회, 2009, pp.1-56.

兪萬根, 「우리말 異音同綴語 발음 고찰(Ⅰ)」. 『한국어 연구논문』 37집. KBS 한국어연구회, 1993, pp.89~118.

李圭恒, 「아나운서(言語運士／師)의 발음세계와 源泉－이민을 온 漢字, 韓字語로 귀화－」, 제169회 韓國語文會 주최 語文講演會, 2008.03.22.

李基文, 「漢字 問題의 本質」, 『새교육』 제170호, 1968. 12.

李基文, 「한국어 表記法의 변천과 原理」, 『韓國 語文의 諸問題』,一志社, 1983. pp.47~77.

張龍鶴, 「한글전용 小說은 예술이 아니다」, 『語文硏究』제15 · 16호, 語文硏究會, 1977.

정달영, 「세종시대의 어문정책과 훈민정음 창제 목적」, 『한민족 문화연구』 제22집, 한민족문화학회, 2007, pp.7~30.
정희원, 「외래어의 개념과 범위」, 『새국어생활』 제14권 제2호, 국립국어연구원, 2004.
崔鉉培, 「民族文化의 創造」, 梁柱東全集『民族文化讀本(下)』, 東國大出版部, 1948, pp. 1~4.

〈著書〉
강옥미, 『한국어 음운론』, 태학사, 2003.
김종혁, 『형성자 중심 한자교육 시험백과』, 전통문화연구회, 2002.
金昌辰 校註, 『두껍전』, 지만지, 2009.
金昌辰, 『務安(무안) 關聯(관련) 備邊司謄錄(비변사등록)』, 시와 사람, 2012.
노무라 마사야끼 지음, 송영빈 옮김, 『한자의 미래』, 커뮤니케이션북스, 2007.
文惠允, 『문학어의 근대』, 소명출판, 2008.
朴甲洙, 『아름다운 우리말 가꾸기』, 집문당, 2001.
시정곤 외, 『한국어가 사라진다면』, 한겨레출판, 2003.
沈在箕, 『국어 문체 변천사』, 집문당, 1999.
야나부 아키라, 김옥희 옮김, 『번역어의 성립』, 마음산책, 2011, pp.48~49.
李圭恒, 『아나운서로 가는 길』, 에듀그린.
李漢東 외, 『國語 概念의 定立과 국어기본법의 違憲性』, 語文政策正常化推進會, 2012.
이현복, 『한국어 표준발음사전』, 서울대 출판부, 2002.
이희수 · 한유경 외, 『韓國 成人의 文解 실태와 OECD 국제비교 조사연구』, 한국교육개발원, 2003.
이희재, 『번역의 탄생』, 교양인, 2009.
陳泰夏, 『漢字學全書』, 書藝文人畵, 2009.
崔炅鳳, 『한글민주주의』, 책과 함께, 2012.
崔東鎬 편, 『7인의 항일 민족시집. 그칠 줄 모르고 타는 나의 가슴』, 시인사, 1982.

語文政策 資料集 11

한글전용은 違憲이다 20,000원

2013년 10월 25일 초판 인쇄
2013년 10월 30일 초판 발행

著　者　金昌辰
編　輯　傳統文化硏究會 出版部
發行人　李漢東
發行處　語文政策正常化推進會
서울시 종로구 낙원동 284-6 낙원빌딩 507호
(전통문화연구회 사무실 내)
전화 : (02)762-8401　전송 : (02)747-0083
전자우편 : juntong@juntong.or.kr
홈페이지 : juntong.or.kr
사이버書堂 : cyberseodang.or.kr
등록 : 1989. 7. 3. 제1-936호

인쇄처 : 한국법령정보주식회사(02-462-3860)
보급처 : 전통문화연구회(02-762-8401)
온라인서점(book.cyberseodang.or.kr)
총　판 : 한국출판협동조합(070-7119-1750)

ISBN 978-89-91720-92-3
978-89-91720-89-3(세트)